蝦夷の考古学

松本建速 著

同成社

はじめに

　古代の日本列島東北地方北部に住んでいた人々は、蝦夷と表記され、「えみし」と呼ばれる。その表記が最初に記されたのは、古代日本国最古の正史『日本書紀』においてであり、『続日本紀』にも多く用いられている。しかしながら、蝦夷（えみし）とは、そう表記された人々の自称ではなかった。しかも、『日本書紀』と同時代の文献に、それはほとんど見られない。最古の写本を用いるならば『古事記』には、それに類似する表記が一つあるだけであり、文脈上、蝦夷と書かれてよさそうな箇所でも東夷や夷が使われている。蝦夷の住んだ地域に隣接しており、『続日本紀』には蝦夷の被害があったことが記されている常陸国の『風土記』にすら、それは登場しないのである。それらの史料からうかがえることは、『日本書紀』『続日本紀』といった古代日本国の正史では、蝦夷の存在が非常に強調されているということである。

　これまでの研究によれば、蝦夷は古代日本国の政治上の概念である。蝦夷が登場する史料は、国が記したものが主であることから考えれば、おそらくそれは正しい。それでは、蝦夷と呼ばれた人々の実態は、いかなるものであったのか。正史によれば、古代日本国に一方的に征討されることがたびたびであった人々である。だが、そこは、遺跡の数にもとづけば、古墳時代に併行する時期には非常に人口が少なかったと考えられる地域である。そのような東北北部の人々に、奈良時代以降、にわかに、征討されねばならぬ理由など生まれたのであろうか。あるいは、征討とは何であったのか。

　本書は、正史に書かれたような征討があったのか否かを問うといったものではない。しかしながら、その前段階として、蝦夷と呼ばれた人々がどのような文化的系統上にあったのかを、考古学的方法を用いて明らかにしておこうと思う。『日本書紀』『続日本紀』では、それらの人々の言葉や生活風習は、日本国のものとは違うということが強調されており、それは、一般に、蝦夷の特徴の一つとして肯定されているようである。また、蝦夷とは縄文時代以来、東北北部地域に住んでいた人々の末裔であるという暗黙の了解があるようでもある。しかし、それでよいのであろうか。

　確かに、東北地方の北部には、サヒナイ、ホロナイなど、アイヌ語で解釈できる地名が複数あり、それらは大和言葉による地名ではなく、異なる言語を話していた先住民のつけたものであると解釈されている。それは正しいであろう。ところが、それらの地名となった言語がいつまで、そこで使われていて、どのような過程を経て、いつ、大和言葉を話す人々を多数とする社会が成立したのかについては、明確にされていない。

　また、津軽弁の一人称は「ワ」、二人称は「ナ」である。これらは、日本語の古語であり、鎌倉時代以降の文献には見られない。現在、日本列島上で「ワ」と「ナ」を用いる地域は、非常に限られている。平安時代までしか使われていなかったような希有な語を源とする言葉が、なぜ津軽

弁に残っているのであろうか。言語地理学における「文化の中心地から遠い所には古語が残りやすい」という「辺境残存の原則」に照らせば、津軽地方には平安時代に大和言葉を話す人々がおり、現在の津軽弁はその伝統上にあるということになるのではなかろうか。

　本書では、古代の東北地方北部あたりにいて蝦夷と表記されていた人々が、いつからそこに住んでいたのか、そして、どの地域の、いかなる系統の文化を持つ人々に、その出自を求められるのかを、主に物質文化を資料として考察した。歴史を書く必要のあった人々の残した記録に寄り掛かるのではなく、自らの歴史を書こうとしなかった人々の痕跡を寄せ集め、その人々について語ろうとしたのである。

　なお、凡例のかわりとして、本書の構成、遺跡名や所在地の記載法、年代表記における注意点等をここに記しておく。

　本書は十一章から成る。章ごとに註を配した。本文中に括弧に括る形で示した引用および参考文献については、終章のあとに五十音順に並べた。図表に付した番号は全章を通したものである。図中に典拠を示さなかったものに限り、引用・参考文献に続けて、図番号順にその出典を記した。最後に付編として遺跡の地籍文献総覧をおさめた。

　地籍文献総覧は、本文・図表および註で扱った遺跡を、所在地の都・道・県ごとに一括して五十音順に並べ、それぞれに地籍と文献とを記入したものである。したがって、本文中の引用および参考文献には一部の例外をのぞき、遺跡の調査報告書の類が含まれない。

　本文中の遺跡名は、初出の場合、所在地の地籍を書き添え、再出の場合、これを市・郡町名だけにとどめた。同じ遺跡が頻出する場合には、煩瑣になるのを避け、遺跡名だけを記すものもある。以上を、原則としてこれを貫こうとしたが、統一のとれなかった部分がある。なお、2005年4月以降、市町村合併により地籍名に変更があった例も多いが、本文中の名称は2003年12月の時点のもののままである。

　本文中の絶対年代表記は、100年を前葉、中葉、後葉に3区分する方法を基本とした。だが、第2章第2節の集落の存続期間を示した表4では、100年を前半・後半に2区分した。各遺跡報告書の記述が3区分・2区分などまちまちであるため、そのように統一したのである。報告書に後半～初頭、後葉～初頭、末葉～初頭、中葉と記されているものについては、その住居数を二つに分け、その数を前後の時期に割り振った。例えば、中葉に含まれるものは、前半と後半の時期に同数ずつとしたのである。したがって、本部中で「……中葉」の土器が出土したとする集落でも、表4では「……前半」「……後半」の時期にわたると記される。そして、集落の存続期間について本文中で述べる際には、表4をもとにしたが、土器、その他の遺物の年代については、3区分法によったので、土器の年代と集落の存続期間の表記とが一致しない場合がある。

　また、本文中の研究者名は、ことごとく敬称を省略した。

2006年2月

　　　　　　　　　　　　　　　　　　　　　　　　　　　　　　　　　　　松本　建速

目　次

はじめに　i

序　章　本研究の目的と方法 …………………………………………………………… 1
第1節　本研究の目的　1
第2節　「蝦夷」という呼称　2
第3節　資　料　6
第4節　方　法　9

第1部　物質文化から見た蝦夷社会の成立 ……………………………………… 15

第1章　蝦夷と馬 ……………………………………………………………………… 17
第1節　蝦夷と馬に関する史料　17
第2節　東北北部における7〜8世紀前葉の馬と馬具　19
第3節　東北北部の末期古墳の分布する地域の自然環境　25
第4節　馬飼をおこなった蝦夷　27

第2章　蝦夷の集落 …………………………………………………………………… 29
第1節　集落の分布・立地条件・規模　29
第2節　生活様式　45
第3節　集落を拓いた目的　69

第3章　蝦夷と鉄生産 ………………………………………………………………… 75
第1節　鉄製錬遺跡　75
第2節　鍛冶遺跡　83
第3節　鉄生産と自然環境　88
第4節　鉄にかかわる生産と遍歴する民　89
第5節　鉄生産者の出自　96
第6節　各地における鉄生産活動の目的　98

第2部　物質文化から見た蝦夷社会における人の動き ……………………… 101

第4章　土器から人の動きを考える方法：土器胎土分析の応用 ………………… 103
第1節　分析法とその実践　103
第2節　胎土分析結果の利用　104
第3節　土器胎土をもとにして人間の諸活動を考察する方法　108

第5章　土師器と蝦夷社会 … 111
- 第1節　東北北部・北海道南部の土師器　111
- 第2節　胎土から見た土師器の産地　118
- 第3節　製作技法の系統　121
- 第4節　土師器生産の定着と衰退　123

第6章　ロクロ土師器と蝦夷社会 … 125
- 第1節　ロクロ土師器の存在時期と分布域　125
- 第2節　ロクロ土師器の生産地　127
- 第3節　北海道に根づかなかったロクロ土師器製作技術　134

第7章　擦文土器と蝦夷社会 … 137
- 第1節　津軽海峡周辺の擦文土器の分布　137
- 第2節　津軽海峡周辺の擦文土器の比較　141
- 第3節　擦文土器・土師器・ロクロ土師器の製作者　145
- 第4節　擦文土器の製作と女性　150

第8章　須恵器と蝦夷社会 … 153
- 第1節　東北北部産の須恵器　153
- 第2節　五所川原産須恵器の生産　164
- 第3節　五所川原産須恵器生産の社会的背景　171
- 第4節　須恵器生産者移住の背景とその目的　174

第3部　蝦夷とは誰か … 177

第9章　物質文化から見た古代の蝦夷 … 179
- 第1節　東北北部・北海道南部への人々の移住と蝦夷社会の成立　179
- 第2節　蝦夷社会内における物質文化の移動と人々の移動　184
- 第3節　まとめ　―蝦夷と表記された人々の移住とその出自―　186

終　章　蝦夷を考える　―そしてその後の蝦夷― … 189
- 第1節　アイヌ語系地名の存在をどう考えるか　189
- 第2節　蝦夷とは誰か　193
- 第3節　「蝦夷（えみし）」と「えぞ」とアイヌ民族　195
- 第4節　蝦夷の言葉　―南部弁・津軽弁の起源―　197
- 第5節　文様の世界と文字の世界　200
- 第6節　今後の課題　202

引用・参考文献　205
挿図出典　219
付篇　遺跡の地籍文献総覧　221
あとがき　237

装丁　吉永聖児

序章　本研究の目的と方法

第1節　本研究の目的

　5世紀末～11世紀にかけて、日本列島本州島最北部、すなわち東北地方北部（以下では東北北部と略す）に、土師器を作り、使用する人々がいた。集落遺跡も多数知られている。ところがそれより少し古い時期、当該地域で続縄文土器が用いられていた3世紀末～5世紀前半にかけては、ほとんど集落が見つかっておらず、その当時どれほどの人口があり、いかなる生活が営まれていたかを考えるには、いまだ不明な点が多い。しかしながら、土師器が使われる時期以降、とりわけ7世紀以降には、多くの集落が見られるようになる。その大部分は、続縄文土器使用期の居住域ではなかった場所に営まれている。

　東北北部に集落が見られないのは、3世紀末～5世紀前半だけでなく、6世紀も同様である。これらの時期には、人口が少なかったと考えることができるだろう。そして、多数の集落がある7世紀以降に、急に人口が増加したと解釈できる。7世紀以降とそれ以前とでは、生業を中心とする生活様式一般が全く異なっていたがゆえに、居住域が重ならず、まだ、前者の時期の集落が見つからないだけだという見通しも立てられるかもしれない。しかし仮にそうだとしても、7世紀を境にして、東北北部では、集落を営む立地条件に大きな違いが生じており、それ以前とは自然環境利用の全く異なる文化を営む人々が住むようになっていたと考えることは妥当であろう。

　それでは、7世紀以降に新たに土地を拓き、集落を営んだ人々は、続縄文時代以来の東北北部の住人であったのか、あるいは、土師器を使う生活様式を持つ地域からの移住者が多かったのであろうか。集落の知られていない地域における急激な遺跡の増加を、人口が少なかった地域における突然の人口増と見て、集落の立地条件の変化を、異なる文化の担い手の出現を裏付ける証拠とするならば、7世紀以降に東北北部に増える集落を作った人々の多くは、他地域からの移住者であったと考えられる。この考えは正しいであろうか。

　ところで、古代の東北北部に住む人々を、今日の考古学および文献史学では、「蝦夷」と表記し、「えみし」と読むのが一般的である。ただし、その「蝦夷」が、いつから、その地域に住んでいた人々であるかについては、明確な議論がない。辻秀人（1996）で指摘されたように、「蝦夷」とは、東北北部に続縄文時代以来継続して住んでいる人々であったという暗黙の前提があるからのようにも思えるが、それも明瞭ではない。

　東北北部では弥生時代から奈良、平安時代までの間に、社会構造の枠組みに大きな変化があるとする論考（辻 1996）など、とくに7世紀以降の当該地域の文化変化を述べる研究は多い。また、高橋信雄（1985、1996）のように、「蝦夷」社会の成立に人間の移住があったことを視野に入れる研究もあるが、「蝦夷」あるいは在来の人々が、外来の文化と接触し、文化を変容させたとする解

釈が一般的である。ただし、くり返しになるが、在来とはいえ、いつからそこにいたかは言及されていないのが普通なのである。

しかしながら、形質人類学の分野では、日本列島に住む人々のその時々の系統について、数多く議論されている。ただ、資料の制約があり、東北北部の「蝦夷」の出自について、直接論じられることはまだない。それでも、東日本における渡来人の遺伝的影響についての形質人類学の成果（山口 1985、百々 1995、松村 1998）や、日本列島各地でおこった、縄文時代以来の集団に弥生時代以来の渡来系集団が加わるという「二重構造モデル」仮説（Hanihara1991、埴原 1994）も考慮するならば、先に述べた、7世紀以降の東北北部における文化変化の基礎に、人々の移住があるという考えも、荒唐無稽な説として退けることはできない。

そこで、本研究は、その説を考古学的に検証することを目的とする。物質文化を主な資料として、それらを作り、使った人々がいかなる系統の文化の担い手であったのか、また、いかなる出自の人々であったのかを考える。

第2節　「蝦夷」という呼称

(1) 「蝦夷」という表記

ところで、以上の記述では、今日の諸研究に倣い、研究対象とする人々を「蝦夷」と表記してきた。しかしながら、そう表記された人々の自称は知られていない。自称が不明な場合、例えば、「縄文時代人（縄文人）」のように、「ある時代に住む人」とする表記や、対象について記された隣国等の史料にもとづく表記を使う方法がある。「蝦夷」表記は後者であるが、そのような場合、その表記は、記す側の政治的概念の投影であることがある。その根拠については、後に述べるが、「蝦夷」表記は、まさに古代日本国が作り出した名称であり、それをくり返すことは、古代日本国が意図した政治的構造のなかで話をすることになるのである。

したがって、物質文化を主な資料として考古学的な考察をおこなう場合には、「蝦夷」ではなく、「〜時代」人と記すのが理想的かもしれない。しかしながら、それでは他の研究との乖離が甚だしいばかりでなく、読者の理解を妨げる可能性もある。そこで、本稿でも、これまでの研究を倣い、「蝦夷」表記を用いる。ただし、その表記は、例えば民族として括られるような一つの集団を示すのではない。次に、そのことを、これまでの「蝦夷」の呼称についての研究を用いて示し、強調しておく。

「蝦夷」表記は、養老4（720）年に成立した『日本書紀』以降に現れる[1]。「日本」という「国号」を対外的に表明して以降に、古代日本国が用いた表記である[2]。それは、実際に存在した一つの民族に相当するような集団を示す表記ではない。内と外の論理のなかで、古代日本国の外に在るという意味で、一つと括られているが、「蝦夷」表記は、そう記される対象に付随するなんらかの実態、例えばその人々が、同一言語を話す、あるいは単一の自称を持つなどといった事柄に即して付けられた呼称ではない。

したがって、例えば、和銅6（713）年の詔によって諸国で編纂されたという『風土記』のうち、

表1 六国史に使用された「蝦夷」関連用語　（関口1992：表2を加工）

文献名	成立年代	記載年代	蝦夷	蝦～	夷俘	俘夷	夷	東夷	夷狄	夷～	～夷
日本書紀	養老4（720）	神代～持統天皇11(697)	80	0	0	0	0	7	0	0	0
続日本紀	延暦16（797）	文武天皇1(697)～延暦10(791)	46	0	9	0	5	0	3	1	5
日本後紀	承和7（840）	延暦11(792)～天長10(833)	3	11	6	3	7	0	3	1	5
続日本後紀	貞観11（869）	天長10(833)～嘉承3(850)	0	0	1	0	2	0	1	0	0
文徳実録	元慶3（879）	嘉承3(850)天安2(858)	0	0	0	2	3	0	0	3	0
三代実録	延喜1（901）	天安2(858)～仁和3(887)	1	0	10	3	7	0	4	11	3

現存するものに「蝦夷」表記は見られない。『続日本紀』神亀2（725）年3月17日条には、常陸国の百姓で、「蝦夷」に家を焼かれて財産の損失を受けたものに租税負担を免除するといった記載が見える。したがって、その地域一帯には「蝦夷」がおり、住民が悩まされることがしばしばあったのであろうと推測することができる。しかしながら、養老2（718）年以前の筆録をもとにして養老7（723）年までには編述が完了していた（秋本校注 1971）という『常陸国風土記』には、「蝦夷」表記は見られず、しかも、文脈から、「蝦夷」と置き換えられる名称であると判断できる部分には別の表記が入っている(3)。このことは、古代日本国によって「蝦夷」と表記された人々が、その記載が該当する地域において、実際にはその名称で呼ばれていなかったことを示していよう(4)。

関口明（1992）の、「六国史に使用された「蝦夷」関連用語一覧表」のデータを用い、形態を加工して、表1とした。表から、「蝦夷」表記は、『日本書紀』『続日本紀』に集中的に用いられていることと、「夷俘」「夷狄」「夷」等の表記が、『続日本紀』以降に増加していることがわかる。「蝦夷」表記が多用されたのは、国家領域を拡大させるために「蝦夷」の住む領域を侵略する政策をとっていた時期である。関口は、これらの六国史上の表記の変化は、政治的状況の変化に付随すると説明し、「蝦夷」表記は政治的概念であると述べた。その考え方は正しいであろう。他に、古代日本国が記した「蝦夷」表記を探すと、延長5（927）年に完成した『延喜式』第30巻大蔵省「諸使給法」に1箇所見られる。『延喜式』は律令法の施行細則が集められたものであるから、そのような文脈では「蝦夷」は10世紀に入っても用いられていたことがわかる。

ただし、その表記は、表1で示されているように、古代を通じて継続して使われたのではない。したがって、5世紀末～11世紀の東北北部の人々に対して「蝦夷」という表記を用いなくてはならない必然性はない。

(2)　「蝦夷」表記の読み

今日では、古代の「蝦夷」表記は、「えみし」と読まれるのが一般的である。だが、古代においては、他に「えびす」とも、また、中世以降は「えぞ」とも読まれた。このように、「蝦夷」は、時代によってその読みが変化した表記である。

ところで、呼称は、第一に、呼ぶ者と呼ばれる者との関係があったということを示す。そして、呼称は、その関係如何で様々に変化するものでもある。したがって、「蝦夷」表記に複数の読みがある以上、これまでの研究で一般化しているからといって、無批判に、「えみし」という音を与えて本研究を進めるのも単純に過ぎる。次には、「蝦夷」の読みについて考察し、本研究におけるそ

の読みを決めておく。

　田名網宏（1956：17-18頁）では、「蝦夷」に対する記紀の古訓の多くが「えみし」であり、応神紀では「えびす・えみす」、舒明紀・皇極紀では「えびす」、『日本書紀私記』では「江美須」、『釈日本紀』では「エヒス」であると述べる。また、奈良時代に記された正倉院文書に池田毛人とある人物を、平安時代に成立した『日本霊異記』では池田舎人蝦夷としており、また「衣比須」と訓じている例もあげる。そして、『続日本紀』では、高橋毛人・小野毛人・佐伯毛人らの「毛人」を「えみし」と訓ずるが、「えびす」の例はないとする。その上で、古代の「蝦夷」は、古くは「えみし」と読まれ、平安期に入り「えみす－えびす」に轉訛したと考える。

　その後も、高橋富雄（1963）、高橋崇（1986）、工藤雅樹（1998）らが「蝦夷」の読みについて述べた。それらによれば「蝦夷」表記は奈良時代には出現しており、平安時代のある時期までは、それを「えみし・えみす・えびす」と読んだことは間違いがない。

　また、伊藤循（1991：60頁）では、「蝦夷」は蔑称であったと考える。そして、その成立は持統3（689）年の浄御原令施行以降であるという。高橋富雄（1991）でも、「えみし」は美称、「えびす」は賤称であるとする。中路正恒（2001）では、それが正しいか否かを判定できる史料はないとしながらも、高橋によるその指摘は重要であるという。

　ところで、918年に成立した『本草和名』[5]は、「蝦夷」表記の読みに関する議論において、これまで利用されてこなかった文献であるが、10世紀頃のその読みを考える参考になる。そこには、当時の薬に利用された各種の植物や鉱物の名称が記されており、そのなかに、昆布の和名の一つである「衣比須布」が紹介されている。それは「えびすめ」と読まれ、「えびすの住む地域に産する海藻」くらいの意味であろうから、昆布の採れる地域に住む人々が「えびす」と呼ばれていた証になろう。現在、三陸沿岸から北海道沿岸にかけての海域にしか昆布は繁殖していないが、平安時代の気候は今日とそれほど変わらないので、海流の分布域もほぼ同じであり、寒流で育つ昆布は、東北地方北半以北で採れたと考えられる。『本草和名』に記された和名は、その時代に広く定着していたもののはずである。したがって、東北北半以北に住む人々は、10世紀頃の平安京あたりの人々によって、「えびす」と呼ばれていたことになろう。さらに言うならば、「衣比（えび）」という音は、10世紀以前からあった「蝦（えび）」を用いる「蝦夷」表記が存在したからこそ生まれたと考えることができる。すなわち、「えびす」という音があったからこそ、「蝦夷」表記は生まれたのであり、この音は、『日本書紀』成立の頃からあったことになろう[6]。

　以上を次の三つにまとめる。1)「えみし」の漢字表記には、「毛人」と「蝦夷」とがあるが、より古いのは「毛人」である。2)「えびす」の漢字表記は「蝦夷」あるいは「衣比須」である。3)「蝦夷」の訓は、古くは「えみし」あるいは「えびす」であったが、平安時代には「えびす」とだけ読まれるようになった。

　しかしながら本研究では、古代において東北地方に住んだ人々に対する蔑称として出現したかもしれない訓[7]、すなわち「えびす」は用いず、これまでの慣例を尊重し、「蝦夷」を「えみし」と読む。

表2 類「蝦夷」表記が指す内容

年代 諸項目	7世紀中葉以前	7世紀後葉～10世紀	～11世紀～
表記	毛人	蝦夷	蝦夷
読み	えみし	えみし・えびす	えぞ
地域	おおよそ関東～中部	おおよそ東北	東北北端部～北海道
国号	倭国	日本	日本
政治体制	大和政権	律令国家	王朝国家・中世国家

(3) 「蝦夷」と表記された対象の変化と古代「日本」との関係

　ところで、「蝦夷」表記は、時代が変われば、同じ地域に住む人々のことを指していたとしても、「狄」のように、異なる表記となる場合があった。また、「蝦夷」の読みも「えみし」→「えびす」→「えぞ」へと変化していた。

　ただし、当該時期・当該地域の人々を「蝦夷（えみし）」と一括りにする必然性がないことを知りながら研究を進めているとしても、研究対象の表記あるいは呼称を一つに定めると、研究対象自体が一つにまとめられるものであるかのような錯覚を覚えるかもしれぬ。そこで、そのような錯覚を払拭しておくために、「蝦夷」表記は、古代日本国が作り出した表記であり、東北北部の人々を一括して「蝦夷」と表記する必然性がないことを再度説明しておく。

　高橋富雄（1991：34-35頁）では、国号を倭国から日本に変更するのに対応して、辺境の住民についての表記を、毛人から蝦夷に変えているという。そして、その毛人と蝦夷は単に表記を変えただけではなく、指す対象が変化していると述べる。このことは、国号を変えるとともに、国家の辺境問題に重大な転換があったことを示すと高橋は考えている。その見通しはおそらく正しい。

　高橋は、毛人（えみし）＝東国の住人、蝦夷（えびす）＝日高見国の住人と考える。ただし、歴史上の蝦夷は政治的な観念である（高橋 1963）。あるいは、蝦夷とは政治的な概念である（関口 1992）。それは大和朝廷なり、古代日本国家がその歴史的局面ごとに辺境の人々にそのような枠組みを与えたということであり、6世紀以前に東国に「毛人」が住んでいたという事実があったとか、7世紀以降に日高見国に「蝦夷」が住んでいたという事実が何かに記録されていたということではない。

　国が成立するには、国の内と外とを明らかにせねばならぬ。律令国家成立期に、中国から与えられた名の「倭国」ではなく、政権自らが用いた国号「日本」を対外的に表明し、国の領域を明瞭にし、国の内に住む者と外に住む者とを分ける必要があった。そのときに、国の東や北の辺境に住む者に与えた表記が、「蝦夷」だったのである。また、石上英一（1987）も、「蝦夷」とは、「服属国を従える帝国の構造を創出するための夷狄の設定を目的として作り出された疑似民族集団的呼称である（68頁）」と述べている。このように、古代日本国と「蝦夷」とは、第一には国の内と外との関係を示す概念的なものであったと見るべきなのである。なお、「日本」という国号が国際的に表明されるのは、701年任命の大宝度の遣唐使のときである。670年の遣唐使は「倭国」と称しており、国号が「日本」と変更されたのは、7世紀後葉の天武・持統朝と考えられる（吉田 1997・森 2002）。

　ところで、国家体制の変遷と、東や北の辺境にいた人々の表記とその読みの変化とは、その時期

がほぼ一致しており、互いに連動しておこっているように思える。表2には、表1、田名網（1956）、高橋富雄（1963）、高橋崇（1986）、工藤（1998）などを参考にして「えみし」と読む表記である「毛人」「蝦夷」の指す内容の変化を見た。ただし、「えぞ」と読む表記の初出は11世紀であり（熊田　1986）、王朝国家期になって「えぞ」がはじまったとは言い難い。「毛人」「蝦夷」と「えみし」「えびす」までは古代日本国が積極的に残した表記やその読みであるが、公の文書に書き記すための特別の漢字表記を持たない「えぞ」という音については、国主導ではじまったものであるとは言えないであろう。

　以上に見てきたように、「蝦夷」という表記は、古代日本国－「蝦夷」＝内－外といった構造を示しているに過ぎない。したがって、古代の東北北部に住んだ人々を、「史料上に記されたところの蝦夷である」と規定はせず、それぞれの時期にそれぞれの地域に住んだ人々のなかに、いかなる文化要素を持つ人々がいたかを冷静に記述する態度をまずは持ち、論を進めるように心がける。なお、上記では、その使用に注意が必要であることを喚起する意味で「蝦夷」と記してきたが、以下ではカギ括弧をとり、蝦夷と記述する。

第3節　資　料

（1）　直接的に蝦夷について語る資料

　蝦夷に関する資料には、1) 文献、2) 人骨、3) 人工遺物、4) 地名（言語）、5) 自然環境の5種類がある。そして、これらの資料は直接蝦夷を語るものと、蝦夷と呼ばれた人々とかかわりがあったと仮定したうえで使える資料とに分けられる。

　そのうち、直接蝦夷を語る資料は、1) の文献だけである。なぜなら、蝦夷とは文献に記されたものである以上、蝦夷を直接示しているのは史料だけだからである。だが、文献は蝦夷自身が残したものではないので、資料批判を厳密におこない、その記述内容をどのように利用できるかを吟味しなくてはならない。

　蝦夷問題で用いることができる史料は、それが記された動機によって二通りに分けられる。『大宝律令』『養老律令』『類聚三代格』などに残された法令と、『日本書紀』『続日本紀』のような、古代日本国によって語り残したい意図が存在したはずの史料とである。前者には、『類聚三代格』に残された諸禁止令のように、政府にとって不都合な行為を禁止するという内容から、実際にあったことが読み取れる記事がある。一方、『日本書紀』『続日本紀』のような正史の場合、明らかに語り残したいことがあるのであるから、その語り残したい内容を読み取ることは重要だが、その内容が事実であったか否かは、別の史料・資料を用いて確かめなくてはならない。文献史学分野では、例えば『日本書紀』の蝦夷記事に対する坂本太郎（1956）のように、これまでも史料批判がおこなわれてきていることはいうまでもない。

　また、古代日本国が国境を設定し、それを人民に認識させる過程で、国境付近に暮らす人々に対して、国の内と外を決める標識に、どのようなものを利用したのかを知るには、それらの正史は有用である。そして、その標識の一つが、古代日本国の北あるいは東の外、または、その北と東の辺

境地域に住むとされた蝦夷という存在なのである。蝦夷表記が登場した史料やその時代背景から考えるならば、古代日本国が蝦夷像を作り広めたと推測できる。その像のなかには、事実を利用した部分もあったろうが、必ずしも事実である必要はなかった。本研究では、古代日本国の公的史料に記される蝦夷をそのような枠組みのなかでとらえる。

（2）　間接的に蝦夷について語る資料

　間接的に蝦夷について語る資料は、（1）で示した1）人骨、2）人工遺物、3）地名（言語）、4）自然環境の四つである。それらの資料のほとんどは、文献に記された蝦夷が住んでいたとされる時期および空間に存在した、ある人間とかかわると考えられる資料である。

　人間や人工遺物は移動する可能性があるので、蝦夷が住んだとされる時期・空間の資料でも、1）および2）には、実際にはそう呼ばれていなかった人々のものが含まれることもあろう。しかし、多くの場合、その判定は不可能である。したがって、蝦夷とされた人々の住んでいた地域に存在したものは、一律に蝦夷にかかわった資料であるとする。

　3）の地名は、当時のものが残っているとは限らないが、資料批判を経て当時のものと考えられるものは利用できる。また、地名は言語の一部なので、それをもとにして当時の言語の系統を推定することができる。

　4）の自然環境も、蝦夷が住んだとされる地域のものは、蝦夷とかかわりがあったと考える。気候や地形はそこでおこなわれた生業を推測する際の重要な情報となる。また、粘土類の鉱物的特徴や化学的性質は、各地の土器製作の内容を復元する際に有効な資料になるのである。

（3）　本研究で用いる資料

　以上のようなことから、本研究では文献史料と物質資料の両方を用いて、蝦夷がいかなる出自の、どのような生活様式を持つ人々であるのかを考える。だが、（1）（2）で見てきたように、蝦夷とは第一には史料に記された人々である以上、それ以外の資料はすべて間接的なものであり、蝦夷と関係のある資料であると仮定して論を進めるほかはない。したがって、蝦夷の住む空間と時間とを特定し、そこにある物質文化を蝦夷の資料とすることにする。

　本研究で対象とする時期は、5世紀末〜11世紀である。これは、東北北部で土師器が製作、使用されていた時期である。蝦夷に関する史料で、内容の信憑性が高いのは7世紀後半以降のものである。したがって、5世紀末以降という設定は、信頼できる史料中に認められる蝦夷の記載よりもいくらか古い。しかしながら、蝦夷に関する史料批判を考古資料を用いておこなううえでは、後に蝦夷と表記されるようになる可能性のある人々のことを見ておく必要があるので、考古資料にあわせて、対象とする時期を5世紀末以降とした。

　次に、資料とする空間を特定する。図1として、7世紀後葉〜9世紀初頭までに置かれた城柵の分布を示した。今泉隆雄（1992）によれば、城柵は古代日本国の蝦夷政策の一つとして造営された機関である。したがって、城柵が置かれた地域は、中央政府によって蝦夷の居住域、あるいはそこに隣接する地域であったと認識されていたことになる。

また、熊谷公男（1992a）は、住民構成と支配の形態にもとづき、古代の東北地方を城柵が設置された地域を中心にして次のように3分した。「(1) 蝦夷系と移民系の住民が雑居する近夷郡（＝城柵設置地域）を挟んで、(2) その北の蝦夷の居住地域、(3) 南の通常の国郡制支配の地域」(263頁) である。住民がいかなる人々であったかを考える場合には、この分け方がよい。

城柵の有無を基本にして分けた、東北地方の3地域（図1）は、『日本書紀』斉明5（659）年7月条に記された、「熟蝦夷（にぎえみし）」「麁蝦夷（あらえみし）」「都加留（つかる）」の存在した土地に、構造上は対応している。

斉明紀のその条によれば、熟蝦夷とは当時既に朝貢関係を結んでいた蝦夷である。したがって、郡が置かれた地域内に

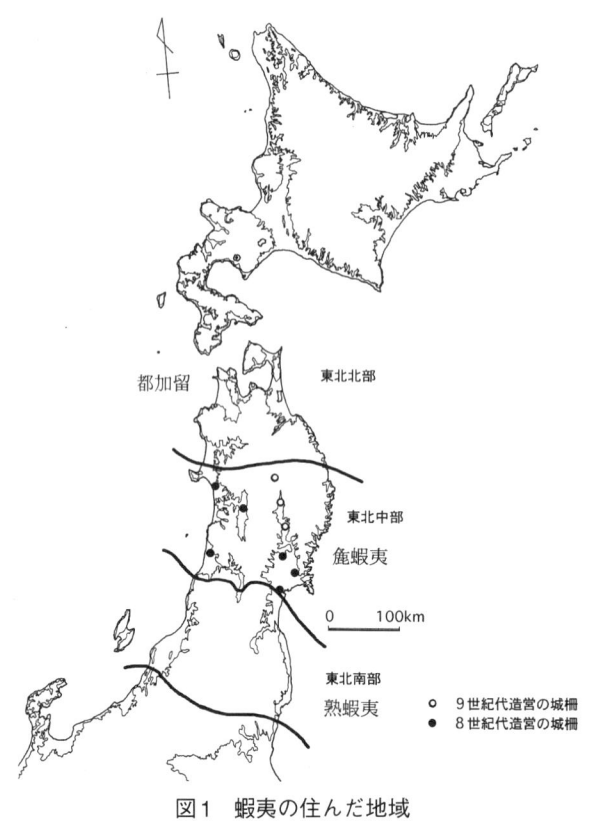

図1　蝦夷の住んだ地域

住む蝦夷がそれにあたるというのは無理のない考え方である。また、同じ条によれば、麁蝦夷は抵抗する蝦夷のことである。それが、後に城柵が造られた地域の蝦夷にあたるというのも、事実からそう遠くないであろう。

ただ、都加留という名称と違って、熟蝦夷・麁蝦夷というのは、蝦夷のうちの政権に近い者とそれに遠い者といった相対的な名称である。これらは、固有の地域に住む者を示す用語ではなく、呼ぶ者との関係が変化すれば、そう呼ばれる者たちの分布域も移動するというような性質のものである。それに対し、都加留は別の秩序を示す名称である。これは、そう呼ばれた者たちが居住していた地域名に由来するものであったかもしれない。その地域が限定できるならば、麁蝦夷の住んだ地域の一方の境は特定できることになる。おそらく、都加留の居住地は、7世紀後半において完全に古代日本国の外であり、空間的に少し離れていたのであろう。そして、同国の辺境地域の者と辺境に隣接する地域の者とが、蝦夷と表記され、二つに分けられたと考えられる。それが、国内の城柵不必要地域の熟蝦夷と、後に城柵が造られる地域の麁蝦夷だったのではなかろうか。

では、都加留の住んだ地はどこであろうか。音が類似しているという理由から、現在の津軽地方が含まれる可能性は十分あろう。『日本書紀』に津軽・渟代が記されている。渟代が現在の能代であるならば、その記載内容から、津軽は渟代よりも北にあると考えてよい。そうであれば、やはり都加留は現在の津軽地方を含むと考えるのが自然である。また、津軽平賀・津軽田舎・津軽鼻和・津軽山辺の各郡が12世紀に成立する（大石1990・遠藤1994）が[8]、それらは現在の津軽半島部

を除く津軽地方である。さらに、12世紀代の都人たちの詠んだ歌に「えぞがすむつかろの野辺の……」「……津軽の奥にとめられて　えぞかえらぬと……」という表現がある（海保 1987 など）。都の人々が、歌を整えるために用いた慣用的な表現であるかもしれないが、そのような表記が複数ある以上、当時の中央での常識を反映していると考えられる。12世紀代にあっても「つかる」という地域は「えぞ」が住む地域、つまり国外であると認識されていた可能性が高い。

　上記のことから、古代の史料に記される津軽は、現在の津軽地方以北であり、都加留が住んだ地域はそこに重なると考えられる。また、蝦夷が住んだ土地のうち、東北地方でも、現在の盛岡市と秋田市とを結ぶラインより南の地域には、9世紀初頭には既に古代日本国の公民たちが住んでいたことになっている。そこで、本研究では、12世紀になるまで古代日本国に編入されなかったとされる、東北北部の住民を蝦夷と一括された人々の典型と考え、その北に隣接する北海道南部の住民も、それに類すると認識されていたととらえて論を進める。

　したがって、本研究で用いる物質資料は、東北北部・北海道南部のものに限定する。東北北部とは、秋田県域北部の米代川流域と岩手県域北部の馬淵川流域以北青森県域まで、北海道南部とは石狩低地帯あたりから渡島半島までである。

第4節　方　法

(1)　物質文化を資料として人間を考える際の枠組み

　物質文化を資料として人間を考える際の枠組みを示すために、簡単な二つの式を示しておく。ただし、次の式は、本研究を進めるうえで基礎になっているものではあるが、あくまでも本考古学研究の作業上の式であることを強調しておく。

第1式　人間＝時間※空間※物質文化
第2式　物質文化＝自然※社会

「※」は、「関係する」というくらいの意味である。イメージとしては、乗法の「×」に近い。したがって、例えば第2式の場合、自然の緒要素と社会の緒要素とが一つ一つ、掛け合わされ、様々な組み合わせとしての「物質文化」を生むのである。また、第1式で述べる人間は、個人あるいは集団である。第2式の物質文化も、特定資料あるいは集合体である。

　ここに、あえてこのような式を記したのは、考古学的考察の対象となる物質文化には、人間にかかわる面だけでなく、自然としての面があり、それをもとに人間を考える際には、その自然面を考慮することによって、より広くて深い考察が可能になることを強調しておきたかったからである。

　例えば、土器は、人間の側に属す面（先の式では「社会」と言い表している）としての形態（機能とデザイン）・大きさ・表面装飾などを持つが、同時に、ある特定の場所の「粘土鉱物＋シルト＋砂」であるといった自然の面を持つ。そして、造岩鉱物が熔融するような高温焼成といった自然環境で生まれる土器（焼き物）であれば、そのような環境でも生産者が意図した形態を維持でき

る「粘土鉱物＋シルト＋砂」が選択されることになる。そして、それに適合するそれらの原料の産地は、ある特定の地層に限られる。人間が自然の性質を知っていて、はじめてそのような原料は利用されることになる。

　ここに示したのは土器についての一面であるが、物質文化は、人間が自然を利用して製作したものである以上、常に、人間の側の要求と、自然の側の規制とが掛け合わされて生まれている。したがって、人間の側に、利用したい意思や物質（自然）の性質についての理解がなければ、その物質（自然）は利用されない。認識もされないであろう。利用可能な自然が、人間の周辺に存在していたとしても、人間にとっては、単に背景としてしか存在していない場合もあるのである。例えば、磁器を生産する技術を持つ人間が登場するまで、日本列島においてその原料が発見されなかったことや、砂鉄はどの時代でも各地にあったが、それが利用されるようになるには、技術の移入が必要であったことなどがそれにあたる。ここに示したのは、すでにその自然利用法が確立していた異文化から人間が移動した例である。このように、人間による自然利用の変化は、規模に大小はあるが、文化の変化として見ることができる。

　以上のような認識により、物質文化を見る際に、人間面と自然面との両方を見る、これを本研究の基本姿勢とする。

(2)　人間の生活の基礎的活動にかかわる物質文化への注目

　利用する資料としては、普遍的に出土しており、なおかつ人間の移動を見ることのできる物質文化を選択する必要がある。そこで、本研究では、人間が飼育してはじめて東北北部に存在するようになった動物、人間の生活の基礎となる物質文化、少数の者だけが持つ技術などを選択した。第一に馬、第二に集落、第三に鉄、第四に土器（土師器と須恵器）を対象とした。

　第一の対象である馬は、日本列島に本来棲息していなかった動物であり、多くの地域では古墳時代に移入され、人間が飼うことによってその棲息地を広げていった。しかも、馬を飼う文化は、日本列島においては、南あるいは西の地域から東や北の地域へ拡大したと考えるのが一般的である。馬の存在とそれにかかわる文化要素は、東北北部の馬匹文化が日本列島内のその文化の動きのなかにあったことを示すのである。

　第二の対象とした集落については、まず、それが立地する自然条件に注目する。集落がいかなる自然条件に営まれたかを考えることは、そこでの生活の基本に据えられた生業などの諸活動の内容を復元するのに役立つからである。選択された自然条件は、ある生業をおこなっていた居住者の文化的背景を知る手がかりとなるのである。また、それらの集落から検出された住居跡・土器・墓等を対象として、生活様式を把握し、その文化的系統を考える。

　第三の対象とした鉄については、東北北部においてその生産が開始されて以降のことに注目する。とくに鉄製錬技術は専門性が高く、古代日本国においても、その産地が限定されていた。そのような技術が、日本国の領域外に、どのようにして、いかなる理由で定着したのか、そして、その生産者はいかなる系統の人々であったのかを考察する。

　第四の対象である土器については、製品としての土器とその生産技術を見る。製品として土器を

見るとは、生活様式を示す道具組成の一部としてこれを見ることである。土器の組成は文化の移動、ひいては人間の移動を示す場合があるからである。

　土器生産技術は、土器製作者の移動を示す場合と、土器流通体系の存在を示す場合がある。そして、土器製作者の移動には大きくは二通りある。専門の技術者としての移動、見方を変えれば技術の移動こそを目的とした場合と、婚姻や家族全体の移動の結果土器生産者である女性が移動したというようなタイプの土器生産者の移動、つまり土器生産技術の移動だけを目的としたものではない移動である。ただし、製作者の移動（技術の移動）なのか、製品そのものの移動なのかは、土器を表面から観察しただけではわからない場合があるので、土器の胎土分析的方法も用いて土器の移動や人間の移動を復元する。

　そして、物質文化を見るときに重要なのは、それらが存在した「場」の性質である。「場」が異なれば、その物質文化の社会的意味は変わる。本研究で対象とする「場」は、蝦夷社会である。だが、その社会は単一でなく、地域や時期によってその内容は違っていた。いかなる蝦夷社会であったかによって、そこに存在した物質文化の社会的意味は変わる。各々の地域における物質文化が示すことの違いを見て、蝦夷社会の多様さをできるだけ具体的に述べたい。

（3）　物質文化や生活の場の自然的要素への注目

　馬の飼育・集落・住居・鉄・土器は、自然環境と深くかかわる文化要素である。したがって、それらが存在した自然環境を把握することによって、その存在理由をより的確にとらえることができる。逆にいうならば、文化が異なれば、自然環境に対するアプローチも変わる。それが文化である。したがって、文化の変化を把握するために、ある自然環境へのアプローチの変化を見ることは、きわめて有効な方法である。

　後に述べるが、7～8世紀には、東北北部の東側で馬が飼われるようになった。では、なぜ、東北北部の西側でなく、その地域が選ばれたのか。それは、自然環境の諸条件を考慮に入れることによってよく理解できる。東北北部は東西間で自然環境の違いが大きいのである。

　そして、地域による自然環境の違いは、須恵器製作や鉄製錬ではとくに重要な問題となる。原料や燃料がなければ、それらの生産はおこなえないからである。また、自然の利用形態の違いは、文化の相違を示す。例えば、須恵器生産や鉄生産では、燃料および還元剤として大量の樹木を用いる。それは自然破壊的な利用と言えるのに対し、それらの生産技術が入る以前の東北北部における人々の自然利用は、破壊的ではない。そして、北海道には、自然破壊的な生産技術は入らない。そのような技術の存在は、北海道と東北北部の人々の持つ文化の違いを決定的にした。それは9世紀代にはじまる。ただし、自然破壊的文化は、東北北部の全域を覆いはしなかった。これもまた重要な点である。

（4）　土器胎土の化学成分分析の考古学への応用

　（2）と（3）は、どちらかというと、大雑把に社会全体の特徴を把握する方法だが、ここで述べるのは、社会に属する個人を対象とすることもできる方法である。そして、土器はその際の資料と

なるのである。どの土器も、必ず誰かによって作られたものだからである。だが、製作者個人を把握することは難しい。そこで、製作者個人の違いを、土器の形態・製作技法・土器胎土の化学成分の3要素に読み替えるという方法をとる。形態・製作技法の観察は、考古学一般でおこなわれる方法であるが、本研究ではそれを縦糸とし、それに横糸として土器胎土の化学成分を重ね、土器自体や土器製作技術が移動した事実を把握し、その移動原因を復元するという方法をとる。形態・製作技法の観察だけからでも土器の移動や土器製作技術の移動を推測できる。そしてさらに別の観点からの推測も重ねるならば、より確かな結論を導くことができると考えたのである。

　本研究で対象とする土器は、1）5世紀末葉～11世紀代の土師器、2）9～11世紀代のロクロ土師器、3）9～11世紀代の擦文土器、4）9世紀後半～10世紀代の須恵器である。それらの土器の生産技術は、すべて東北北部の外に由来するものである。1）の土師器は古墳時代社会の文化に系譜を持つ。1）は、古代日本国に存在した技術の移入によって生産がはじまった。2）は、源の一方を土師器に持ちながらも、北海道で発生した土器である。3）は、古代日本国に存在した技術を持つ人間がいなければ、生産できなかったものである。つまり、東北北部の古代の土器は、東北北部以外の土地の住民との関係なしには出現しなかったものである。したがって、土器を観察すること自体が、既に、東北北部とそれ以外の地域の人々との、相互の関係を導くことになる。そこで、本研究では土器を人間の移動を見るための資料とする。

註
（1）　和銅5（712）年に完成した『古事記』にも『日本書紀』と同時代の情報が記されたと考えることができる。しかしながら、国史体系本『古事記』によれば、応安4～5（1371～72）年に書写された最古の写本となる真福寺文庫本に「蝦夷」表記はない。ただし、寛永21（1644）年の板本（寛本）には「蝦夷」表記が1箇所見られ、真福寺文庫本では、そこに「瑕夷」という表記がある。「瑕」が、「蝦」の誤写なのか、それとも「瑕夷」という表記が中国あたりに本来存在したのか否かは不明である。倉野憲司ほか（1965）によると「蝦夷」表記となるのは寛本からである。それより古いと考えられる卜部兼永筆本も「瑕夷」である。この表記であれば、「えみし」よりも「かい」と読むほうが自然である。また、仮に、「瑕」が「蝦」の誤写であったとしても、『古事記』中には「蝦夷」表記が1箇所しかないことを重視しなければならない。

　『古事記』は稗田阿礼が誦んだことを太安万侶が撰録したものである。その序に「上古の時、言意並に朴にして、文を敷き句を構ふること、字に於きて即ち難し。已に訓に因りて述べたるは、詞心に逮ばず、全く音を以ちて連ねたるは、事の趣更に長し。是を以ちて今、或は一句の中に、音訓を交へ用ゐ、或は一事の内に、全く訓を以ちて録しぬ（日本古典文学大系本47-49頁）」と、述べられているように、本来、大和言葉の音であったものを、漢字で記したのである。語のならびは漢語的になっている部分が多いが、歌謡は字音で記されているし、固有名詞についても従来の慣用に随っている。このことと、「蝦夷」表記が存在しないこととは関係があるのではなかろうか。「瑕夷」が「蝦夷」を示している語だとしても、書写されるときに誤ったのでもない限り、それは「かい」と読むのが自然な文字であり、大和言葉というよりも漢音である。もともと稗田阿礼がその箇所で「えみし」あるいは「えびす」と誦んでいたのであれば、太安万侶も「瑕夷」という文字は使えなかったのではなかろうか。

『日本書紀』神武天皇戊午年10月の歌謡に「愛瀰詩（えみし）」とあるので、8世紀初頭にそのような音があったことは間違いない。したがって、「瑕夷」の部分に、稗田阿礼が「えみし」と発音した名称が本来あったならば、表記については、太安万侶が独自の判断で「□夷」という訓に置き換えたということになろう。

　『日本書紀』『古事記』ともに、蝦夷表記は景行天皇時代の記載に現れる。日本武尊（『日本書紀』）・倭建（『古事記』）が熊襲等の東西のまつろわぬ人々を討ち、広範な地域の支配の礎を築いたという文脈であるので、ここに多くの蝦夷表記が登場するのは理解できる。実際、『日本書紀』では、14箇所にその表記が見られ、書紀全体でも斉明天皇時代に次ぐ多さである。しかし、『古事記』には、瑕夷という表記が1点あるのみである。

　しかも、『古事記』において瑕夷が登場する箇所は、相模国あたりでの出来事を述べた後に、「自其入幸、悉言向荒夫琉瑕夷等、亦平和山河荒神等、還上幸時、到足柄之坂本……」となっているだけであり、「入」で示されている内容は抽象的で、稗田阿礼も太安万侶も「瑕夷」等を「言向ける」ことについては簡単にしか触れていない。その箇所の前後にある相模国や足柄山での挿話の内容が豊であることに比べると、具体的な伝承がないことをうかがわせる。坂本太郎（1956）でも、『古事記』に蝦夷の語が1箇所しかないことから、そのもとになった『帝紀』『旧辞』では、蝦夷に無関心であったし、それらには、大和朝廷の蝦夷征討の記録が存在しなかったと推測している。

　さらに、大同2（807）年、撰上の『古語拾遺』にも、神武天皇以降の古伝承が記されており、景行天皇時代の記載があるが、そこに「蝦夷」表記はない。日本武命が征討した相手は「東夷」となっている。『古語拾遺』は、「平城天皇の朝儀についての召問に対し、祭祀関係氏族の斎部広成が忌部氏の歴史と職掌から、その変遷の現状を憤懣として捉え、その根源を闡明しその由縁を探索し、それを「古語の遺りたるを拾ふ」と題し（中略）撰上した書である（西宮校注（1985）：159頁）」。古伝承の多くは『日本書紀』を下敷きにしていると考えられている（前掲書）が、「蝦夷」表記は一切ない。なお、本研究では、最古の写本である嘉禄本（嘉禄元（1225）年書写）を底本とする岩波文庫版を用いた。

（2）「毛人」が中国から取り入れられた表記であることと同様、「蝦夷」も中国での用法をそのまま輸入したという考えもある（児島 2003）。しかし、高橋富雄（1963）で考察されたように、中国における蝦夷あるいはそれに類する蝦□表記の登場は、宋代の『新唐書』以降である。『日本書紀』が成立した時期よりも古い中国の文書には見られない。「日本」国号と「蝦夷」とは、内と外といった対になる構造のなかで、どちらも、中国にではなく、古代日本国によって作られたものであるからこそ、『日本書紀』よりも古い頃の中国史書には見られないと考えるべきである。

　なお、中国最大の辞書である『漢語大詞典』の「蝦夷」の項目には、「古代日本の北方に住む未開化民族」と述べられており、初出は『新唐書』「東夷伝・日本」である。これは平安時代にあたる年代の文書である。中国には「蝦夷」という用法は本来なかったのであろう。また、同辞書の「瑕」の解説には「瑕夷」という項目はない。

（3）　諸本をもとに校訂された岩波日本古典文学大系本『風土記』における『常陸国風土記』によれば、東夷、国巣、都知久母（つちぐも）、夜都加波岐（やつかはぎ）、賊、阿良夫流爾斯母乃（あらぶるにしもの）という表記が見られる。

（4）『続日本紀』神亀2（725）年の記載に見られるような蝦夷によるとされる出来事すら、実際にあったのか否か問われねばならない。とりあえずここでは、実態は問わず、史料中に「内と外」といった二項対立の構造があったことだけを見ておく。

（5）『本草和名』は、1978年現代思潮社発行の『復刻　日本古典全集』を用いた。それは、唯一存在

　　　　した古写本を校訂し、寛政8（1796）年に版行した上下二巻を、写真銅版で複製したものである。
（6）　この他、10世紀中葉頃に成立した『和名類聚抄』には、「蝦夷」あるいは「衣比須」が付く和名として、「衣比須布」（昆布）、「衣比須久須里」（芍薬・シャクヤク）、「衣比須久佐」（決明・ケツメイ）、「衣比須根」（地楡・ワレモコウ）の四つがある（馬淵 1973）。昆布については、本文中に述べたのでくり返さない。芍薬は平安時代に中国から入った植物であり、エビスという音を持つ種名になった理由も、海外から移入された植物であるということと関連している可能性を考えることができるが、決明と地楡については、なぜエビスが付属しているのかわからない。10世紀中葉には、「衣比須〜」という植物名があるように、エビスは比較的よく用いられたが、これは東北北部の「蝦夷」と常に関連している名称ではないようである。
（7）　内（倭の人）と外（えみし・えびす）の論理で、奈良時代あたりの出現の当初は蔑称であったこともあろうが、時間の経過とともに、えびすは単なる蔑称ではなくなったであろう。内と外は、日常と非日常、ケとハレ、俗と聖、人間と神といった二項対立で組み立てられる構造のなかで、正と負の評価が柔軟に変換したことであろう。例えば、『古事記』景行天皇時代の記載には、「東方十二道の荒ぶる神」を言向けるという表現がある。外の存在に、単に負の評価を与えているだけではないことがわかる。
（8）　入間田宣夫（1997：16頁）では、建久2（1070）年にあったとされる東北北部における合戦の後に、津軽平賀・津軽鼻輪などの諸郡が建てられたと述べている。魅力的な説であるが、現在ではまだその評価は定まってはいないと考え、とりあえず、本研究では津軽諸郡の12世紀建置説によった。

第1部　物質文化から見た蝦夷社会の成立

第1章　蝦夷と馬

　高橋富雄（1991）は「古代北方エビスは、ウマの民ということを基本の特性とする（264頁）」と述べる。『扶桑略記』や『類聚三代格』の、8世紀前葉〜9世紀にかけての東北地方における蝦夷と馬に関する記事にのっとった解釈である。そして高橋は、渡嶋の蝦夷と出羽の蝦夷が馬を貢いだという『扶桑略記』養老2（715）年の記事[1]をもとに、馬を飼う習慣がなかった中・近世のアイヌ民族と渡嶋の古代の蝦夷とは別の系統の民族なのだという（270頁）。卓見である。

　『扶桑略記』に記された渡嶋や出羽の蝦夷は北海道や東北北部の住民と考えられる。したがって、そのような地域の蝦夷が馬と関係の深い文化の担い手だというのならば、それらの人々がいかなる過程を経て馬飼の民となったかを考えておかねばならない。今日の考古学・動物学的知見では、日本列島に本来馬は棲息していない。中西川駿ほか（1991）によれば、馬は弥生時代以降に人間によって朝鮮半島から移入された動物である。松井章（1990）や中西川ほか（1991）では、日本列島で馬が飼われた痕跡が増えるのは、古墳時代中期以降なのである。

　そして、考古資料にもとづくならば、東北北部でも遅くとも8世紀前葉までには馬が飼われるようになったことがわかる。『扶桑略記』に記された蝦夷による貢馬の記事のその時期である。本来、馬の住む土地ではなかった東北北部に馬がいたのは、どのような理由によると考えればよいのだろうか。また、先にあげた『類聚三代格』のなかには蝦夷が弓馬の術に長じていると記された9世紀代の記事があるのだが、縄文時代以来、戦闘などおこなう必要のない地域に住んでいたはずの東北北部の人々、すなわち蝦夷が、弓馬の術に長じるようになるのはなぜであろうか。最も合理的な解釈は、8世紀前葉以前に馬飼の技術を持つ人々が蝦夷の住む土地に移住し、馬が蝦夷とともに暮らすようになったという考えである。

第1節　蝦夷と馬に関する史料

　蝦夷と馬に関する史料のうち、最も古い8世紀代のもの2点をここであげる（史料1・2）。『類聚三代格』の史料2は官符なので、そこに記された年月日は当時のものと考えてよい。『扶桑略記』は平安後期にまとめられたものではあるが、喜田貞吉（1933）で考察されたように、平安前期にそれまでの五国史などにもとづいて菅原道真が編んだ『類聚国史』巻190「風俗　蝦夷」にもその年月日が記録されていることから、本来は『続日本紀』に含まれていた記事と見てよいであろう。例えば、国史大系本『続日本紀』には、この記事が加えられている。高橋富雄（1991）も、その記事は本来『続日本紀』に入るはずのものであったと考えている。養老2年の記事は、確かな記録であり、その書かれた時期も8世紀前葉であるとしてよかろう。そこで、これらの二つの史料についての研究を若干述べる。

史料1については、記載の通りに千頭の馬を貢いだとしている研究が主だが（高橋 1963、大石 1984、入間田 1986など）、喜田（1933：9頁）は、千頭の「千」という表記は「十」の誤写であろうとする。北構保男（1991）はそれを支持している。「千」であるか「十」であるかは明らかにはできない。そこで、馬の頭数を問うことをせず、養老2（718）年に（1）、出羽ならびに渡嶋の蝦夷が馬を貢いだ（2）、それに対し位禄が授けられた（3）、という3点を基本的内容として把握しておく。しかし、馬を貢いだのが、出羽ならびに渡嶋の蝦夷であったとしても、その馬が出羽と渡嶋の両地域に存在したか否かは史料からはわからない。

（1）とした、史料が残された時期については、否定する史料もないので前記の通りでよいとする。

史料1
養老二年
八月乙亥日。出羽幷渡嶋蝦夷八十七人來。貢馬千疋。則授位禄。

史料2
太政官符
應陸奥按察使禁斷王臣百姓与夷俘交關事
右被右大臣宣偁。奉勅。如聞。王臣及國司等爭買狄馬及俘奴婢。
咸以弘羊之徒苟貪利潤。略。良繼。馬。相賊日深。加以無知百姓
不畏忌章。賣此國家之貨。買彼夷俘之物。綿絁著賊襖冑。鐵亦
造敵農器。於理商量為言極深。自今以後。宜嚴禁斷。如有王臣及
國司違犯此制者。物卽沒官。仍注名申上。其百姓者一依故按察使
從三位大野朝臣東人制法隨事推決。
延暦六年正月廿一日

史料1 『扶桑略記』養老2（718）年
史料2 『類聚三代格』巻19　禁制事　延暦6（787）年（両史料とも国史大系本から転載）

それでは、（2）に記された二つの地域のうち、出羽はどこであろうか。出羽国が置かれたのは和銅5（712）年である。そして、一般には現在の山形・秋田両県域がその範囲とされている。だが、その地域は、この時期あるいはそれ以後の時期を含めても、馬の産地としては無名である。それに対し、東北北部東側は、古代から20世紀前半に至るまで馬産地として有名であった。また、後述するが、考古資料によれば、東北北部東側の八戸市域には当時馬がいた。そして『扶桑略記』の記事では、出羽の蝦夷とともに、さらに北の地域である渡嶋の蝦夷が馬を貢いでいる。このことから、ここに記された出羽は現在の山形・秋田両県域よりも北の地域、つまり東北北部を示している可能性がある。

『続日本紀』に、東北北部東側地域の蝦夷が出羽国と関係が深かったと考えることのできる記録が二つある。宝亀7（776）年5月2日条の「出羽国志波村賊反逆」[2]、宝亀8（777）年12月14日条の志波村賊と出羽国軍が戦うという記事である。前者の条の志波村について、熊谷（1992b：20頁）では、「出羽国の管轄下にあった志波村」と解釈している。『日本紀略』延暦22（803）年2月12日条と同年3月6日条に記された志波城は、現在の盛岡市に位置する遺跡に比定されている（盛岡市教委1981）ので、志波村は現在の盛岡市域にあったと考えてよい。東北北部東側地域はこの志波村の北に隣接する。以上から、8～9世紀の志波村よりさらに北の地域も出羽国との関係が深く、東北北部東側の住民が出羽の蝦夷と認識されていた可能性があろう。

大石（1997）では、9～10世紀の北奥羽の騒乱についての諸文献により、糠部（現在の青森県東部あたり）と出羽国との関係が深かったことを踏まえ、「9世紀後半から10世紀初めまでの糠部地方を外界と結ぶ交通路は、糠部から出羽国方面に出る東西の道が卓越していて、糠部地方の人々は、この交通路を利用して、出羽国府と接触していた」（44頁）と述べ、さらに、菅原道真の詩や三善清行の『藤原保則伝』における記述をもとに、それらの騒乱の原因の一つには馬の私的交易があったことと、糠部の馬が出羽国につながる道を通って交易されていたことを推測している。その騒乱の記事は9～10世紀のものではあるが、それ以前から糠部方面と出羽国の関係が深かったことをうかがわせるのである。

　それでは、渡嶋とはどこであろうか。それは、最近の多数の知見では北海道のこととされる（熊田 1994、樋口 1996など）。それらの意見にもとづけば、渡嶋の蝦夷とは北海道の蝦夷ということになる。ただ、小口雅史（2000）では、最近の渡嶋＝北海道説を踏まえたうえで、氏が以前に主張していた、津軽海峡を挟んだ北海道南部と津軽半島海岸部との両地域を渡嶋とする説（小口1992）を再度述べている。中世の津軽三郡ないし四郡の範囲が津軽半島海岸部におよんでおらず、むしろ、その海岸部は「西浜」「外浜」と呼ばれ、海とかかわる特殊な世界につながっていたことが、その根拠である。8世紀段階であれば中世にも増して、海につながる世界を外の世界と見た可能性はあろう。そこで本研究では、津軽半島海岸部から北海道にかけてを渡嶋とする。しかし、現在までのところ、北海道と津軽半島海岸部に8世紀前葉までに馬がいたという確実な証拠はない。北海道には馬飼に適した自然環境があるので、当時既に馬が存在したと考えたいが、現段階では不明としておく。

　史料2は、不正に対する禁止という内容なので、表現には多少誇張があったとしても、事実とそれほど大きな隔たりはないと考えられる。高橋富雄（1963）や大石（1984）をはじめ、蝦夷と馬に関する叙述をおこなう際に必ず取り上げられる重要な史料である。陸奥国按察使が陸奥国の王臣らに夷俘との交易を禁止しているのだが、そのなかに「狄馬」という表記がある。これまでの研究では、「狄馬」は蝦夷の持つ馬と解されている。「狄馬」を持つ蝦夷には、陸奥国内に住む者も、陸奥国に隣接する土地に住む者もいたであろう。隣接する土地とは、陸奥国よりも北の地であるから、東北北部が含まれる。

第2節　東北北部における7～8世紀前葉の馬と馬具

　8世紀前葉以前の東北北部において馬の骨が出土した遺跡は1例だけである。青森県八戸市根城の丹後平古墳群では、7世紀中葉頃から8世紀前葉にかけて営まれた古墳群とともに、土坑墓と考えられる遺構が複数検出された。そのなかに、一頭分の馬の歯が出土した2号土壙1基がある。古墳群と2号土壙の位置的関係を見るために、報告書から遺構分布図を転載した（図2）。その土壙からは馬の歯に伴う遺物が出土していないので、正確な時期は不明だが、土壙周囲から出土した遺物の年代は7世紀中葉～8世紀前葉に限られていることから、ほぼその時期のものと考えられる。

　小林和彦（1991：138-139頁）によれば、「ほぼ上顎、下顎が噛みあった状態を保っている」が、

「上下の顎骨をはじめとする頭骨および他の部位骨は全く検出されていない」という。それを小林は、頭骨全体がその土壙内にあったが、歯以外は腐植してしまった結果と判断し、2号土壙の規模を考慮して、1頭の馬が土壙に埋葬されていた可能性が高いと述べる。また、歯の計測値からの推定であると断わりながら、小林は埋葬された馬が中型馬の範囲に収まるとする。さらに、2号土壙に隣接する土壙についても、なかからはそれを示す遺物は出土していないが、容積や形態が類似することから、小林はそこに馬が埋葬されたと推測する。

東北北部において馬具が出土した7～8世紀前葉の遺跡は3ヵ所である。図3としてその位置を示したが、それらは東北北部東側の八戸市域周辺に集まる。すべて末期古墳群である。表3として、馬具が出土した遺構名、馬具の種類、出土位置と層位、共伴遺物、馬具埋置の時期をあげた。出土した馬具で最も多いのは轡だが、それらはすべて土師器や須恵器などとともに周湟に埋まっていた。青森県上北郡下田町の阿光坊遺跡9号墳の轡は周湟から約10cm離れて出土した。後の耕作によって周湟が削られた際に移動したと考え、ここに含めた。青森県八戸市沢里の鹿島沢古墳群の杏葉等の飾り金具は、宅地造成で小円墳が破壊された際に採集されたものである（江坂 1971）。出土位置や共伴遺物も定かでないが、末期古墳から出土したことは確実である。

表3に示した馬具の埋設年代のうち、轡については共伴した土師器の製作年代にもとづいて推定した。最も古い馬具の年代は丹後平21号墳出土品の7世紀中葉である。最新のものは丹後平15号墳出土品の8世紀前葉である。鹿島沢古墳群の杏葉等の飾り金具については、共伴遺物が不明なので、田中新史（1980）による金具自体の推定年代である7世紀中葉を採用した。

轡の推定製作年代が、共伴した土師器の年代よりも1世紀以上も古い場合があることは、岡安光彦（1984）の轡編年にもとづいて八木光則（1996）が述べた。ここではそれをくり返さない。ただ、表3に示した土師器の年代のうち、丹後平21号墳出土土師器を八木は報告書（八戸市教委 1992）にもとづいて7世紀後葉としているが、ここでは7世紀中葉と変更したので、その根拠を述べておく。

7世紀前後の東北北部の土師器編年が、宇部則保（2003）に示されている。それによると坏は3段階に分けられ、椀的なものから皿的なものへと変化する。そして、宇部は7世紀を前葉・中葉・後葉に分け、丹後平10号墳の土師器を後葉以降の形態とする。丹後平10号墳の土師器は7世紀後葉の須恵器と共伴するので、その判断でよい。丹後平21号墳の土師器は深い器形であり、10号墳の土師器より確実に古い形態である。だが、どれほど古いかはわからない。そこで、21号墳の土師器を7世紀中葉およびそれ以前とするのである。

以上に見たように、馬の遺存体や馬具の存在から考えれば、東北北部には遅くとも7世紀中葉～8世紀前葉までには、飼われた馬が存在している。そして、馬の埋葬や馬具の埋置は末期古墳の造営に伴う。末期古墳を造営する者には、馬を飼う人々が含まれていたのである。

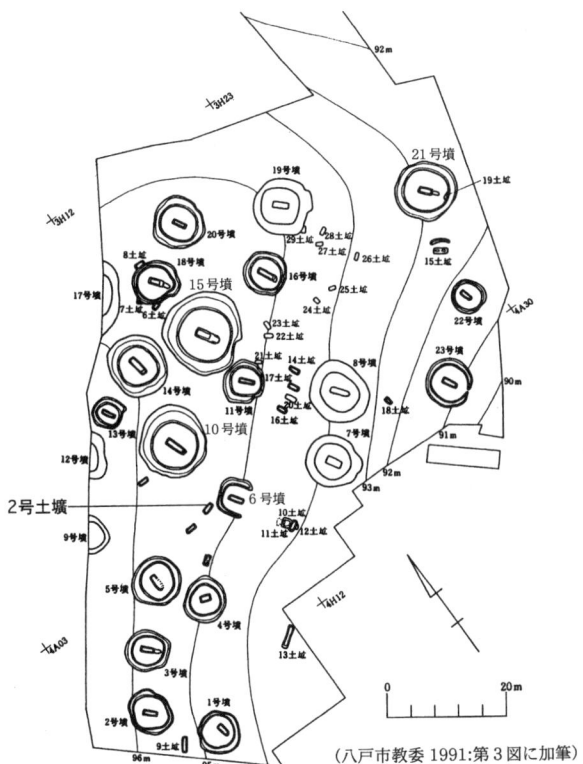

図2　丹後平古墳群における馬歯出土土壙の位置

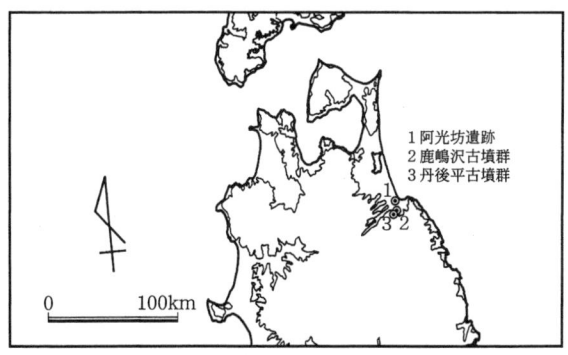

図3　7〜8世紀前葉の東北北部の馬関連遺物出土遺跡

表3　東北北部の7〜8世紀前葉遺跡出土の馬具

遺構名	所在地	馬具	出土位置	共伴遺物	推定造営時期
阿光坊9号墳	青森県上北郡下田町	轡	周湟覆土	土師器坏・高坏・球胴甕	7世紀後葉
阿光坊10号墳	青森県上北郡下田町	轡	周湟覆土	土師器坏	7世紀後葉
丹後平15号墳	青森県八戸市根城	轡	周湟覆土	土師器坏・高坏・甕・須恵器	8世紀前葉
丹後平21号墳	青森県八戸市根城	轡	周湟覆土	土師器坏・直刀・刀子	7世紀中葉
鹿島沢古墳群	青森県八戸市沢里	杏葉・留金具・蛇尾	玄室	須恵器	7世紀中葉

22　第1部　物質文化から見た蝦夷社会の成立

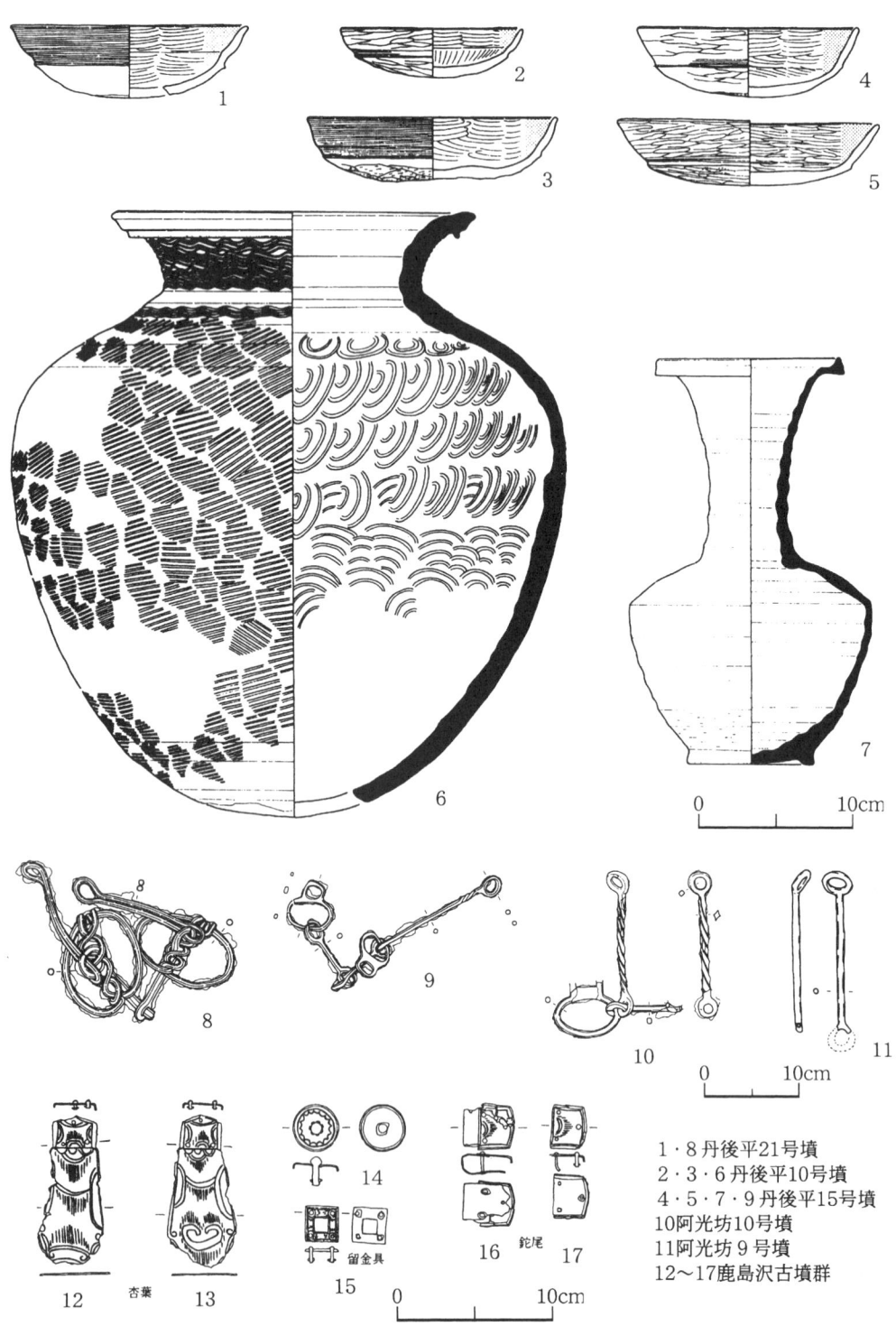

1・8 丹後平21号墳
2・3・6 丹後平10号墳
4・5・7・9 丹後平15号墳
10 阿光坊10号墳
11 阿光坊9号墳
12～17 鹿島沢古墳群

図4　東北北部の7～8世紀前葉の遺跡出土の馬具と共伴土器

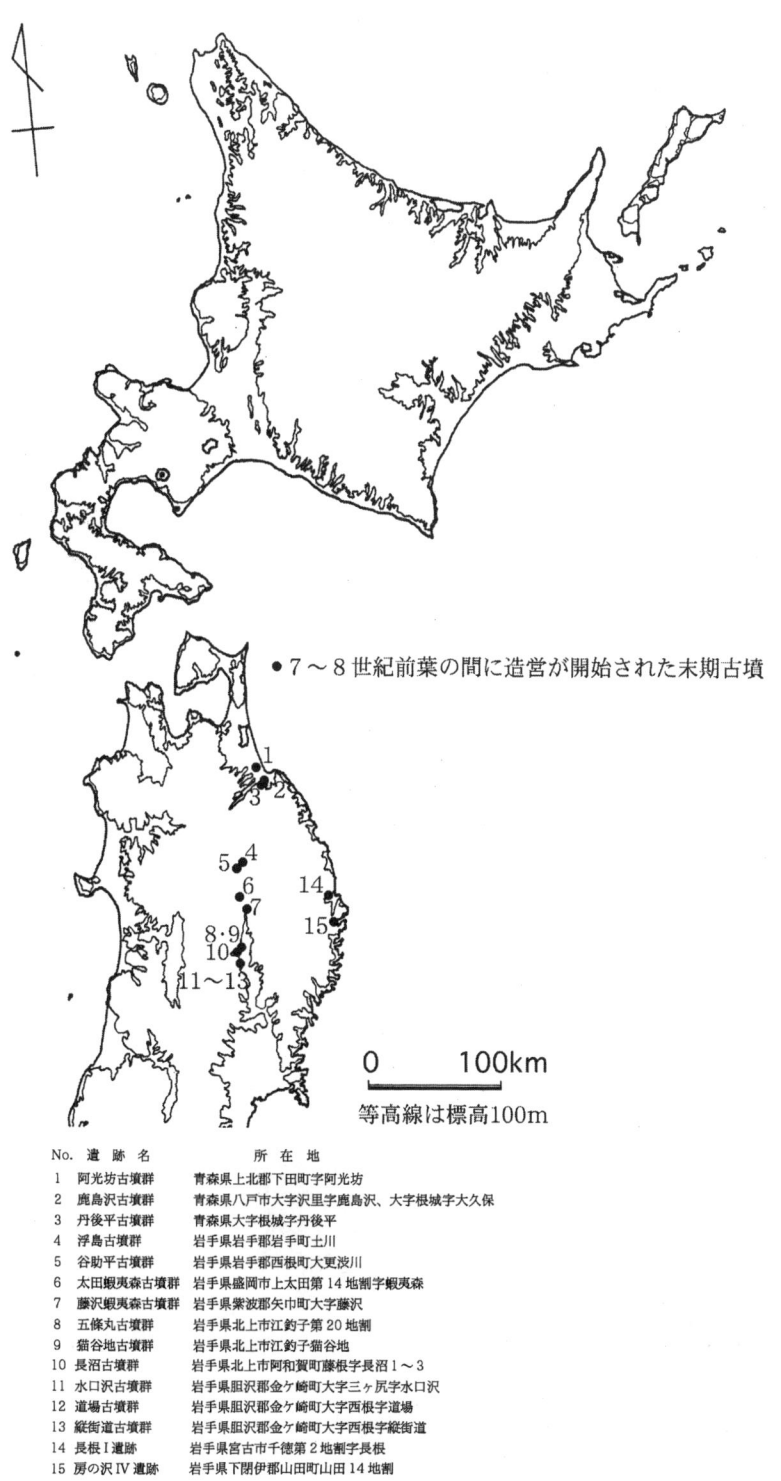

No.	遺跡名	所在地
1	阿光坊古墳群	青森県上北郡下田町字阿光坊
2	鹿島沢古墳群	青森県八戸市大字沢里字鹿島沢、大字根城字大久保
3	丹後平古墳群	青森県大字根城字丹後平
4	浮島古墳群	岩手県岩手郡岩手町土川
5	谷助平古墳群	岩手県岩手郡西根町大更渋川
6	太田蝦夷森古墳群	岩手県盛岡市上太田第14地割字蝦夷森
7	藤沢蝦夷森古墳群	岩手県紫波郡矢巾町大字藤沢
8	五條丸古墳群	岩手県北上市江釣子第20地割
9	猫谷地古墳群	岩手県北上市江釣子猫谷地
10	長沼古墳群	岩手県北上市和賀町藤根字長沼1～3
11	水口沢古墳群	岩手県胆沢郡金ケ崎町大字三ヶ尻字水口沢
12	道場古墳群	岩手県胆沢郡金ケ崎町大字西根字道場
13	縦街道古墳群	岩手県胆沢郡金ケ崎町大字西根字縦街道
14	長根Ⅰ遺跡	岩手県宮古市千徳第2地割字長根
15	房の沢Ⅳ遺跡	岩手県下閉伊郡山田町山田14地割

図5　7～8世紀前葉の間に造営が開始された末期古墳

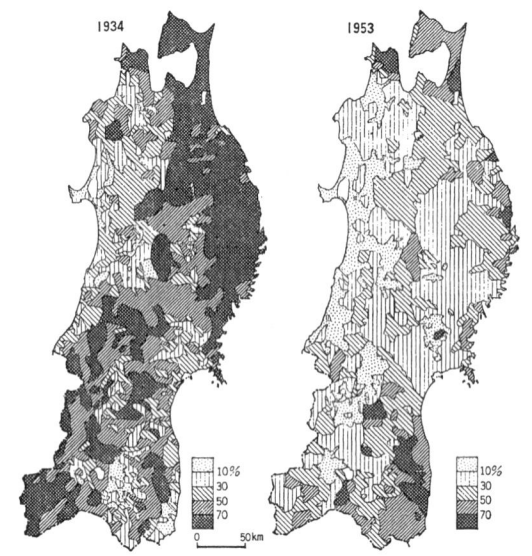

(農林大臣官房統計課「昭和8年、昭和9年、郡市別町村別統計書」『昭和28年冷害実態調査報告書』による）　　　　　（日本地誌研究所 1975:図35より転載）

図6　東北地方における水稲冷害率

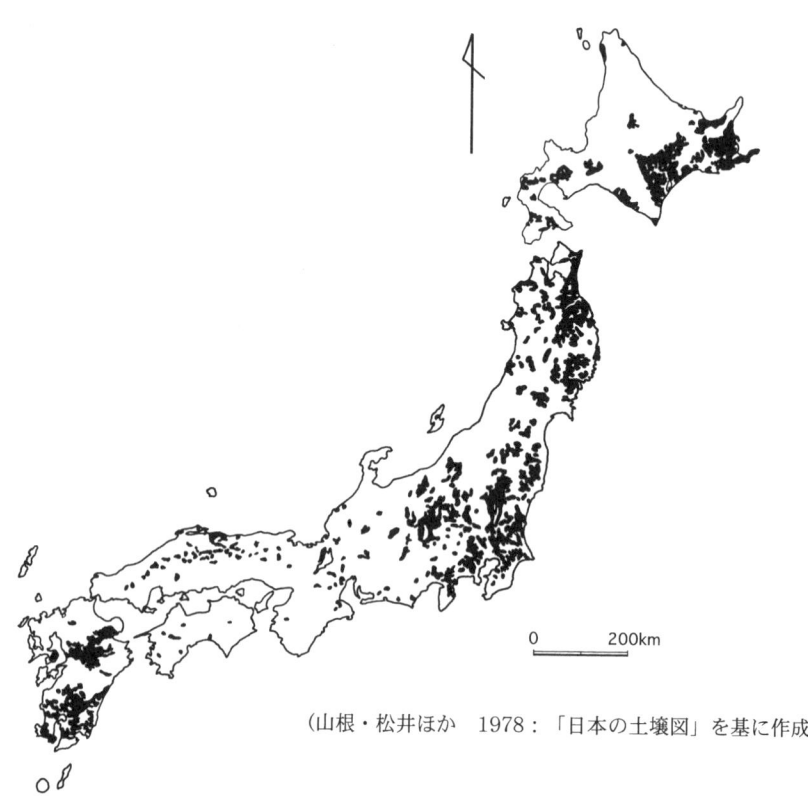

（山根・松井ほか　1978：「日本の土壌図」を基に作成）

図7　黒ボク土の分布

第3節　東北北部の末期古墳の分布する地域の自然環境

(1)　稲作不適地に作られた末期古墳

　7～8世紀前葉頃の末期古墳が造営される地域は、東北北部の東側に偏る。図5として、さらに対象地域を南に広げて、秋田県および岩手県域の末期古墳の分布を示したが、その分布域は奥羽山地の東側に限られている。このような分布の偏りは、末期古墳を造った人々が居住するにあたり、何か地理的要因を重視した結果なのではないかと思わせる。なぜ、東北北部の西側にではなく、東側に末期古墳を造る人々は居住したのであろうか。

　ところで、東北北部に隣接する農耕地帯は東北中部であるが、そこおよびその南の地域の沖積地でおこなわれた農耕の中心は稲作であった。東北地方において前方後円墳が築造された地域は、稲作地帯であった。しかしながら、東北北部の末期古墳造営地域は、稲作に適した地形および気候である西側ではなく、むしろ稲作には不向きな自然環境である東側を選択している。それはなぜであろうか。

　図6は、大冷害があった1934年と1953年の、水稲冷害率の分布を見たものである（日本地誌研究所編　1975）。冷害率の算出法には各種あるが[3]、市町村ごとの相対値である。一見して、東北北部東側が大冷害地帯であることがわかる。冷害を受けなかった年でも、東北北部東側は、津軽平野や秋田平野などの西側平野部よりも米の絶対収穫量が低い。

　さらに、東北北部の東側には黒ボク土が広く分布する（図7）。火山灰土である黒ボク土は、化学肥料の利用がはじまるまでの長い間、農耕に適さない土とされてきた。黒ボク土には活性アルミニウムイオンが一般土壌よりも多く含まれており、それが土壌中のリン酸イオンの大半を吸着し、植物（作物）に必要なリン酸の吸収を阻害するからである（松井・近藤　1992：104頁）。

　また、東北北部東側は丘陵や台地が広く（図8）、東北中部の北上川流域や東北北部の西側に比べて水稲耕作に適した土地が狭い[4]。日本地誌研究所編（1975：285頁）では、八戸市や下田町を含む馬淵川流域の記述として「従来この地域の農業経営は、夏に冷涼な気候、台地が広く沖積低地が狭い地形と、火山灰由来の土壌が広く分布するという自然条件の劣悪さから、雑穀生産と放牧馬産を主体にした粗放的農業経営であった」としている。その地形や気候などの環境は過去においても変わらないので、馬具を埋置した末期古墳が造営された東北北部東側の地域は、稲作を中心に据えた生業には不適であった。

(2)　馬飼に適した東北北部東側地域

　図9は、安田初雄（1959）に倣って、『延喜式』に記載された馬牧の分布を示したものである。『延喜式』には、陸奥国およびそれよりも北の地域の馬牧はあげられていないが、正倉院文書には、出羽国（天平4（732）年越前国郡稲帳）と陸奥国（天平6（734）年尾張国正税帳）が馬を進上したことが記されている[5]。両国では馬を入手できる環境にあったことがわかる。また、第二節に示した史料2『類聚三代格』延暦6（787）年条によれば、陸奥按察使が王臣・国司らが狄馬の私的

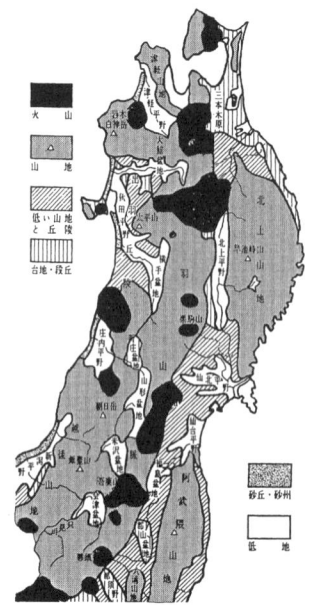

（岩波書店 1961：3頁を一部加工）
図8　東北地方の地形

（安田 1959、入間田 1988・1990 を基に作成）
図9　『延喜式』に記された牧の推定地と東北地方の中近世の牧

交易をおこなうことを禁じていた。陸奥按察使は陸奥・出羽国を管轄している。狄馬は蝦夷の飼う馬であり、両国の外の馬である。8世紀後葉では、東北北部と岩手県域が馬産の地域にあたる可能性をうかがえるのである。また、図7・9によれば、黒ボク土と馬牧はほぼ重なり（渡辺 1992）、東北北部と岩手県域もそれにあたるのである。

　黒ボク土は火山灰土にイネ科の植物が生えることによって形成される（佐瀬 1989）。火山灰土でまず成育する先駆植生は、ススキやササ等のイネ科草本である。その理由の一つに、火山灰土に多く含まれていて一般には植物の成育に有害なアルミニウムイオンを、イネ科草本は好んで吸収するということがある（松井・近藤 1992：102頁）。したがって、黒ボク土の分布は、ササやススキを含めたイネ科の草地が存在したことを示すのである。これらは馬の食料になる植物である。

　岩手山麓の約1万年間の黒ボク土中の植物珪酸体の分析（佐瀬・近藤 1990）や、八戸市の天狗岱露頭における、5000年前以降の黒ボク土の植物珪酸体の分析（佐瀬・細野 1999）によれば、東北北部東側には縄文時代以来黒ボク土が存在しており、そこの植生の主体は樹木で

なく、ササやススキなどのイネ科草本である。東北北部東側の黒ボク土地帯は、もともと馬飼に適した環境だったのである。また、アワやヒエなどの雑穀はイネ科なので、黒ボク土地帯でも十分育つ。

そしてもう一つ加えると、図10として示したように、東北北部東側は冬の積雪量が少ない。それに対し、稲作適地である東北地方西側の平野部は、積雪量が多い。雪の降る地域における馬飼で注意しなければならない点は、冬の馬の食糧の確保である。雑穀の茎部やススキなどを十分に確保し、室内で馬を飼うという方法もあるかもしれないが、7世紀代の建物遺構からはそれを推測できない。この時代に馬は、冬も外にいたと考えるべきである。そうであるならば、冬でも外で食料を確保できるような、積雪量の少ない地域が馬飼に適する。現在の下北半島には野生化した馬がおり、冬も外に暮らしているし、北海道の東部にも野生化した道産子が棲息しているが、どちらも積雪が比較的少ない地域である。

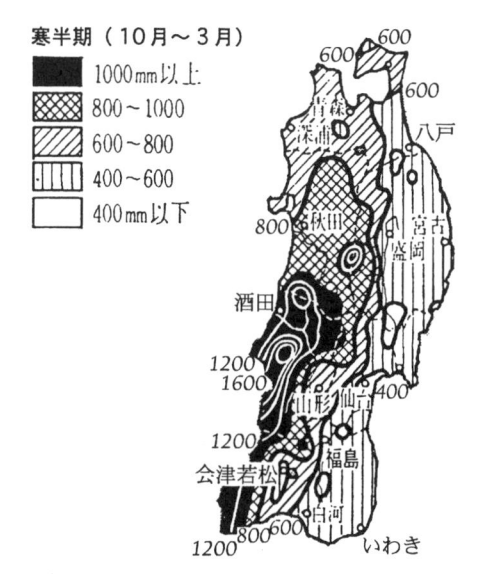

寒冷期の降水量分布（1921～1950年の平均）
（岩波書店1961：11頁より転載）
図10　東北地方の冬期降水量

市川健夫（1981）では、「北海道の土産馬の飼育は山林原野における年間放牧が原則であり、カヤ・ササ・スゲ・スゲモなどの野草が主要食料になっている。この中で特に重要なものがミヤコザサである（中略）また土産馬の飼育卓越地が、このミヤコザサの分布地とほぼ一致している」（45-46頁）と述べている。ミヤコザサは冬の放牧飼料として優れている（近藤 2001：173頁）。プラントオパール分析の結果、7～8世紀の東北北部にはササなどが多かった。積雪の少なさは、馬に冬の食料を約束したはずである。

以上見たように、7～8世紀前葉の東北北部に末期古墳を造営した人々は、稲作よりも馬飼および雑穀栽培に適した土地を選択していたのである。

第4節　馬飼をおこなった蝦夷

第3節で述べたように、東北北部には、7世紀後葉～8世紀前葉までには飼育された馬がいた。また、7世紀中葉～8世紀前葉の末期古墳には、轡を埋置するものがあった。その被葬者は、乗馬の技術を持つ者であったのだろう。そして、八戸市丹後平古墳群には馬を埋葬した土壙があった。桃崎祐輔（1993：117頁）では、「馬の供犠を伴う古墳の被葬者は馬飼育にかかわる集団の一員であった可能性が高い」と述べる。丹後平古墳群の例から明らかなように、蝦夷と表記された人々が住む地に、馬飼をおこなう者がいたのである。

轡を埋置した末期古墳が含まれる下田町阿光坊と八戸市丹後平の二つの古墳群は、馬淵川、五戸川、奥入瀬川らによって隔てられた台地にほぼ同時期に営まれていた。轡の存在が馬を飼う者の存在を示すとすれば、それぞれの台地には牧があり、馬がいたのであろう。

馬飼はいかなる目的でおこなわれたのであろうか。当時、古代日本では、馬は貢物、軍馬、駅馬、駄馬として使われていた（前沢 1991）。前沢は、「古代において、馬は国家とともにあった」（581頁）とも述べている。7世紀は律令制が整備される過程にある。古代日本各地を大和と結ぶのに、7世紀後葉の天武朝ごろから8世紀初頭の「大宝律令」制定の頃にかけて、駅伝制が定められ、実施されていった（田名網 1969）。駅路には30里（16km）ごとの駅家に駅馬が置かれた。例えば、東北南部への路である東山道や東海道は中路なので、各駅家には10頭ずつの馬が必要であった。ましてや全国では多数の馬が必要となったはずである。厩牧令には、駅伝馬頭の騎用馬を民間から調達する規定がある（山口 1995）。東北北部で飼われた馬も、それぞれの地域内での私的な使用だけではなく、例えば駅馬や駄馬として古代日本国の領域内で使われたと推測できる。

ところで、本来、棲息していなかったはずの馬が、東北北部で飼われるようになったのにはいかなる経過があったのであろうか。岩手県水沢市佐倉河の中半入遺跡から5世紀後半〜6世紀初頭の馬の歯が出土している（富岡 2002）。当時、北上川中流域にはすでに飼われた馬がいたのである。したがって、放牧されていた馬が逃げ、野生化した馬が7世紀までの間に東北北部で繁殖していた可能性もあろう。だが、馬がいるというだけでは、馬飼の十分条件にはならない。馬を飼う意思がなければ、馬飼ははじまらない。例えば、渡島半島には15世紀後半、北海道中央部には18世紀前葉以降に、馬がいた（鈴木 2002）。しかし、近世のアイヌ民族は馬を飼育しない。したがって、東北北部で7世紀のうちに馬が飼われるようになるのは、馬を飼おうとする人間の存在を考えるべきなのである。

7世紀の東北北部にはすでに馬が棲息していたが、その馬を飼おうとした人間が在来の人間であったとは考えられない。馬飼をおこなった蝦夷を、古代日本国から移住した者であると推測する根拠はここにあるのである。

註
（1） 国史大系本の『続日本紀』には、『類聚国史』をより所として、この記事が加えられている。
（2） この記載は新日本古典文学大系本によったが、国史体系本の頭注は「出羽国、此下恐当補言字」としている。だが、底本、諸異本ともに出羽国の下に「言」などという文字はない。また、熊谷（1992b）はその頃までに志波村の蝦夷は出羽国に来貢したことがあり、出羽国でも志波村をその管轄下に置かれていたと考えている。ここではその説により、出羽国の志波村と解釈する。
（3） 浅井辰郎（1950）によれば、冷害率の算出法は、統計によって異っているが、1934年の資料は、次のようにして算出されたとのことである。冷害率（％）＝（1929〜1933）平均反収－1934年平均反収／（1929〜1933）平均反収×100。
（4） 青森県上北郡下田町の南に隣接する五戸町には、鎌倉時代に公田があった（「新渡戸文書」岩手県教委（1960））。東北北部東側は、水稲耕作には適していないが、おこなえなかったわけではない。
（5） 青森県史編纂古代部会編（2001）に採録された「正倉院文書」を用いた。

第2章 蝦夷の集落

　第1章では、7〜8世紀前葉までの東北北部の蝦夷のなかに、馬飼をおこなう者がいたことを述べた。その時期、轡が埋置された末期古墳が分布する地域は、東北北部の東側だけであった。それまで東北北部に馬を飼う人々はいなかったが、その地域に、牧畜に適した自然環境があったからこそ、馬飼の技術を持つ人々が移住してきたのだと考えた。

　4〜6世紀の間、東北北部では集落遺跡がほとんど知られていない（小野 1998）。東北北部東側の5世紀末頃の極く少ない例を除けば、多くは7世紀以降の集落であり、しかも、その分布域は馬飼がおこなわれたと考える地域と重なる。つまり、集落の造営も、馬飼も、同じ時期に、東北北部の東側で、新たにおこったのである。したがって、新たな集落を営んだ人々のなかに馬を飼う者たちがいたと考えられるのだが、それらの集落の構成者が、いかなる出自の者たちであるかは、物質文化の伝播を考察することによって可能なはずである。

　そしてこの時期には、東北北部と類似した集落が北海道石狩低地帯周辺にも営まれた。東北北部の東側と石狩低地帯周辺は、東北北部の西側と違い、夏に冷涼な地域である。西側地域は稲作に適しているが、夏に吹くヤマセの影響で、東側地域は20世紀後半にいたるまでは、稲作不適地としての認識が一般的であった。しかも、花粉分析にもとづいた気温研究によれば、7〜8世紀は古墳寒冷期と呼ばれる冷涼期にあたる（阪口 1989）。そのような時期に、少しでも温暖な西側地域にではなく、むしろ冷涼な東側地域に集落が多く存在したのはなぜであろうか。

　その次に問題にするのは9〜11世紀の集落の分布である。この時期には前時代と異なり、東北北部の西側に集落が多数営まれ、様々な新しい技術が定着する。そして、北海道を中心にして、擦文文化が独自色を強く持つようになる時期でもある。

第1節　集落の分布・立地条件・規模

（1）　5世紀末〜6世紀初頭

　表4として、5世紀後葉〜11世紀の東北北部の集落遺跡名と、それぞれの集落における時代ごとのおおよその住居数をあげた[1]。5世紀末〜6世紀初頭頃の住居跡が検出された遺跡は、東北北部の東側に位置する青森県八戸市田向の田向冷水遺跡の1例だけである。

　図11として田向冷水遺跡の立地条件を見た。遺跡は、標高6m前後の沖積地に面した標高8〜20mの低い段丘上にある。図では、縄文時代以来の周辺の遺跡範囲を太い線で囲んであるが、田向冷水遺跡を含めて、標高が10〜20m前後である低い地点に分布する遺跡は縄文時代早期・後期・晩期、弥生時代前期、中世、近世のものである。それらの時代は、阪口（1989）によると寒冷な時期である。沖積地が、ある程度乾燥して利用しやすくなった時期に、標高の低い地点に集落

30　第1部　物質文化から見た蝦夷社会の成立

表4　東北北部および北海道南部の集落遺跡（1）

No.	遺跡名	所在地	～6C前	6C後	7C前	7C後	8C前	8C後	9C前	9C後	10C前	10C後	11C後	住居数	竪+掘
1	丸子山	北海道千歳市中央2524												6	
2	末広	北海道千歳市末広				+	+	◎	+			○		101	
3	K435	北海道札幌市北区24条西12丁目					+	+	+	+	+	+	+	24	
4	サクシュコトニ川	北海道札幌市北区17条西13丁目							+	+	+			5	
5	沢町	北海道余市郡余市町字沢町						+						4	
6	札前	北海道松前郡松前町字札前										+	+	33	
7	矢不来(3)	北海道上磯郡上磯町字矢不来			+									3	
8	中里城	青森県北津軽郡中里町大字中里字亀山									+	◎	◎	80	
9	蓬田大館	青森県東津軽郡蓬田村大字宮本								+	+	+	+	16	
10	神明町	青森県北津軽郡金木町大字芦野									+			5	
11	外馬屋前田	青森県西津軽郡鰺ヶ沢町大字北浮田町字外馬屋前田								○	+			18	
12	杢沢	青森県西津軽郡鰺ヶ沢町大字湯舟字若山							+	+	+	+	+	21	
13	宇田野(2)	青森県弘前市大字小友字宇田野							+	+	+			15	4
14	下恋塚	青森県弘前市大字三和字下恋塚							+	+	+			15	
15	隠川(3)	青森県五所川原市大字持子沢字隠川							+	+	+			6	2
16	隠川(4)(12)	青森県五所川原市大字持子沢字隠川						+	+	+	+			13	
17	蛍沢	青森県青森市駒込字蛍沢							◎	+	◎			62	
18	小三内・三内丸山(2)	青森県青森市大字三内字丸山							+	○	○			23	
19	三内	青森県青森市大字三内字丸山							+	○	○			29	
20	近野	青森県青森市大字安田字近野							+	◎	◎			116	
21	朝日山	青森県青森市大字高田字朝日山							+	◎	◎	+		72	7
22	野木	青森県青森市大字合子沢字松森							○	+	◎			573	
23	山下	青森県青森市大字宮田字玉木								○	+			4	1
24	山本	青森県青森市大字橫内字山本							+	○	○			22	1
25	野尻(1)	青森県南津軽郡浪岡町大字高屋敷字野尻							+	◎	◎	◎		56	36
26	野尻(4)	青森県南津軽郡浪岡町大字高屋敷字野尻							+	+	◎	+		41	41
27	野尻(2)	青森県南津軽郡浪岡町大字高屋敷字野尻							+	○	+			10	2
28	野尻(3)	青森県南津軽郡浪岡町大字高屋敷字野尻							+	+	+			17	14
29	高屋敷館	青森県南津軽郡浪岡町大字高屋敷字野尻								○	◎	◎		75	
30	山元(2)	青森県南津軽郡浪岡町大字杉沢字山元							+	◎	◎	+		108	4
31	山元(3)	青森県南津軽郡浪岡町大字杉沢字山元							+	+	◎			17	1
32	平野	青森県南津軽郡浪岡町大字五本松字平野									+			6	
33	羽黒平(1)	青森県南津軽郡浪岡町大字五本松字羽黒平							◎	◎	◎	+	+	97	12
34	源常平	青森県南津軽郡浪岡町北中野字上沢田								◎	+	+	+	72	
35	杉の沢	青森県南津軽郡浪岡町吉内字杉の沢									+			10	
36	松元	青森県南津軽郡浪岡町大字本郷字松元							◎					23	1

No.	遺跡名	所在地							住居数	
37	高館	青森県黒石市大字高館字丁高原					◎	+	118	
38	豊岡(2)	青森県黒石市大字豊岡字長坂				+	+	+	17	
39	牡丹平南	青森県黒石市大字牡丹平字牡丹平南				+	+		14	
40	浅瀬石	青森県黒石市大字浅瀬石字山辺			○				31	
41	李平	青森県南津軽郡尾上町大字李平	+						3	
42	李平下安原	青森県南津軽郡尾上町大字李平下安原		◎	+	○	○	+	143	
43	五輪野	青森県南津軽郡尾上町大字猿賀字明堂		+	+	◎	◎		53	
44	鳥海山	青森県南津軽郡平賀町大字沖舘字比山館				◎	◎		52	
45	大平	青森県南津軽郡大鰐町大字長峰字杉浦平				◎	◎		50	
46	永野	青森県南津軽郡碇ヶ関村大字碇ヶ関字永野					+	○	24	10
47	古館	青森県南津軽郡碇ヶ関村大字懸田古館岸				+	◎		46	
48	北の林 I	秋田県鹿角市大字八幡平字北の林				◎	+	○	22	3
49	北の林 II	秋田県鹿角市大字八幡平字北の林				+	+		11	3
50	飛鳥平	秋田県鹿角市大字八幡平字飛鳥平					○		8	
51	上葛岡IV	秋田県鹿角市大字八幡平字上葛岡					○		12	
52	一本杉	秋田県鹿角市大字花輪字一本杉					○		9	
53	赤坂A	秋田県鹿角市大字花輪字大久保						+	17	
54	赤坂B	秋田県鹿角市大字花輪字赤坂						○	15	
55	中の崎	秋田県鹿角市大字花輪字中の崎				+	+		20	
56	案内III	秋田県鹿角市大字花輪字案内					○		13	
57	妻の神 I	秋田県鹿角市大字花輪字妻の神	+			○		○	33	
58	御休堂	秋田県鹿角市大字花輪字陳場						○	3	
59	下田沢	秋田県鹿角市大字花輪字下沢田						○	11	
60	堪忍沢	秋田県鹿角市大字花輪字堪忍沢					+		6	
61	太田合地館	秋田県鹿角市大字花輪字中畑					+	◎	56	
62	高市向館	秋田県鹿角市大字花輪字高市向		+		+	◎		27	
63	小枝指館	秋田県鹿角市大字花輪字元古館他							4	
64	大湯	秋田県鹿角市大字十和田大湯字万座他				+		○	26	
65	はり主館	秋田県鹿角郡小坂町大字小坂字下モ上ハ山						○	31	3
66	白長根館 I	秋田県鹿角郡小坂町大字白根字白長根				+	+	+	6	
67	横沢	秋田県北秋田郡比内町大字扇田字横沢						+	7	
68	袖ノ沢	秋田県北秋田郡比内町大字宿内字袖ノ沢							5	
69	餌釣	秋田県大館市大字餌釣字山王岱				+	+		8	
70	山王岱	秋田県大館市大字餌釣字山王岱				○	○		5	
71	池内	秋田県大館市大字池内字上野					+	+	32	

※1 住居数は、0〜9棟を+、10〜19棟を○、20棟以上を◎で示した。
※2 「堅+堀」は、「堅穴+堀立建物」の略である。

表4 東北北部および北海道南部の集落遺跡 (2)

No.	遺跡名	所在地	～6C前	6C後	7C前	7C後	8C前	8C後	9C前	9C後	10C前	10C後	11C	住居数	竪+掘
72	上野	秋田県大館市大字池内字上野												1	
73	塚の下	秋田県大館市大字大茂内字塚の下										+	+	9	
74	粕田	秋田県大館市大字大森字上位										+	+	7	1
75	脇神館	秋田県北秋田郡鷹巣町大字脇神字タタラノ沢										◎		35	
76	法泉坊沢Ⅱ	秋田県北秋田郡鷹巣町大字脇神字法泉坊沢										○		17	
77	胡桃館	秋田県北秋田郡鷹巣町大字綴子字胡桃館								+	+			4	
78	土井	秋田県山本郡八森町字土井								+	+			6	
79	湯ノ沢岱	秋田県山本郡峰浜村大字湯ノ沢岱								+	○	○		38	3
80	上の山Ⅱ	秋田県山本郡峰浜村大字浅内字上の山									○	◎		39	4
81	寒川Ⅱ	秋田県能代市大字浅内字寒川家の上								+	+			16	
82	十二林	秋田県能代市大字浅内字十二林								+	+			12	1
83	福田	秋田県能代市大字浅内字福田上野							+	+	+			19	1
84	土尾駮(1)	青森県上北郡六ヶ所村大字尾駮字上尾駮											+	5	
85	発茶沢	青森県上北郡六ヶ所村大字鷹架字発茶沢									○	○	○	56	8
86	堀切沢(3)	青森県上北郡六戸町大字落瀬字堀切沢					+	+						4	
87	向山(4)	青森県上北郡下田町字向山				+	○	◎						5	
88	中野平	青森県上北郡下田町字中野平						+	+	+	+			48	1
89	根岸(2)	青森県上北郡百石町字下谷地						+	+					13	
90	田向冷水	青森県八戸市大字田向冷水、デントウ平地内	+											2	
91	根城	青森県八戸市大字根城字東構			+	○	+	+	◎	+	+	○		82	
92	丹後谷地	青森県八戸市大字根城字丹後谷地			+		+			+				4	
93	田面木平(1)	青森県八戸市大字田面木字田面木平				◎	+			◎				24	
94	丹後平(1)	青森県八戸市大字妙坂中				+	+							2	
95	湯浅居新田(2)	青森県八戸市大字沢里字湯浅居新田				+	+							5	
96	田面木	青森県八戸市大字田面木字上野道下					○	+	+	+				22	
97	酒美平	青森県八戸市大字田面木字酒美平					+	+		+				4	
98	熊野堂	青森県八戸市大字売市字熊野堂					+	+	+	+	○			60	
99	岩ノ沢平	青森県八戸市大字櫛引字ミタラセ					+	+	+	◎	◎			160	
100	境沢頭	青森県八戸市大字豊崎町字境沢頭					+			+	+			10	
101	風張(1)	青森県八戸市大字是川字秋森					+		+	+	+	+		27	
102	八幡	青森県八戸市大字八幡字館								+	+			15	
103	泉山	青森県三戸郡三戸町大字泉山字田の上					+							8	
104	堀野	青森県三戸郡三戸町大字堀野字馬場			+									10	
105	上田面	岩手県二戸市大字金田一字上平				◎	+			+				35	
106	駒焼場・府金橋	岩手県二戸市大字金田一字駒焼場				+	+					◎		50	
107	長瀬A・B	岩手県二戸市米沢大字長瀬				+	◎			+	+			44	

第2章　蝦夷の集落　33

No.	遺跡名	所在地							住居数
108	長瀬C	岩手県二戸市大字米沢字長瀬		◎					24
109	長瀬D	岩手県二戸市大字米沢字長瀬		+					5
110	中曽根II	岩手県二戸市大字石切所字中曽根			+	◎	+		79
111	寺久保	岩手県二戸市大字石切所字寺久保				+			3
112	火行塚	岩手県二戸市大字石切所字火行塚					+		9
113	青ノ久保	岩手県二戸市似鳥字青ノ久保	+					+	10
114	一戸城	岩手県二戸郡一戸町大字一戸北館	+	+	+	+			12
115	北館A	岩手県二戸郡一戸町大字一戸北館		+	+				4
116	北館B	岩手県二戸郡一戸町大字一戸北館	+	+	+	+			11
117	上野	岩手県二戸郡一戸町大字上野	+	+	○	+	+		36
118	親久保II	岩手県二戸郡一戸町大字親久保					+	+	5
119	田中4・5	岩手県二戸郡一戸町大字館字田中			+	+		+	14
120	子守A	岩手県二戸郡一戸町大字館字子守							4
121	飛鳥台地I	岩手県二戸郡浄法寺町大字御山字飛鳥台地			○	◎	+	+	79
122	桂平	岩手県二戸郡浄法寺町大字御山字桂平				+	+	+	13
123	沼久保	岩手県二戸郡浄法寺町大字御山字沼久保					○	+	7
124	五庵I	岩手県二戸郡浄法寺町大字駒ヶ嶺字五庵			+		+		27
125	大久保I	岩手県二戸郡浄法寺町大字御山字大久保							4
126	上の山VII	岩手県二戸郡安代町上の山				+	◎	+	36
127	関沢口	岩手県二戸郡安代町中佐井字関沢口					○		5
128	扇畑I・II	岩手県二戸郡安代町扇畑					+		12
129	保土沢	岩手県二戸郡安代町小柳田	+						5
130	叺屋敷Ia	岩手県二戸郡軽米町大字晴米字叺屋敷			○			+	7
131	駒板	岩手県二戸郡軽米町大字山内字駒板			+				14
132	水吉VI	岩手県二戸郡軽米町大字山内字水吉							7
133	江刺家	岩手県二戸郡軽米町大字江刺家		○			○		32
134	巳角子久保VI	岩手県九戸郡九戸村大字晴山字小沼					+		5
135	丸木橋	岩手県九戸郡九戸村大字江刺家字丸木橋						+	10
136	川向III	岩手県九戸郡九戸村大字伊保内字川向		+			+		3
137	平沢I	岩手県久慈市長内町				○		+	38
138	上野山	岩手県久慈市長内町		+					4
139	源道	岩手県久慈市源道第13地割		+	○	+	○		43
140	中長内	岩手県久慈市中長内第28地割			○	○	+		52
141	小屋畑	岩手県久慈市伊保内字長内第19地割		+	+	+	+		11

※1　住居数は、0～9棟を+、10～19棟を○、20棟以上を◎で示した。
※2　[竪+掘]は、[竪穴+掘立建物]の略である。

1：田向冷水（5〜7世紀 8〜20m）　2：市子林遺跡（奈良〜平安 30〜50m）
3：風張(1)遺跡（奈良〜平安 20〜30m）　4：弥次郎窪遺跡（平安 40〜45m）
5：狐平遺跡（平安 50m）
※数字は標高
（八戸市教委 2001：第2図を加工）

図11　田向冷水遺跡周辺の地形

が営まれたと解釈できる。裏付ける証拠はいまのところないが、5世紀末〜6世紀初頭の田向冷水遺跡周辺の沖積地では、雑穀や稲などが栽培されたのかもしれない。この時期は、後述する7〜8世紀に展開する末期古墳を持つ集落とは異なり、沖積地の近くに集落が造営されたことが特徴である。

(2) 7〜8世紀代の集落

表4からわかるように、東北北部に多くの集落が営まれるのは7世紀に入ってからである。また、表にあげた遺跡のうち7世紀までの分布を図12として示した。それによると、7世紀代にはじまる集落は東北北部の東側に偏る。『日本書紀』斉明紀の記述に、津軽や渟代の蝦夷が登場する。それらが、現在の津軽や能代と同じ地域を指しているとすれば、7世紀後半には、日本海側地域にも蝦夷が存在したはずである。ただ、いまのところ、東北北部の日本海側で7世紀代の遺物が採集されている遺跡は、北津軽郡市浦村十三湖にある中島遺跡だけである。1例がある以上、今後、東北北部の西側から7世紀の集落遺跡が発見される可能性は十分あるが、これまでの遺跡の分布状態を見るならば、この時期の集落が、東北北部の東側に多いという事実は変わらないであろう。そして、7世紀末頃には、石狩低地帯や渡島半島南部でも集落が営まれるようになる。

集落遺跡の立地条件を見るならば、多くの集落遺跡が集まっている青森県八戸市域の場合、沖積地からは離れた、標高90〜100mほどの丘陵上である。岩手県二戸市域から一戸町域といった標高120m前後の台地にも集落遺跡が多い。他に、久慈市域からも3遺跡が出土しているが、それらは

すべて、沖積地に面したところにではなく、山間の丘陵地に営まれていた。

8世紀には、津軽地方の奥羽山地寄りの地域や米代川上流域など、東北北部の西側にも集落が営まれた（図13）。7世紀と同様に、8世紀の集落は東北北部の東側に偏る。そしてこの時期、東北北部と類似した物質文化を持つ集落が北海道にも出現する。

7～8世紀に新たに営まれた集落は、東北北部でも北海道南部でも、それ以前には利用されていなかった地点が選ばれるという特徴を持つ。以下に、4葉の図を用いてこの時期の集落の立地条件を見ておく。

図14として、宇部（2003）が、八戸市内の7～8世紀前葉の集落遺跡の立地条件の変化を示した図を転載し、さらに古い時期の集落遺跡である田向冷水遺跡の位置も加えた。それによると、時代によって集落の立地条件が異なる。先にも述べたように、5世紀末～6世紀初頭の住居跡が出土した田向冷水遺跡は、沖積地に面した段丘縁辺部にあるが、7世紀中葉～8世紀前葉の末期古墳を伴う集落遺跡は、沖積地から離れた標高90～100mの丘陵上に拓かれている。前者の立地は沖積地に近いという条件を選択した結果であり、後者は丘陵地を選択したように見える。前者も後者も、寒冷期（阪口 1989）におこなわれた土地選択である。したがって、両者の集落立地の違いは、気候変動を反映した変化ではなく、それぞれの集落で営まれた中心的生業の相違によると考えられる。

次に、さらに馬淵川中流域の内陸部の状況を見る。岩手県二戸市域や一戸町域でも、7世紀前半～8世紀にかけて多くの集落が拓かれた（図15）。この地域は、標高100m前後の山間地であり、1934年の統計によれば、稗の作付面積が広かった地域である（山口 1940）。

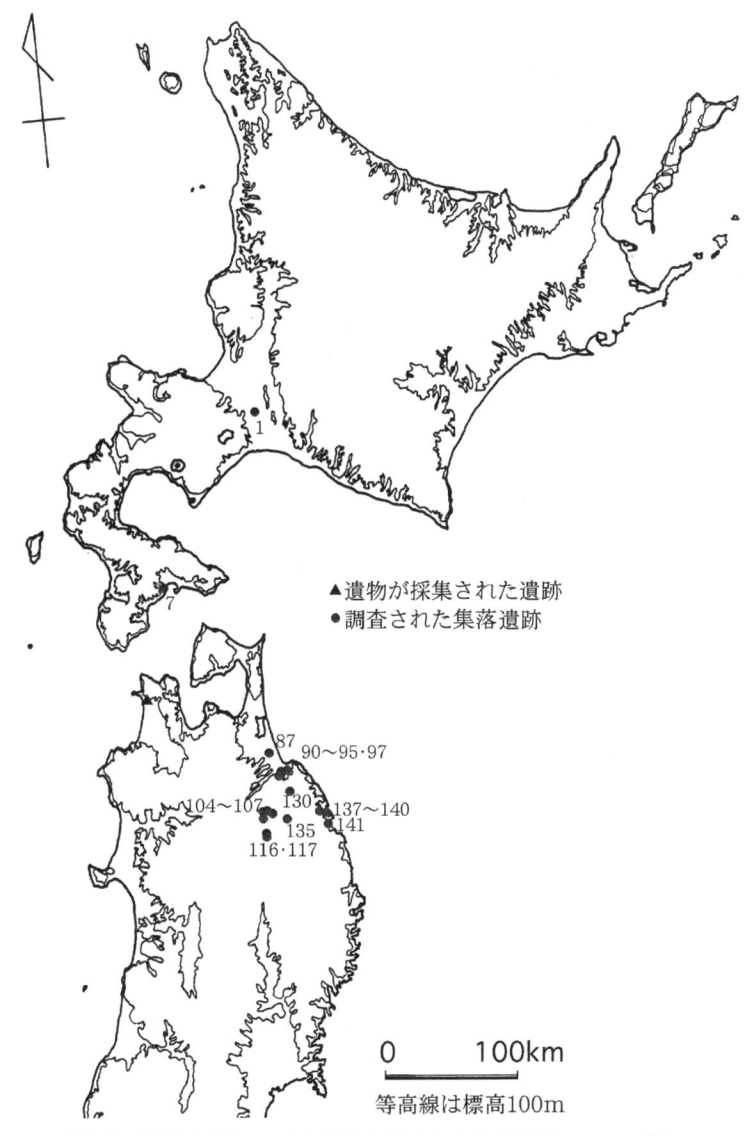

図12　東北北部および北海道南部の主な集落遺跡　5～7世紀

馬淵川中流域で最も古い集落遺跡の一つが、岩手県二戸市大字堀野字馬場の堀野遺跡である（図16）。7世紀前半～後半にかけての住居跡が11棟検出された。住居跡は切り合わず、集落が営まれたのは数世代の間だけであったと考えられる。馬淵川に開析された段丘上、標高約92mにあり、川との比高は約15mである。1963年の調査時には、遺跡は桑畑であり、周辺に水田はなかった。

同じ地域の8世紀前半の集落遺跡として、堀野遺跡の南1.5kmほどにある、岩手県二戸市大字石切所字中曽根の中曽根Ⅱ遺跡をあげる（図17）。遺跡は、馬淵川西岸の台地上、馬淵川との比高16～18m、標高100～102mの平坦地に拓かれた。そこは調査前には畑地として利用されていた。台地上であり、稲作には不向

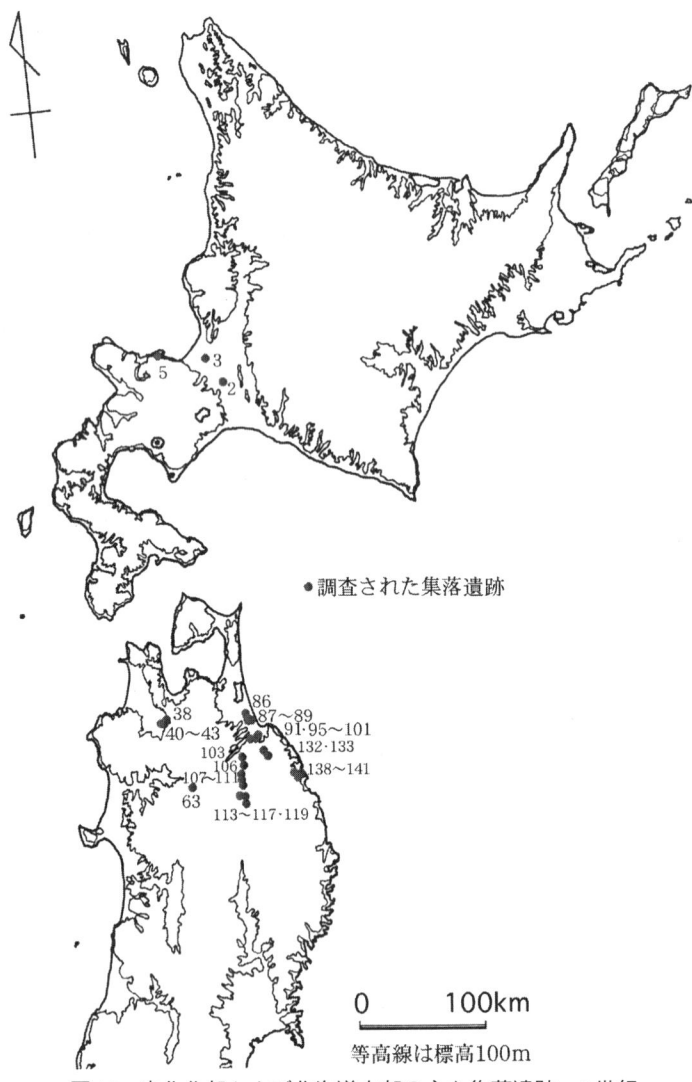

図13　東北北部および北海道南部の主な集落遺跡　8世紀

きな土地である。77棟の住居跡が検出された。50年間にそれだけ多くの住居が建てられた集落は、この地域には、8世紀に入るまで存在しなかった。

さらに、7世紀末には、北海道南部にも集落が営まれるようになる。図18として、北海道千歳市中央の丸子山遺跡の住居配置図を示した。7世紀末～8世紀前葉の遺跡である。遺跡は標高22mの小さな独立した台地上にある。狭い台地の平坦面ほぼ全面に、6棟の住居が建てられていた。それらの住居は互いに重ならない。数世代のうちには廃棄された集落である。

最後に7～8世紀の集落遺跡における住居数をまとめておく。調査された部分のみでの集計であり、各集落における当時の全住居数が把握されているわけではないが、表4に50年単位のおおよその住居数を示した。7～8世紀の集落の住居数は、50年間に9棟以下である場合が多い。50年間に20棟以上の住居があった集落（以下では、20棟以上/50年集落と略す）は、7世紀代では、青森県八戸市田面木の田面木平（1）遺跡（22棟）と岩手県二戸市金田一の上田面遺跡（31棟）の2遺

第2章 蝦夷の集落 37

1：田向冷水遺跡（標高8〜20m）

7〜8世紀の集落遺跡

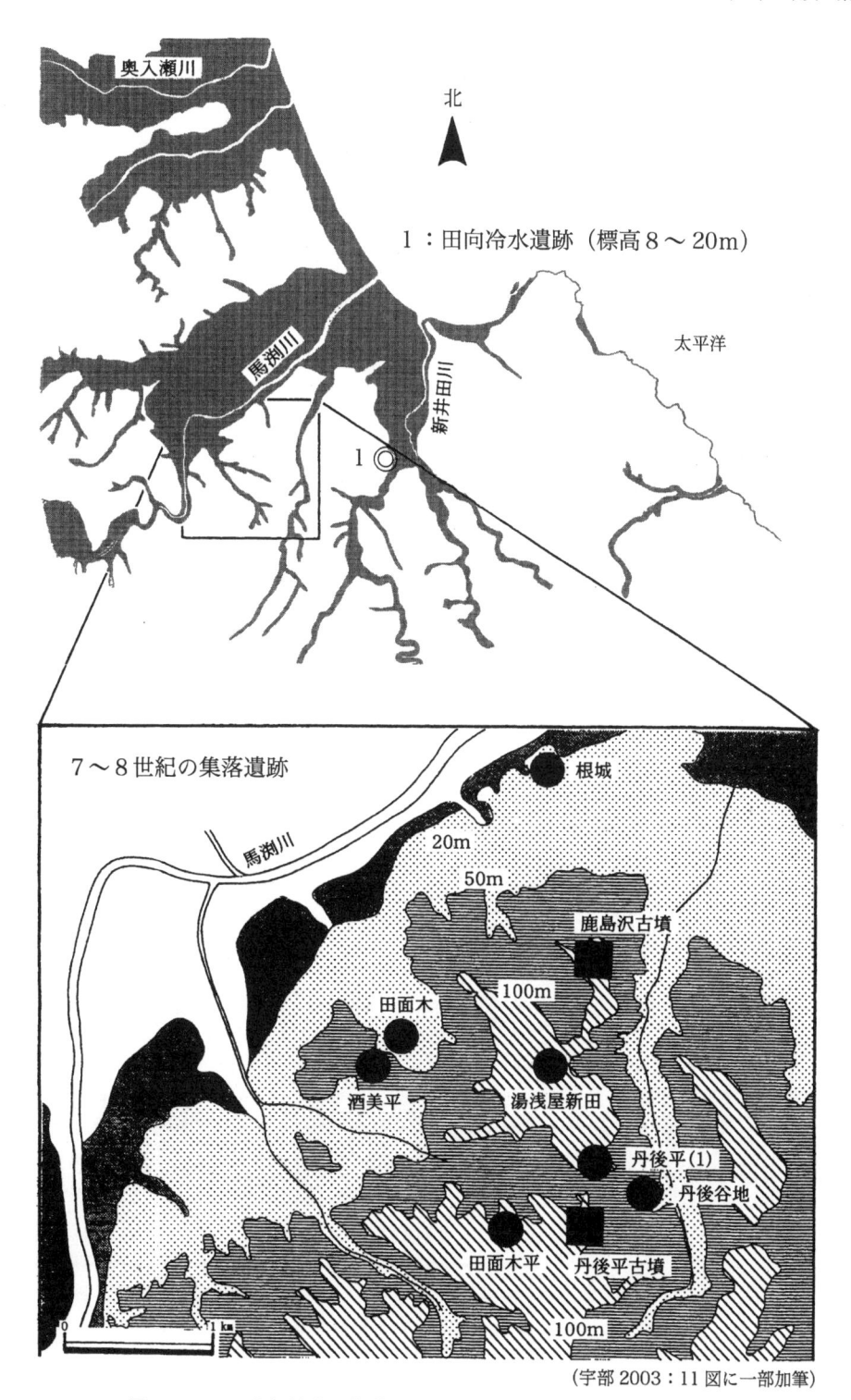

（宇部2003：11図に一部加筆）

図14 5〜8世紀前葉の集落遺跡の立地する土地 八戸市周辺

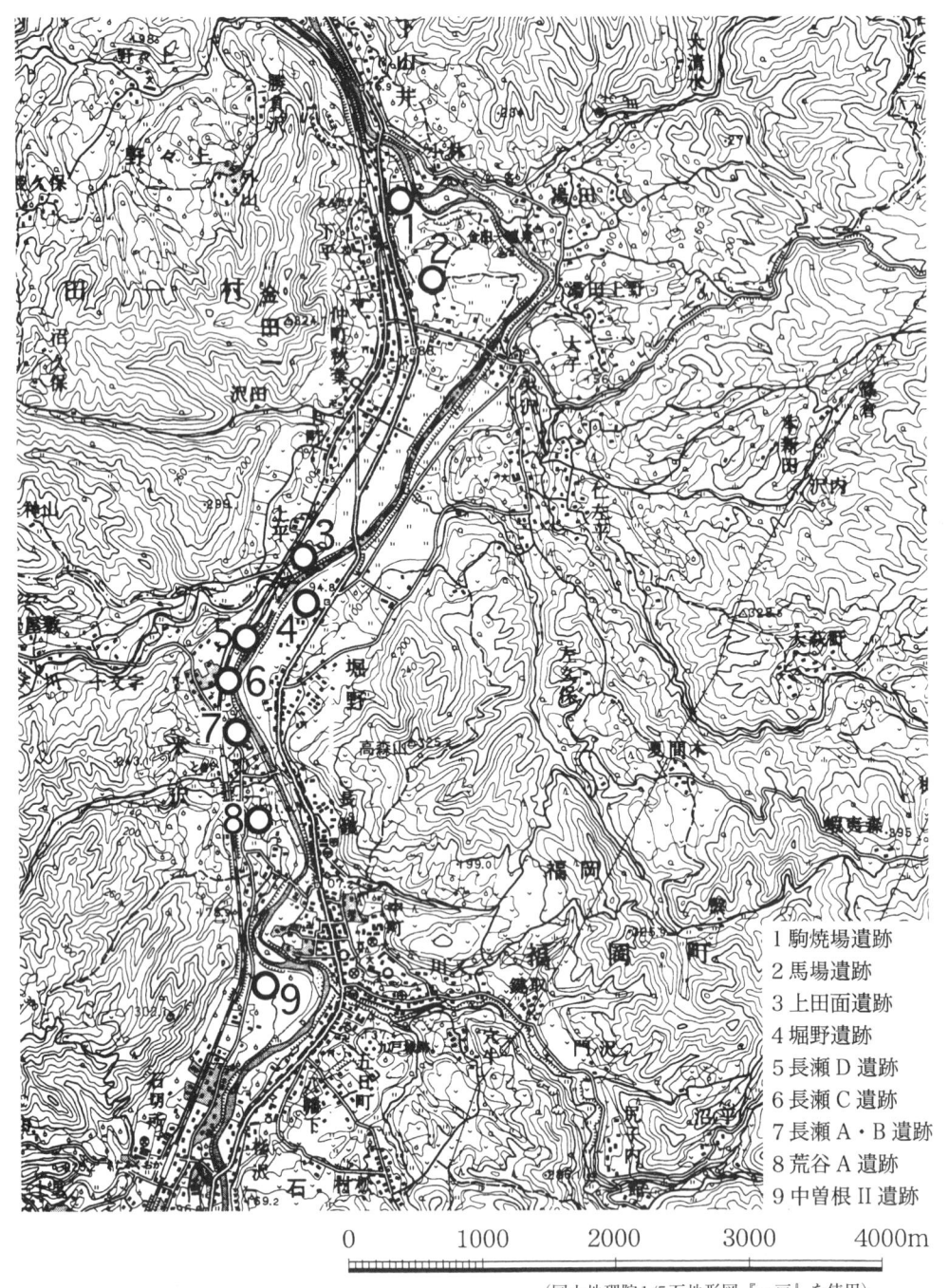

38　第1部　物質文化から見た蝦夷社会の成立

1 駒焼場遺跡
2 馬場遺跡
3 上田面遺跡
4 堀野遺跡
5 長瀬D遺跡
6 長瀬C遺跡
7 長瀬A・B遺跡
8 荒谷A遺跡
9 中曽根Ⅱ遺跡

（国土地理院1/5万地形図『一戸』を使用）

図15　7～8世紀の集落遺跡の分布する地形　二戸市・一戸町

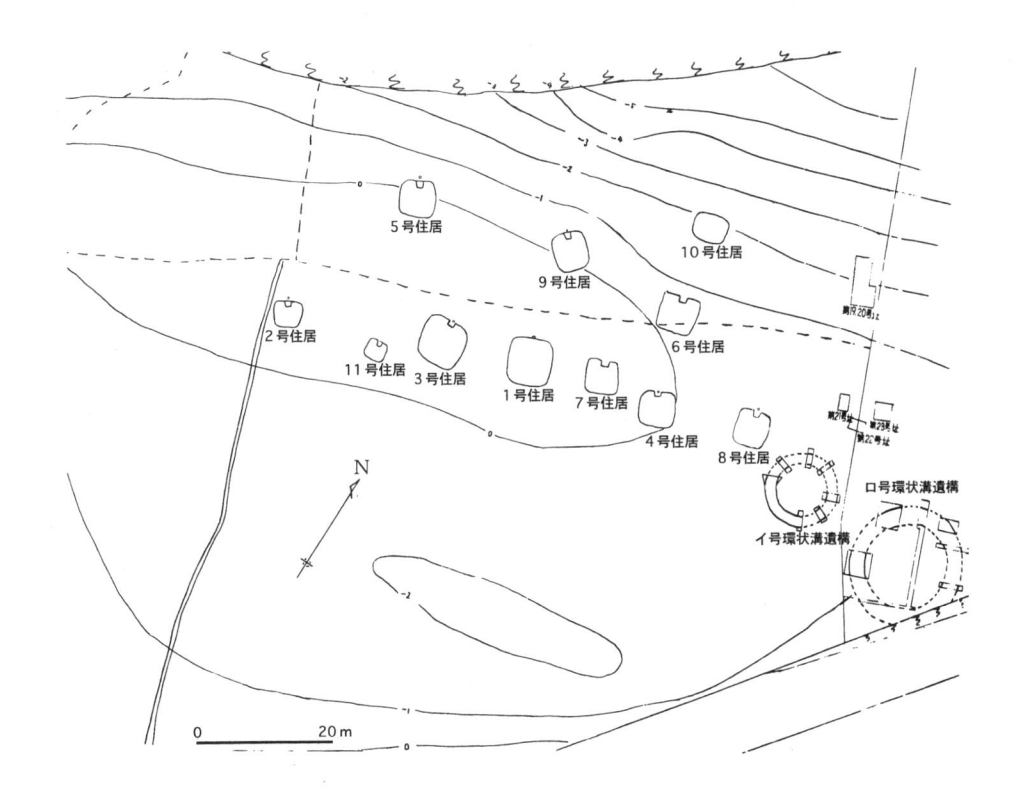

※報告書には高さを計測した際の原点が記されていない。だが、遺跡脇の国道に標高92.89mの水準点があるので、おそらくそれを基準にしたと推測される。

図16　堀野遺跡の住居配置（草間ほか1965：第4図に一部加筆）

跡だけであり、8世紀代では青森県南津軽郡尾上町李平の李平下安原遺跡（28棟）、青森県上北郡下田町の中野平遺跡（15棟）、二戸市米沢の長瀬A・B遺跡（22～31棟）、同市長瀬C遺跡（24棟）、同市中曽根Ⅱ遺跡（77棟）の3遺跡にとどまる。

また、この時期の住居は、新旧の構築場所が重ならないのが特徴である。

(3)　9～11世紀代の集落

9世紀に入ると、東北北部の西側に多くの集落が拓かれる。図19として9世紀の集落遺跡、図20として10～11世紀の集落遺跡の分布を示した。表4によれば、東北北部の西側では、8世紀までの集落遺跡数は6であるのに対し、9世紀には42となり、7倍に増えている。さらに、10世紀には68遺跡となり、8世紀の遺跡数の11倍である。一方、東北北部の東側では、8世紀以前の集落遺跡数は41であったのが、9世紀に27、10世紀には28となり、2/3ほどに減少する。

東北北部の西側のうち、9世紀に多くの集落が拓かれるのは津軽地方である。そこでは9世紀前半から集落が増加しはじめ、9世紀後半になると大規模な集落が多数営まれるようになる。米代川流域でも9世紀後半から徐々に集落は増えはじめるが、住居数が多い集落が営まれるのは、10世紀も後半に入ってからである。

渡島半島西南部日本海側地域では、10世紀後半～11世紀代になって、はじめて集落遺跡が見ら

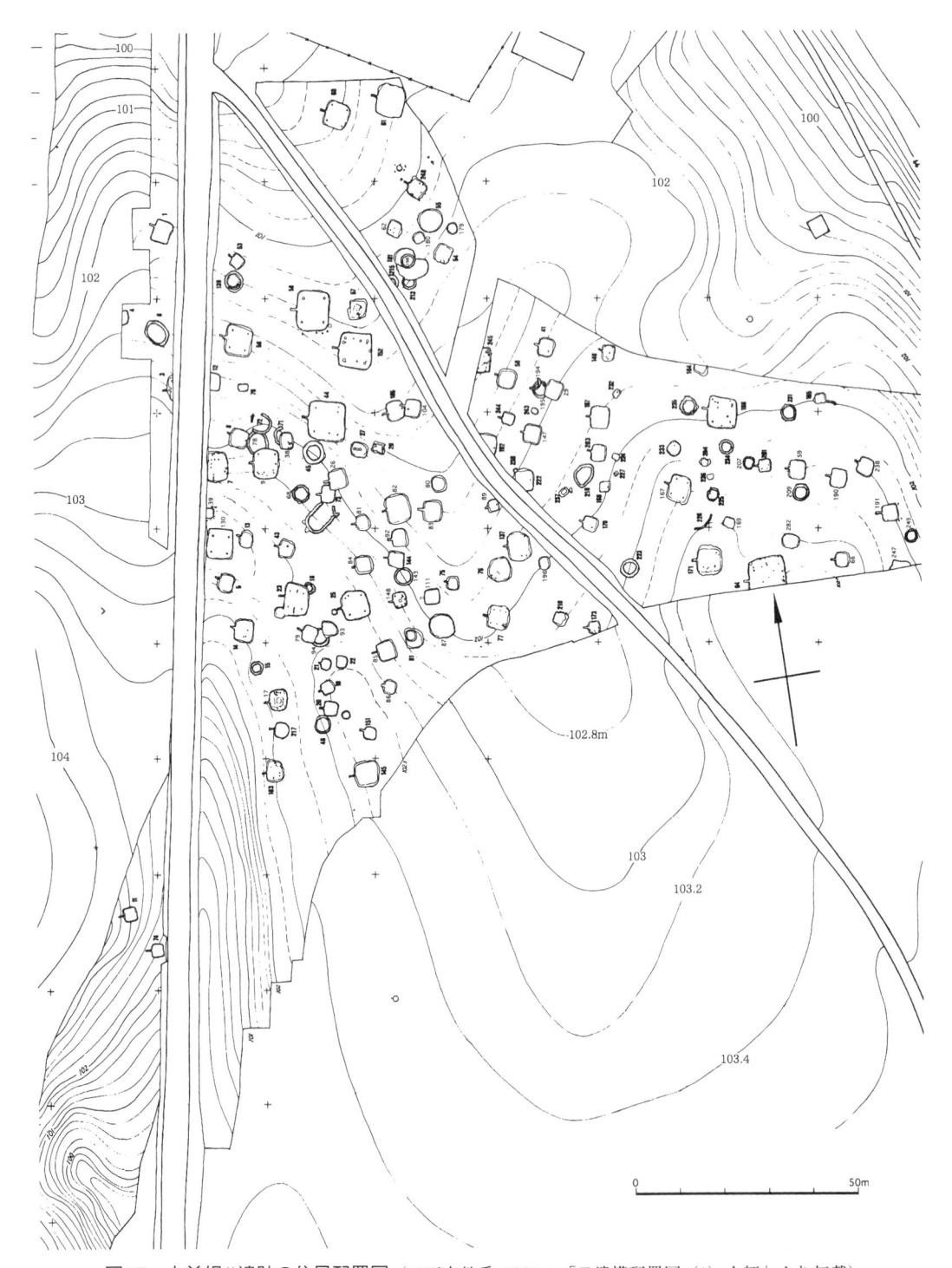

図17　中曽根Ⅱ遺跡の住居配置図（二戸市教委 1981：「Ⅲ遺構配置図（1）土師」より転載）

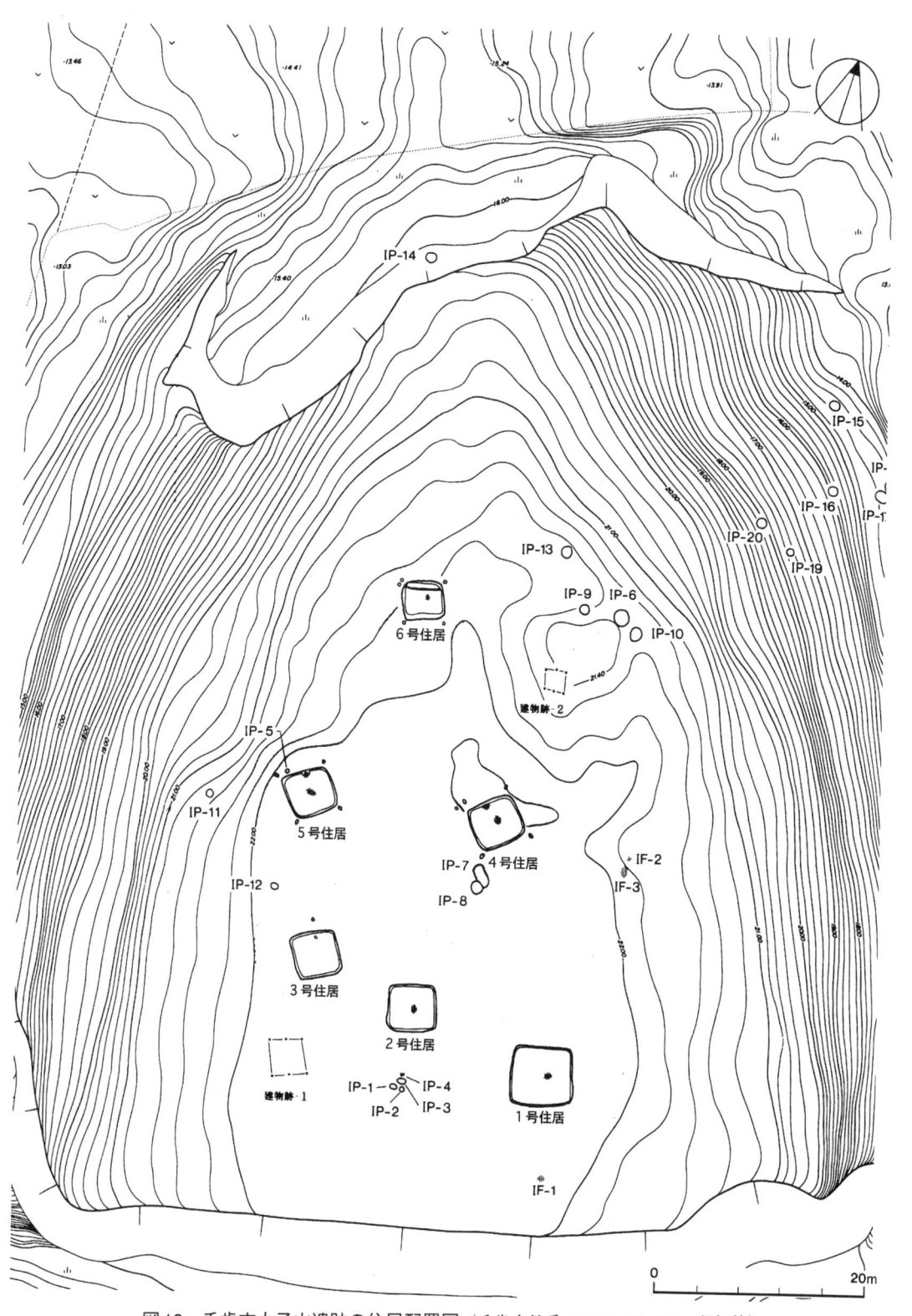

図18　千歳市丸子山遺跡の住居配置図（千歳市教委 1994：Fig.6に一部加筆）

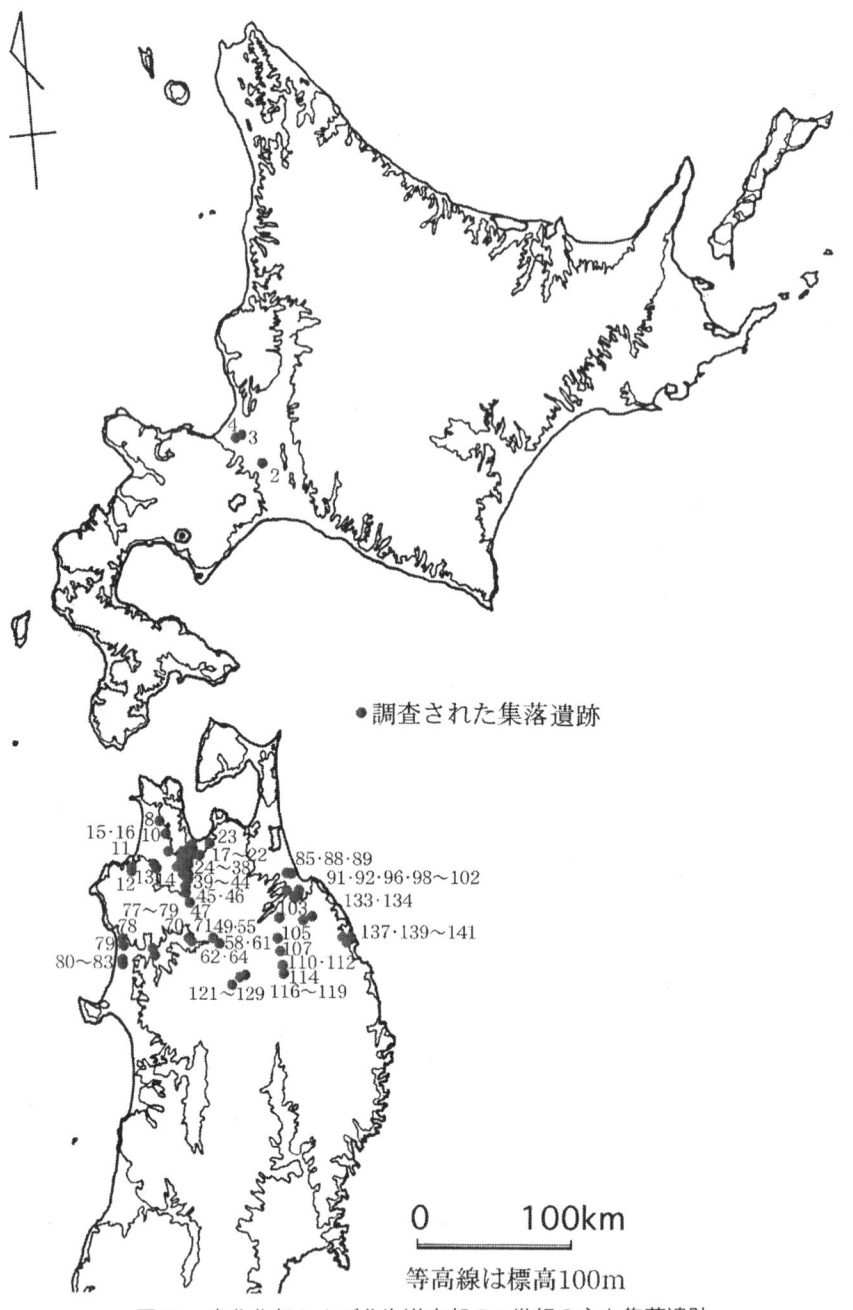

図19 東北北部および北海道南部の9世紀の主な集落遺跡

れる。松前郡松前町札前遺跡である。他にも、同時期の土師器や諸遺物のみが出土している遺跡はあるので、この時期には、渡島半島西南部にも複数の集落が存在したと考えられる。当地域では、津軽地域に出土するタイプの擦文土器が利用されていた（第7章参照）。津軽地方に多くの集落が拓かれた後、10世紀後半になって人口が増えた地域と見ることができる。集落が臨海部にあるのも特徴である。

　図21として、津軽平野東部の沖積地に面した段丘上の遺跡の分布をあげた。このあたりは、古

代の津軽地方では、早くから集落が拓かれた地域である。青森県南津軽郡尾上町李平の李平遺跡は8世紀前半、他の遺跡は8世紀後半にあたる。それらの集落は、津軽平野の沖積地のなかでも、標高が高い、浅瀬石川沿いの旧期沖積層に面した段丘縁にあり、現在の尾上町の市街地にほぼ重なる。その時期以来現在まで、沖積地の利用形態が類似していることをうかがえるのである。

9～10世紀前半に東北北部の西側、なかでも津軽地方に新たに営まれた集落は規模が大きい。9世紀には、東北北部における全69遺跡中13遺跡が20棟以上/50年集落であり、そのうち9遺跡が津軽地方にある。そして、9世紀に津軽地方に拓かれた集落遺跡は30遺跡

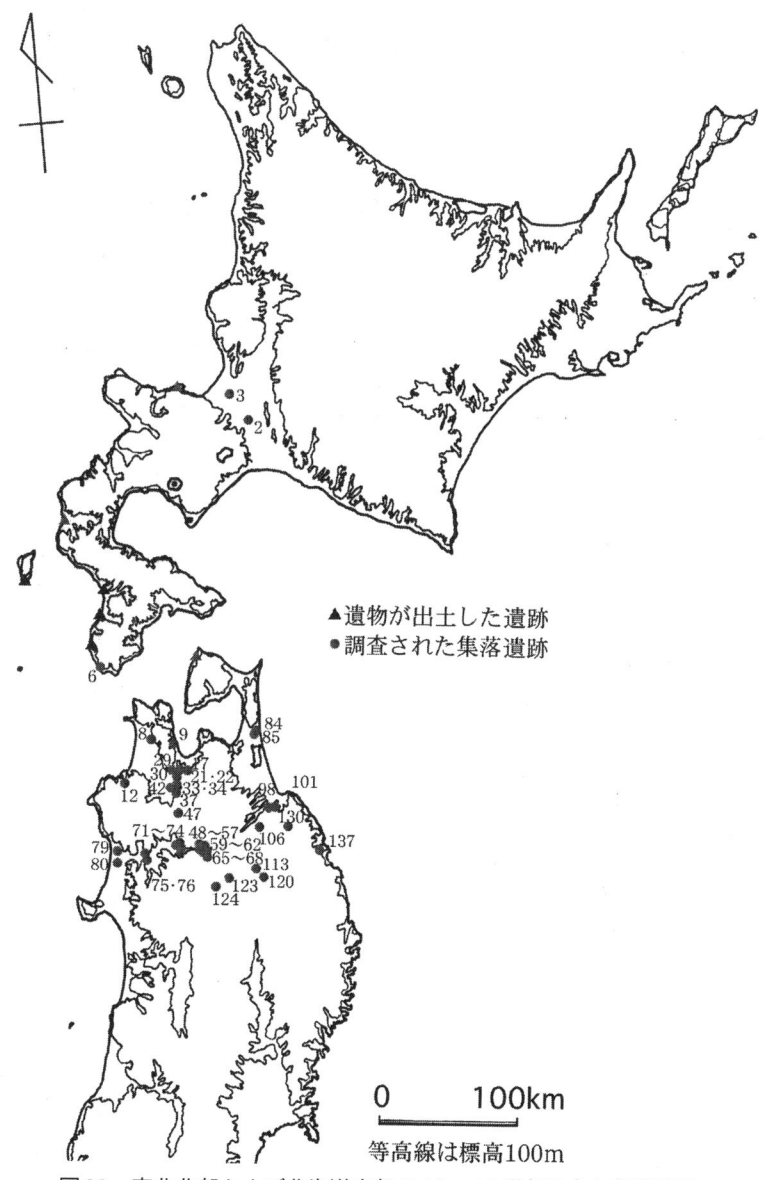

▲遺物が出土した遺跡
●調査された集落遺跡

0　　100km
等高線は標高100m

図20　東北北部および北海道南部の10～11世紀の主な集落遺跡

であるから、そのおよそ1/3が20棟以上/50年集落にあたる。10～11世紀には、東北北部の全102遺跡中23遺跡が20棟以上/50年集落であり、19遺跡が同地域の西側にある。この時代には、20棟以上/50年集落の大部分が東北北部の西側に位置するのである。

とくに多くの住居が営まれたのは青森市合子沢の野木遺跡である。そこでは、97,500平方メートルに573棟もの住居が検出された。そのほとんどは9世紀後半から10世紀前半のものである。他の時期や時期不明のものを差し引いても、100年間に、少なくとも500棟の住居があった。

（4）まとめ

東北北部および北海道南部における5世紀末～11世紀の集落の分布・立地条件・規模の変化は

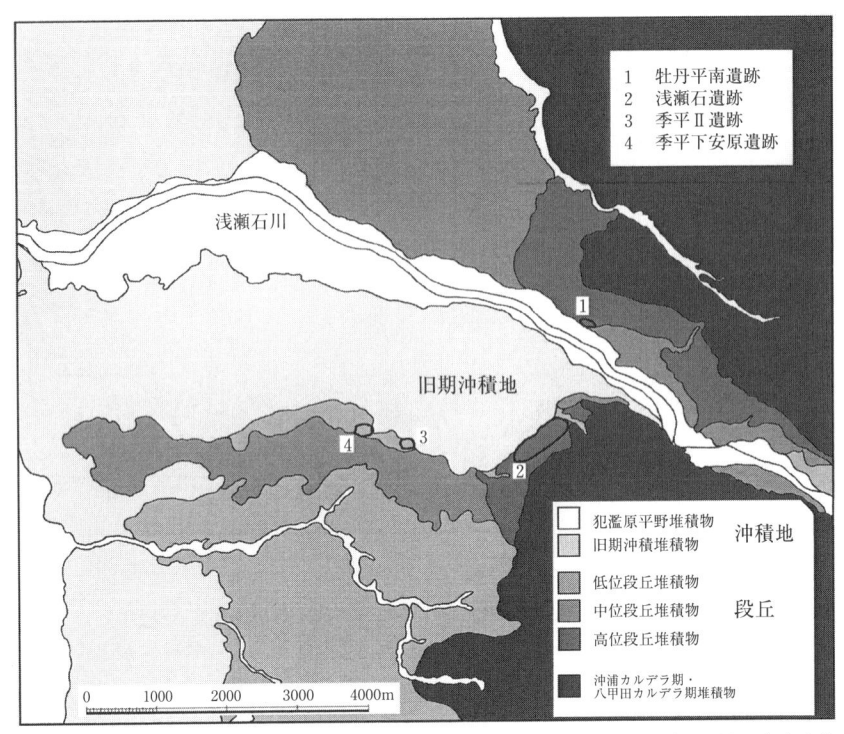

次のようにまとめられる。

　5〜6世紀　：【分布】東北北部の東側、八戸市域周辺にわずかに存在
　　　　　　　【立地】沖積地に面した台地
　　　　　　　【規模】調査地が狭いため、不明
　7〜8世紀　：【分布】東北北部の東側と北海道南部における集落が増加
　　　　　　　【立地】東北北部では丘陵地、山間地
　　　　　　　　　　　北海道南部では、河岸段丘上、台地上
　　　　　　　【規模】東北北部の東側では、数棟〜22棟/50年
　　　　　　　　　　　北海道南部では、数棟〜31棟/50年
　9〜11世紀：【分布】東北北部の西側での増加が顕著、東側地域では集落数が減少
　　　　　　　【立地】東北北部の東側では前時代同様の立地
　　　　　　　　　　　東北北部の西側では沖積地に面した段丘上・山麓の丘陵・山間地
　　　　　　　　　　　渡島半島西南部日本海沿岸地域では臨海部
　　　　　　　　　　　石狩低地帯では、河岸段丘上
　　　　　　　【規模】東北北部の東側では、数棟〜70棟/50年
　　　　　　　　　　　東北北部の西側では、数棟〜200棟以上/50年
　　　　　　　　　　　渡島半島西南部日本海沿岸地域では、数棟〜10棟以上/50年
　　　　　　　　　　　石狩低地帯では、数棟〜20棟以上/50年
　7〜8世紀には、東北北部や北海道南部のような、夏冷涼な地域に集落が多く拓かれた。9〜11

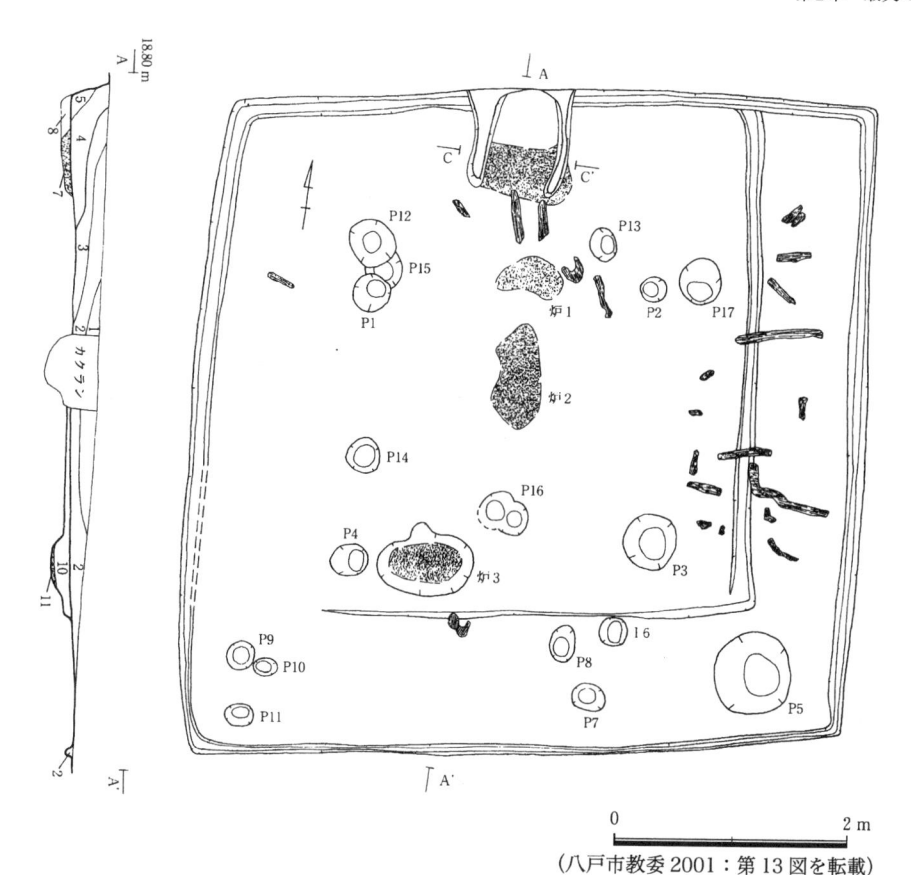

(八戸市教委2001：第13図を転載)
図22　田向冷水遺跡の竪穴住居

世紀には、東北北部の西側地域に多数の集落が営まれた。東北北部～北海道南部では、7～11世紀の各時期に、異なる自然環境の地を選択して集落が拓かれたのである。また、7世紀以降にそれぞれの土地に新たに拓かれた集落は、50～150年以内で途絶えたものがほとんどである。集落を拓いた人々は、数世代だけそこに留まり、その後、再び別の土地へと移住した、そのような姿を想像するのである。

第2節　生活様式

（1）住居の構造

1．5世紀後葉～6世紀初頭

　図22として示したのは、八戸市田向冷水遺跡の竪穴住居跡SI1である。カマド付き竪穴住居としては、東北北部における最古の例である。平面形はほぼ正方形で、カマドが北辺中央に設けられている。カマドの上部は失われているため、構造の全容まではわからない。だが、住居の掘込みの深さは32cm分残存するのに、カマド下部から建物外に水平にトンネル状に延びる煙道はない（図22-断面図A-A´）ので、8世紀以降の当該地域の煙道とは異なる構造であることは明白である。SI1の例は、関東地方あたりの古墳時代社会のカマド（図23）に類似して、煙道が壁づたいに上方

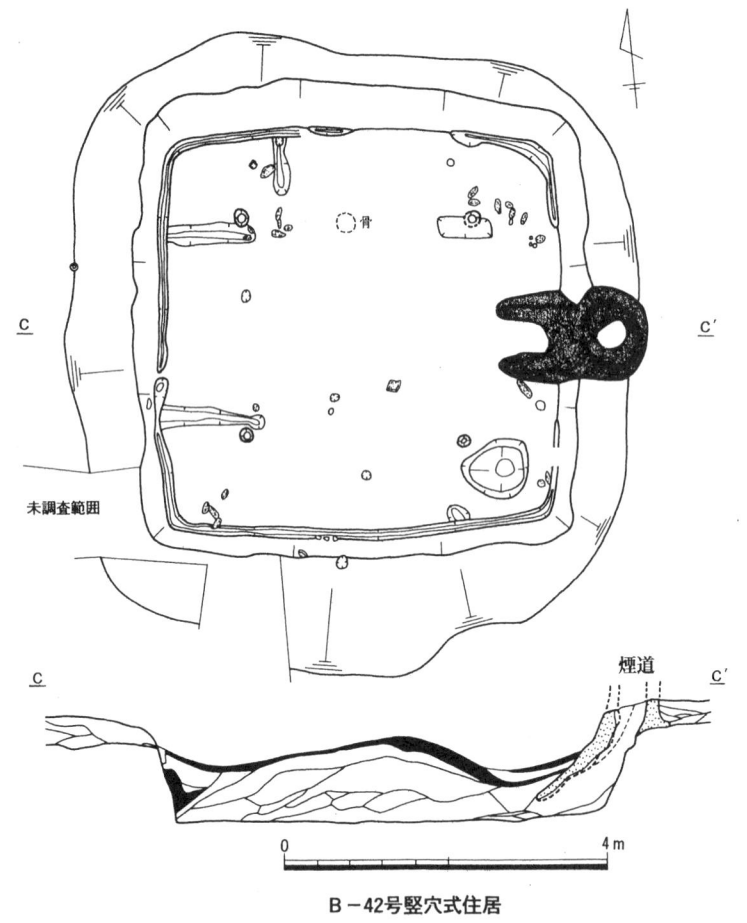

46　第1部　物質文化から見た蝦夷社会の成立

図23　群馬県北群馬郡子持村黒井峯遺跡出土B-42
　　　号竪穴式住居（子持村教育委員会1991：図127より）

に延びるとの推測が可能である。しかし、2003年の調査で、カマド床面より数十センチメートル上部から水平に煙道が延び、途中から垂直に立ち上がるタイプが検出されたとのことである[2]ので、この時期のカマドについては、本報告の刊行を待って、再度検討することにする。

2. 7～8世紀代

　東北北部にカマド付き竪穴住居が多く見られるようになるのは7世紀以降である。そして、7～8世紀代の住居の場合、それらに備えられたカマドは、煙道の形態によって二つのタイプに分けられる。すなわち、カマド燃焼部から壁の外に向かって、斜め上方向に煙道が延びるタイプ（図24-1・2・5）と、カマド燃焼部から壁の外へ、トンネル状の長い煙道がほぼ水平に延び、その先が垂直に地面に出るタイプである（図24-3・4）。さらに、後者の場合、カマドからトンネル状に延びる煙道が、燃焼部の床面よりも深く掘り込まれる例もある（図25-2）。前者は、発掘調査時においてはカマド上部に煙道の付け根部分がわずかに検出されるだけであり、遺構実測図平面形では、カマドの外に短い煙道が突き出るだけに見える。一方、後者の平面形の場合、カマドから長い煙道が水平に伸びるように見える。したがって、以下では、平面形にもとづいて、前者を短煙道タイプ、後者を長煙道タイプと呼ぶ。

　7世紀中葉以前のものは、すべてが短煙道タイプである。そして7世紀のうちにこのタイプは衰滅する。先に少し述べたように、八戸市田向冷水遺跡の東北北部最古のカマドは、7世紀代の住居のカマドの多くとは異なるタイプのようである。一方、長煙道タイプは、8世紀以降に普遍的に見られる。なかでも青森県八戸市田面木の酒美平遺跡の例が最も古く、7世紀後葉～8世紀前葉にあたる。東北北部においては、7世紀後葉には短煙道タイプと長煙道タイプが併存する可能性があるが、同一の遺跡で併存した例はない。また、7世紀代の遺跡自体が東北北部の西側には少ないので、その時代のカマドの形態は不明だが、8世紀代の津軽地方の集落の場合、カマドはことごとく長煙

第2章 蝦夷の集落 47

1 根城遺跡 SI95　7世紀前葉

2 田面木平(1)遺跡 38号住居　7世紀中葉

3 堀切沢(3)遺跡 4号住居　8世紀後半

4 酒美平遺跡 1号住居　7世紀後葉～8世紀前葉

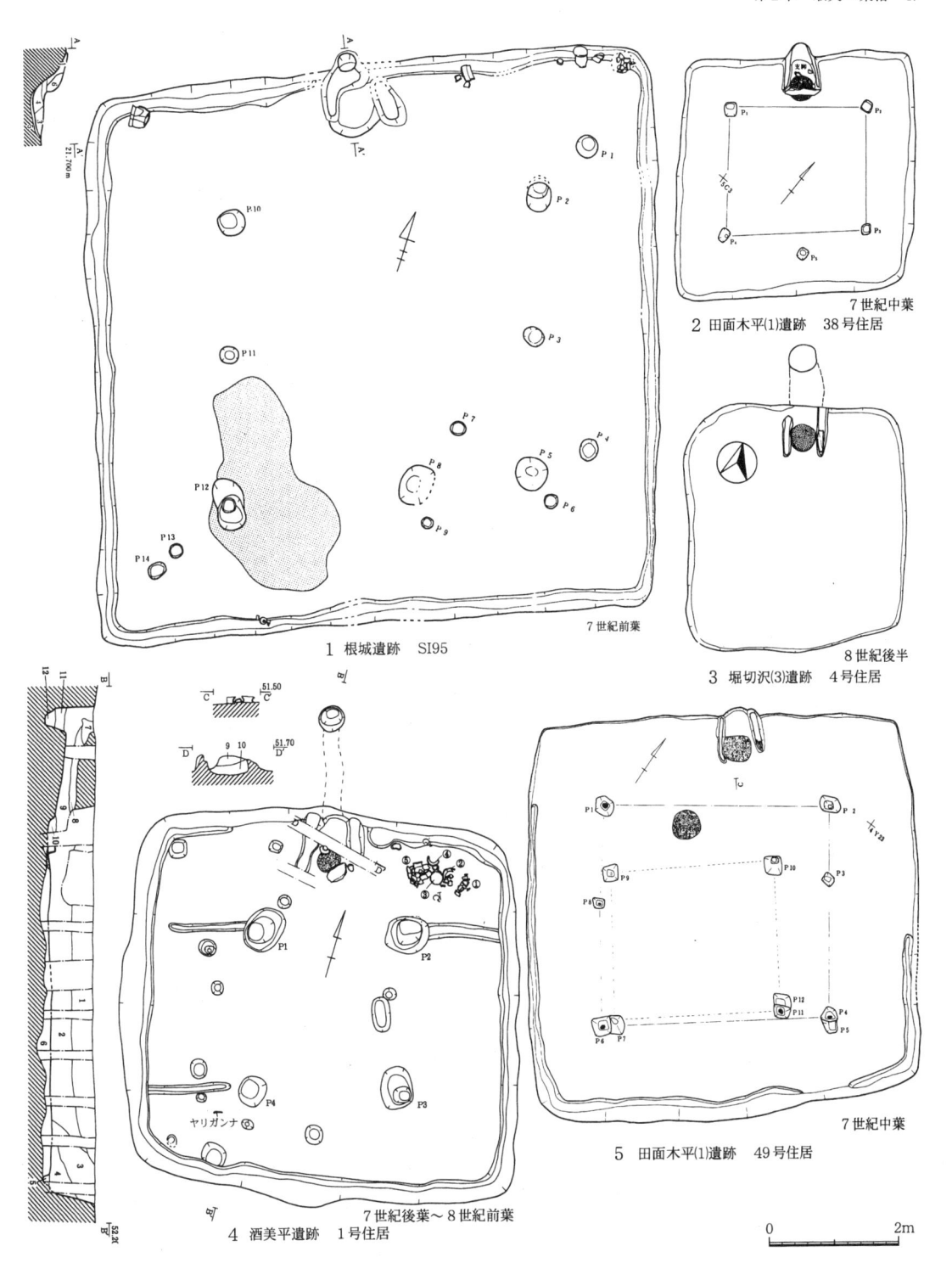

5 田面木平(1)遺跡 49号住居　7世紀中葉

図24　7世紀代の東北北部のカマド付き竪穴住居

道タイプである。

　東北中部以南の地域においても、カマド形態は、時代に応じて北部同様の変化が見られる。すなわち、短煙道タイプが古く、長煙道タイプが新しい。例えば、東北中部の7世紀中葉頃の岩手県水沢市佐野の今泉遺跡では、土師器の形態にもとづくならば、より古い時期と推測される住居（Bd59号やBf09）のカマドは短煙道タイプだが、新しい土師器を伴う住居のカマドは長煙道タイプとなっている[3]。北上川流域の場合、7世紀中葉のうちには長煙道タイプが主流となるのである。そして、さらに南の地域を見ても、宮城県域でも、宮城県名取市田高の清水遺跡や仙台市西田中の栗遺跡などの、7世紀代の栗囲式期までは、確実に短煙道タイプがあるのである。

　中部・関東地方では、5世紀代に造り付けのカマドが出現して以来、カマドからほぼ垂直に煙道が立ち上る短煙道タイプが主流である。中部地方では、長野県佐久市小田井の芝宮遺跡群や同県小諸市御影新田の中原遺跡群のように、8世紀以降も短煙道タイプが存続するが、関東南部地方では8世紀以降は長煙道タイプが増える（谷 1982）。

　以上に見たように、カマドの形態は時代の経過とともに変化しており、変化する時期が地域によっていくぶん異なるが、短煙道タイプはより古く、長煙道タイプが新しいと見ることができる。

　東北北部のカマド付き竪穴住居は、短煙道タイプを造る人々によって開始されたが、そのタイプのカマドは、おそらく2～3世代しか継続されず、7世紀後葉～8世紀前葉以降には長煙道タイプが造られるようになる。そのようなカマドの形態の変化は、東北北部で独自におこったことではなく、東北中部から南の地域、そして関東・中部地方でもほぼ同時に見られたことである。

　7～8世紀前葉には、北海道でもカマド付き竪穴住居が造られるようになる。そのなかでも最も古い時代の例は、7世紀末～8世紀前葉の千歳市丸子山遺跡出土住居である（図25）。丸子山遺跡からは6棟の住居が出土し、そのうち3棟にカマドがあった。これらのうち、短煙道タイプを持つものは4・5号両住居である。3号住居は長煙道タイプであった。住居に残された土器の年代によれば、それらの住居は併存していた。また、両タイプのカマドが東北北部に併存するのは7世紀後葉である。カマドの変化傾向を考慮すれば、4・5号両住居の短煙道タイプが相対的に古く、6号住居の長煙道タイプが新しいので、それほどの時間をあけず、異なる構造のカマドを知っていた別の者たちが造った住居であるとも推定できる。あるいは、土器の製作者と、カマドあるいは住居の製作者は別人と考えることができるので、ほぼ同時に異なるカマドが共存することもあるだろう。丸子山遺跡のカマド付き竪穴住居は、東北北部で両タイプのカマドが造られている頃の造営である点からも、7世紀末に移住した人々が持ち込んだ生活様式であると推測できる。

3. 9～11世紀代

　9世紀というのは、東北北部の西側に多くの集落が拓かれはじめた時期である。東北北部西側における生活様式は、集落が造営された当初から、東側とは違っていた。その違いの一つとして、住居の構造をあげることができる。

　9世紀の東北北部の竪穴住居はカマド付きのものである。長煙道タイプ（図26-1・6）か、あるいは短煙道タイプ（図26-2～4）のカマドが設けられた。東側地域では前時期から引き続き10世

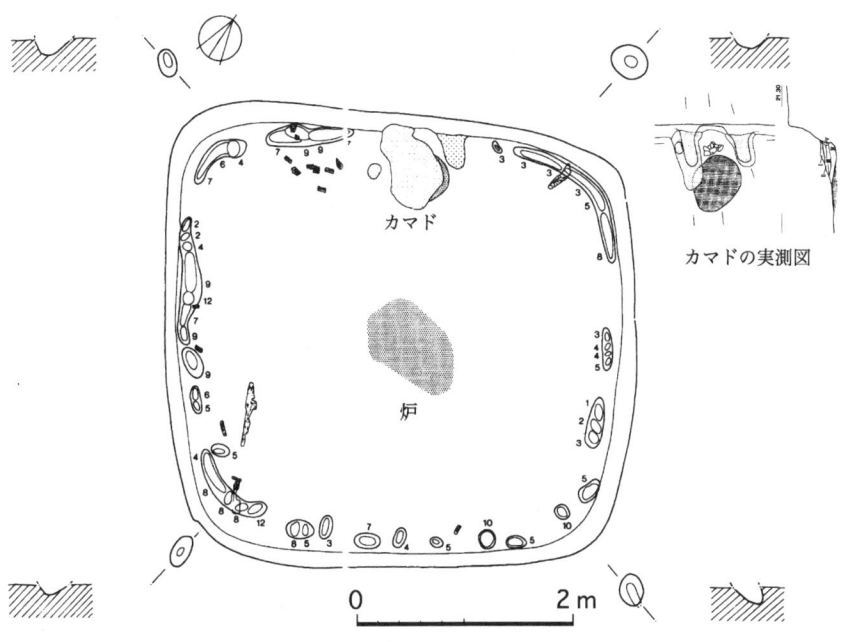

第2章　蝦夷の集落　49

カマド
カマドの実測図
炉

0　　　2m

1．5号住居　（千歳市教委1994：Fig.20・21に一部加筆）

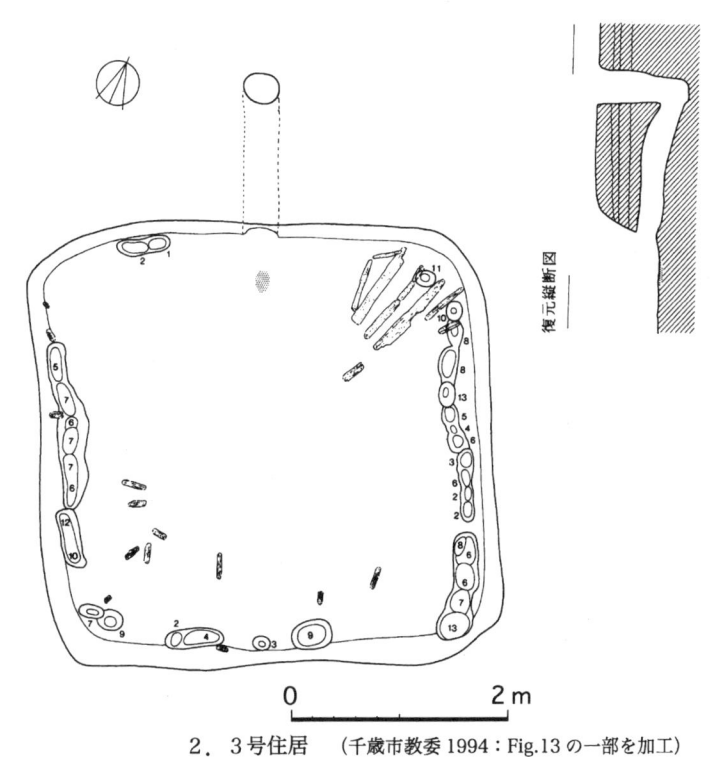

復元縦断図

0　　　2m

2．3号住居　（千歳市教委1994：Fig.13の一部を加工）

図25　千歳市丸子山遺跡のカマド付き竪穴住居

紀代まで、長煙道タイプがある（図26-1・2）。一方、西側地域では10世紀初頭頃には短煙道タイプが比較的多くある（図26-3・4）。そして、10世紀後半以降には、壁際ではなく、建物の内部に置かれた、置きカマド状のものも出てくる（図26-5）。

　このような、カマドの形態の東西地域の違いは、9世紀後半頃におこるのだが、同時に住居の構造にも違いが現われる。図27-1・2として青森県八戸市櫛引の岩ノ沢平遺跡の住居を示した。それらは10世紀初頭頃の住居だが、基本的な構造は東北北部東側の8世紀頃のものと同じである。それに対し、西側地域の青森県南津軽郡浪岡町杉沢の山元（3）遺跡の同時期の住居（図26-3・6）の場合、8世紀代の住居とは柱の配置がいくらか違っている。複数の細い柱が四隅および壁際や壁の位置に巡るのである。また、壁材として板を並べて埋め込んだのか、壁の位置には細い溝が巡る。

　また、東北北部西側の津軽地方や米代川流域の一部、そして下北地方の一部には、9世紀後半から10世紀前半頃にかけて、竪穴住居と掘立柱平地建物が連接する建物（以下には、竪穴＋掘立建物と記す）が見られるようになる（高島1989、高橋1989、木村2000、高橋2001）。竪穴住居のカマド煙道が、隣接する掘立柱建物内に入る（図28）という特徴を持つ[4]。それらは、住居であったと考えられている。

　高橋玲子（2001）による東北地方全域の竪穴＋掘立建物の分布図を図29として転載した。その建物は、東北北部の西側に偏って分布している。また、それらの建物ばかりで構成される集落というのはめったにない。津軽地方に位置する浪岡町野尻（4）遺跡からは、竪穴＋掘立建物が41棟検出されたが、それら以外に、住居と考えられる建物はなかった。しかしながら、これは特殊なケースである。野尻（4）遺跡に隣接する遺跡には、この住居が多いのだが、多くの集落遺跡では、竪穴住居が主流である。表4に、高橋玲子（2001）に最近の知見を加えて、遺跡ごとの竪穴＋掘立建物の数を示した。それによれば、1遺跡あたりの棟数（竪穴＋掘立建物の全出土棟数÷出土遺跡数）は、津軽地方で9.7棟、下北半島南部で8.0棟、米代川流域で2.4棟、上北地域は1.0棟となる。このように、それらの棟数は東北北部の西側と下北半島に多く、それ以外には少ない。このように、分布が偏るだけでなく、1集落内における棟数に違いがあるのはなぜであろうか。

　分布域が豪雪地帯である点に着目して、竪穴＋掘立建物が雪に対処するための建物であるとする見解がある（木村2000）。しかしながら、同時代の近隣集落でありながらも、その建物がないところも多い。津軽地方でも、それらが多いのは、9世紀後半〜10世紀前半の浪岡町域であり、同町高屋敷の野尻（1）〜（4）までの一連の遺跡からは、4遺跡だけで93棟もの竪穴＋掘立建物が出土している。それに対し、その南に隣接する同町杉沢の山元（2）遺跡では全住居108棟のうち、4棟だけしかそのタイプの建物はない。同じく豪雪地帯にある青森市合子沢の野木遺跡でも、500棟を越す同時期の集落でありながら、竪穴＋掘立建物は1棟も報告されていない。しかも、竪穴＋掘立建物は、10世紀のうちには津軽地方から見られなくなってしまう。したがって、竪穴＋掘立建物は、東北北部西側の豪雪地帯に特徴的な建物ではあるが、単に、積雪に対処するという自然との関係のみで生み出されたと認識するのではなく、居住者の文化的出自あるいは社会的位置などと関連したものとして解釈する必要があろう。

　そして、竪穴＋掘立建物が減少する10世紀後半〜11世紀代の東北北部の西側には、別のタイプ

1　下安原遺跡22号住居

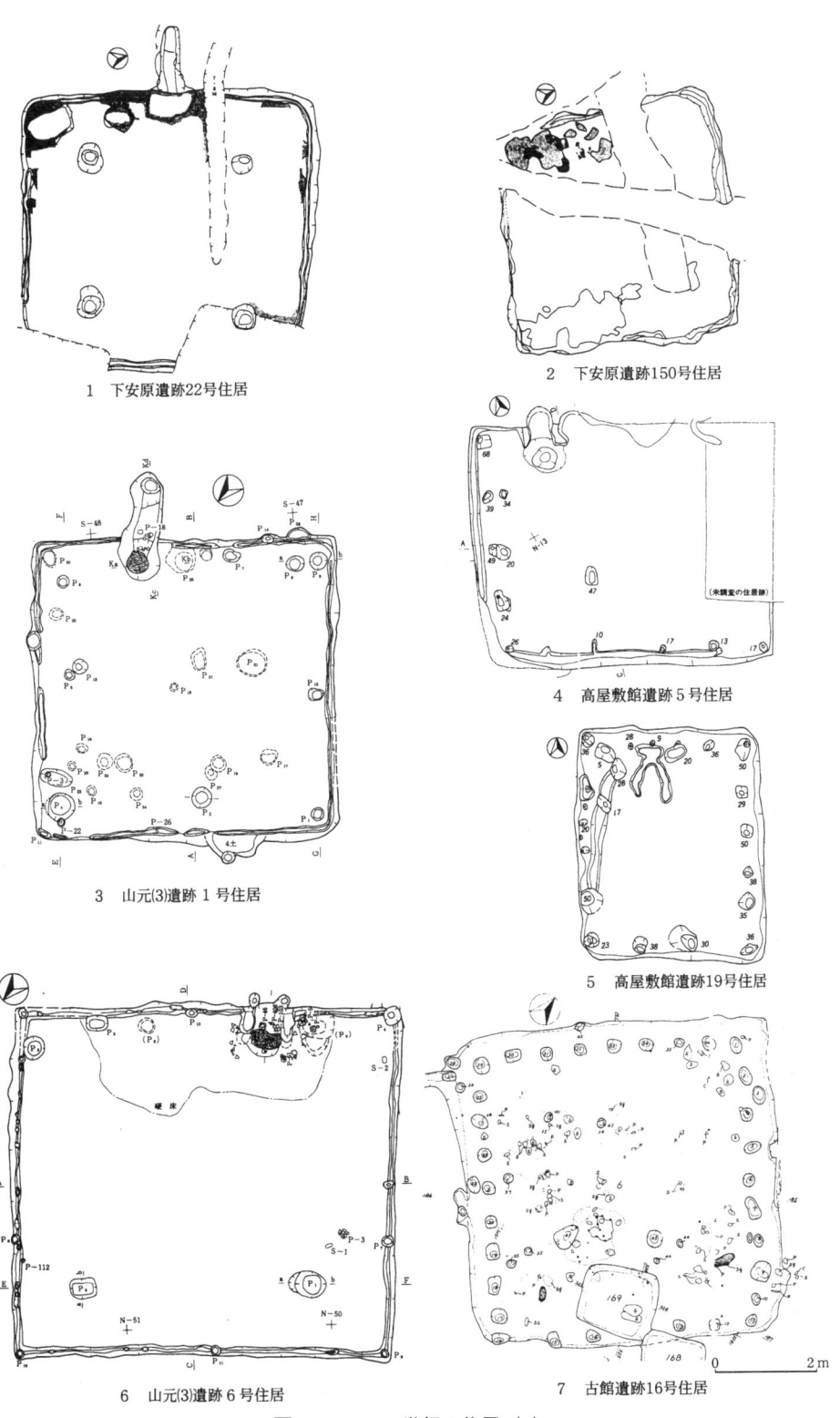

2　下安原遺跡150号住居

3　山元(3)遺跡1号住居

4　高屋敷館遺跡5号住居

5　高屋敷館遺跡19号住居

6　山元(3)遺跡6号住居

7　古館遺跡16号住居

図26　9～11世紀の住居（1）

52　第1部　物質文化から見た蝦夷社会の成立

1　岩ノ沢平遺跡B区52号住居

2　岩ノ沢平遺跡B区4号住居

3　札前遺跡13号住居

4　札前遺跡2号住居

5　札前遺跡11号住居

6　御休堂遺跡2号住居

7　中里城遺跡13号住居

図27　9〜11世紀の住居（2）

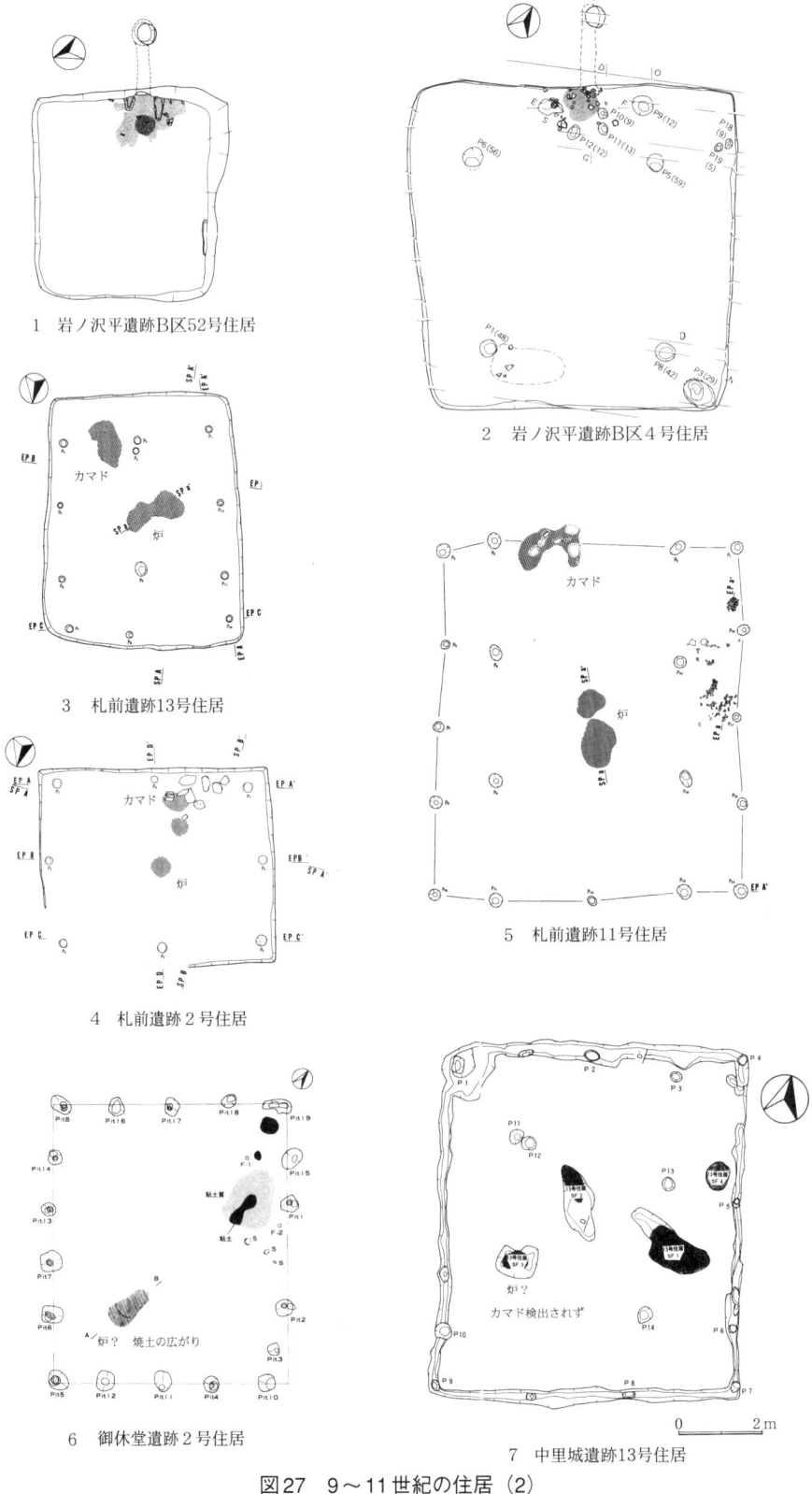

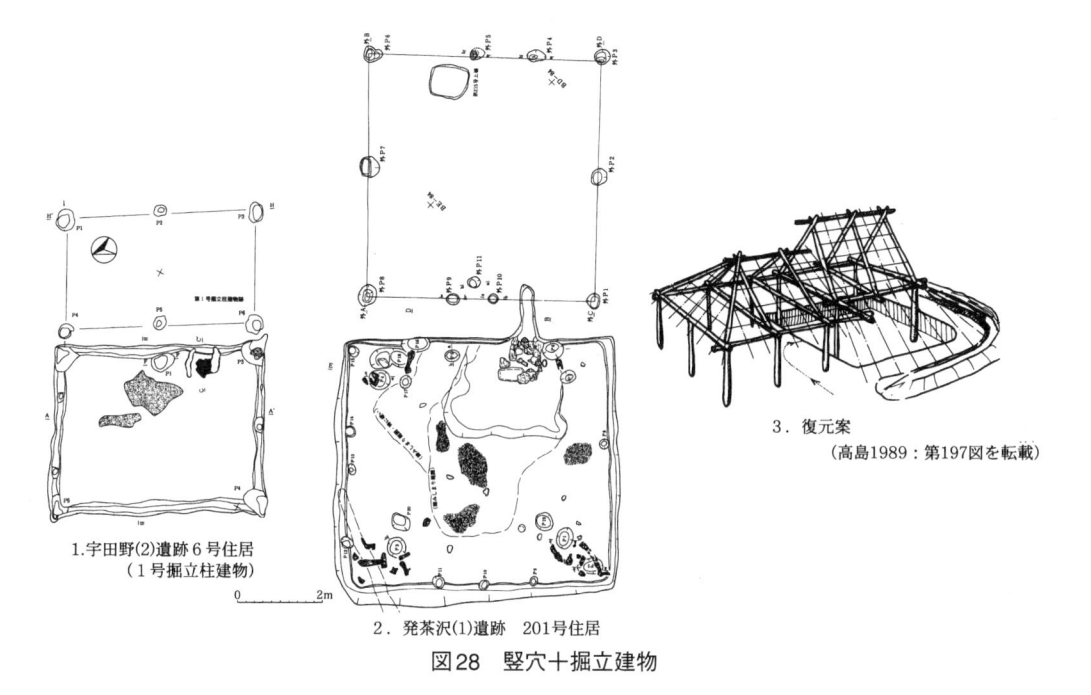

1. 宇田野(2)遺跡 6 号住居
　（1 号掘立柱建物）

2. 発茶沢(1)遺跡　201 号住居

3. 復元案
　（髙島1989：第197図を転載）

図28　竪穴＋掘立建物

（髙橋玲子 2001：図2を加工）

図29　9～11世紀の東北地方における竪穴＋掘立建物の分布

の住居が建てられるようになる。竪穴住居の壁際に狭い間隔で細い柱が巡るタイプの住居である。青森県南津軽郡浪岡町高屋敷の高屋敷館遺跡（図26-5）、同郡碇ケ関村古懸の古館遺跡（図26-7）、同県東津軽郡蓬田村蓬田の蓬田大館遺跡、秋田県鹿角市花輪の高市向館遺跡などから検出されている。壁際にカマドが付く例が大部分であるが、壁から離れた位置に、置きカマドのように設置されるものもある。壁から離れて、カマドが建物内に入るのは、浪岡町高屋敷館遺跡の例から考えれば、11世紀に多い。そして、その時期の住居平面形は長方形となる。

同時代には、渡島半島西南部にも住居平面形が長方形の竪穴住居や掘立柱建物がある。図27-3～5として北海道松前郡松前町札前の札前遺跡の例を示した。図27-4は平地式と報告された掘立柱建物である。やはり建物の平面形は長方形である。カマドの他に炉がある。図27-6は、米代川上流域の鹿角市花輪の御休堂遺跡の10世紀前半の掘立柱建物である。これも平面形が長方形である。カマドはない。報告では「焼土状遺構」と記されているが、床面に厚さ15cmほどの焼土が形成されている部分があるので、そこに炉があったと推測できる。青森県北津軽郡中里町中里城遺跡からも、平面形が長方形の10世紀後半の竪穴住居が検出されている（図27-7）。これもカマドは設置されていない。松前町札前遺跡の平地式の住居は、擦文時代に一般的な、平面形が方形の竪穴住居とは異なる。平面形が長方形である点や、掘立柱建物である点は、北海道内の住居よりも東北北部の同時代の住居に近く、東北北部の影響を受けている様子がうかがえる。

（2）土器から見た生活様式

1. 5世紀末葉～8世紀代の土器組成

食事は、人間にとって基本的な行為であると同時に、文化的特徴をよく示す要素である。そして、土器は、調理形態や食事形態のみならず、その基礎にある信仰や、時代や地域によっては政治も反映する。深鉢と片口土器の二つの器種しかない続縄文時代の土器と、5世紀末以降に東北北部に登場した土師器や須恵器とでは、全く組成が異なる。それは、土器使用にかかわる生活様式が全く異なることを示す。

宇部（1989・2003）と仲田茂司（1997）を参考にして、5世紀末葉～7世紀代の土師器組成の代表例を図30に示した。図30-1～7としてあげた土器は八戸市田向冷水遺跡SI1出土の5世紀末葉～6世紀初頭頃のものである。これらは、東北北部の住居跡から出土した、いまのところ最も古い土師器のセットである。北大Ⅰ式土器の深鉢の破片も1点出土している。

図30-8～10は八戸市大字根城東構の根城遺跡SI110出土品、図30-11・12は同遺跡SI95の出土品である。これらは、東北北部において現在知られている7世紀代の住居出土の土師器セットのなかでは、最も古い時期のものである。SI110出土品を、仲田（1997）では、住社式新段階に属す6世紀中葉のものとしている。その根拠は、図30-8のいわゆる須恵器蓋坏身模倣坏の存在と、図30-10の直立口縁壺の存在である。仲田はこれに加えて、図30-9で口縁部と底部の境の屈曲部がシャープであるという点を重視して、6世紀中葉であると考えている。しかし、栃木県宇都宮市田野町の向山根遺跡6号住居（宇都宮市教委 1987）や同県小山市中久喜の八幡根遺跡SI13住居（（財）栃木県埋文 1997）の出土品のように、関東北部には7世紀前葉～中葉の坏のなかに類例があり、

第 2 章　蝦夷の集落　55

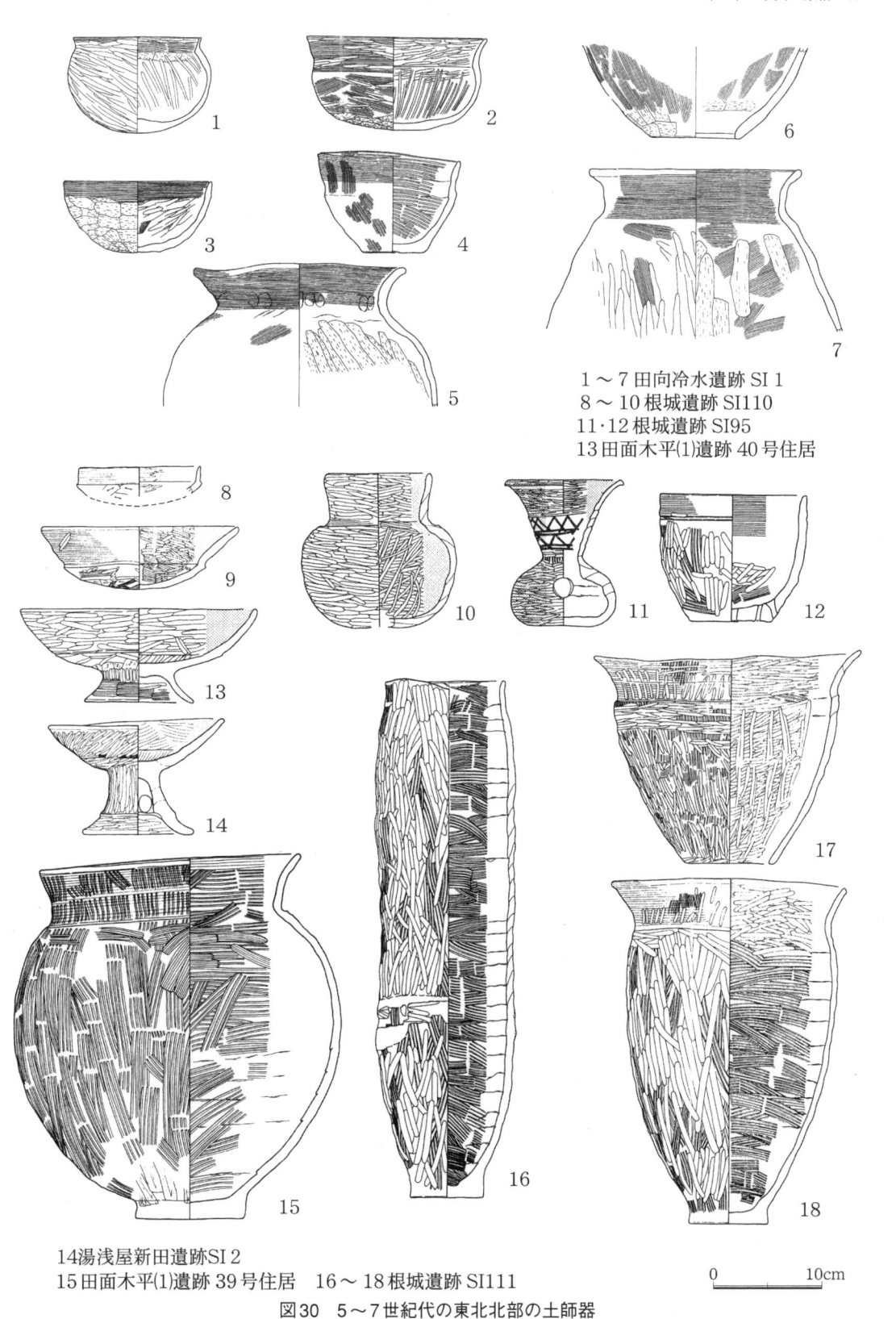

1〜7 田向冷水遺跡 SI 1
8〜10 根城遺跡 SI110
11・12 根城遺跡 SI95
13 田面木平(1)遺跡 40号住居

14 湯浅屋新田遺跡SI 2
15 田面木平(1)遺跡 39号住居　16〜18 根城遺跡 SI111

図30　5〜7世紀代の東北北部の土師器

その点だけで時代を特定することはできない。現段階では、東北北部に土師器集落が一般化するのが栗囲式期であるという辻（1990）の説に従い、栗囲式を7世紀のほぼ100年間とし、SI110を7世紀前葉としておく。

　土師器の器種組成には、坏・高坏・長胴甕・球胴甕・甑の各種がある。他に、特定の地域からしか出土していない器種として、ハソウがある（図30-11）。また、根城遺跡のSI110を切るSI111から円筒形土器（図30-16）が出土している。これもいまのところ八戸市域に出土が限られている。7世紀中葉頃の製品である。甑には多孔式（図30-12）と、単孔式（図30-17）とがある。

　図30-12・14は八戸市沢里の湯浅屋新田遺跡1号住居跡出土の土師器である。同遺跡1号住居は短煙道タイプのカマドを持ち、7世紀代のうちに廃絶されたと考えられる。

　東北北部における坏・高坏・長胴甕・球胴甕・甑というセットの確立は、それらの器を使う生活様式が定着したことを示す。とくに、坏は銘々器として利用されていた可能性があるが、個々人が各自の器を使う食事形態は、料理の形態だけではなく、食事行為全体を支えた信仰や習俗を反映してもいたであろう。カマドで調理をし、高坏や坏を用いる生活様式は、東北南部や関東地方では、5世紀後半に定着していた。それが7世紀代の集落の造営とともに東北北部に入ってきたということは、古墳時代文化の伝統上にある人々の移住を考えさせる。

　東北北部の土師器の器形や器面調整を、同時期の東北南部の土器と比較するために、宮城県名取市田高の清水遺跡出土の住社式土器（9～11）、栗囲式土器（12～15）を図31として示した。宇部（2003）が述べるように、下膨れの長胴甕は東北北部の東側にもいくらかある（図31-8）が、福島～岩手県域にわたって古墳時代後期以降に多数見られる。また、宮城県域の坏は住社式、栗囲式とも外底面にケズリを加える。それに対し、東北北部には図31-2・5のように外底面ケズリのものも少量あるが、多くは1・3・4のように内外面ともミガキである。また、6・7のように、長胴甕や甑も外面にミガキを施す。

　次に北海道南部の7世紀末葉～8世紀前葉の土師器組成を見る。図32として示したのは千歳市丸子山遺跡から出土した土師器である。坏・高坏・長胴甕・球胴甕・甑から成る。カマドを備え、そこに長胴甕を据え、甑などを用いる調理形態は、続縄文時代にはなかったものであり、穀物の農耕をおこなう文化に由来する。丸子山遺跡では植物遺存体の検出を目的とした調査がおこなわれなかったため、栽培植物の検出は報告されていない。しかしながら、丸子山遺跡の土師器組成は穀類農耕文化の生活様式を反映している。

　甑は、北海道では丸子山遺跡の1点の他は極くわずかしか知られていない[5]。したがって、甑を使用するという調理形態が、北海道に定着したか否かは定かでない。少なくとも土器の甑は定着しなかった。また、高坏型土器の使用も北海道には定着しなかった（第5章3節参照）。8世紀の北海道に定着した土師器の組成は坏・長胴甕・球胴甕である。

2. 7～8世紀代の土師器の製作技法

　東北北部の場合、集落遺跡から出土する土師器の多くは、それぞれの遺跡周辺で製作されたと考えられるのだが（第5章参照）、それらの土師器の製作技法は、古墳時代後期に、ある地域で確立

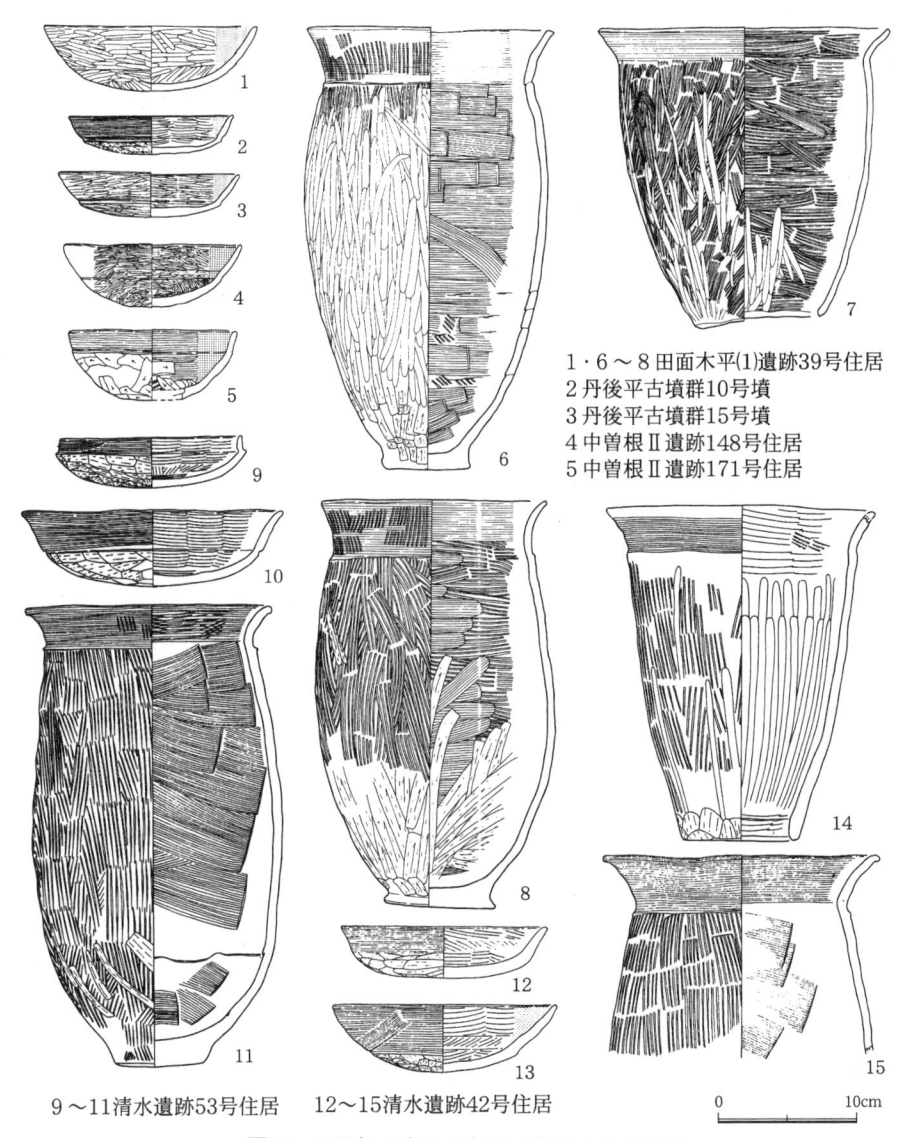

1・6〜8 田面木平(1)遺跡39号住居
2 丹後平古墳群10号墳
3 丹後平古墳群15号墳
4 中曽根Ⅱ遺跡148号住居
5 中曽根Ⅱ遺跡171号住居

9〜11清水遺跡53号住居　　12〜15清水遺跡42号住居

図31　7世紀の東北北部の土師器と比較資料

したものである（仲田 1997）。その一つに、器内面にミガキを加えて炭素を吸着させる技法がある。これは坏や高坏に用いられる技術であり、坏や高坏といった外来の器種とともに東北北部や北海道に入ったのである。この技法は、製品を見て模倣しようとしても、その原理を知らなければ簡単にできるものではないであろう。

　東北北部の坏の表面の調整技法には2種がある。一つは内外面ともにミガキを加えるもの（図31-1・3・4など）、もう一つは内面にミガキ、外面口縁部にヨコナデ、底部〜側面にケズリ調整を施すもの（図31-2・5）である。前者は東北北部以北に多く、後者は東北南部以南に一般的である（桑原 1976）。東北北部の坏のなかには、東北南部以南の技法である、ヨコナデとケズリを施した坏や高坏もある。八戸市酒美平遺跡4号住居や同市根城遺跡SI10・SI11、そして同市丹後平古墳群には、口縁部にヨコナデ、底部にケズリを施した坏がある。このような技法で作られた土

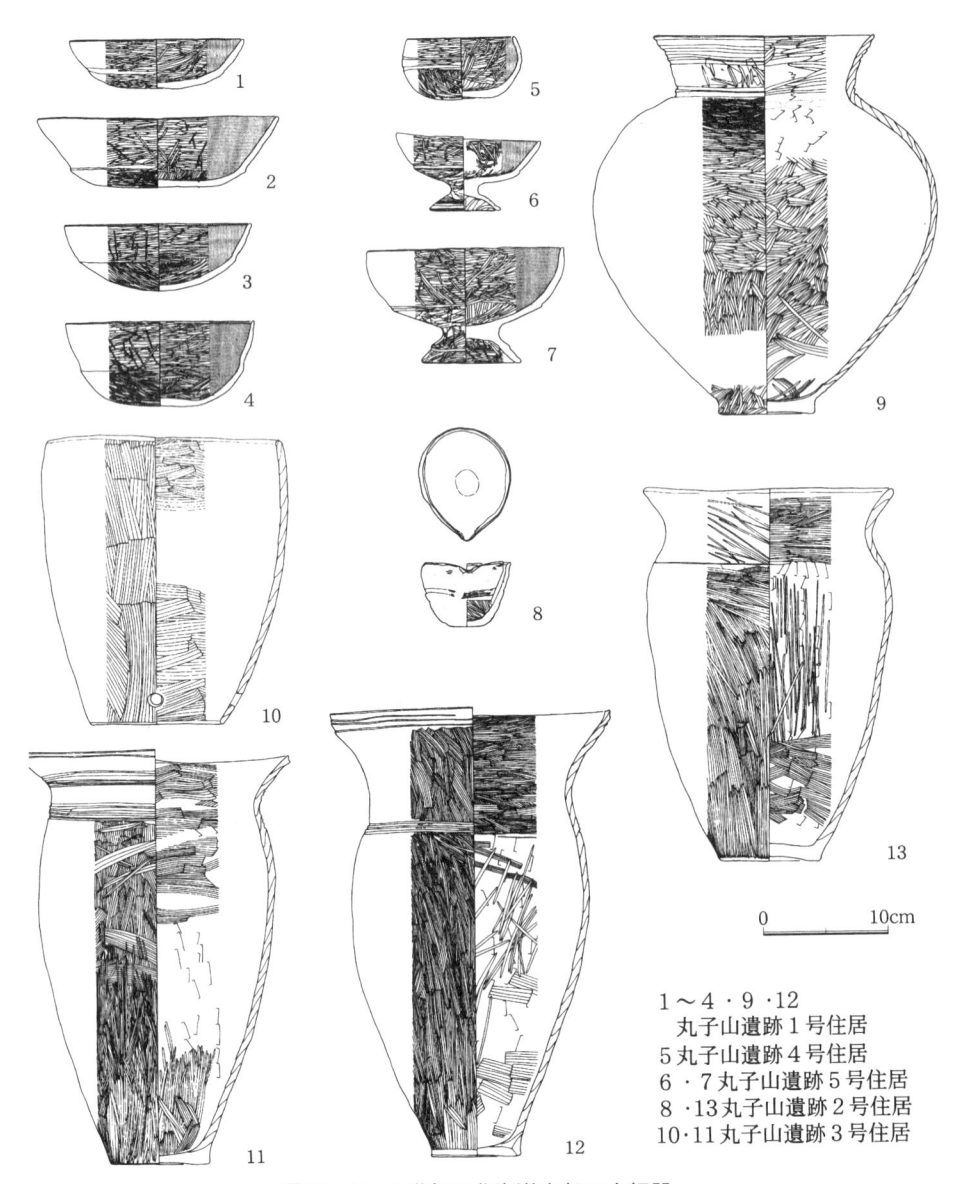

58　第1部　物質文化から見た蝦夷社会の成立

図32　7〜8世紀の北海道南部の土師器

1〜4・9・12
　丸子山遺跡1号住居
5　丸子山遺跡4号住居
6・7　丸子山遺跡5号住居
8・13　丸子山遺跡2号住居
10・11　丸子山遺跡3号住居

師器製作者の技術は、東北南部からさらに南の地域に系譜を持つ可能性が高い。
　器の調整について見ると、東北北部から出土する坏の多くは、内面をミガキ、炭素を吸着させている。器内面に炭素を吸着させるのは、宮城県域では住社式期に一般化する技法である（仲田1997：112頁）。この技法による製品は、7〜8世紀には、東北地方と中部地方に多く、関東地方には少ない。なお、北海道の坏は器表面をミガキ調整するものばかりであり、ケズリを加えるものはない。炭素を吸着させる技術は北海道にも入っている。
　以上に見たように、7〜8世紀には東北北部や北海道でも土師器が作られるのだが、その一部の製品に沈線文が施されている。口縁部に横走沈線を並行させて引くものや、口縁部や頸部に鋸歯文を巡らせるものである。前者は宮城県・岩手・秋田・青森各県域や北海道から出土し、後者は宮城

表5　土器組成

土器・器種 地域	ロクロ土師器					土師器					擦文土器			須恵器			
	坏	甕	壺	鉢	鍋	坏	甕	壺	鍋	把手	坏	甕	壺	坏	甕	壺	鉢
北海道	+	·									○	○		○	+	+	+
東北北部西部	○	○	+	○	○	○	○	○	○	○	+			○	+	+	+
東北北部東部	○	○	+	○		○	○	○	○					○	○	○	○

　・：極く少量存在する　＋：少量存在する　○：普通に存在する

県・岩手・青森県域から出土している。それらは、器表面に文様を巡らす点や、その分布が東北中部から北海道にかけて広がっている点から、在来の民が作った土師器と考えられてきた（小野 1998・宇部 2000）。

　ただし、岩手県域の中部以南では、有文の土器が出土する場合でも、1遺跡からの数は非常に少ない。また、鋸歯文を施す土師器は分布範囲も狭く、存続時期も短い。それらは7～8世紀前葉までの、宮城県から青森県域の東部以南にしか分布しない。これに対し、横走沈線を巡らせる土器は7～8世紀後葉まで存在し、北海道にも分布する。その出土数は東北北部や北海道に多い。

3．9～11世紀代の土器から見た生活様式

　9～11世紀には、東北北部西側に多くの集落が拓かれた。そしてそれらの集落には、新たな文化要素を定着させた。その要素に、日常の生活用具としての土器類がある。

　この時期に東北北部で、ロクロ土師器や須恵器の製作と使用がはじまった。北海道でも一部でロクロ土師器や須恵器が使われたが、それらの製作はおこなわれなかった。また、北海道と東北北部で擦文土器の製作と使用がはじまったのも9世紀であるが[6]、こちらは東北北部の一部でしか使われていない。したがって、この時期に使用がはじまった土器のうち、東北北部で生産され、使用された中心的な土器はロクロ土師器と須恵器である。それらは古代日本国の領域から移入された技術による産物である。そして、両土器の移入は、東北北部に8世紀代までとは異なる生活様式を定着させたのである。

　表5として、9～11世紀代の土器組成を示した。この時期に新たに加わる器種として、鍋がある。そして、東北北部の鍋にはロクロ製と非ロクロ製とがある。松本建速（1991）によると、東北地方における鍋の分布は、東側に少なく西側に多い。また、北陸地方には8世紀からロクロ製の鍋があり、9世紀に入ると、ロクロ製の鍋は北陸に隣接する出羽地方でも用いられていた。東北北部でも、古い鍋はロクロ製であり、形態が北陸や出羽地方のものに近い。それらは、現代の土鍋に似た形をしている。しかしながら、土師器長胴甕と同様、10世紀の前半のうちにはロクロ製の鍋は消滅し、すべて、非ロクロの鍋となる。しかも、次第にその形態も、深い形態となっていく。それでも出現の順序から、非ロクロ製の鍋はロクロ製のものから派生したと推測できる。

　なお、出土数が少ないので表には含めなかったが、津軽では羽釜も少量出土する。これも北陸～出羽に多い器であり、津軽と北陸地域の繋がりを示す製品である。

　ところで、擦文土器は、この時期、北海道を中心に作られた土器であり、東北北部では、津軽と下北にわずかに分布するだけである。擦文土器とは、器表面に文様を施す土器である点に注目する

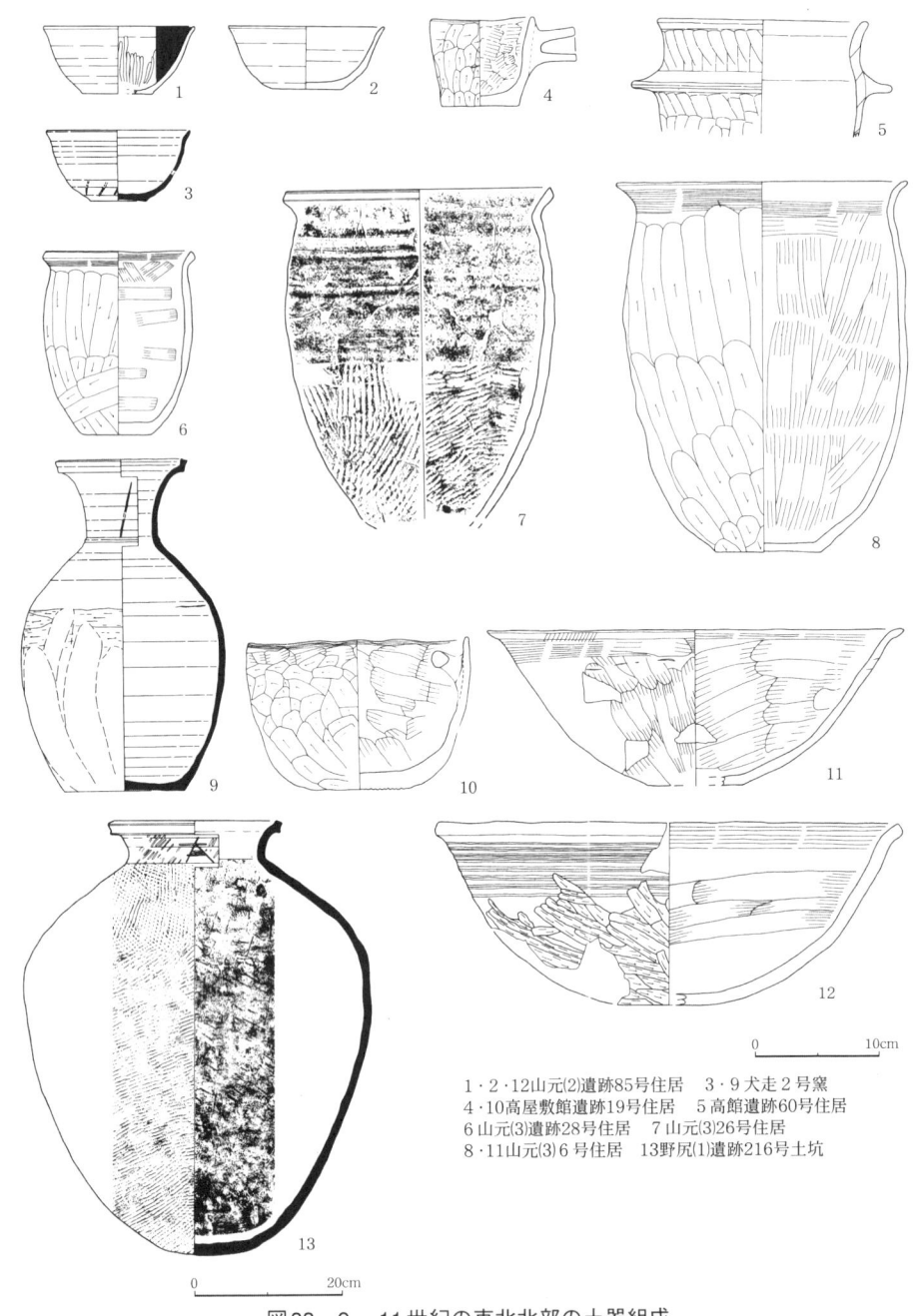

1・2・12 山元(2)遺跡85号住居　3・9 犬走2号窯
4・10 高屋敷館遺跡19号住居　5 高館遺跡60号住居
6 山元(3)遺跡28号住居　7 山元(3)26号住居
8・11 山元(3)6号住居　13 野尻(1)遺跡216号土坑

図33　9〜11世紀の東北北部の土器組成

と、東北北部の大部分で、この種の有文土器を作らなくなるのは9世紀以降である。図33として、器表面に文様を描く土器の、地域ごとの消長を見た。北海道における7〜8世紀代の土師器製作では、土器の表面に文様を描く行為が少し弱まるが、9世紀中葉以降、擦文土器製作の定着で、再び文様を描く土器が基本となる。それに対し、東北北部では、ロクロ土師器の製作がはじまった9世紀以降は、土器は無文の器であることが基本となる。土器の表面は刃物で削るものとなるのである（第6章参照）。

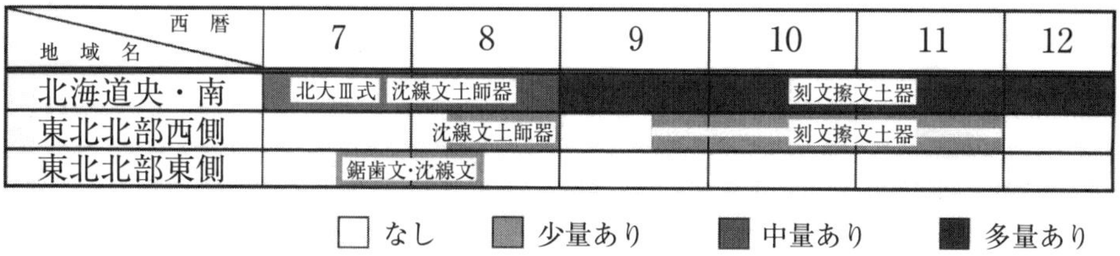

地域名＼西暦	7	8	9	10	11	12
北海道央・南	北大Ⅲ式／沈線文土師器			刻文擦文土器		
東北北部西側		沈線文土師器		刻文擦文土器		
東北北部東側	鋸歯文・沈線文					

□ なし　■ 少量あり　■ 中量あり　■ 多量あり

図34　有文土器の消長

(3) 墓の様式と埋葬された人の形質

1．7〜9世紀　末期古墳

　末期古墳と呼ばれる墓が、7〜9世紀に東北北部と北海道石狩低地帯に営まれる。とくに、7〜8世紀には、東北北部の東側に多く分布する（第1章参照）。それらは、八戸市丹後平古墳群や上北郡下田町阿光坊遺跡で知られるように、当時の地表面から掘り込み、そこに木棺を納め、その上に土でマウンドを盛ったものである。それは、土坑墓を基本として、古墳的な要素を加えたものであり、その様式は在地的であると解釈されるのが普通である（高橋 1996、辻 1996・1998）。

　しかしながら、地表面を掘り込み、そこを玄室とする墓は東北北部の末期古墳だけではない。積石塚のなかにもそのような玄室を持つものがある。岩手県北上市上江釣子の五条丸古墳群（伊東・板橋 1963）や同県上江釣子の猫谷地古墳群（江釣子村教委 1988）、そして山口県萩市見島大字本村字横浦のジーコンボ古墳群（山口県教委 1964）などである。また、玄室にしか礫が用いられていないという理由で、研究者によっては積石塚に含めない場合がある例ではあるが、東京都あきる野市瀬戸岡の瀬戸岡墳墓群も類似した玄室を持つ。末期古墳の墳丘や玄室を造る材料が、礫ではなく、土あるいは木であるという点を無視して、施設全体の構造だけに注目するならば、丹後平古墳群など東北北部の末期古墳は、土坑墓を基本としたのではなく、積石塚を変容させた墓と考えることができる。

　図35として、八戸市丹後平古墳群15号墳と、北上市猫谷地古墳群029古墳の玄室平面図を示した。丹後平古墳群15号墳の玄室の底には円礫が敷かれており（図35-1）、そこには木棺が納められたと推測されている。猫谷地古墳群029古墳は、地表面から土坑を掘り、土坑内に礫を敷き、壁には川原石を積んでいる（図35-4）。萩市ジーコンボ古墳群には、浜堤面（浜自体が礫で構成されている）から掘り込み、側壁に礫を並べ、底に礫を敷いて玄室とした古墳がいくつもある（図35-3）。

　また、丹後平古墳群では、53基のうち7基で、八戸市根城の丹後平（1）遺跡では32基のうち2基で、上北郡下田町阿光坊遺跡では12基のうち1基で、玄室の底面に円礫が敷かれている。底部にしか敷かれていないとはいえ、礫を象徴的に用いたのだと考えれば、これらを積石塚のような礫を使う葬制の範疇に含めることも可能であろう。

　さらに、末期古墳の玄室は、同時代あるいは続縄文時代の土坑墓よりも格段に大きい。東北北部と石狩低地帯の、続縄文時代〜8世紀代の末期古墳と土坑墓の規模とを比較したのが図36である。丹後平古墳群と阿光坊遺跡とでは、玄室の長軸が1.8〜2.8mほどのものが多い。他に、丹後平古墳

62 第1部 物質文化から見た蝦夷社会の成立

盛り土
当時の表土　当時の表土
礫

1．丹後平古墳群　15号墳

2．獅噛式環頭大刀把頭
丹後平古墳群　15号墳周湟出土

浜堤面を掘り込む

3．ジーコンボ古墳群　154号墳玄室

4．猫谷地古墳群　029古墳玄室

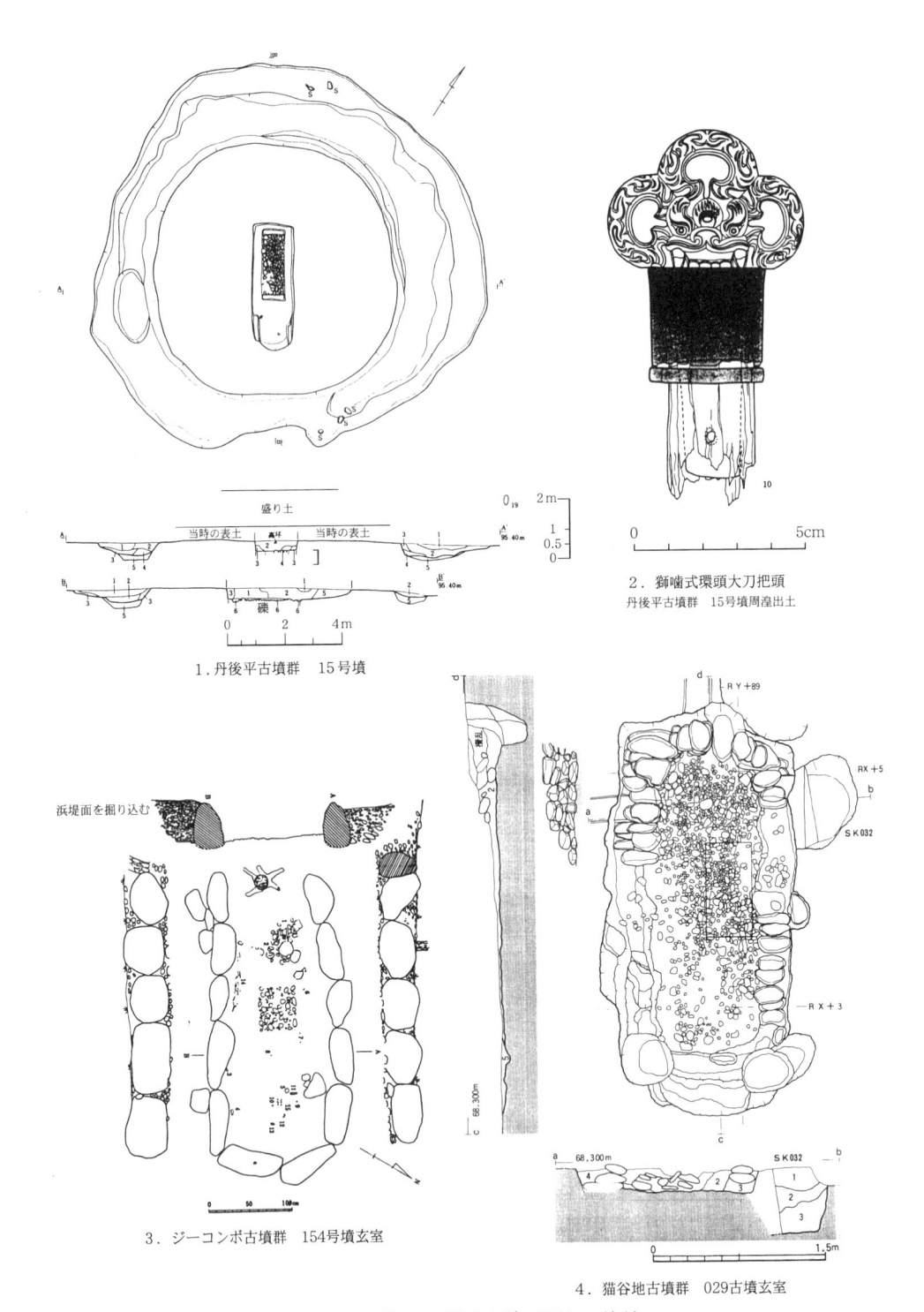

図35　丹後平15号墳と積石塚との比較

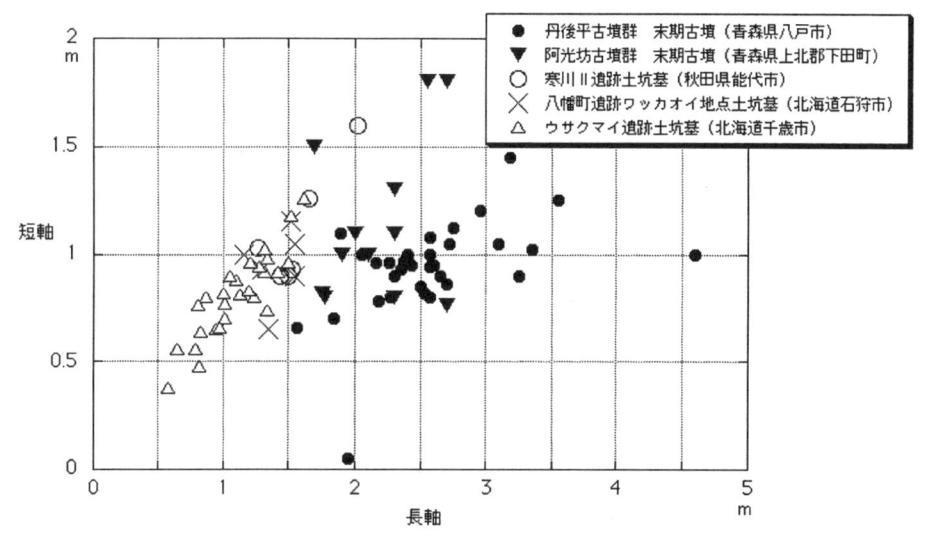

図36　末期古墳の玄室と土坑墓の規模の比較

群には3mを越すものが複数あり、4.6mに達するものまである。それに対し、土坑墓は0.5〜1.8mのものがほとんどである。すなわち、土坑墓の長軸は、被葬者の身長ほどであるが、末期古墳の玄室は、それよりも数十cm〜1m以上も長い。末期古墳の玄室が土坑墓に比べて長大なのは、木棺をおさめた部分に、横穴式石室の羨道が形骸化したものと解釈される「張り出し」と呼ばれる掘り込み部が附属するからである。

萩市ジーコンボ古墳群154号墳（図35-3）、北上市猫谷地古墳群029古墳（図35-4）の2例とも、玄室の長軸は3m以上である。あきる野市瀬戸岡墳墓群も玄室の長さは3〜4mである。そして、これらの遺跡の玄室には、羨道と玄室の区別が明瞭でない例が複数ある。このような玄室は、東北北部の末期古墳と類似する。

ところで、東北北部に地理的に近いという理由から、中部地方以北の地域に絞って7世紀以降の積石塚の所在地を見ると、それらは甲斐・信濃・上野・武蔵・宮城県北部・岩手県域に分布している（桐原 1980・1989、池上 1980）。とくに多いのは信濃（23遺跡）・甲斐（7遺跡）・上野（8遺跡）である。そして、それらの地域の共通要素として、横穴がないことと、古代の馬の産地であることをあげることができる。図37として、横穴と末期古墳の分布する地域を示した。この、横穴を造らず馬の産地でもあるという2点は、先にあげた地域と東北北部の末期古墳が営まれる地域との共通要素でもある。

秋田・岩手両県域以北に横穴が存在しないことは、氏家和典・加藤孝（1966）ですでに指摘されており、その理由を「律令政治圏に対立する独自の政治勢力圏がそこに設定されていたことによる（525頁）」とする。しかし、「律令政治圏」内にも甲斐・信濃・上野のように、横穴が欠如する地域があるので、「律令政治圏」か否かだけでは、東北北部における横穴の欠如を説明することはできない。積石塚があり、しかも横穴が欠如している地域どうしで、その他に重要な共通の文化要素がある場合には、それらの地域には、律令政治と直接関連するのではない、別のなんらかの関連

64　第1部　物質文化から見た蝦夷社会の成立

凡例:
■ 横穴のある地域（市・郡ごと）
● 末期古墳（7～8世紀代）
○ 寺院跡（7世紀後半～8世紀代）

※横穴の分布は斉藤・杉山（1983）を基に作成

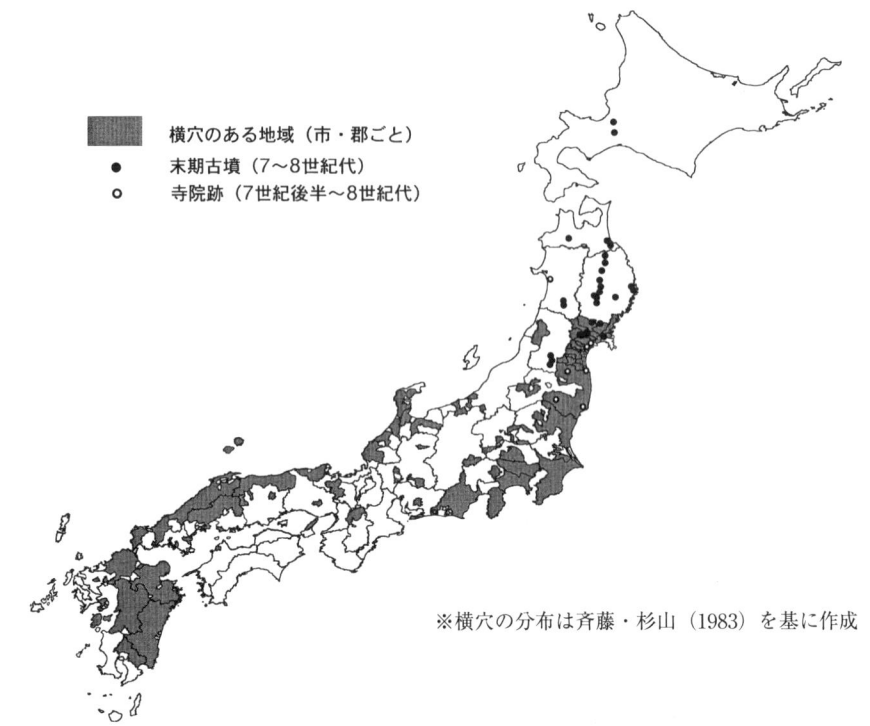

図37　横穴の分布と末期古墳の分布

があると考えてよいのではなかろうか。

　桐原（1989）では、積石塚を渡来系の人々の墓と考え、積石塚を造ったのは馬飼をおこなう渡来人であったとする。多くの積石塚が営まれた甲斐・信濃・上野には、古代の牧があった（第1章参照）。そして、東北北部の末期古墳には、馬具が埋設される例があることから、被葬者のなかには馬飼をおこなった人がいたと考えられる。その馬飼の人々には、渡来系の者がいた可能性があろう。

　さらに付け加えると、東北北部の末期古墳と構造が似ている萩市ジーコンボ古墳群がある見島は、天然記念物である在来和牛の産地である[7]。「見島牛は往古朝鮮から渡来したまま今日まで続いている純粋和牛（文化庁文化財保護部　1971：22頁）」というのが指定理由である。ただし、岸浩（1975a・b）によれば、見島で飼育されていた牛は、近世に牛疫で全滅しており、その後、出雲、隠岐等の牛をもとに養育され、現在に至っている。そして、見島は残された記録で見るならば、近世以来、山口県域西部における著名な産牛地である（前掲書b）。見島でいつから牛が飼われていたかは定かでないが、7世紀後半～10世紀前半の積石塚で構成されるこの古墳群が、牛飼いの人々のものである可能性はないだろうか[8]。

　積石塚と朝鮮半島との関連を考えると、東北北部の末期古墳にもその片鱗がうかがえる。八戸市丹後平15号墳周湟から、三累環の獅噛式環頭大刀把頭（図35-2）が出土したが、それについては、6世紀前半～中頃に朝鮮で製作されたという意見がある[9]。同墳には、7世紀前半の作と考えられる素環鏡板付轡も埋められている。これも東北北部産ではない。ただし、共伴した土師器は、周辺地域の作であり、8世紀初頭のものである。この墳墓は8世紀の築造であるが、そこに埋置された

ものは、6世紀そして7世紀のものであり、朝鮮産の可能性すら考えられるものである。被葬者は馬を飼う者であった。6世紀末〜7世紀前半に、獅噛式環頭大刀を持つ人が信州あたりの積石塚築造地域に入り、その後、その人の末裔が丹後平の地に移り住み、亡くなった。渡来した直系の最後の人であったがゆえに、古い刀の柄頭と馬具とが、墓に副葬された。このように推測する。

さらに論証の必要があるが、積石塚の変容した施設に葬られた者のなかには、馬や牛を飼う渡来系の人がいた可能性があろう。

2. 9〜11世紀

9〜11世紀の東北北部の墓制としては、土坑墓、円形周溝墓、合口土器棺土坑墓が知られている。土坑墓は東北北部のみならず、地域や時代を問わず普遍的に存在する。しかし、円形周溝墓と合口土器棺土坑墓とは、存在する地域も時代も限定されるので、それらが分布する地域は何らかの関係があったと考えてよいであろう。そこで、少し範囲を広げ、東北地方全域におけるこれら二つの墓制の分布を見たのが図38である。

この時期に多くの集落があった津軽や米代川流域では、先にあげた三つの墓制は、あまり見られない。したがって、時期・地域問わず普遍的に存在する土坑墓は別として、他の二つの墓は、これらの地域における大多数の人々の墓制ではないと考えるべきであろう。しかしながら、この時期に見られる特徴的な墓制であることは確かであり、また、それらの分布から、東北中部との関係をうかがうこともでき、人々の文化的系譜を考えるうえで重要である。

円形周溝墓の本来の形状は、八戸市丹後平（1）遺跡例を参考にするならば、末期古墳様の円墳状である。八戸市丹後平古墳群の北500mほどにある当遺跡の円形周溝は、遺構どうしがほとんど重ならないことから、周溝内には円墳状のマウンドがあり、それを壊さないようにそれぞれの円墳が築かれたと推定されている（八戸市教委 1996）。隣接する丹後平古墳群から見下ろされる位置にある丹後平（1）遺跡の円形周溝墓群は、外観は末期古墳と同様であったと考えられる（図39）が、いずれの遺構からも玄室は確認されていない。検出された周溝が非常に浅いことは、調査時にすでに当時の表土面が失われていたことを示す。この墓は、まず地表面を少し掘り窪め、そこに木棺を安置し、その上に周溝を掘った土を盛り、マウンドを築いて円墳としたと推定される（図40-2）。そのような墓が造られたのは、丹後平（1）遺跡では9世紀後葉までである。東北北部における円形周溝墓は10世紀初頭頃まで存続する。古代日本国領域である東北中部にもそれらはあったが、その存続時期はほぼ同時期である（高橋 1995、船木 1995）。この時期、東北北部と東北中部の墓制は類似した面を持つのである。

ところで、先に、丹後平（1）遺跡の円形周溝墓が、丹後平古墳群などの末期古墳に似た形状であると述べたが、津軽の南津軽郡浪岡町野尻（2）および、同町野尻（3）遺跡の円形周溝墓の地上の形状は、末期古墳とは少し異なるようである。それらは、図40-1のように、同じ場所に2〜3基の円形周溝が重なるものが多いので、その場所は、埋葬の度に掘られたことになる。この点は、末期古墳が営まれた地域に隣接して、末期古墳と同様に1基ずつ独立して造営された丹後平（1）遺跡の円形周溝墓と違う。したがって、津軽の円形周溝墓がどの地域の墓制と系統的に関係がある

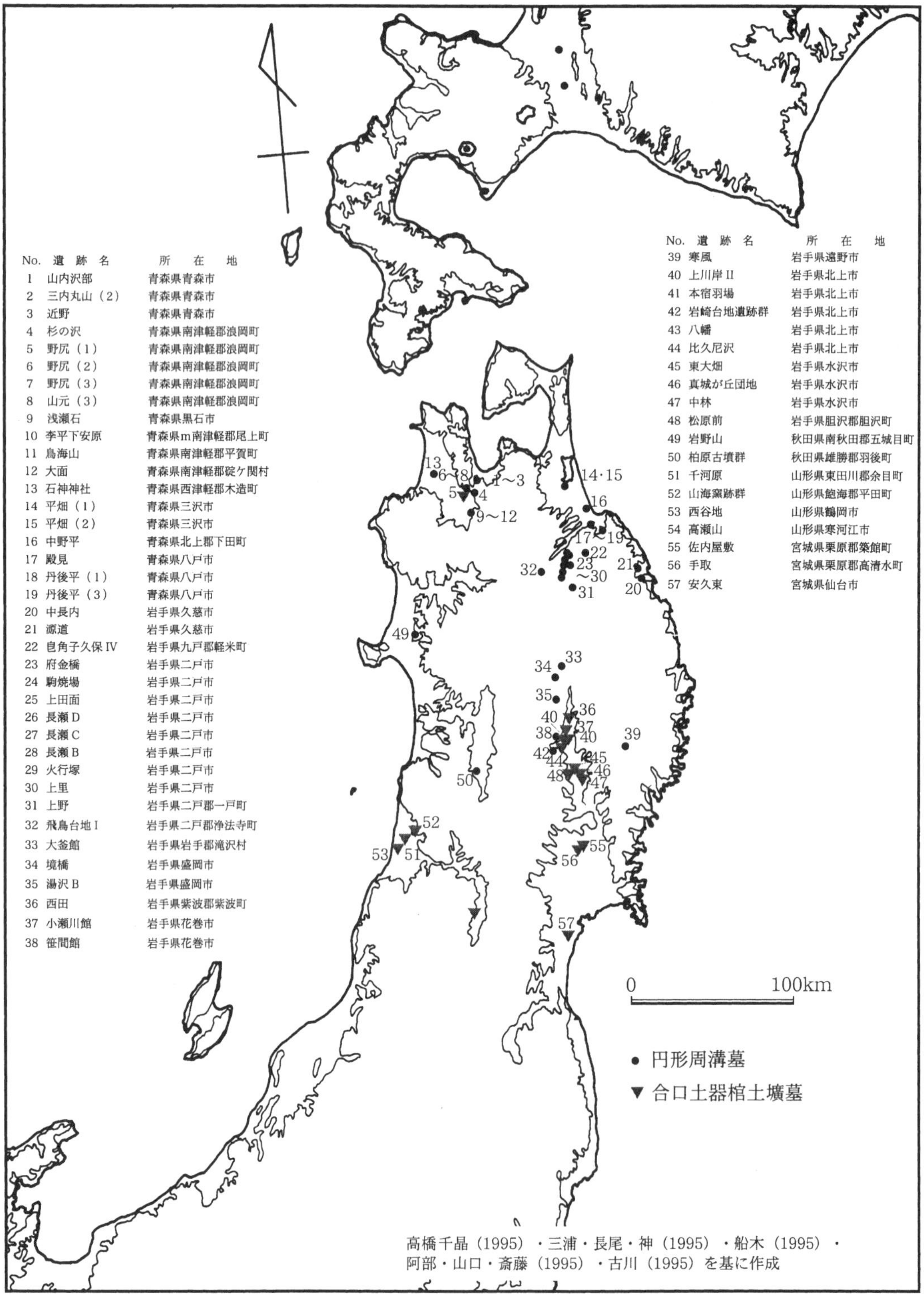

66　第1部　物質文化から見た蝦夷社会の成立

No.	遺跡名	所在地
1	山内沢部	青森県青森市
2	三内丸山（2）	青森県青森市
3	近野	青森県青森市
4	杉の沢	青森県南津軽郡浪岡町
5	野尻（1）	青森県南津軽郡浪岡町
6	野尻（2）	青森県南津軽郡浪岡町
7	野尻（3）	青森県南津軽郡浪岡町
8	山元（3）	青森県南津軽郡浪岡町
9	浅瀬石	青森県黒石市
10	李平下安原	青森県m南津軽郡尾上町
11	烏海山	青森県南津軽郡平賀町
12	大面	青森県南津軽郡碇ヶ関村
13	石神神社	青森県西津軽郡木造町
14	平畑（1）	青森県三沢市
15	平畑（2）	青森県三沢市
16	中野平	青森県北上郡下田町
17	殿見	青森県八戸市
18	丹後平（1）	青森県八戸市
19	丹後平（3）	青森県八戸市
20	中長内	岩手県久慈市
21	源道	岩手県久慈市
22	皀角子久保IV	岩手県九戸郡軽米町
23	府市橘	岩手県二戸市
24	駒焼場	岩手県二戸市
25	上田面	岩手県二戸市
26	長瀬D	岩手県二戸市
27	長瀬C	岩手県二戸市
28	長瀬B	岩手県二戸市
29	火行塚	岩手県二戸市
30	上里	岩手県二戸市
31	上野	岩手県二戸郡一戸町
32	飛鳥台地I	岩手県二戸郡浄法寺町
33	大釜台地	岩手県岩手郡滝沢村
34	境橋	岩手県盛岡市
35	湯沢B	岩手県盛岡市
36	西田	岩手県紫波郡紫波町
37	小瀬川館	岩手県花巻市
38	笹間館	岩手県花巻市

No.	遺跡名	所在地
39	寒風	岩手県遠野市
40	上川岸II	岩手県北上市
41	本宿羽場	岩手県北上市
42	岩崎台地遺跡群	岩手県北上市
43	八幡	岩手県北上市
44	比久尼沢	岩手県北上市
45	東大畑	岩手県水沢市
46	真城ヶ丘団地	岩手県水沢市
47	中林	岩手県水沢市
48	松原前	岩手県胆沢郡胆沢町
49	岩野山	秋田県南秋田郡五城目町
50	柏原古墳群	秋田県雄勝郡羽後町
51	千河原	山形県東田川郡余目町
52	山海窯跡群	山形県飽海郡平田町
53	西谷地	山形県鶴岡市
54	高瀬山	山形県寒河江市
55	佐内屋敷	宮城県栗原郡築館町
56	手取	宮城県栗原郡高清水町
57	安久東	宮城県仙台市

● 円形周溝墓
▼ 合口土器棺土壙墓

高橋千晶（1995）・三浦・長尾・神（1995）・船木（1995）・
阿部・山口・斎藤（1995）・古川（1995）を基に作成

図38　9～11世紀の東北地方における円形周溝墓・合口土器棺土坑墓の分布

第2章 蝦夷の集落　67

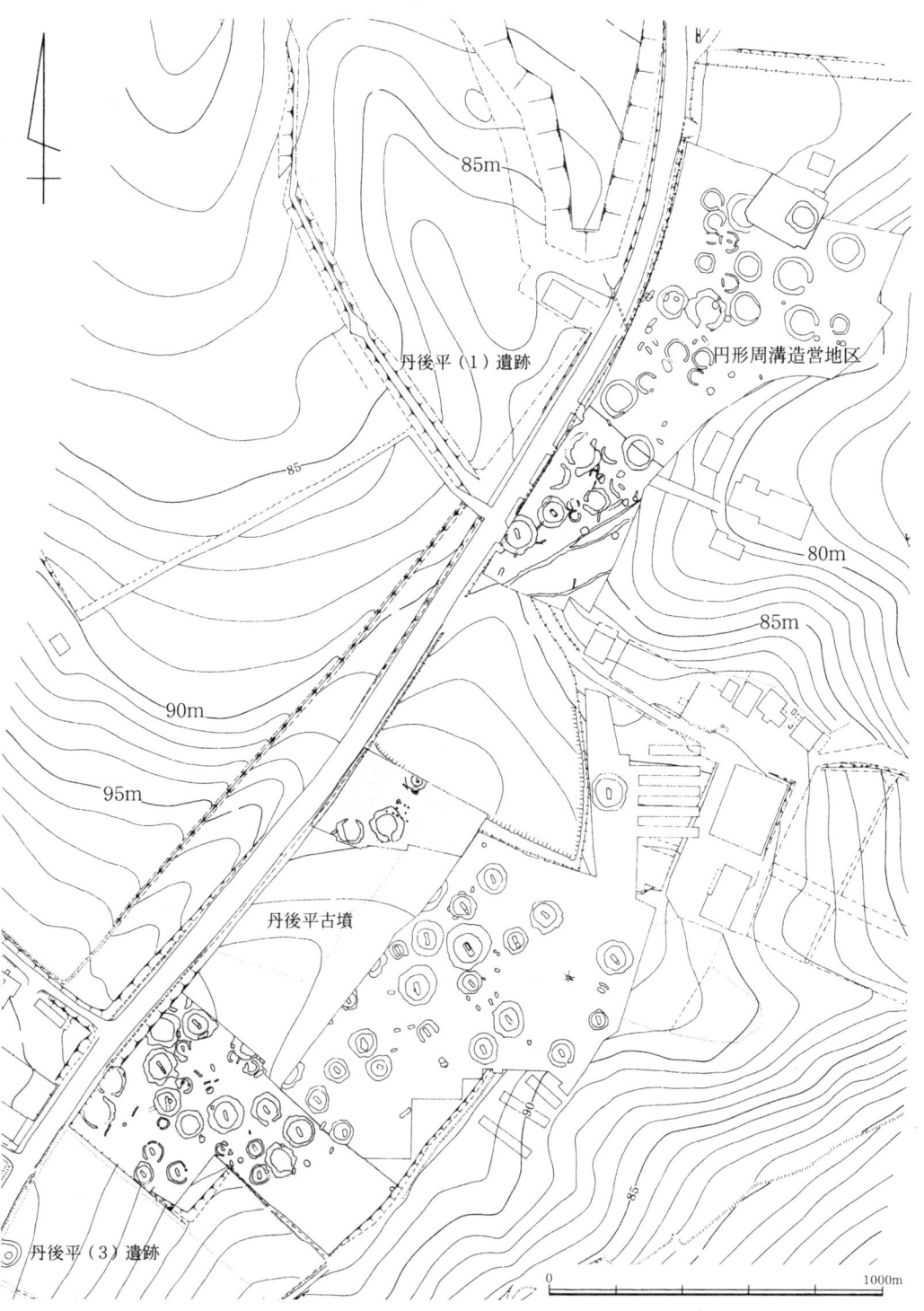

図39　丹後平（1）遺跡・丹後平古墳群の遺構配置図（八戸市教委 2002　第3図を転載）

68　第1部　物質文化から見た蝦夷社会の成立

1．野尻（3）遺跡　円形周溝配置図
(青森県教委1996：第65図の一部を転載)

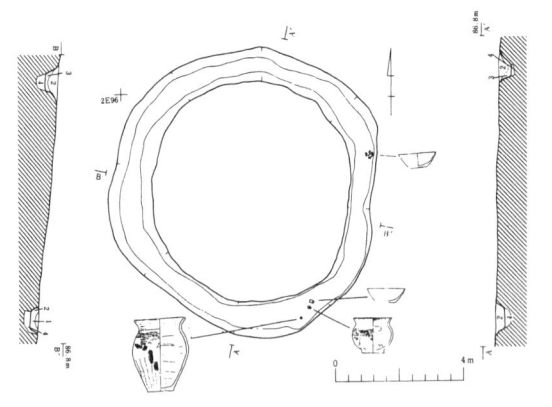

2．丹後平（1）遺跡　6号墳
(八戸市教委1996：第33図の一部を転載)

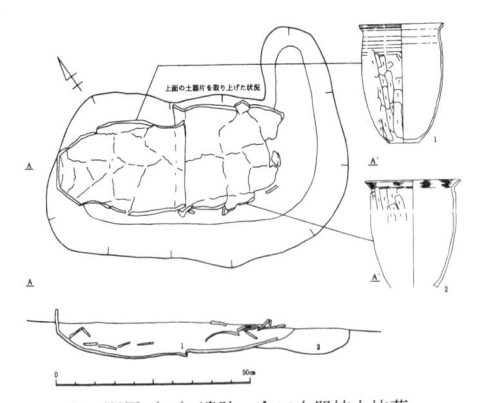

3．野尻（1）遺跡　合口土器棺土坑墓
(青森県教委2000：図44の一部を転載)

図40　東北北部各地の円形周溝と合口土器棺土坑墓

か、あるいは系統は同じでも地域的変容があったのか否か等については、さらに検討を要する。

また、9世紀後葉～10世紀初頭頃の合口土器棺土坑墓が、浪岡町野尻（1）遺跡（図40-3）から検出されている。東北北部では唯一の例である。ロクロ土師器の甕と非ロクロ土師器の甕の口縁部とを合わせ、土壙内に水平に埋設している。同遺跡からは、この1例しか検出されていないので、普遍的な墓とは言い切れない。そして墓だとしても、これがいかなる理由でおこなわれた埋葬なのか、検討の余地がある。合口土器棺土坑墓の類例は、9世紀後半～10世紀前半頃の岩手県中南部、宮城県、山形県域庄内地方にあり、この墓制も古代日本国領域からの移入と推定できる。

3．埋葬された人の形質

正式な報告はないが、下北半島の青森県下北郡泊村大穴洞窟から古代の人骨が出土した（鈴木 1956）。人骨を含む層から出土した土器類についての鈴木の記述によれば、それは土師器の特徴を持っており、7～11

世紀の間の製品であると判断できる。鈴木は、頭骨の写真を示し、「日本人遺骨」（192頁）と結論づけている。

　他に、南津軽郡尾上町李平下安原遺跡の土坑墓（61号土壙）から、壮年期女性の人骨が検出されている（青森県教委 1988）。この墓は、二つの住居跡と重なる位置にあり、10世紀初頭の土師器を伴う112号住居より新しく、11世紀代の土師器を含む111号住居よりも古い。10世紀後葉を中心としてその前後の時期の埋葬であると推定できる。形質人類学的な観察の結果、その女性には「アイヌの特徴は認められなかった」（森本 1988：481頁）と報告されている。

　これらの2例が、これまで知られている古代の東北北部居住者の形質のすべてである。一例は洞窟から、もう一例は墓域ではなく、住居密集地内からの出土である。しかも後者は、古い住居を掘込み、さらに新しい住居の下になるように造られた墓であるという。どちらも、決められた墓域内の埋葬ではなく、特殊な事情があった例と認識できるかもしれない。しかしながら、例えば、それらが、集落内における形質的少数者の葬法であるとも言えないので、そのことと、形質的特徴とは無関係であると考えておく。

　以上に見たように、古代の東北北部居住者には、縄文人や近世以降のアイヌ民族にではなく、現代日本人に近い形質の人がいた。出土状況にもとづいて帰属時期を確実に押さえられるのは、李平下安原遺跡の1例だけであるが、そこは多数の住居が密集する集落跡である。津軽地方に多くの集落が造営された時期、そこに生活していた人々のなかに古代日本国に出自を持つ人間がいたのである。

　本章では、古代の東北北部における物質文化からうかがえる集落の文化要素全般から、そこに暮らした人々の大部分は、古代日本国領域からの移住者であると述べてきた。まだ少数例しかないが、形質からも、それを確かめることができるのである。

第3節　集落を拓いた目的

(1)　馬飼と雑穀栽培

　少数であるが、5世紀末～6世紀初頭の集落遺跡が、東北北部の東側から出土している。なかでも八戸市田向冷水遺跡の土師器やカマド付き竪穴住居は、続縄文文化に源を持つものではなく、古墳時代文化を知る者の関与がなければ、作られなかったであろうものである。そして、遺跡が仁井田川沿いの沖積地に面した段丘縁にあることから、水稲耕作をおこなうことを視野に入れた立地の選択であった可能性がある。しかしながら、その後、周辺にさらに集落が拡大した跡は見られない。夏が冷涼であるという、この地域の気候の特徴、そして、この時期が「古墳寒冷期」と呼ばれる寒い時期であったことに関係しているのではなかろうか（図41）。本遺跡は、現在、整理中なので、報告書の刊行を待って、その集落の造営目的などについて再度考察を試みたい。

　7世紀に入ると、東北北部の東側の比較的広い範囲に、50年間に20棟以上の住居で構成される集落が出現する。八戸市田向冷水遺跡を除けば、それらの集落は、沖積地から離れた台地上にあり、それ以前には人々の生活の痕跡がなかった土地を開拓したものであった。そこは、20世紀後葉に

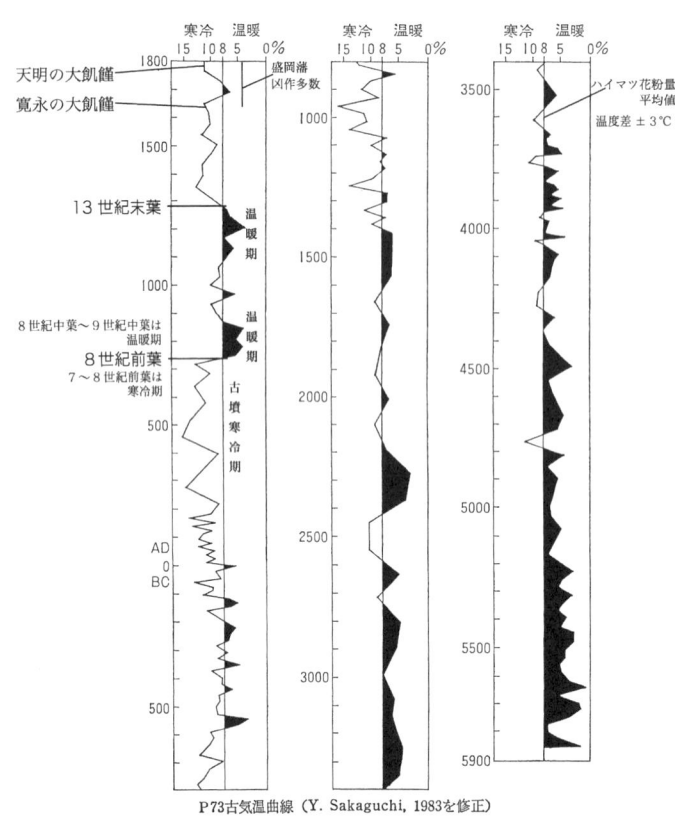

図41　尾瀬沼における花粉分析にもとづく過去7800年間の気温の変化（阪口（1989）172頁　図45に一部加筆）

なるまで、水稲よりも雑穀栽培および牧畜に適した土地と評される地域である。しかも、この時期は、図41に示したように、阪口（1989）によれば過去7800年の間でも最も寒冷である[10]。したがって、現在にも増して水稲には不向きであったと考えられる。

　土師器や住居の形態などから、集落の構成員のほとんどは、東北北部よりは南の地域の居住者であったと考えることができるのであるが、人々は、寒い時期に、さらに寒冷な地域を目指して移住してきたことになる。選択された地域の気候に注目するならば、人々の移住は、水稲耕作適地の開拓や、大規模な集落を営むことを目的としていたのではないことを読み取ることができる。

　また、7～8世紀前葉に東北北部に住む人々のうちには、末期古墳と呼ばれる墓を造営した者もあった。それらは、集落同様、東北北部の東側に営まれた。その時期の末期古墳には轡が埋設される例があり、被葬者に馬を飼う技術を持つ者がいたことを推測させる。

　東北北部の東側は、その気候や土壌の性質から考えるならば、馬飼や雑穀栽培に適している。このことから、この時期に当地域に集落を拓いた人々の生活基盤は雑穀栽培であり、馬飼もおこなっていた場合があったと推測する。人々は、馬を放牧できる広い土地を必要としていた。そこで、東北北部東側という、当時、人口が希薄で、農耕や牧畜に利用されていない広大な土地があった地域を選択したのではないだろうか。

　人々は、なんらかの理由で以前の居住地に住めなくなり、移住してきたのであろう。東アジア各地に国家が成立している時期の人口の移動であるので、その移住の背景については、古代日本国以外の農耕地帯一帯を含む政治的な動きのなかでおこなわれたという視点で考える必要があるが、本研究では言及できない。

（2）　水田の開発

　8世紀前半になると、東北北部の西側でも少しずつ集落が拓かれはじめる。その地域で最初に集落が営まれるようになるのは、奥羽山地寄りの浅瀬石川の旧期沖積地層に面した段丘縁である。た

だし、まだこの時期の集落は少なく、しかも、広い津軽平野地帯を目指さない。9世紀に入ると集落を営む地域が拡大し、津軽平野に面した段丘上にまで見られるようになる。この地域の集落数が最大となるのは、9世紀後半～10世紀前半であり、36を数える。米代川流域の場合は、少しピークがずれて、10世紀後半に集落数が最大となる。24遺跡である。

　青森平野に面した丘陵上の青森市野木遺跡のように、9世紀後半～10世紀前半の間に500棟を越す数の住居が建てられた集落もある。津軽平野北東部の大釈迦川西側段丘上（第8章図75参照）に、南北方向に3kmにわたって連続する、山本遺跡（南津軽郡浪岡町大字徳才字山本）から野尻（1）・野尻（2）・野尻（3）・野尻（4）・山元（1）・山元（2）遺跡（同町大字野尻）の7遺跡でも、9世紀後半～10世紀前半に、総計200棟以上の住居があった。このように、それまで集落がほとんどなかった津軽平野や青森平野に面した地域で、9世紀に入り、人口が急激に増加したことになる。なかでも9世紀後半～10世紀前半は、古代の津軽において最も人口が多かった時期である。

　それらの人口を支えたのは、沖積地を利用した農耕であったと推測される。出土した植物遺存体から考えるならば、当時の津軽地方で最も広く栽培されていたのは稲である。他に、アワ（青森市野木遺跡・近野遺跡・三内遺跡・浪岡町高屋敷館遺跡）・ヒエ（青森市野木遺跡・浪岡町高屋敷館遺跡・碇ケ関村古館遺跡）・大麦（青森市野木遺跡・尾上町李平下安原遺跡）なども作られていた。しかしながら、9～11世紀において東北北部西側の津軽地方や米代川流域に、広く集落が営まれた最大の目的は、その立地条件にもとづき、水田開発であったと推測する。

　ところで、なぜ、この時期に、水田開発を目的とした開拓が必要であったのか。図41からわかるように、8世紀中葉～9世紀中葉にかけては温暖期となる。この時期、古代日本国では、様々な地域で農耕における生産が向上したであろう。そして、開発する地域も必要となったはずである。このときに、注目されたのが、稲作に適した東北北部西側だったのであろう。9世紀以前にはそこに集落がほとんどなかったことからわかるように、その開発をおこなった人々は、東北北部西側地域の外からの移住者、すなわちそれまで水稲耕作をおこなってい地域にいた人々であったろう。

　そして、遅くとも12世紀には、津軽地方の平野部は日本国に編入されていたと考えられるが、当時までに安定した稲作が可能となっていたことが、その重要な前提となっていたのではなかろうか。東北地方で、古代日本国がその領域としたのは、その当時において、すでにある程度安定した稲作が可能となっていたところばかりである。このことを考えると、9世紀以降、とくにその後半以降の極端な人口増を見せる開発は、古代日本国の外での出来事であり、国内の秩序からはずれた状態であったとしても、それを推し進めたのは、古代日本国の中枢と政治的に関連しており、国における秩序を無視できる人々のなかにあったのではないかと思えるのである。

註

（1）　津軽地方は工藤清泰（1998）、米代川流域は高橋学（1998）、馬淵川流域は八木・似内・津嶋・黒須・太田（1998）、三陸沿岸北部は竹下將男（1998）らの集計による、集落ごとの住居跡数を基本とし、いくつか新たな知見を加えて、表4とした。ただし、それらの文献に掲載されていても、筆者が報告書にあたることのできなかった集落については、表から割愛した。

（2） 調査担当者の八戸市教育委員会小保内裕之のご教示による。

（3） 岩手県教委（1981）では、短煙道カマドを持つこれら二つの住居のうち、Bd59を他の住居よりも新しいとしている。だが、それは、奈良時代頃の住居はカマドが北向であることを前提に、北から少し西方向を向いているこの住居を、他の北向きカマドのものよりも新しいと判断しているだけである。Bd59から出土している高坏を見ると、深い椀状の坏のものであり、他の住居の高坏よりも古いタイプのものである。

（4） 高橋玲子（2001）に集成された竪穴＋掘立建物には、カマドの煙道が掘立柱建物と別方向のものもある。それらは、9世紀以降に津軽地方に見られる、竪穴＋掘立建物とは異なる構造である。しかも、それらの多くは8世紀代のものである。そこで、ここでは、それらを竪穴＋掘立建物に加えなかった。

（5） 初出の文献を見ていないが、石附喜三男（1986：113頁）に、空知郡栗沢町由良遺跡出土の甑の実測図が紹介されている。高さ約15cm底部は径8cmほどの多孔式で、器中位よりいくらか下の位置にやはり孔が数個巡るものである。

（6） 北海道の7～8世紀の土器を擦文土器と呼ぶ研究が一般的であるが、文化の変化の仕方を把握するために、本研究ではそれらを土師器と呼ぶ。それらが東北北部地域の土師器と同じ特徴を持つからである。とくに、口縁部付近に沈線が数条横走する点を除けば、坏や高坏は東北北部の土師器とほぼ同じである。そして、土師器の特徴を持つ土器のうち、器表面に、横走沈線以外の刻文が施される製品が出現して以降の土器を、本研究では擦文土器と呼ぶ。土器の製作技術的側面に重点をおいて考えるならば、刻文の施された土器は、刻文の施された土師器と言えようが、それを擦文土器と呼ぶのである。以上の考え方は、石附（1986）の説とほぼ同じである。そして、そのような刻文土器が生まれるのは9世紀中葉以降である。9世紀以降の東北北部の土師器は、器表面を金属の刃物のような滑らかで鋭利な刃を持つ道具で削られるが、擦文土器の器面は前時代同様、木の板でなでられ続ける。9世紀以降の東北北部の土師器と擦文土器の違いについては、第4章で詳しく述べる。

（7） 文化庁文化財保護部監修による天然記念物事典によれば「本州等の和牛は他の牛と混血しているが、見島牛は往古朝鮮から渡来したまま今日まで続いている純粋和牛で、貴重な天然記念物である」と述べられている。しかし、岸（1975a・b）によれば、見島牛は、牛疫で寛文12（1672）年に一度死滅しているので、朝鮮から直接渡来した牛ではありえないという。それでも、死滅後、当時の和牛を島で飼育した結果、現在の見島牛は、300年前の日本未改良在来牛の姿を残しているとのことである。

（8） 当古墳群については、軍事的な理由で島にいた人々の墓であったとする考えがあり（山口県教育委員会 1983、乗安 2000など）、防人の奥津城であるという推測もある（小野 1985、中村 1994）。しかしながら、『令義解』「軍防令第17」によれば、防人には3年という任期があり、死に至るまで任地にとどまった者が多くいたとは思えず、3世紀にもおよぶ長期間にわたり200基以上もの古墳群が営まれた事実の説明にはそぐわないのではなかろうか。しかも、延暦14（795）年には、壱岐および対馬を除き、防人を廃止している（『類聚三代格』「巻18 軍毅兵士鎮兵事」）。また、仮にそれが防人たちの墓であったとしたならば、防人が配置された別の地域、例えば壱岐や対馬などにも、このような墓があってもよいはずだが、それは知られていない。むしろ、存続時期、形態ともにジーコンボ古墳群に似ているのは、東北地方に見られる末期古墳である。

また、ジーコンボ古墳群には、豊富な青銅製品、そして、官位を持つ者の帯飾りなどが出土する例があり、しかも、比較的朝鮮半島に近いという地理的条件から、それらは7～10世紀にかけて移住した集団、例えば防人といった軍事的任務を帯びた人々の墓であると解釈されている。しかし、

それが積石塚である点、そして副葬品の内容からも、牛飼あるいは馬飼の人々の墓と考えることができるのではなかろうか。第56号墳から、蕨手刀や青銅鈴とともに石製の丸鞆や巡方が出土し、馬の臼歯が検出されている。第16号墳からも、石製の同種の帯飾りが出土しており、それらの形態から、7位の官位を持つ者が葬られていたと推測されている（山口県教育委員会 1983）。『養老令』の注釈書である『令義解』「厩牧令第23」によれば、牧には長や帳が置かれ、外6位以下が与えらていた。したがって、牧には、装飾を持つ腰帯をした人物がいた可能性が高いのである。また、松本（2003a）で考察したように、蕨手刀が出土するのは、中部地方、関東の一部、東北北部の東側地域といった、馬飼や牛飼をおこなった地域か、北海道のように、珍しい品の交易をおこなった地域である。水稲耕作不適地では、牧畜がおこなわれることが多い。面積の小さな離島はそのような条件を持つ地域の一つである。ジーコンボ古墳群は、その地理的条件から、牛飼をおこなっていた可能性があるのではなかろうか。

　『延喜式』「巻28兵部省」に、長門国角島に諸国牧として牛牧が見える。これは、現在の山口県豊浦郡豊北町角島に比定されている（安田 1958）。しかし、それより新しい史料に登場するこの地域の牛の産地としては、見島が有名である。岸（1981）は、明治元（1868）年の4〜5月頃のものと推定される「見島牛市案内状（見島・多田家文書）」の九つの送り先（有力な博労であると考えられている）を示し、見島牛の商取引圏について述べている。そこに示された図によれば、送り先には角島も含まれている。見島の牛は、阿武・大津両郡と豊浦郡北部に供給されていたのである。そして、見島は近世以降の防長両国の著名な産牛地であった（岸 1975b：17頁）。古代においても、見島で生まれた子牛が角島等の周辺地域で育てられるということがあったのではなかろうか。穿った見方をするならば、そこは離島であるがゆえに、政権から正確な数字を把握されることなく、隠れて産牛するにも格好な場所だった。表向き、角島が牧として知られていたが、それは、背後に見島あっての存在ではなかったろうか。松本（2003a）で、東北北部の末期古墳被葬者が、馬等の私的交易の結果、蕨手刀、和同開珎などの豊富な品を得ていたと考察したが、同じような構図が見島にもあり、その墓がジーコンボ古墳群ではなかったか。

（9）　丹後平古墳の調査報告書（八戸市教委 1991：83頁）のなかで、町田章の説として紹介されている。他に、6世紀末の作であろうが、産地は不明という見方もある（小谷地 2003）。

（10）　阪口（1989）には、群馬県尾瀬ケ原東中田代で採集された泥炭層のボーリング試料（P73）の花粉分析をもとに作成された、古気温曲線が掲載されている（172頁、図45）。ここに引用したのはその図である。同図は、P73試料に出現している松属花粉が主としてハイマツ（一部ヒメコマツ）であるとみなして、花粉全体におけるハイマツ花粉の出現率を百分率で横軸に示し、縦軸に年代を入れたものである。年代は泥炭を50センチメートルごとに放射性炭素年代を求め、イガゴヨウマツの年輪によって補正した値（較正暦年代）と、試料中に含まれる年代既知の火山灰を使い、深度と年代との関係グラフを作り、さらに調整して算出された（前掲書171頁）。ハイマツは寒冷な地域に成育するゴヨウマツ亜属の一種である。したがって、ハイマツ花粉の増加は低温化を示す。試料におけるハイマツの百分率の平均値は8パーセントであった。そこで、図では、この値を基準に、これより高温の部分（すなわち低出現率）を黒、低温の部分を白のままにしてある。実際の気温偏差に直すと、曲線は8パーセントの基準線に対し±3℃以内に収まると推定されている。

第3章　蝦夷と鉄生産

　9世紀前半にまとめられた『令集解』関市令弓箭条に、「凡そ弓箭兵器は、並に諸蕃と与に市易することを得じ。其れ東辺北辺は、鉄冶置くこと得じ」[1]とある。東辺北辺とは、『集解逸文』弓箭条によれば、「陸奥・出羽等の国也」とされる。また、同じ条によれば、「鉄冶」とは「鉄を作る術」のことである。しかし、東北南部には福島県原町市金沢の長瀞遺跡・鳥打沢Ａ・Ｂ遺跡・鳥井沢Ｂ遺跡などのように、7世紀後葉〜10世紀代の大規模な鉄生産遺跡群があり、東北中部にも8世紀代の鉄生産遺構が検出された宮城県多賀城市柏木遺跡がある。9世紀前半以前あるいはその少し後に、陸奥国で鉄生産がおこなわれていなかったわけではない。

　福田豊彦（1995：161頁）は、この禁令が周辺諸民族との弓箭兵器の交易禁止と一体であることから、禁止の理由を軍事政策であるとし、福島県原町市域の鉄生産遺跡は、古代日本国の蝦夷対策としての製鉄兵站基地であったと考えている。

　禁止令は、禁止された行為が実際にはすでにおこなわれており、それが望ましくないという理由で出されるのが通例である。したがって、先の法令は、『令集解』がまとめられた9世紀前半までには、陸奥・出羽両国で、政府にとって望ましくない鉄生産が実施されており、それをおこなっていたのは、このような禁止令が通達される古代日本国の秩序内に属する人間たちであったことを示している。その令の対象となったであろう事柄が、『類聚三代格』にいくつか残されている。その内容の一つを、第2章に史料2としてあげた。その詳細についてここではくり返さないが、国司をはじめとする古代日本国の政府系の人々が、鉄製品と引き換えに、馬や奴婢を対象として蝦夷たちと勝手な交易をしていたというのである。

　表向き、9世紀前半まで、古代日本国は、鉄の生産を陸奥国・出羽国でおこなうことも、さらに隣接する地域の人々と鉄製品を交易することも、望ましいとは考えていなかったようである。しかしながら、後に見るように、9世紀後半以降には、それら両国の北に隣接する古代日本国の外で、鉄製錬から鉄製品製造までの生産がおこなわれるようになっていた。その活動が展開したのは、主に津軽地方と米代川流域である。鉄製錬は専門的な技術であり、当時の先端技術の一つであったはずだが、古代日本国に属してもいない東北北部で、それがおこなわれたのには、いかなる理由があったのであろうか。そして、鉄製錬をおこなった人々は、どのような出自の人々であったのだろうか。

第1節　鉄製錬遺跡

（1）東北北部における鉄製錬炉の存在を示す物質ならびに物質文化
　東北北部東側で7世紀代に集落が拓かれて以降、その地域には鉄製品が普及する。出土遺物から

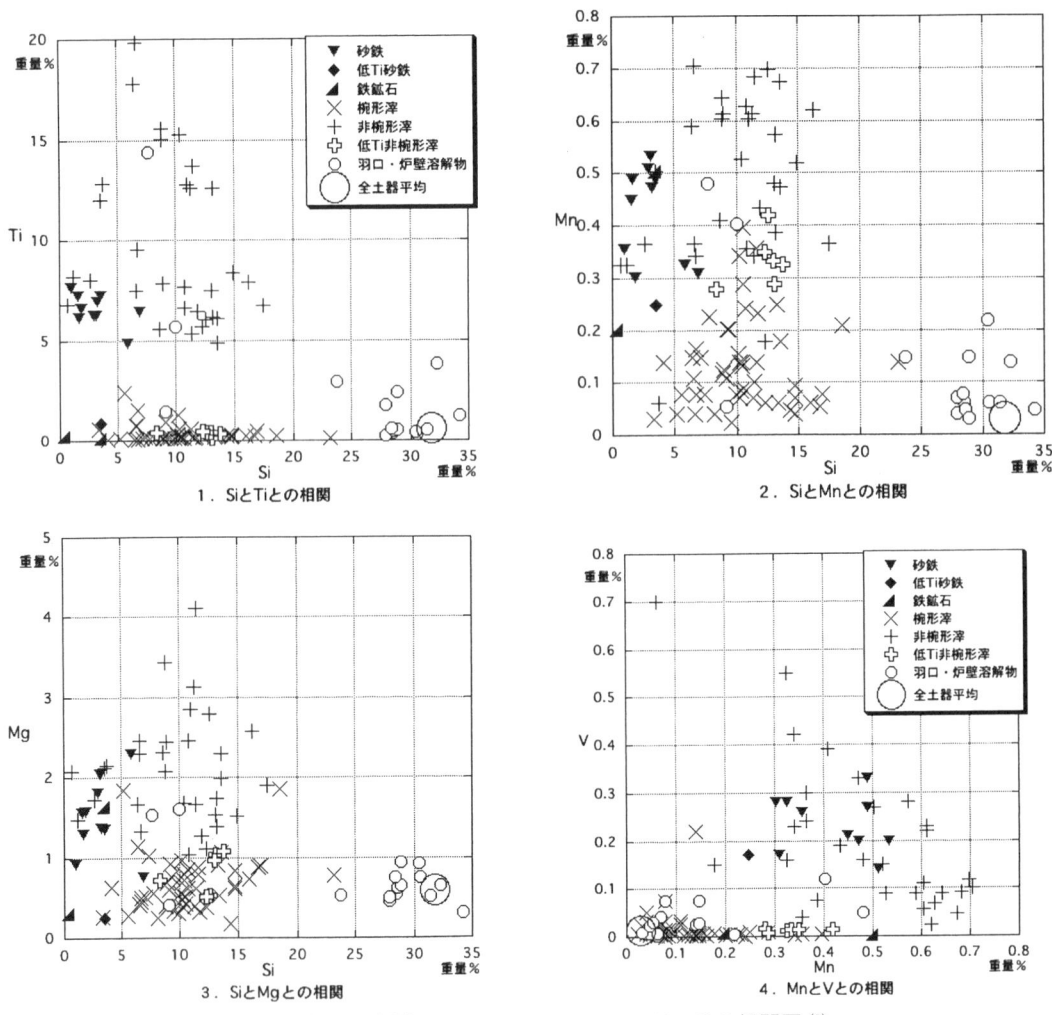

図42 各種の鉄滓におけるTi、Mn、Mg、V、Siの相関図[2]

知られる7世紀代の鉄製品の多くは、末期古墳出土の鉄鏃や刀類であるが、集落を営み、周辺の土地を開拓するには、斧、鍬など鉄の刃を持つ道具が多く利用されたと推測される。しかしながら、鉄製品の利用があったことが、ただちに、鉄の生産が東北北部でおこなわれていたことを示すのではない。いまのところ、7～8世紀に多くの集落が拓かれた東北北部東側において、当時の鉄製錬炉は知られていない。

東北北部で鉄製錬がおこなわれたのは、その西側地域に集落が造営されてから後のことであり、9世紀後半～11世紀頃までである（設楽 2002a・2002b・高橋 1996）。製錬炉の多くは、津軽地方や米代川流域に見られ、半地下式竪型炉と呼ばれる例が大部分である。また、そのようなタイプの炉は検出されないが、鉄滓の形状や化学成分、そして炉壁と考えられる遺物の出土から、周辺で鉄製錬がおこなわれたと判断できる遺跡も、その時期にはある。

ただし、半地下式竪型炉でも、あるいはそれ以外の形態の炉においても、東北北部では鉄製錬は実施されなかったという見解もある（赤沼 1995、1998）。そこで、次には、炉壁片と鉄滓が出土

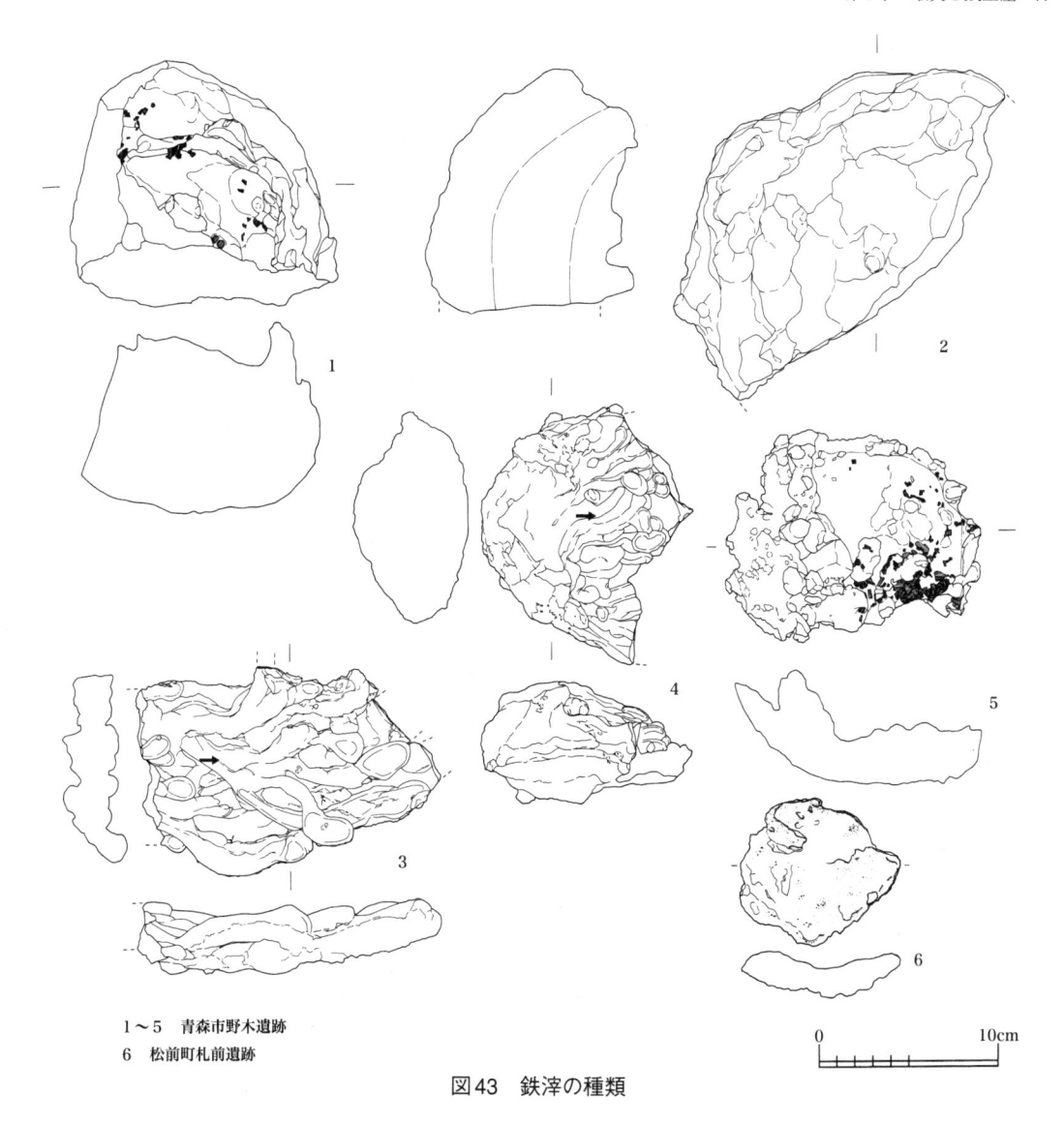

1～5　青森市野木遺跡
6　松前町札前遺跡

図43　鉄滓の種類

している遺跡から採集される鉄滓の化学成分にもとづけば、鉄製錬炉の存在を説明できることを述べ、古代の東北北部に、鉄製錬遺跡が存在したと判断できる根拠を示しておく。

　天辰正義（2005）、松本（2005）にもとづけば、鉄滓の化学成分によって、それがいかなる鉄生産工程で生じた鉄滓であるのか、判断できる場合が多い。Ti、Mn、Mg、Vは、東北北部などに普通に見られるTi鉄鉱を多く含む砂鉄（以下では高Ti砂鉄と呼ぶ）に高濃度で含有される元素である。そして、これらの4元素を、砂鉄に含まれるのと同量以上含む鉄滓は、鉄製錬滓であると判断できる（図42）。なお、東北北部あるいは東日本に産出する砂鉄は、ことごとく高Ti砂鉄であるので、それらの地域産の砂鉄を原料としている限り、鉄製錬で生成する鉄滓には、先に述べた4元素が必ず高濃度で含まれることになる。

　Ti、Mn、Mg、Vの4元素が高濃度である鉄滓には、流動滓ならびに塊状滓と呼ばれるものがある。前者は、熔融した鉄滓が流れた状態で冷え固まったと判断できる、滑らかな部分を持つ。これ

には樹枝状のものや、炉内で冷え固まったような形状のものなど、様々な形態のものがある。後者は、不定形の塊状の滓である。

他に、椀形滓と呼ばれる滓がある。それは、擂鉢状の地床炉底に溜まることによって形成されたと判断でき、その形状から、二つの別々の生成過程を経て生じたものがあると考えられる。一つは小型であり、数十～200ｇほどである。滓下部の椀形部分の大部分が炉底の土である場合も少なくない。もう一つは中～大型の椀形滓であり、その重量は300～2000ｇほどになる。前者が小型で軽量なのは、作業時間が短いというだけではなく、原料に、滓となる不純物が少量しか含まれていないからであると考えることができる。後者が大型で重いのは、化学成分から考えると、Feやその他の不純物が多く含まれるからである。このような成分の違いは、二つの椀形滓が、異なる作業工程で生成した鉄滓であることを物語る。

小型の椀形滓のうち、高Ti砂鉄に多く含まれる元素であるTi、Mn、Mg、Vが、地殻平均以下ぐらいしか含まれない場合、それは、鉄製品を製作する段階で生じた鍛練鍛冶（小鍛冶）滓である（図43）。それらの元素濃度は、この鉄滓が生成した作業では、原料として高Ti砂鉄を用いていないことを示している。一方、重量の重い中～大型の椀形滓はTi、Mn、Mg、Vが、高Ti砂鉄や鉄製錬滓に含まれるそれらの値と、先に述べた小型の椀形滓の値との中間的な値になる。砂鉄由来の物質を原料として精錬をおこなったときに生じた精錬鍛冶滓（精錬して鋼を造る段階でもあるので鋼精錬滓とも言う）であると判断できる（図43）。

鉄滓の形状および大きさと化学成分、鉄滓の生成過程との関係をまとめると次のようになる。

流動滓：Ti、Mn、Mg、Vが高い（高Ti砂鉄と同等かそれ以上の濃度）
　　　　＝高Ti砂鉄を始発原料とした鉄製錬滓

塊状滓：Ti、Mn、Mg、Vが高い（高Ti砂鉄と同等かそれ以上の濃度）
　　　　＝高Ti砂鉄を始発原料とした鉄製錬滓

椀形滓（中～大型）：Ti、Mn、Mg、Vが高い（高Ti砂鉄の値よりは低め）
　　　　＝高Ti砂鉄を始発原料とした鉄製錬によって生成した物質を原料とした精錬鍛冶滓

椀形滓（小型）：Ti、Mn、Mg、Vが地殻平均以下＝鍛練鍛冶（小鍛冶）滓

東北北部からは、椀形滓のみではなく、高Ti砂鉄の成分を含む流動滓や塊状滓が多数出土しているので、高Ti砂鉄を始発原料とした鉄製錬があったことは確実である。そして、それらの鉄滓が出土する場所からは、炉が発見されない場合でも、たいてい炉壁片が出土する。これは、近くに構造炉があったことを示している。しかも、そのような遺跡では、高Ti砂鉄由来の流動滓ならびに塊状滓が多量に出土する。砂鉄を原料として鉄を製錬することは、砂鉄のなかに含まれていた、金属鉄以外の多くの物質を滓として残すことだからである。

以上に述べたことから、炉壁片と高Ti砂鉄由来の多量の流動滓ならびに塊状滓があれば、付近に鉄製錬炉があったと考えてよい。また、それらの遺物を伴う構造炉があれば、それは、鉄製錬炉であったと判断することができる。

(2) 9〜11世紀の鉄製錬炉

　ところで、ここで述べている津軽地方や米代川流域の半地下式竪型炉について、砂鉄を始発原料とした鉄製錬炉ではなく、銑鉄を原料として鋼精錬をおこなうための炉であるとする意見がある（赤沼 1995・1996a・1998・1999など）。その説では、鉄滓に含まれる砂鉄由来の物質やその化学成分は、砂鉄を脱炭材として用いた結果を示しているのだという。しかしながら、赤沼が銑鉄を原料とした鋼精錬があったことの根拠とした、鉄滓中のP（燐）の由来についての説は、冶金学的に見ても、木炭に含まれるであろうP濃度から考えても妥当でないという指摘がある（新井 2000）。それに対する赤沼の説明はない。最近では、赤沼自身も、氏が半地下式竪型炉で銑鉄を溶銑として鋼精錬をおこなったことの根拠とした、鉄滓におけるP（燐）の増加が、高P（燐）の銑鉄を原料としたことに由来するという自説を述べなくなった。そればかりでなく、半地下式竪型炉出土の鉄滓の組織や化学成分の分析結果は、そこで砂鉄を始発原料として製錬をおこなったことを示していると解釈することもできるとも記している（赤沼 2002）。

　他に、半地下式竪型炉に共伴する鉄滓量が膨大であることからも、原料として多量の砂鉄が用いられたと推測できるが、すでに96％ほどが金属鉄である銑鉄を脱炭するのに、多量の砂鉄を用いるという不合理なことをするとは考え難い。銑鉄だけでなく、砂鉄も溶解させるためには、消費する木炭量が甚大となるのである。さらに、半地下式竪型炉が鋼精錬炉であることを証明する実験は、おこなわれたことがないし、出土している半地下式竪型炉の構造自体、銑鉄を熔融させ、溶銑とし、そこに脱炭材としての砂鉄を投入し続けるという作業が可能なものではない。

　それに対し、半地下式竪型炉を模した炉を造り、砂鉄と木炭を用いて鉄製錬をおこなう実験は多数実施されており、製錬が可能であることが確かめられている（山口 1991など）。また、半地下式竪型炉に伴う鉄滓の化学成分からも、その炉が砂鉄を始発原料として金属鉄を分離するための鉄製錬炉であったことを読み取ることができる（天辰 2005、松本 2005）。

　そして先にも簡単に述べたが、一般に鉄精錬炉に伴う鉄滓は多量である。出土した鉄滓の総重量についての記載がない報告書が多いが、記載のあるものを総合して考えると、半地下式竪型炉に伴う鉄滓は、普通、1遺構につき数十kg以上である（以下の記述で多量の鉄滓と述べる場合、数十kg以上の鉄滓を念頭に置いている）。一方、半地下式竪型炉が検出されない北海道では、多くの鉄滓が出土したと認識されている松前町札前遺跡ですら、2kgほどの鉄滓しか出土していない。したがって、半地下式竪型炉は鉄製錬遺跡であると判断できる。次に、その構造を見ておく。

　半地下式竪型炉とは、土佐雅彦（1981）・穴澤義功（1984）らが、日本列島における鉄製錬炉の構造と形態を類型化し、定着させた名称である。図44として、青森県域出土の半地下式竪型炉と、それに付随したタイプのものと推測される羽口を示しておく。

　羽場睦美（1997）で、竪型炉一般の持つ技術的特徴をまとめているので、それを参考にして炉の素材や形状的特徴にかかわって生み出される技術について述べる。

【炉型・炉高】　半地下式シャフト炉（炉床からの高さ150〜170cm）
【送風方向】　　一方送風法（フイゴから排滓口の方向が一直線状）
【吹　込　法】　大・中型羽口管法

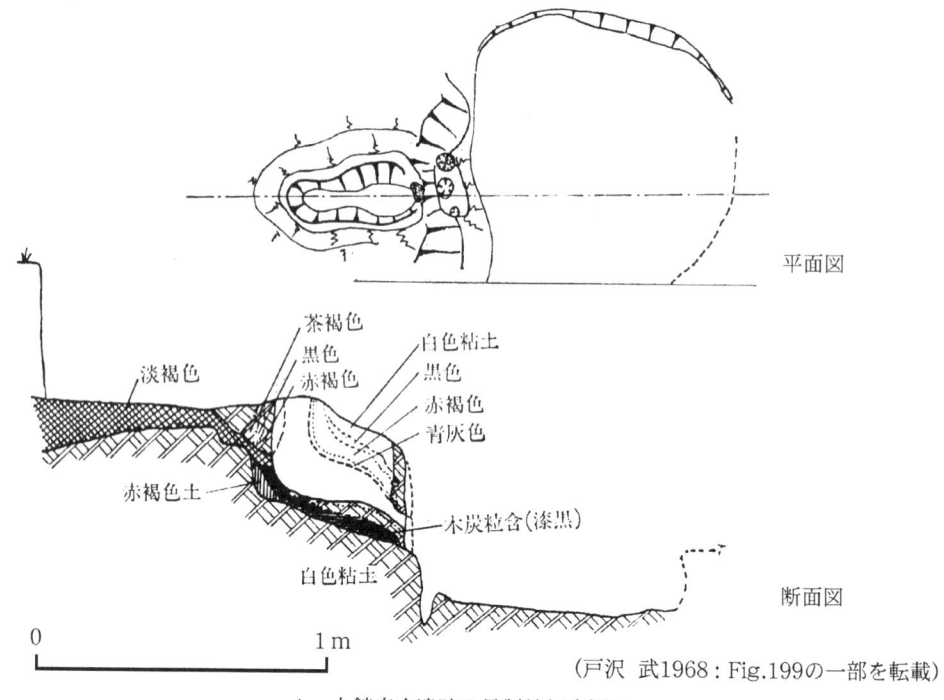

80　第1部　物質文化から見た蝦夷社会の成立

平面図

茶褐色
黒色
白色粘土
淡褐色
赤褐色
黒色
赤褐色
青灰色
赤褐色土
木炭粒含(漆黒)
白色粘土

断面図

0　　　　　1m

（戸沢　武1968：Fig.199の一部を転載）

1．大館森山遺跡3号製鉄炉実測図

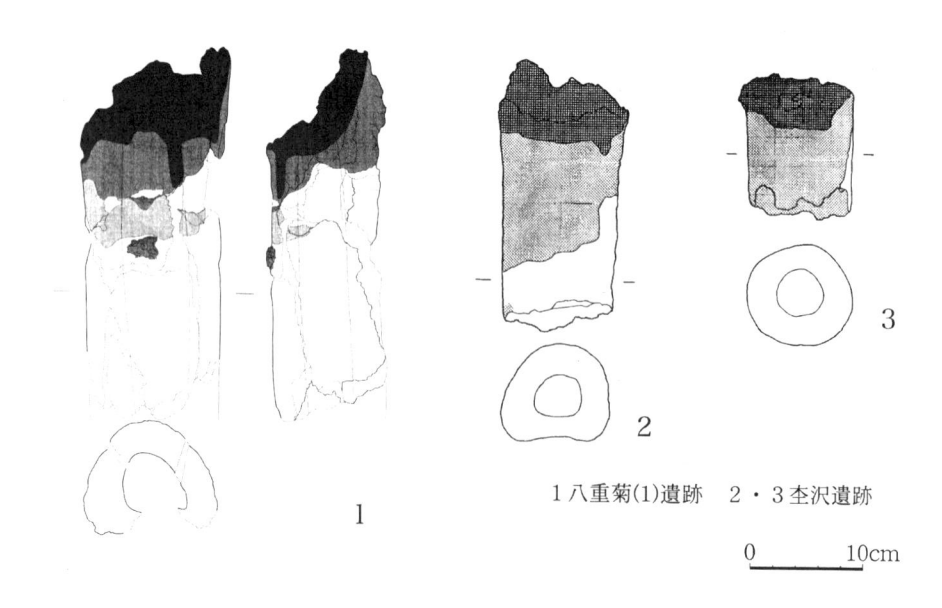

1 八重菊(1)遺跡　2・3 杢沢遺跡

0　　10cm

2．鉄製錬炉用フイゴの羽口

図44　半地下式竪型炉とフイゴの羽口

表6　東北北部・北海道における出土鉄滓重量と共伴遺構

遺構名	所　在　地	共　伴　遺　構	鉄滓重量(g)	備　考
札　前	北海道松前郡松前町札前	なし	2,044	遺跡全出土重量
山　本	青森県南津軽郡浪岡町山本	2号集積	240,000	山本遺跡全体で約700kg
山　本	同　　上	1号製鉄炉	26,500	
山　本	同　　上	2号製鉄炉	145,800	
高屋敷館	青森県南津軽郡浪岡町山本高屋敷	1号鉄関連遺構	59,700	10世紀代
高屋敷館	同　　上	2号鉄関連遺構（小鍛冶跡）	458	

【鉄還元域】　半溶融製錬法（固液共存域）
【融解法】　　炭中融解法
【鉄　　滓】　流動性の悪い炉内滓中心だが、いくらか炉外に流出する滓もある
【排滓方向】　一方排滓法

　ここに述べた技術を、図44の炉の構造や形状にあてはめてみる。炉は地山を掘り込んで造った、半地下である。炉壁が一部立ち上がることから、それがシャフト状であることも肯定できる。羽口の装着部分が炉の後方で、排滓口が炉の前方にあるので、送風方向が一方向であることもわかる。また、図44-1の青森県西津軽郡鰺ケ沢町建石町大館森山遺跡の炉床は、送風口から排滓口に向かって下方に傾斜している。東北北部の半地下式竪型炉は、炉床が10～25度ほど傾くものが多い。

　図44-2として、半地下式竪型炉とともに出土した羽口の実測図を載せた。鉄製錬遺跡からは多くの羽口が出土する。羽口は炉とフイゴとを結ぶものである。したがって、炉のなかに挿入された部分は、先端が溶解して短くなり、さらに変形もし、その溶解部に炉壁の一部と推測される溶結粘土塊が付着する場合がある。また、羽口は炉に対して斜め下向きに挿入されるので、炉内に突き出た先端部が溶解し、炉壁に接していた部分が、その挿入角度通りに残存したもの（図44-2）、炉壁に接していた箇所に、酸化あるいは還元した部分が残り、炉に装着された角度がわかるものなどがある。炉に挿入された羽口は、その外径が10cm前後であるものが多い。出土している羽口はたいてい破損しており、また、先端部が溶解して短くなってもいるので、利用された当初の全長は不明であるが、残存長から考えると本来は30cm以上であったと思われる。例えば、先の部分が破損している製品であるが、浪岡町高屋敷館遺跡には34cm、青森市野木遺跡には61.3cmの例があり、それらは、さらに長かったことは確かである。

（3）　鉄製錬炉の分布

　図45として、東北北部の半地下式竪型炉、あるいは炉壁と多量の鉄滓とが共伴した遺跡の分布を示した。鉄滓の化学成分の測定が、すべての遺跡で実施されているわけではないが、分析例にもとづけば、図に示した遺跡では、砂鉄を始発原料とした鉄製錬がおこなわれていたと考えられる。

　表6として、東北北部と北海道のいくつかの遺跡から出土した鉄滓の重量と、それらに共伴した遺構を記した。重量が報告されているもののみを記載したので、掲載できた遺跡は少ないが、傾向は読み取れる。北海道からは、鉄滓自体が極く少量しか出土していないし、構造を持つ炉が出土していない。北海道で最多の鉄滓が出土した松前町札前遺跡ですら、遺跡全体からの出土量が2,044g（65点）であり、最大の椀形滓でも1点の重量が195g、多くの鉄滓は数～数十gである。そ

No.	遺跡名	所在地	時期	炉数
1	唐川	青森県北津軽郡市浦村	10世紀中葉〜11世紀初頭	1
2	八重菊（1）	青森県西津軽郡森田村	9世紀後半〜10世紀初頭	2
3	杢沢	青森県西津軽郡鰺ヶ沢町	10世紀後半〜11世紀前半	34
4	大館森山	青森県西津軽郡味ヶ沢町	10世紀後半〜11世紀前半	4
5	大平野	青森県西津軽郡鰺ヶ沢町	10世紀後半〜11世紀前半	10
6	狐野	青森県五所川原市	9世紀後半〜10世紀	1
7	山本	青森県南津軽郡浪岡町	9世紀後半〜10世紀初頭	2
8	羽黒平（1）	青森県南津軽郡浪岡町	9世紀後半〜10世紀初頭	2
9	朝日山（1）	青森県青森市	9世紀後半〜11世紀	1
10	野木	青森県青森市	10世紀初頭〜10世紀前半	2
11	寒川Ⅱ	秋田県能代市	9世紀後半〜10世紀	1
12	扇田谷地	秋田県山本郡八竜町	9世紀後半〜10世紀初頭	1
13	泉沢中台	秋田県山本郡琴丘町	9世紀後半〜10世紀前半	3
14	堪忍沢	秋田県鹿角市	10世紀中葉〜後葉	13
15	鳥口平（2）	青森県上北郡東北町	9世紀後葉〜10世紀中葉	1

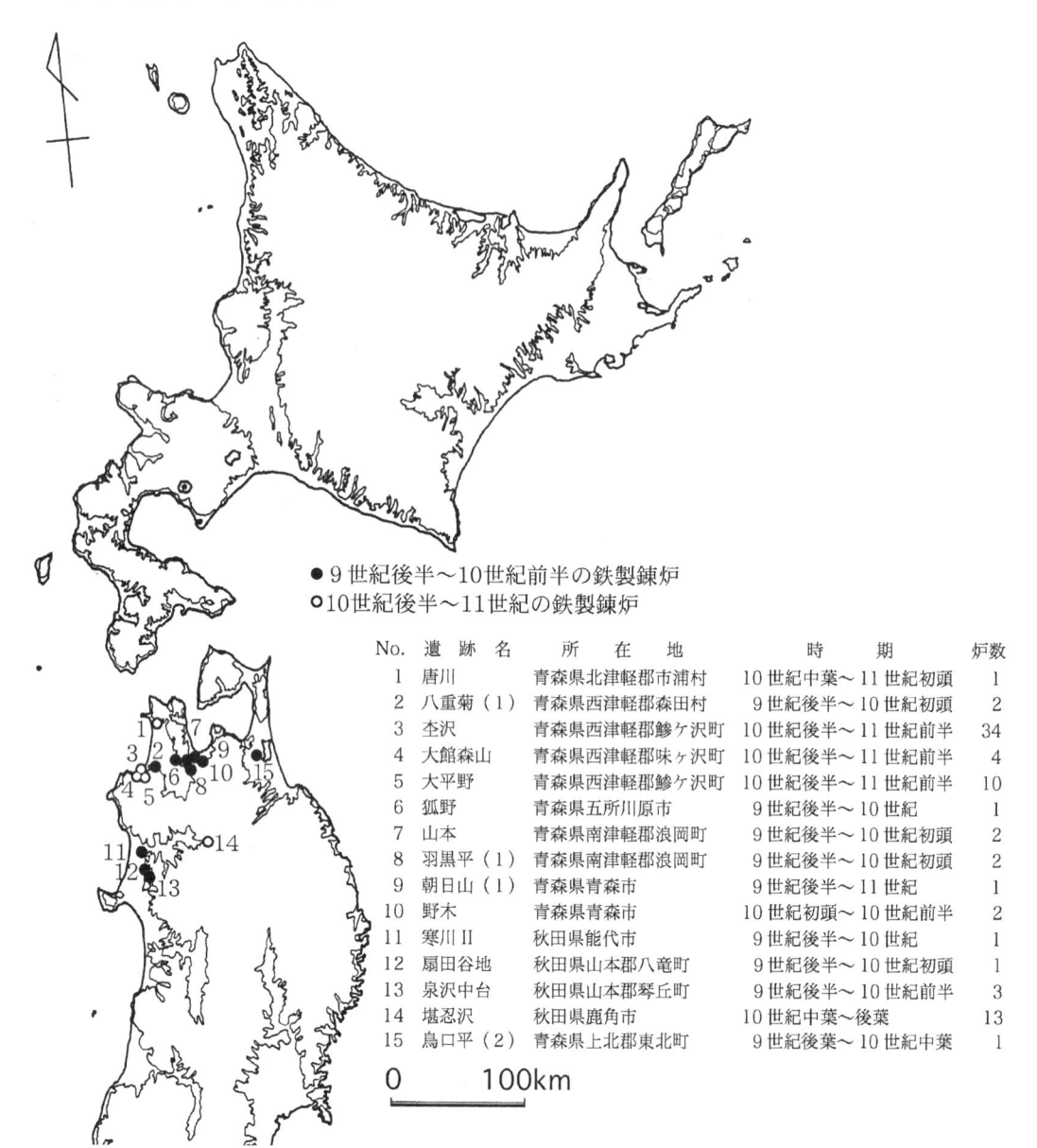

図45　製鉄遺跡の分布

れに対し、半地下式竪型炉に伴う鉄滓は多量である。他に、遺構ごとの鉄滓についての重量は記載されていないが、青森市野木遺跡（青森市教育委員会（2001））では、製鉄炉から遺物収納用コンテナ25箱分の鉄滓や炉壁片が出土したと報告されている[3]。

　鉄製錬遺跡の分布は東北北部の西側に偏っている（図45）。それらの操業時期は、9世紀後半〜11世紀代である。8世紀代以前と12世紀代以降の鉄製錬炉は見つかっていない。ただし、東北北部東側の青森県上北郡東北町に1例だけ、鉄滓の形状から、鉄製錬炉があったと考えられる遺跡があるが、そこには半地下式竪型炉はないし、炉の形状自体が不明である。また、出土した鉄滓の量も少ないので、それほど長期にわたる利用であったとは思われない。9世紀後半〜11世紀に東北北部においては、その西側を中心地域として、半地下式竪型炉を用いた鉄製錬がおこなわれていたの

である。

　一方、北海道からは半地下式竪型炉が未検出であり、鉄滓の分析値にも、鉄製錬があったことを示す例はない。北海道奥尻郡奥尻町青苗の青苗遺跡から、「製錬遺構」が出土したと記されているが（佐藤 1979）、その遺構の構造についての具体的な報告がなく、また、出土鉄滓の量も不明であるので、それが鉄製錬炉か否かを確認できない。そこから出土している鉄滓が少ないことと、小型の椀形滓が数点含まれることから考えると、同遺跡では少なくとも小鍛冶（鍛錬鍛冶）はおこなわれたであろうが、鉄製錬が実施されたとは言い切れない。

　当時の東北北部と北海道とは、どちらも古代日本国の外という点では同じである。しかしながら、前者では、砂鉄を始発原料とした鉄製錬、そこで生じた物質をもとにした精錬鍛冶、そして鉄製品を製造する鍛錬鍛冶までのすべての工程がおこなわれており、後者では、鍛錬鍛冶のみがおこなわれていたのである。

第2節　鍛冶遺跡

(1)　鍛冶遺跡を示す遺物

　古代東北北部における鉄製錬は、砂鉄を始発原料として、構造炉を用いておこなったので、仮に遺構が破壊されてしまっている場合でも、炉壁片や多量の鉄滓、そして大型の羽口を標識として、その存在を把握することができることを先に述べた。ところで、古代の鉄生産活動には、鉄製錬の他に、精錬鍛冶、鍛錬鍛冶の二つの工程が知られている。そして、「鍛冶」と呼ばれる両工程は、地床炉を用いておこなわれており、遺跡から出土した遺物のみでは、どちらの工程が実施されていたのか判断がつきにくい場合がある。前節では、鉄滓の形態や、椀型滓の化学成分から、いかなる工程で生成した鉄滓であるかを識別することが可能であることを述べたが、両鍛冶工程を識別するのに有効なのは、鉄滓だけではない。ここでは、出土遺物の種類やその外観から、両工程を識別する方法を示しておく。

　これまでの知見では、両鍛冶工程は地床炉でおこなわており、炉壁片は出土せず、当時の地表面に炉が作られていた場合には、必ずしも炉の存在を確認することはできない。

　結論から述べるならば、両工程を識別するのに有効な遺物は、第一に羽口、第二に鉄滓である。前節（1）で述べたように、鉄滓が検出されている場合には、それは有力な識別手がかりとなるのだが、一般に、鍛錬鍛冶では、その出土量が少ない。ところが、炉跡がみつからず鉄滓もほとんど出土しないが、羽口が検出される遺跡がある。北海道において羽口の出土する遺跡の多くはこのタイプであるし、東北北部でも、黒石市浅瀬石遺跡のような8世紀代の集落遺跡に同様の例がある。これらの羽口がその遺跡で利用されたものであったならば、本来、炉も鉄滓も存在したはずである。しかし、炉が地表面に作られていたとすれば、遺構としては残りづらく、作業頻度が低い場合や、鉄滓があまりできない状態の原料を用いた鍛錬鍛冶では、生成する鉄滓の量が少なかったはずである。したがって、羽口しか出土しないような遺跡でも、その羽口はそこでおこなわれた鍛錬鍛冶に用いられたものであった場合が多いと考えておくべきである。そして、そのような遺跡で実施され

たのは、鉄製錬や精錬鍛冶ではなく、鍛練鍛冶であった。砂鉄を用いた鉄製錬や、その過程で生成した物質の精錬作業では、多量の鉄滓が生じることになるからである。

　他に、鍛練鍛冶の痕跡を示す遺物として、鍛造剥片や鉗・金床・金槌などがあるが、それらの出土は概して少ない。以上のことから、必ず残る材料でできたもので、普遍的に鍛冶の存在を示すのは羽口であり、その次が椀形滓である。椀形滓の生成工程の識別法については、前節で述べたので、次には、両鍛冶工程で用いられた羽口の違いについて述べる。

(2)　鍛冶遺跡の羽口

　北海道から出土した羽口は、津軽地方の鉄製錬炉に伴うものに比べると小さい。北海道出土の羽口のうち形態がよくわかるものを図42としてあげた。図40に示した津軽地方の鉄製錬炉に伴う羽口と比較すれば、北海道からの出土例の方が小型であり、しかもその先端の形状が全く違っていることがわかる。図42-17として、青森県西津軽郡森田村八重菊（1）遺跡出土の羽口を掲載した。9世紀後葉〜10世紀前葉の鉄製錬炉跡から検出されたものである。断面の大きさが、北海道のものの4〜9倍もある。また、先端部が傾斜して溶けており、還元範囲もそれに平行している。羽口が炉に斜めに挿入されていたことを示している。

　千歳市末広遺跡（図46-1・2）・松前郡松前町札前遺跡（図46-3・4）・千歳市オサツ（2）遺跡（図46-5）・北海道枝幸郡枝幸町字幌内保ホロナイポ遺跡（図46-6〜9）から出土した羽口はことごとく、先が細くなるタイプであり、先端の内径が2〜2.5cmほどである。しかも、北海道出土の例は津軽地方の小型の羽口（図46-10〜15）と比べても、器壁が若干薄く、全体に華奢な作りである。全長も20cmほどしかない。また、華奢であるにもかかわらず、製錬炉で用いられた大型品の16のように、先端が斜めに溶解するものは1例もない。すなわち、それらの羽口が受けた熱量は、鉄製錬炉用羽口が受けたものよりも小さいと考えることができる。

　図46-10〜15までは、津軽地方出土の小型の羽口である。これらは先端部がいくらか先細りとなり、熱を受けた部分が丸まっている。炉に接続されていた形状ではない。この点から、それらは地床炉で用いられた鍛冶用の羽口であると推定できる。旭川市旭町1遺跡からは、羽口先端に椀形滓が付着した例が出土している（旭川市教育委員会 1995）。滓の大部分は粘土であり、丸まった羽口先端の斜め下に、金属を含むと思われる滓がわずかに付着しているものである。地床炉中央の、浅い擂鉢状に窪んだ炉底面に接するように小型の羽口が設置され、羽口先端部直下に椀形滓が生成されたことを示す好例である。

　ところで、本章第2節で、椀形滓は地床炉で生成され、それらには精錬鍛冶滓と鍛練鍛冶（小鍛冶）滓があることを述べた。すなわち、構造炉用ではない羽口には、精錬鍛冶用のものと鍛練鍛冶用のものがあることになる。これを見分けることは可能であろうか。

　図46-15は、17同様、森田村八重菊（1）遺跡から出土したものである。しかしながら、こちらはかなり小型であり、先端が丸い。精錬鍛冶滓と共に検出されており、精錬鍛冶に用いられたと考えられる。一方、図46-10は、8世紀後半の、東北北部ではまだ鉄製錬がおこなわれていない時期の羽口である。しかも、鉄滓の出土が記録されていない遺構から出土した。その場所付近で精錬鍛

第3章 蝦夷と鉄生産　85

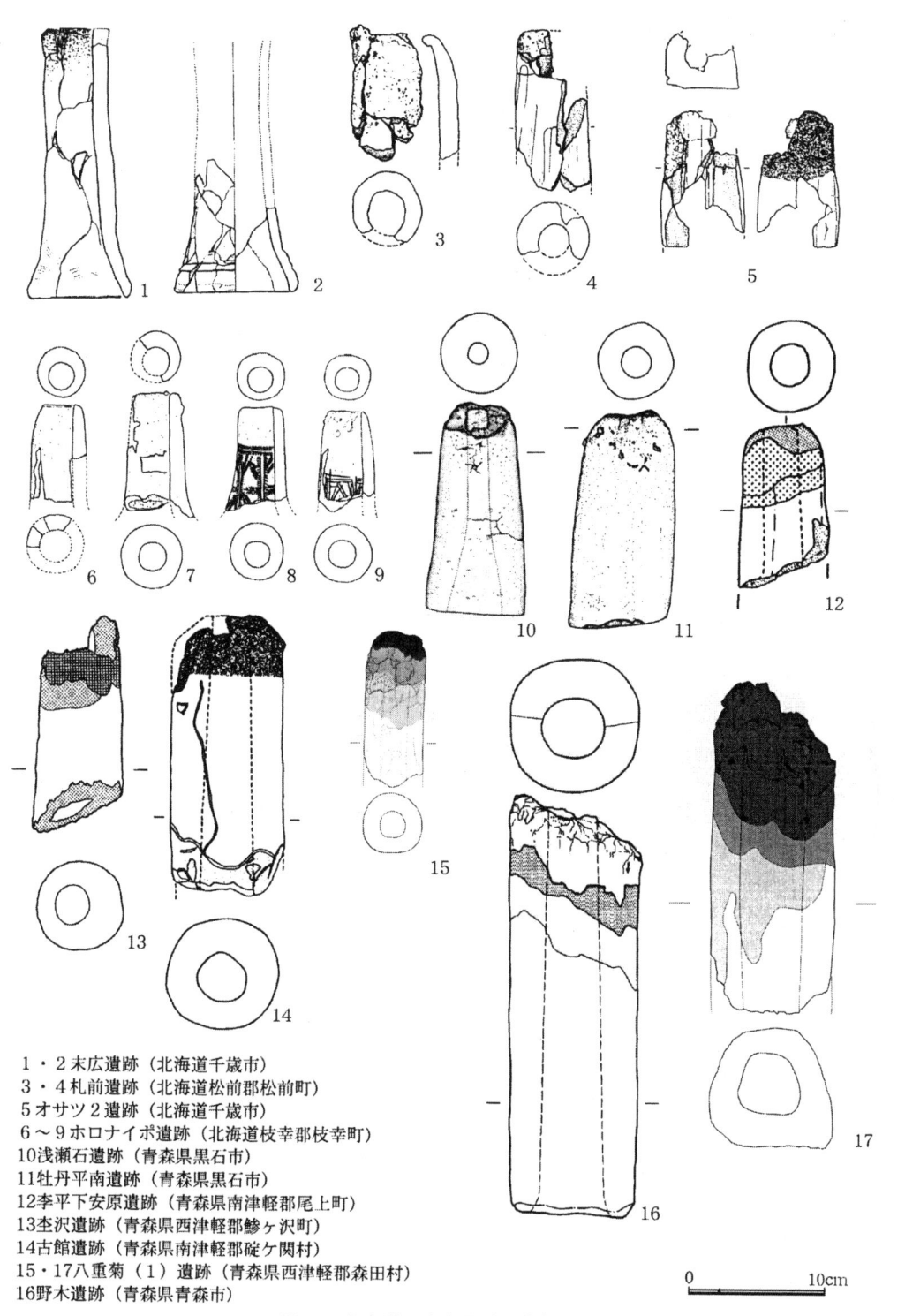

1・2 末広遺跡（北海道千歳市）
3・4 札前遺跡（北海道松前郡松前町）
5 オサツ2遺跡（北海道千歳市）
6～9 ホロナイポ遺跡（北海道枝幸郡枝幸町）
10 浅瀬石遺跡（青森県黒石市）
11 牡丹平南遺跡（青森県黒石市）
12 李平下安原遺跡（青森県南津軽郡尾上町）
13 杢沢遺跡（青森県西津軽郡鰺ヶ沢町）
14 古館遺跡（青森県南津軽郡碇ケ関村）
15・17 八重菊（1）遺跡（青森県西津軽郡森田村）
16 野木遺跡（青森県青森市）

図46　北海道・青森県域の古代の羽口

86　第1部　物質文化から見た蝦夷社会の成立

No.	遺跡名	所在地	時期
1	ホロナイポ	北海道枝幸郡枝幸町	10世紀後半〜11世紀
2	香川三線	北海道苫前郡苫前町	10世紀後半〜11世紀
3	高砂	北海道留萌郡小平町	10世紀後半〜11世紀
4	旭町1	北海道旭川市	10世紀後半〜11世紀
5	錦町5	北海道旭川市	10世紀後半〜11世紀
6	サクシュコトニ川	北海道札幌市	9世紀中葉〜10世紀
7	オサツ2	北海道千歳市	10世紀中葉
8	末広	北海道千歳市	10世紀後半
9	青苗	北海道奥尻郡奥尻町	11世紀〜12世紀
10	札前	北海道松前郡松前町	10世紀後半〜12世紀
11	中里城	青森県西津軽郡中里町	9世紀後半〜10世紀前半
12	八重菊(1)	青森県西津軽郡森田村	9世紀後半〜10世紀前半
13	外馬屋前田	青森県西津軽郡鰺ヶ沢町	9世紀後半〜10世紀前半
14	大館森山	青森県西津軽郡鰺ヶ沢町	9世紀後半〜10世紀前半
15	杢沢	青森県西津軽郡鰺ヶ沢町	10世紀中葉〜11世紀
16	下恋塚	青森県弘前市	9世紀後半〜10世紀前半
17	荼毘館	青森県弘前市	9世紀後半
18	蓬田大館	青森県東津軽郡蓬田村	10世紀中葉〜11世紀
19	内真部(4)	青森県青森市	10世紀後半
20	野木	青森県青森市	9世紀後半〜10世紀前半
21	山下	青森県青森市	9世紀後半〜10世紀前半
22	山本	青森県南津軽郡浪岡町	9世紀後半〜10世紀初頭
23	野尻(2)	青森県南津軽郡浪岡町	9世紀後半
24	野尻(3)	青森県南津軽郡浪岡町	9世紀後半〜10世紀前半
25	高屋敷館	青森県南津軽郡浪岡町	9世紀後半〜12世紀初頭
26	山元(2)	青森県南津軽郡浪岡町	9世紀前半〜10世紀後半
27	羽黒平(1)	青森県南津軽郡浪岡町	9世紀後半〜11世紀
28	高館	青森県黒石市	9世紀末〜11世紀
29	牡丹平南	青森県黒石市	9世紀末〜10世紀前半
30	浅瀬石	青森県黒石市	9世紀末〜10世紀前半
31	豊岡(2)	青森県黒石市	9世紀後半〜10世紀前半
32	鳥海山	青森県南津軽郡尾上町	9世紀後半〜10世紀
33	大平	青森県南津軽郡大鰐町	9世紀後半〜10世紀前半
34	古館	青森県南津軽郡碇ケ関村	9世紀末〜11世紀
35	湯ノ沢岱	秋田県山本郡峰浜村	10世紀初頭〜10世紀後半
36	上ノ山II	秋田県能代市	9世紀後半〜10世紀前半
37	寒川II	秋田県能代市	9世紀後半〜10世紀
38	法泉坊沢II	秋田県北秋田郡鷹巣町	9世紀後半〜10世紀前半
39	案内III	秋田県鹿角市	9世紀後半〜10世紀前半
40	堪忍沢	秋田県鹿角市	10世紀後半
41	上尾駮(1)	青森県上北郡六ケ所村	10世紀後半
42	発茶沢(1)	青森県上北郡六ケ所村	10世紀前半〜11世紀前半
43	根岸(2)	青森県上北郡百石町	9世紀後半〜11世紀
44	蛇ヶ沢	青森県八戸市	9世紀後半〜10世紀初頭
45	境沢頭	青森県八戸市	9世紀後半〜10世紀前半
46	岩ノ沢平	青森県八戸市	9世紀後半〜10世紀初頭
47	櫛引	青森県八戸市	9世紀後半〜10世紀初頭
48	上田面	岩手県二戸市	8世紀末

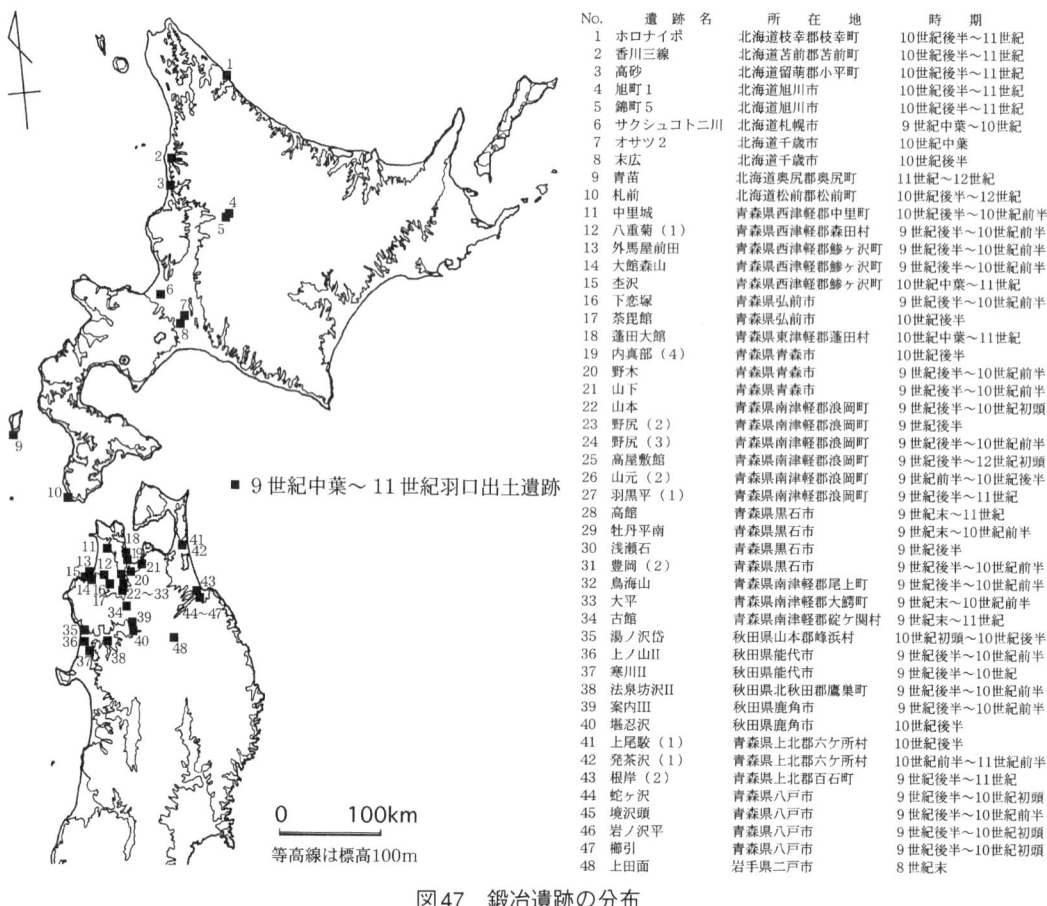

図47　鍛冶遺跡の分布

冶に用いられたと積極的に述べることもできないという判断も成り立つかもしれないが、この羽口は他の東北北部出土の比較的小型の羽口に比べても、さらに小さい。鉄滓が多量に出土しているという記載がないこと、そして小型で先端が丸い羽口であることから、10は鍛錬鍛冶用のものと考えることができよう。

　しかしながら、15の森田村八重菊(1)遺跡の精錬鍛冶用と考えられる羽口の例からわかるように、単に、小型で先端が丸いという点だけで、それを鍛錬鍛冶用であると判断することはできない。砂鉄を始発原料とした製錬で生成した、金属鉄以外に多量の不純物を含む物質を原料としていると考えられる、東北北部における精錬鍛冶では、多量の鉄滓が出土することになる。したがって、このような精錬鍛冶をおこなったか否かを見きわめるには、比重の重い物質でできた多量の鉄滓の存否を判断基準に加えるべきである。北海道の羽口が出土する遺跡は、数g〜2kg程度の椀形滓が伴うだけである。しかし2kgも鉄滓が出土するなどというのは例外的であり、普通は1kgにも満たない。したがって、小型の羽口に少量の椀形滓しか伴わない場合には、その羽口は鍛錬鍛冶用のものであると考えられる。以上のことから、少量の椀形滓しか伴わない、北海道の小型で先端が丸い羽口は、すべて鍛錬鍛冶用のものと考えられる[4]。化学成分が公表されている北海道旭川市錦町の錦町5遺跡、松前町札前遺跡、千歳市末広遺跡の椀形滓は、鍛錬鍛冶滓と判定されている（大澤

1985)。

　一方、東北北部の場合、小型の羽口を用いて、製錬鍛冶と鍛練鍛冶の両方がおこなわれていた。ただし、東北北部の小型の羽口は北海道のものに比べれば、いくぶん大きく、中型の羽口と言えるかもしれない。いずれにしても、鍛冶炉での利用か製錬炉での利用かは、大きさばかりでなく、羽口先端部の形態や熔融状態を観察すれば明瞭に見分けることができる。

(3) 鍛冶遺跡の分布と存続時期

　石附 (1983)・菊池徹夫 (1984)・設楽 (2002a) 等を参考にして、東北北部および北海道における鍛冶遺跡の分布を概観したのが図47である。羽口しか出土していない遺跡とならんで、地床炉や椀形滓が出土しているものも含めてある。先にも述べたように、鍛冶遺跡には、精錬鍛冶と鍛練鍛冶とがある。東北北部の遺跡には精錬鍛冶がおこなわれたところも多いが、北海道本島には、いまのところ、鍛練鍛冶の痕跡しかない。

　これらの遺跡のうち東北北部例の大半は、鉄製錬遺跡同様に、9世紀後半〜11世紀頃のものであり、その分布も津軽地方と米代川流域に偏る。7〜8世紀に集落遺跡が多く分布した東北北部東側の鍛冶としては、岩手県二戸市上田面遺跡にかろうじて、その証拠を見いだすことができる。遺跡からは羽口や炉は検出されていないが、7世紀末頃のC50住居床面から出土した鉗が、鍛練鍛冶がおこなわれていた可能性を示している。他に、8世紀後半には青森県黒石市浅瀬石遺跡から、鍛冶に用いられた小型の羽口が出土した。多量の鉄滓が出土したわけではないので、鍛練鍛冶がおこなわれたと推測できる。

　鍛冶遺跡の多くが9世紀後半以降の開始であり、それは、東北北部における鉄製錬活動の時期と重なる。その地で展開した鉄生産諸活動については、出土している鉄滓や炉の解析から、1) 砂鉄を始発原料とした鉄製錬→2) そこで生まれた物質を原料とした精錬鍛冶→3) 鍛練鍛冶という三つの作業工程が推定されている。東北北部における鉄製錬は、津軽地方と米代川流域において9世紀後半にはじまった。山本遺跡のように集落内で鉄製錬をおこなったのが初期の形態であった。遺跡からは、五所川原産の須恵器が出土する。ほぼ須恵器の生産開始時期と、鉄製錬開始時期は同じ頃になろう。おおまかには、その地域において大規模に集落を造営する諸活動の一部として、鉄生産もはじまったと見ることができるだろう。

　北海道における鍛練鍛冶の痕跡は、出土している土器編年にもとづいて考えるならば、札幌市サクシュコトニ川遺跡におけるものが最古の例の一つになる。9世紀中葉〜10世紀前半頃のいずれかの時期にあたる。刻文を持つ擦文土器が作られるようになってからの時期である。土器型式の年代に幅があるので、古く見れば9世紀中葉という表現となっているが、東北北部で製錬および精錬鍛冶が開始されて以降の鉄が入ってきているならば、それは9世紀後半以降のこととなろう。旭川市錦町5遺跡でも10世紀前半にあたる鍛練鍛冶滓と羽口が出土している。そして、鍛練鍛冶遺跡が道内各地で見られるようになるのは、10世紀中葉以降である。

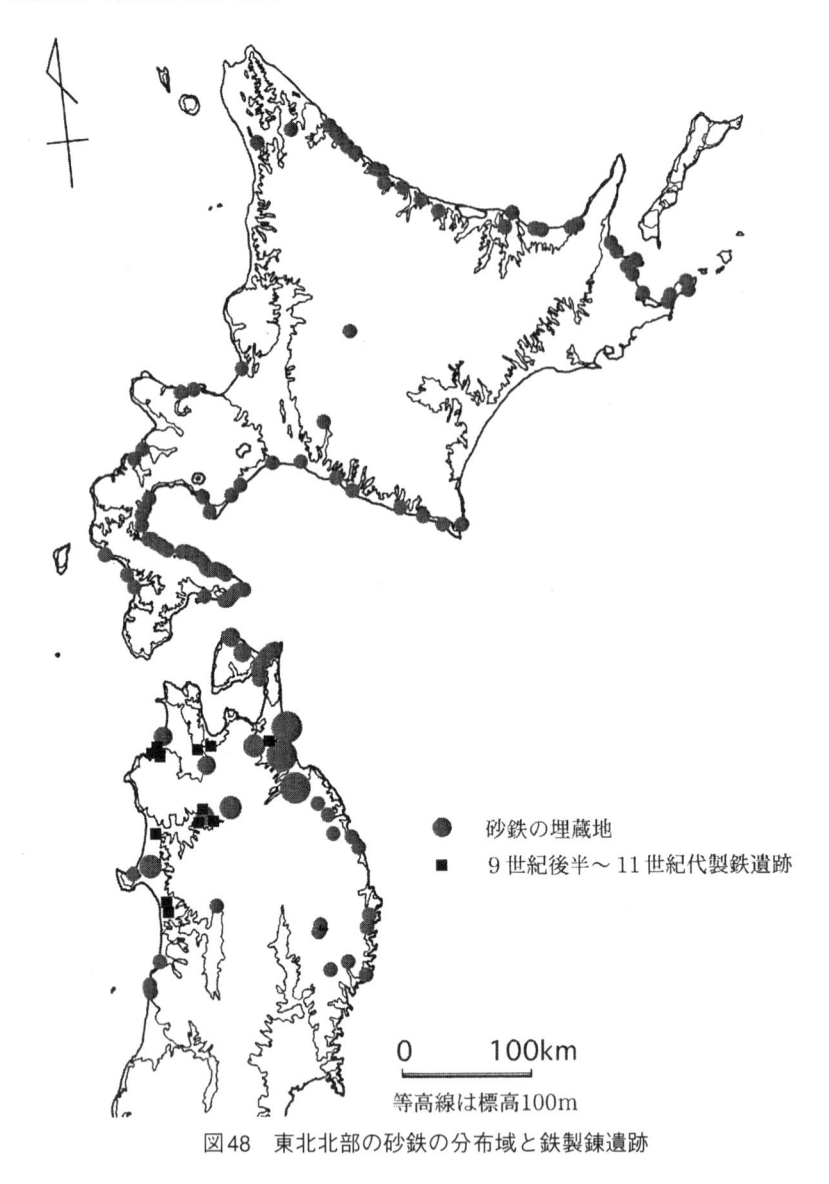

88　第1部　物質文化から見た蝦夷社会の成立

図48　東北北部の砂鉄の分布域と鉄製錬遺跡

● 砂鉄の埋蔵地
■ 9世紀後半〜11世紀代製鉄遺跡

0　　100km
等高線は標高100m

第3節　鉄生産と自然環境

　鉄製錬にとって必要な自然は、第一に原料としての砂鉄、第二に燃料および還元剤としての木炭である。図48として、東北北部地方および北海道における砂鉄の分布域を示した。これによると、鉄製錬遺跡の大部分は東北北部西側の津軽地方や米代川流域にあり、その分布は砂鉄の埋蔵量の多い地域とは言えない。東北北部の場合、1950年代の調査により、品位の高い砂鉄は下北・上北地方に多いことがわかっているが（通商産業省編1960）、この地域で、古代の鉄製錬炉が存在した可能性があるのは、上北郡東北町鳥口平（2）遺跡だけである[5]。しかも、そこから検出された鉄滓の総量は41.72kgであり、鉄の生産量も多くはなかったことになる。

　また、当該地域の鉄製錬炉は、10世紀中葉以降には、岩木山麓あるいは米代川流域の山間部と

いった山地に営まれるという特徴がある。東北北部においては、平野部、山間部を問わず、9世紀以降に平野部が開拓され、集落が増加するまでは、ほとんど手つかずの森林地帯が、いたるところにあったはずである。そのような環境に鉄製錬遺跡があることを考えると、鉄製錬の操業地の条件として、砂鉄よりも樹木が重視されていたと推測するのは間違いではなかろう。

　鉄製錬には、非常に多くの木炭を使う。近世のたたらの例によれば、砂鉄と木炭の重量は、およそ1：1である（長谷川 1963）。竪型炉による実験例の場合、砂鉄と木炭の比率は1：4〜5である（山口 1991）。木炭は軽い。したがって、重量にして、砂鉄と同じか、その数倍の木炭を得るには、大量の樹木が必要であったことになる[6]。

　大量の樹木を伐採し、炭を焼き、それを輸送するのは相当な労力を必要とした。それに対し、砂鉄はコンパクトにまとめることが容易である。したがって、大量の樹木を確保しやすい地域が、鉄製錬の場として選択されたと考えられるのである。その地域が東北北部の西側であった。

　他方、9世紀後半頃の下北半島南部や八戸市周辺は黒ボク土地域でもあり、森林地帯とうよりも笹やススキが生えていた土地が広かったと考えられる。そして、馬産地の問題とも重なるだろう。馬産地であった東北北部東側に、樹木はあまり多くなかった。しかも、7〜8世紀にかけて、そこにはすでに集落が存在していたので、その山地や樹木の利用の仕方も、後に入った者たちが自由にできる状態ではなかったであろう。それに対し、鉄生産が開始された頃の津軽地方や米代川流域には、それまで大きな集落はなく、馬産地でもなかったので、未開発の豊富な樹木資源があったはずである。

　そしてもう一つ加えておこう。ただしそれは、10世紀中葉以降にのみ限定すべきであるし、立地を定めるときの最大の理由とはならないが、福田（1995）が述べるような、日本海を介した鉄の運搬に適していたという地理的要因も、いくらか考えてよいであろう。それが、鉄製錬遺跡が日本海沿岸、岩木川・米代川流域に分布していることの理由の一つでもあろう。とくに、10世紀中葉以降の鉄製錬遺跡は、青森県鰺ケ沢町杢沢遺跡のように操業規模が大きくなる。そこでは、10世紀中葉〜11世紀前半の間に34基もの製錬炉が営まれた。同時に複数の製錬炉で多量の鉄を生産したのである。そのためには、岩木山麓のような深い森林が必要であった。そして、日本海に近い環境を生かし、そこから北海道に向かったのかもしれない。10世紀中葉以降、北海道では鍛冶の痕跡が増えるのである。

第4節　鉄にかかわる生産と遍歴する民

（1）鉄製錬と鍛冶と遍歴

　図47と図48とを用いて分布の様態を比べると、鉄製錬炉が検出された鉄製錬遺跡は津軽地方や米代川流域に集中しているが、鍛冶遺跡はそれ以外の地域にも広く存在することがわかる。しかも、鉄製錬炉は青森県西津軽郡鰺ケ沢町湯舟の杢沢遺跡のように、狭い範囲に多数の鉄製錬炉が集中的に営まれる場合と、東津軽郡浪岡町域に見られるように、広い集落群に数基あるだけの場合がある。また、北海道のように鍛練鍛冶だけがおこなわれた地域もある。鉄製錬炉が集中している津軽地方

でも、鍛冶だけがおこなわれたと考えられる遺跡は多い。

　鉄製錬、製錬鍛冶そして鍛練鍛冶は専門的な技術であり、その習得には専門家からの伝授が必要である。そのような専門家は数が少なく集落ごとに必ず存在するとは限らない。とくに鍛冶遺跡自体が少ない北海道の場合は、鍛冶技術を持つ者がほとんどいなかったであろう。北海道では、鍛冶の痕跡を示す遺跡がある場合でも、それにかかわる遺物の出土総量は非常に少なく、瀬川拓郎（1989）が述べるように、鍛冶が集落に常駐せず遍歴していた可能性が高い。また、鉄製錬および精錬鍛冶の痕跡を残す遺跡が多い津軽地方でも、一つの集落から羽口破片が少量出土するだけの遺跡の場合には、鍛冶が遍歴してきたことを示している可能性があろう。一時に遍歴したのは、おそらく一人か二人である。

　それに対し、多量の鉄滓が出土することから考えるならば[7]、鉄製錬に使われる砂鉄や木炭の量は多い。樹木の伐採や炭焼き、そしてそれらの運搬に加え、砂鉄の採取といった複数の種類の労働にかかわる述べ人数も多いであろう[8]。しかもそれらは、一箇所に定住しておこなわれる作業である。

　図45の地名表には操業時期と炉の数を掲載した。50年ほどの間に1～2基の炉を操業する例が多い。そのような少数の炉を残しているのは、平野部に面した集落遺跡である。そこではあまり頻繁には製錬をおこなわなかった。それに対し、100年ほどの間に10基以上の炉を操業しているのは、西津軽郡鰺ケ沢町の杢沢遺跡（34基）と同町建石町の大平野遺跡（10基）である。そこは平野部の集落から離れた岩木山麓である。

　注目すべきは、製錬炉の操業時期に地域差がある点である（図45地名表）。南津軽郡浪岡町のように平野部に面した地域の集落における炉の操業は10世紀前半までに終了している例が多い。そのほとんどは、集落そのもの、あるいはその大規模化の終了とともに終わるのである。そして、10世紀後半～11世紀には、津軽地方の平野部に面した集落遺跡の場合、鉄製錬炉を持たないのが普通である。それに対し、10世紀中葉以降には岩木山麓のような、大集落地帯から離れた山間地域で規模の大きな製錬がおこなわれるのである。そこでは11世紀前半まで操業が続く。

　このように、津軽地方の鉄製錬は、9世紀後半～10世紀前半の、大規模集落の造営と併行して、集落地域で小規模（1集落あたり1～2基の炉）におこなわれた前半期、10世紀後半～11世紀前半の、山間地において大規模な操業（1遺跡あたり10～34基の炉）がおこなわれた後半期とに区分することができる。米代川流域でも9世紀後半～10世紀前半には1遺跡あたり1～2基の炉であったのが、10世紀中葉～後葉に米代川上流の山間地域に営まれた堪忍沢遺跡では13基の炉が操業されている。同地域においても、津軽地方同様、ほぼ10世紀前半までと後半以降とで、1遺跡における操業規模および立地条件の変化を見ることができる。

　ただし、津軽地方で、例外となる可能性があるのは、9世紀後半～12世紀初頭頃まで継続したとされる浪岡町高屋敷館遺跡である。ここには11世紀前半頃の住居の下敷きになった製錬炉が1基ある。正確にはわからないが、10世紀後半代の炉である可能性もある。ただし、やはり11世紀には操業はおこなっていないようであるし、1遺跡に1基の炉しかないので、10世紀後半～11世紀前半の岩木山麓における操業とは目的が全く違っていると考えられる。

以上に見たように、鉄製錬は鍛練鍛冶に比べて定住的ではあるが、一箇所でおこなわれる操業は、長く見積もったとして、50～100年である。そして津軽地方では10世紀中頃を境にその操業地が平野部から山麓へ移動した。米代川流域でも、平野部の広い下流域から山間地である上流域へと操業の中心が移った。原料でもあり燃料でもある樹木が枯渇すれば、鉄製錬をおこなう者たちはそれを求めて移動しなければならない。10世紀中頃を境に鉄製錬炉の操業地が、平野部に近い集落内から、岩木山麓あるいは米代川上流域のような山間地に移動したのは、豊富な樹木資源を求めてのことであった可能性が高い。

(2) 鍛冶とろくろ師[9]

ところで、近世以降には、他にも遍歴する職能民が存在した。木地師である。そして民俗例を参考にするならば、木地師は自ら鍛練鍛冶をおこない、自分が用いる刃物を作った（成田 1996：125頁）。古代でも、鍛冶にかかわる遺物や遺構に伴って、木工用具が出土している山間地の遺跡の場合、そこには木地師に類する人々（以下では、橋本（1979）に倣い、ろくろ師と呼ぶ）がいた可能性が高かろう。鍛冶の痕跡は残りやすいが、挽物の痕跡は腐植しやすい。簡単な鍛冶の痕跡が山間地にあった場合には、いわゆる鍛冶の存在を考えるだけでなく、ろくろ師がいた可能性も考える必要がある。

そして、ろくろ師がいたかもしれない遺跡が津軽にもある。南津軽郡碇ケ関村古館遺跡や同郡大鰐町大字長峰の大平遺跡などの10世紀中葉～11世紀の遺跡である。それらの遺跡からは、羽口や鍛冶跡だけでなく、ヤリガンナ・ノミ・手斧・砥石が出土している（図49）。図49-1～3はヤリガンナである。刃はもろ刃であり、その断面は中央に陵を持つ三角形である。1・2は刃の長さが約9cm、3は約6cmである。2の刃先は破損しているが、他の2点は、刃先が反っており、現代のろくろ師が椀などの内部を刳る際に用いるヤリガンナに類似する。4～6は、小刀様のものであるが正確な用途はわからない。刃は1辺だけにしかない。7～10は手斧である。11はノミである。そして、ろくろ師がいた可能性のある遺跡からは、これらの加工具の他に、鉄鏃、鎧の小札などの武器やツム、鉄鍋片などといった各種の鉄製品が出土するのが特徴である。

大鰐町大平遺跡21号住居からは、火災で炭化した椀の荒型が出土している（図50）。それらは、厚い板材の上に、2～3個を1単位として重なっていた。実測図（図50）からは、内面も外面も手斧で削られたように見える。須藤功編（1988：116頁）によれば、荒型の製作工程は次のようになる。ろくろの設置された木地小屋で、ヒラチョウナ（平手斧）を使って材の外側を椀形に削り、次にナカギリチョウナ（中削手斧）を用いて内部を削り、作るのである。21号住居から手斧は出土していないが、同遺跡出土の手斧には大小の2種がある（図49-9・10）。大型の手斧（10）は荒型作り、小型の手斧（9）は内面を削るといった用途の違いがあったのであろうか。その後ろくろで挽かれ、完成品とされたはずである。21号住居は、同遺跡内における他の建物と差異がない。その住居で生活一般がおこなわれていたにちがいないが、椀の荒型があったので、ろくろが設置されていたと推測できる。

以上の例のように、カンナ・ノミ・手斧・砥石の類が出土した山間地の遺跡には、ろくろ師がい

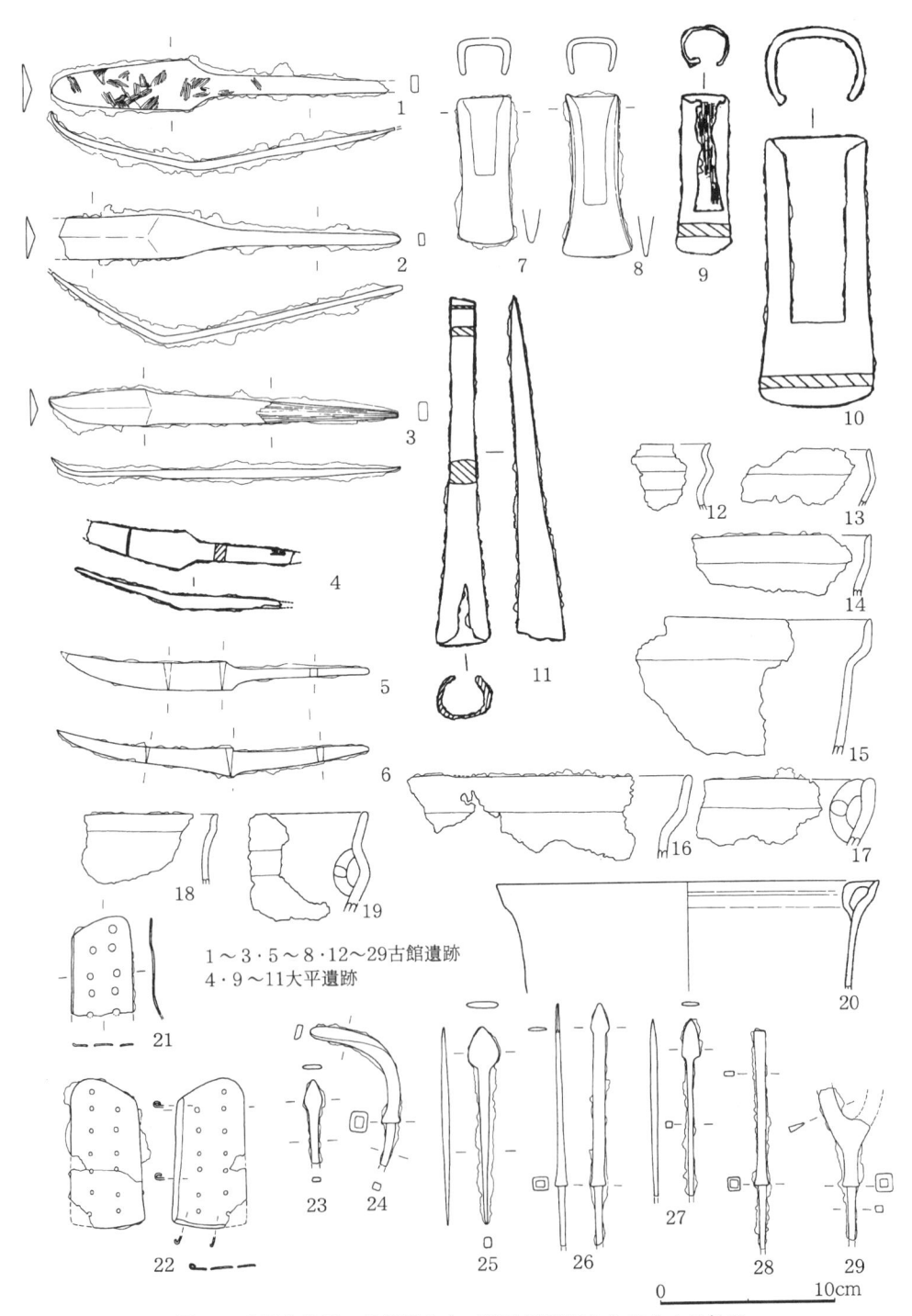

92　第1部　物質文化から見た蝦夷社会の成立

1～3・5～8・12～29古館遺跡
4・9～11大平遺跡

図49　木地作業用の鉄製品および鍛冶跡周辺から出土する鉄器

第3章 蝦夷と鉄生産 93

木目

1．木製椀荒型（高台の部分か？）

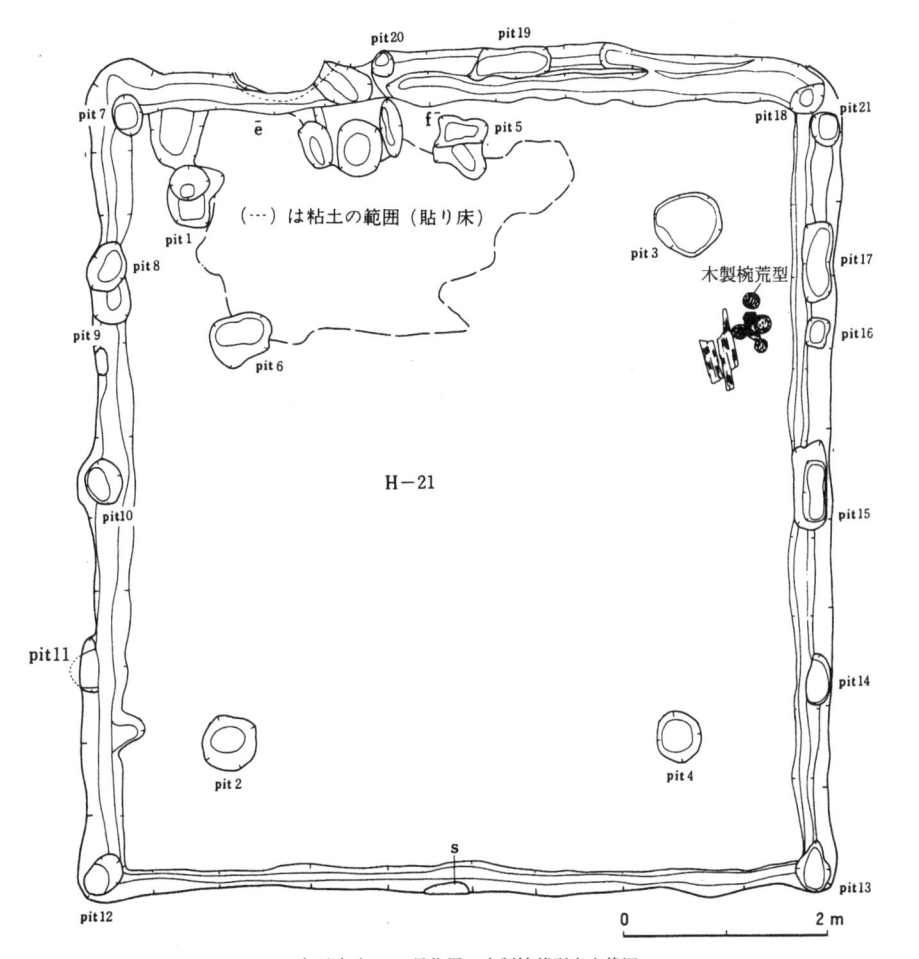

木目

2．木製椀荒型

0　　　　　10cm

3．大平遺跡　21号住居　木製椀荒型出土状況
（青森県教委 1980a：第162図の一部を転載）

図50　大鰐町大平遺跡出土の椀荒型とそれが出土した住居

木地師部落のある町村分布図
(1) ● 1点は1町村を示す
(2) 北海道には道南に1点あるのみ

● 1点は1町村を示す

図51　木地師部落の分布（杉山　1981：31頁の図を転載）

た可能性がある。そして、岩木川および平川上流域の大鰐町・碇ケ関村、さらに深い山地に入ることとなる大館市や鹿角市の各市域出土の鍛冶遺構は、カンナの類が伴出している場合には、ろくろ師が残したものである可能性を考えておく必要があろう。

ただ、木工の痕跡が、常にろくろ師の存在と読み替えられるわけではない。青森市三内遺跡の44号住居例（青森県教委1978a）からわかるように、9世紀後半以降の津軽の建物は壁に板材を使う。板材の作製にはヤリガンナを使用するはずである。このことは、単にヤリガンナが出土したというだけでは、挽物作りをおこなったろくろ師の存在に結びつけられない。刃先が短く反ったヤリガンナ（図49-1・3）は、椀を刳るのに適しており、ろくろ師がいたか否かを考えるうえでは、重要な道具となるのではなかろうか。また、ろくろ師の出現過程やそれに付随する社会的変化を、考古学的に説明し解釈するのは、今後の課題である。

また、試みに、杉本壽（1981：31頁）の、20世紀後半の木地師部落の分布図（図51）を見て、ろくろ師の住んだ地域を考える参考としておきたい。その部落は山地に分布し、平地の民ときれいに住み分けている。そして、10世紀中葉～11世紀代のろくろ師の痕跡を残す遺跡は、近世以来の木地師部落と重なる。鹿間時夫・中屋惣舜監修（1971：90頁）によれば、時期的なことは不明だが、従来、大鰐には、宮城県鳴子系の工人の出入りが多いという。先に紹介した大平遺跡のある、岩木川上流域の山間部の町である。古代についても、奥羽山地を遍歴したろくろ師たちがいた可能性を考慮しながら、山地の遺跡を見る必要があろう。

(3)　鍛冶と鉄素材

ところで、鍛冶滓と推定できるような鉄滓や羽口が出土する遺跡からは、鉄製品が多量に出土するのが常である。そして、それらの製品には、鉄鏃といった武器（図49-23～29）や、武具の一部の小札（図49-21・22）などが出土する場合がある。それらの武器は、遺跡の性質上、実用具として揃えられていたのではなく、鍛冶に用いる鉄素材として集められていた可能性も考えられる。

例えば、碇ケ関村古館遺跡では、鉄鏃（図49-23～29）が出土している。遺跡の立地条件を考えれば、鉄鏃は武器でなく、狩猟用のものであった可能性もあるが、様々な形態の鏃や、先端の曲

がった製品（図49-24）があるので、鍛冶の材料であったと推定すべきではなかろうか。同遺跡からは、武具である小札も2点出土している（図49-21・22）。それらは別々の住居跡から、羽口や鉄滓、その他の鉄製品と伴出した。そのような出土状況から考えると、その小札は鉄素材として集められていた可能性があるのではなかろうか。実測図から判断すると、古館遺跡における刃物等の保存状態はそれほど悪くない。したがって、鎧があったとすれば、もっと多くの小札が残存していてよいと考えられるからである。同遺跡からは、他に内耳鉄鍋破片（図49-17・19・20）も多数出土している。図示した内耳鉄鍋破片のうち19・20は64号跡と呼ばれる住居から出土した。それらは、各口縁部の形態が異なっており、それぞれ別個体の破片である。実測図によれば20はそれなりに大きな破片に見えるが、報告書の写真を見ると、6cm四方ほどしか残存していない。調理用に使われた鍋が一つの住居に本来2個体あり、それらが腐蝕して小破片となったのではなく、再利用するための鉄素材として集められていたものの残りなのではあるまいか。同住居からは、羽口片や鉄滓も出土しており、鍛冶がおこなわれた残片が存在していることになる。64号跡同様に、鍛冶滓と思われる鉄滓や羽口片、鍋破片等が出土した遺跡として、16・51号跡がある。図49-12～15は、前者から出土した鍋破片である。すべて別個体の小破片である。図49-16・17は後者から出土した内耳鍋破片と鍋破片である。ここで鍋としているものも、内耳鍋の耳無し部かもしれないが、いずれにしても、同一住居から出土する鍋片が、別個体の一部であることがわかる。一つの住居に複数の鍋があり、しかも、小破片だけが残ったとも考え難いので、これらの鍋破片も、鉄素材として集められていた可能性が高かろう。

　以上に見たように、鍛冶やろくろ師がいたような遺跡では、鉄素材として様々な鉄器を集めていたと思えるような場合があるので、鉄滓や羽口と一緒に出土する鉄器については、単に、器種の用法どおりに利用された製品と解釈するのではなく、それらが出土する文脈を読むことが必要である。

（4）　鍛冶と擦文土器製作者

　10世紀中葉以降の遺跡で、鍛冶がおこなわれている津軽周辺の遺跡からは、擦文土器がしばしば出土する。その傾向は日本海沿岸部だけでなく山間地でも変わらない。かなり内陸に入った碇ケ関村古館遺跡や、秋田県大館市池内の上野遺跡からも擦文土器が出土している。

　他方、鍛冶跡があっても、10世紀前葉以前の遺跡では擦文土器は出土していない。また、北海道において、石狩低地帯以外で羽口が出土するようになるのは、10世紀中葉以降である。それは津軽地方の複数の遺跡で擦文土器が伴うようになる頃である（石附 1983）。

　以上のことから、鍛冶と擦文土器製作者との間には何か関係があると考えることができる。南津軽郡浪岡町野尻（4）遺跡出土の擦文土器の胎土分析や、東津軽郡蓬田村の蓬田大館遺跡出土の多くの擦文土器を分析した結果から、それらの土器は遺跡周辺の土で作られたと考えられる。津軽地方で作られた擦文土器は北海道内の製品と似ているので、その製作者は北海道で土器製作技術を学んだ人であったと見るのが合理的だろう。

　津軽や米代川上流域で出土している擦文土器は、長胴甕だけである。第8章でさらに述べるが、子供の面倒を見ながら家の周辺でおこなえる労働に、ロクロを用いない土器作りがある。子供の世

話をするのが女性であるとすると、長胴甕などの作り手は女性である可能性が高い。このことから、北海道から津軽へは女性の土器製作者が移動したことが推測できる。

　一方、鍛冶技術者は男性であると思われる。津軽に本拠地を置く鍛冶技術者が北海道の遍歴先から、女性をつれて戻ってくるということもあったかもしれない。枝幸郡枝幸町ホロナイポ遺跡や千歳市末広遺跡出土の羽口には刻線文が入れられている（図46-2・8・9）。ホロナイポ遺跡の羽口は器壁が先端の穴の径よりも薄い作りである。計測値は1.0cmほどである。奥尻町青苗遺跡の羽口も器壁は1.1cmと薄い。器壁が薄い羽口は、札幌市サクシュコトニ川遺跡（北大埋蔵文化財調査室1986）からも出土している。東北北部の羽口の器壁は、先端の穴の径とほぼ同じくらいの厚さであり、計測値は2.5cm以上である。このことから、ホロナイポ遺跡や末広遺跡の羽口の製作者は、津軽で使われている羽口を見て、それと同じようなものを作ろうとしたわけではないことがわかる。

　民俗例を参考にするならば、鍛冶が自ら羽口を作るという（吉川1991）。しかしながら、助手として働く者がおり、なおかつその者が擦文土器の作り手であれば、羽口に擦文土器的な文様をつけることもあったであろう。

　ここに述べた羽口の例は少数例ではある。だが、東北北部西側における鍛冶の活動は活発である。彼らは渡島半島西南部へ行くことも比較的多かったであろう。鉄素材を東北北部から運んだこともあったであろう。その際に、男性が女性を連れて出身地に戻るということがあったかもしれない。

第5節　鉄生産者の出自

　9世紀後半から11世紀頃の鉄製錬遺跡は、米代川流域や津軽地方といった東北北部の西側に多い。そしてその地域に存在した鉄製錬炉は、半地下式竪型炉と呼ばれるものがほとんどである。穴澤（1984）および羽場（1997）の図を引用するならば、図52・53のようになり、東北北部の鉄製錬技術は出羽～北陸方面にかけてのものに近い。第2章でロクロ土師器の鍋が津軽に比較的多いこと、そして、土師器の鍋が陸奥側にはないことから、北陸あるいは出羽からの人々の動きがあったと考えた。鉄生産技術に関しても、同様の動きが見えることになる。津軽や米代川流域に入った、鉄製錬と鍛冶の技術を持った人々には、出羽・北陸系の人々が含まれていたと推測する。

　そして、鍛練鍛冶の痕跡を残す者のなかには、日本海側経由で東北北部に入るのとは別の系統の者で、ろくろ師として把握される者なのかもしれないが、森林地帯であった奥羽山地を経由する動きがあった可能性があろう。

　北海道における鍛冶の出自はどうであろうか。一般的に考えるならば、近隣の鍛冶技術の保持地域に、その出自を求めるべきであろう。東北北部の西側を鍛冶の出身地と考えるのが合理的である。また、鍛練鍛冶にかかわる遺物が多く出土している渡島半島西南部や奥尻島の場合、そこに住み着いた、あるいはそこで育った鍛冶もいたであろう。そして、そこから道内に鉄製品を持ち歩き、鍛練鍛冶をおこなうこともあったであろう。奥尻島（奥尻郡奥尻町青苗遺跡）のような小さな島や、海に面した狭い段丘面（松前郡松前町札前遺跡）から、それ以外の北海道全域の出土遺物総量よりも多くの鍛冶関連遺物が検出されている。このことから、渡島半島西南部や奥尻島を、津軽の鉄生

第3章　蝦夷と鉄生産　97

Ⅱ型b・e類は
炉床が傾斜する点が共通

箱型炉　Ⅰ型

Ⅰ型　Ⅰ型　Ⅰ型　Ⅰ型　Ⅰ型　Ⅱ型b類　Ⅱ型e類

Ⅱ型c類

Ⅰ型

Ⅱ型a類

Ⅱ型d類

竪型炉
- Ⅱ型a類　斜面に埋め込む半地下式
- Ⅱ型b類　炉床が傾斜する
- Ⅱ型c類　平地式
- Ⅱ型d類　狭い炉床
- Ⅱ型e類　狭い炉床が傾斜する

穴澤（1984）の古代製鉄炉の類型をもとに
羽場（1997）が編集した図を加工

図52　日本列島における2種類の鉄製錬炉

Ⅱ型a類
斜面に埋め込まれた半地下式竪型炉
菅ノ沢型

菅ノ沢遺跡1号炉（群馬県）

Ⅱ型b類
炉床に傾斜を持たせた竪型炉
上野赤坂A型

南太閤山Ⅱ遺跡2号炉（富山県）

Ⅱ型c類
平地式竪型炉　西浦北型

西浦北遺跡2号炉（埼玉県）

Ⅱ型d類
炉床の狭い竪型炉　西原型

西原遺跡1号炉（熊本県）

Ⅱ型e類
狭い炉床に傾斜を持たせた竪型炉
大館森山型

大館森山遺跡3号炉（青森県）

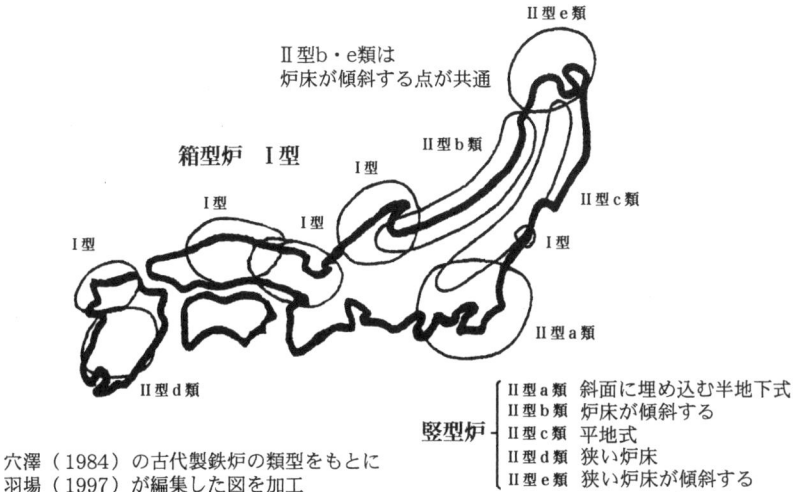

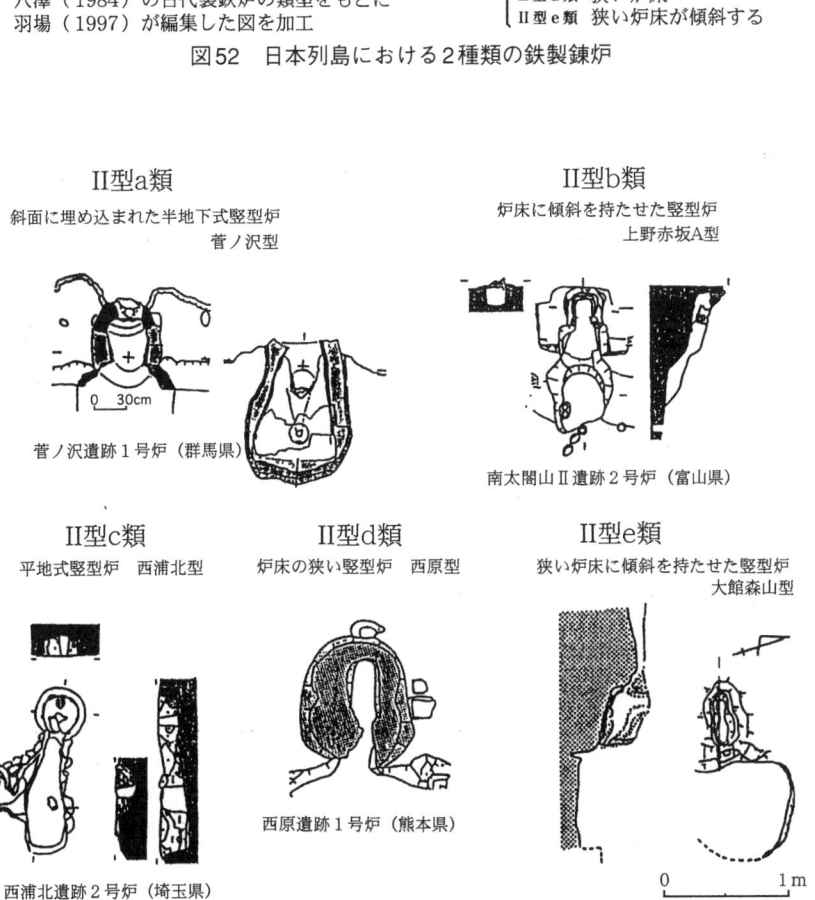

図53　各種の竪型炉

産活動上の出先ととらえるべきなのかもしれない。

　10世紀中葉以降に北海道の鍛練鍛冶関連遺物が増える。これはちょうど、東北北部西側山間地で大規模に鉄製錬炉が操業されるようになる頃と一致する。鉄製品あるいは鋼を持ち、いく人かの鍛冶が、津軽地方から北海道に渡ったのではなかろうか。

第6節　各地における鉄生産活動の目的

　津軽や米代川流域に鉄生産者が移住した目的と、北海道に鍛冶が渡った目的とには違いがあるようである。前者の場合、とくに9世紀後半～10世紀前葉段階では、その鉄生産者たちは集落を拓いた人々のなかにいた。彼らは当初、開拓民として他の人々とともに移住してきたと考えられる。その後、10世紀中葉～11世紀には鉄製錬炉の在り方が変化する。平野部の集落よりも、岩木山麓や米代川上流域の山間部で、1カ所に集中して多数の炉が操業されるようになるのである。それらの炉の付近には、数件の住居もあり、鉄生産者がそこで生活していたと考えられる。

　東北北部の山間地に多くの鉄製錬炉が操業される段階に入った頃から、北海道における鍛練鍛冶の痕跡が増える。しかしながら、北海道では鉄製錬はおこなわれなかった。鍛練鍛冶の痕跡も少なく、鍛冶は集落内に常駐してはいなかった。北海道の各集落遺跡において、鍛冶は、それぞれの集落外から臨時に訪れただけなのである。ただし、渡島半島西南部の松前町札前遺跡のように、鍛練鍛冶にかかわる遺物が複数の住居跡から出土し、鉄滓が比較的多く出土した場所の場合、鍛冶が住み着いていた可能性も高い。

　それでも、東北北部西側と北海道とでは、鉄生産技術の定着状況に違いがある。前者には、鉄製錬、精錬鍛冶そして鍛練鍛冶といった、砂鉄から鉄製品を生産するまでの全技術が存在したのに比べ、後者で見られるのは鍛練鍛冶の技術のみである。おそらく、北海道には鉄製錬技術を持つ者の移住はなかったのであろう。そこには砂鉄も樹木も豊富にあったはずである。したがって、両地域における鉄生産技術の定着状況の違いは、原材料の有無にあるのではない。ただ、それをおこなう意思があったか否かの違いなのである。

　以上にまとめたような、鉄生産者の移住の時期と、彼らが置かれていた社会背景を考慮すると、9世紀後半～10世紀前半段階の東北北部西側における、その地での砂鉄から鉄製品生産までの一連の鉄生産の目的は、その地の開拓を支えることにあったと考えられる。同時期の北海道でも、札幌市サクシュコトニ川遺跡や旭川市錦町5遺跡でのように、鍛練鍛冶は小規模におこなわれた。しかし、鉄製錬はなされなかった。それは、その地で鉄を造る必要がなかったからなのであろう。東北北部西側地域でおこなわれたように、北海道南部を大規模に開拓しようとする人々がいなかったのである。あるいはそのような必要がなかったのである。

　そして、当初計画された開拓が完了した後の10世紀後半～11世紀には、東北北部における鉄製錬の目的に、それ以前とは別の内容も加わったと推測する。ちょうどその頃から、北海道全域に鍛冶遺跡が分布するようになるのであるが、津軽地方あるいは渡島半島西南部あたりの鍛冶が、北海道内を遍歴するようになったのではなかろうか。東北北部の鉄生産者は、彼らの住む地域内への鉄

の供給だけではなく、北海道のような北の地域との交易をおこなうことも目的に含むようになっていたかもしれない（天野 1989、鈴木 2003）。

　古代日本国の領域外であった東北北部での鉄生産は、水稲を耕作できる土地の大規模な開拓の一環としておこなわれたと考えられた。開拓を支えたのは鉄の道具である。開拓には鉄が必要であった。鉄および鉄製品は、古代日本国の外で自給自足されたのである。鉄の生産者を含め、新たに土地を開拓した人々は、皆、古代日本国からの移住者であったろう。検出された物質文化から、そう考えることができる。

　では、なぜこの時期に、古代日本国の外の地域が開拓されたのであろうか。開拓された土地の広さ、移住人口の多さを考慮するならば、この問いは、開拓者たちだけを問題にしていては答えられない種類のものかもしれない。複数の集落から集められた者たちであった可能性もあろうが、様々な技術を持つ者、そして多くの人間が移住したということは、どこかの人口が減少したはずである。古代日本国領域のどこかから、人口が移動したのである。その開拓の背後には、越後・出羽・陸奥（なかでも岩代）あたりの土地や民の居住を把握している王臣家、国司、富豪層らの意図があったとしか思えない。

　10世紀中葉以降の東北北部と北海道における鉄の交易は、律令国家体制が崩れ、王朝国家体制になった頃の活動である。鉄生産者自らが独自の目的を持ち、活動したのではなく、背後に誰かの意思が感じられるのである。

註
（１）　日本思想大系本『律令』による。
（２）　国立歴史民俗博物館編（1994a・b）に掲載されたデータを用いた。分析された試料は、東北地方から近畿地方までの古代から中世前半の遺跡から出土した、椀形滓49点、非椀形滓36点、炉壁9点、粘土塊1点、砂鉄11点および鉄鉱石2点の合計111点である。
（３）　重量が記されている大型の椀形滓（報告書中、資料番号10（穴沢・設楽 2001：522頁）を例にとると、それは形状から、もとの滓の1/3〜1/4ほどの残存と推定されているが、それでも2.73kgもある（図43-1）。これは、Ti、Mn、Mgの濃度から、砂鉄を始発原料とした精錬鍛冶滓と判断できるものである。破片であるこの資料だけでも、札前遺跡出土全鉄滓の重量を凌ぐ。他に、参考までに記しておくと、同遺跡からは316gのほぼ完形の椀形滓も出土しているが、こちらはTi、Mn、Mgの濃度が低く、鍛錬鍛冶滓と考えられるものである（図43-5、前掲書中資料番号 11：523頁）。
（４）　赤沼（1996b）では、千歳市オサツ（２）遺跡から出土した小鉄片が銑鉄であるという金属学的解析にもとづいて、そこでは銑鉄を素材として鋼製錬がおこなわれていたと述べている。銑鉄を加熱し、脱炭すれば精錬は可能なので、そのような活動もあったかもしれない。しかしながら、オサツ（２）遺跡から出土した鉄滓についての記載や、その化学成分などの情報がないので、ここではこれ以上述べない。ただし、そのような鋼製錬作業と、古代の東北北部で砂鉄を始発原料とした鉄製錬に付随しておこなわれた精錬鍛冶とは、全く異なる体系のなかにある。
（５）　東北町教育委員会（2004）によれば、鳥口平（２）遺跡から炉は発見されていない。しかしながら、二つの土坑内に廃棄された鉄滓の種類およびその総量、そして炉壁片の存在から、製錬がおこなわれたことが推測できる。報告書ではその時期について述べられていないが、周囲の住居跡から出土

した土師器および須恵器から、9世紀後葉〜10世紀中葉頃のいずれかの時期の操業と考えられる。
（6）　約1500年前以降に本州島以南のアカマツの花粉が増加する（塚田 1967）。塚田（1981）では、アカマツの二次林は焼畑農耕によると考えられている。近世以降の「たたら」では燃料および原料としてそれを優秀とする（舘 2000）。陶磁器の焼成でも近世以降にはアカマツを多く用いる。アカマツは、明るい開地に生えやすい二次林である。古墳時代以来の須恵器焼成と律令期以降の製鉄による樹木伐採も、アカマツの二次林を増加させている大きな要因であったと考えられる。
（7）　秋田県山本郡琴丘町鹿渡の泉沢中台遺跡では4基の鉄製錬炉が検出され、約4トンの鉄滓が出土した。青森県西津軽郡鰺ケ沢町の杢沢遺跡の鉄滓の量は報告されていないが、34基の鉄製錬炉が出土したので、泉沢中台遺跡よりも多量の鉄滓が排出したと推測できる。
（8）　砂鉄の採取と鉄製錬、樹木の伐採や炭焼きといった作業が、別々の人々によっておこなわれたのか否かは不明である。
（9）　土器製作に使用する「轆轤」を「ロクロ」、木製品の製作に用いる「轆轤」を「ろくろ」と表記して、両者を区別した。

第2部　物質文化から見た蝦夷社会における人の動き

第4章　土器から人の動きを考える方法：土器胎土分析の応用

　自ら史料を残すことがなかった蝦夷たちの生活を知るのに、最も広範な地域で利用できる資料は土器類である。蝦夷が用いた土器類には、土師器・ロクロ土師器・擦文土器・須恵器がある。それらの多くは蝦夷自身が作ったものである。したがって、土器の生産技術や土器の流通の実態を復元するならば、蝦夷社会内における人々の交流を考察するのに利用できるはずである。

　その方法には、土器類の表面に注目する方法と、その内部に注目する方法がある。前者は形に、後者は材質に注目すると言い換えられる。前者は考古学的に最も普遍的におこなわれている方法であり、東北北部や北海道の7〜11世紀の土器に関しても既に多くの研究成果がある。一方、後者はあまり実践されていない方法である。1980年代以来、三辻利一が青森県内や北海道内の遺跡における土器類の分析をいくつかおこなっているが、五所川原産須恵器の分布に関する研究以外（三辻 1993a、福田 1993、三浦 1995）に、その結果が歴史学的に利用されたことはない。また、三辻の研究は、主に土器類を対象としており遺跡周辺の粘土類の系統的な分析はおこなっておらず、生産者がどの地点のどの層準の粘土層を利用したのかといった内容も含めた土器生産活動の復元研究は、まだほとんどおこなわれていない。

　そこで、土器の胎土とともに、土器が出土した遺跡周辺の粘土類の化学成分を分析し、胎土の特徴を用いて蝦夷社会復元の一助とする研究をおこなった。本章ではその方法を説明し、次章以降で土器の種類ごとの具体的な記述をおこなう。

第1節　分析法とその実践

(1) 方法

　分析は誘導結合プラズマ発光分光分析法 inductively coupled plasma atomic emission spectrometry（以下ではICP-AESと略す）によった。分析形態分類・製作技法などの考古学的考察が可能なように、ほぼ完形品やそれに近い大きな破片を試料としたので、試料の破損をできるだけ小さくする必要があった。そこで、用いる試料が微量ですみ、かつ短時間に多元素を高精度で測定できるこの方法を選んだ。装置は筑波大学分析センター設置の日本ジャーレル・アッシュ社製ICAP-757Vである。

(2) 分析

1. 試料および試料作成

　試料は、北海道南部および東北北部各地の遺跡から検出された5〜11世紀の土器類および粘土類である[1]。

試料の作成法は次である。土器の破損部から1cm四方ほどの破片を採取する。土器破片表面を、電動やすりで研磨し、土器表面の付着物や風化して脆くなった部分を取り除く。1cm×0.5cmほどの土器破片を、瑪瑙乳鉢で粉砕・すり潰す。すり潰された粉末を0.05g秤量し、蓋付きのテフロン容器に入れる。それに、硝酸0.5ml、過塩素酸0.5ml、フッ化水素酸1.0mlをこの順に加える。蓋を閉め、容器ごとホットプレート上に置き、100℃で6時間以上熱する。次に、蓋を開け、160℃に加熱し、蒸発乾固させる。乾固された試料に、6規定蒸留塩酸1.0mlを加え、160℃で再び蒸発させる。しばらく放冷後、1規定硝酸を加え、100℃に加熱する。試料が溶解していることを肉眼で確かめた後、1規定硝酸を加え、1000倍に希釈し、50.00gの溶液試料を得る。

また、分析対象土器のほとんどの胎土中に炭素が染み込んでいたので、乳鉢での粉砕・すり潰しの後、マッフル炉を用いて500℃で2時間加熱し、炭素を除いたものを試料とした。炭素を除いた理由は次である。まず、炭素は酸に溶けにくいので、炭素を残したままではよい試料が得られない。そして、炭素は本来の素地にも入っているだろうが、土器焼成時や煮沸具として使用中にも染み込む。そのようにして土器製作の後に染み込んだ炭素の量は個体によって異なる。意図的に炭素を吸着させる内黒土師器のようにかなり多くの炭素が入る場合もある。したがって、炭素が入っていると土器製作時の本来の成分組成を測定できない。炭素が入ったまま測定すると、素地中にもともと多く含まれる成分ほど含有量の誤差が大きくなるのである。

粘土・シルト・砂を対象とした場合は、採集試料を100℃で充分乾燥させた後、瑪瑙乳鉢を用いてすり潰し、マッフル炉を用いて500℃で2時間加熱し、炭素を除いたものを分析試料とした。秤量し、酸で溶かし、溶液試料を得る過程は、土器試料を得る過程と同じである。

2. 実　験

得られた溶液試料をICP-AESで定量分析した。定量には、旧地質調査所（現独立行政法人産業技術総合研究所）発行の岩石標準試料、JA1、JB1a、JG1a、JGb1、JR1、JSd1を用いた。Ti・Al・Fe・Mn・Mg・Ca・Na・K・P・Ba・Cr・Cu・La・Li・Sc・Sr・V・Y・Zn・Zrの20元素を測定した。これらの元素は、Mason,B.（松井・一国訳 1970）の地殻平均で存在度が高いとされる元素のうち、20ppm以上含まれる元素のほとんどを含むので、地質的背景を考えながら土器胎土成分の地域差を考察するのに利用できる。

第2節　胎土分析結果の利用

(1)　土器の胎土の特徴

本研究に関連して実施してきた土器類や、各地の粘土類の2000点ほどの分析例を総合すると、土器類を構成する主要元素は地球の地殻と同じである。ただしその組成は多少違っている。土器類は80～90％ほどがSiO_2とAl_2O_3であり、地殻平均に比べてこれらの比率はいくらか高い。それは、これらの2種類の酸化物が土器の胎土の大部分を占めるシルトと粘土鉱物の主要な構成要素だからである。そして残りの20～10％のほとんどは、Fe・Ca・Na・K・Mg・Ti・Mn・Pらの、地

殻を構成する主要元素の酸化物からなる。

　古代の土器の胎土は各地の粘土・シルト・砂を利用したものである。それらの多くは各地で利用しやすい位置にある粘土層や、その上下の層に存在するシルト・砂を利用したと考えるのが最も合理的である。

　これまでの筆者の分析や三辻らの多くの分析例を総合すると、土器類の80～90％ほどがSiO_2とAl_2O_3であるという共通性以外に、須恵器については相対的にCaよりもKの濃度が高い粘土が利用されるという、産地を越えた特徴があるが、土師器の化学成分には一定の特徴がない。須恵器については、窖窯で1150度以上の温度で焼成されるという焼成環境に適する粘土しか利用できないが、700度以下で焼かれたと思われる土師器・擦文土器の場合は、混和材で調整することによってどんな種類の粘土でも利用できることと関係しているであろう。

　土器は地球の土で作られている以上、土器胎土の化学成分は地殻平均の値に非常に近い特徴を持つ。したがって、土器胎土の成分を知るには、地球化学の分析法と同様にして、基本的には主要元素を測定し、それに加えて微量元素を測定しておくのがよい。

(2)　化学成分にもとづく産地推定の原理

　胎土分析の結果わかることは、土器類の化学成分である。また、各地の粘土類を試料とした場合には、各地の粘土類の化学成分がわかる。そして、胎土の化学成分にもとづいて産地推定をおこなう場合、基本となる原理は一つである。標準試料と未知試料の測定値の比較である。

　ここでいう標準試料とは、第一には焼成場所（遺構）が特定されている遺物である。この場合、特定される産地は焼成場所（遺構）となる。この考え方にもとづいて、埴輪や須恵器の産地推定をおこなうのが三辻利一の方法である（三辻　1999：296頁）。

　ただ、第一の標準試料を期待できるのは、土器焼成遺構が明瞭な試料の場合である。焼成遺構が特定されていない場合の埴輪や須恵器、そして、縄文土器や古い時期の土師器および擦文土器のような、焼成場所が不明な野焼き焼成の土器の場合は、次善の策として遺跡周辺など、各地の粘土類の値を把握しておき、それらとの比較をすることになる。

　そこで、第二の標準試料として、各地の遺跡周辺の粘土試料の分析値を用意しておく必要がある。また、焼成窯が明瞭な須恵器の場合でも、胎土に利用された粘土がどの地域のものであるかを把握しておく意味で、窯周辺の粘土類の化学成分を知っておくべきである。

　次に、測定すべき元素の種類を述べる。標準試料の化学成分についての情報は、多ければ多いほどよい。だが、現実には測定できる元素は限られるので、一般的な分析機器で測定できて、なおかつ胎土の基本的特徴を把握することのできる元素を知っておく必要がある。胎土の基本的特徴とは、一般には胎土が地球の土でできていることを基本に据えた特徴と考えるのがよい。したがって、未知試料との比較に使う標準試料となる土器は、それが地球化学的にどのような性質なのかが把握されているのが理想である。そうすれば、その土器の地球におけるある程度の位置を推測することができる。地球上の各地の土の化学成分を知っていれば、分析対象の土が人工的に調合された胎土であるか否かといったことも予想できる。

Mason, B.（松井・一国訳 1970）によれば、地殻平均の99.23％は主要元素（O、Si、Al、Fe、Ti、Mn、Mg、Ca、Na、K、Pの11元素）で占められる。それに含有濃度が20ppm以上の金属の微量元素を加えると、99.4％ほどになる。そして、地殻を構成する元素からH・N・Clなどの揮発性の高い元素を除くならば、主要元素と存在度の高い微量元素が占める率はさらに高くなる。そして、土器の胎土は地球の地殻が風化してできた粘土が基本になっている。そこで、各地の窯出土須恵器の値は、それを標準試料とするためにも、少なくとも主要元素は測定し、地球化学的考察が可能なデータを蓄積しておく必要がある。

(3) 東北北部・北海道南部地域において地域差を示しやすい元素と指標

　ここでは、東北北部・北海道南部地域において地域差を示しやすい元素とその指標を述べる。他の地域でもここで述べることが通用する場合もあるが、現段階では、全地域の粘土の基礎資料が揃っておらず、全地域での有効性は確かめられていないので、ここで述べることは本研究で対象とした地域内に限定される。

　詳細は、個々の論文（松本 2003a・2003bなど）に譲るが、これらの地域では一般的にAl・Fe・Ti・Mg・Ca・Na・K・Sc・V・Zrらが地域差を見るのには有効である。次に、地域差を見るために作った指標について解説する。

1. 長石を構成する主要元素を用いた指標による分類

　長石は地殻の60％を占める（地学団体研究会 1995：110頁）。須恵器などの土器の胎土の主体である粘土には、長石由来のものが多い。したがって、長石を構成する元素組成が地域差を持つならば、それは土器胎土の産地推定をおこなうにはかなり有効となる。三辻利一が長年おこなってきた土器の産地推定でも、長石を構成する元素を主に用いており、有効な場合が多いことが明らかにされている（三辻 1983・1999など）。ただ、長石を構成する主要元素、Si・Al・Ca・Na・Kの5元素のうち、産地推定に有効なのは、Al・Ca・Na・Kの4元素である。Siは地域差を示さず（三辻 1983：23頁、Rice 1987：420頁、松本 2002a：76-78頁）、産地推定には有効ではない。

　そして、長石を構成する主要元素のうち、産地推定に有効な4元素のなかでも、とくに広い範囲で地域差を示しやすいのは、Ca・Na・Kである。松本（2001a・2003a）は、東北北部の第四紀火山噴出物の分析値を用いて、Ca・Na・Kの三つの元素は、東北北部地域の第四紀火山を火山帯ごとに分けるのに有効であることを示した。その際に使用した指標は、K/Na+CaとCa/Na+Kである。

　この二つの指標は、長石の化学成分の特徴にもとづいて作られている。一般的に、長石はカリ長石（$KAlSi_3O_8$）、曹長石（$NaAlSi_3O_8$）、灰長石（$CaAl_2Si_2O_8$）の三つの成分を端成分とする固溶体である。そして、周藤賢治・牛来正夫（1997：18頁）によれば、長石における三つの端成分の混交比には制限があり、ある特定範囲内の混交比の長石しか存在せず、普通、長石は曹長石と灰長石を端成分とする斜長石と、カリ長石と曹長石を端成分とするアルカリ長石に大別される。カリ長石と曹長石を端成分とする固溶系列は、天然には見いだされない。以上のことにもとづいて、斜長石

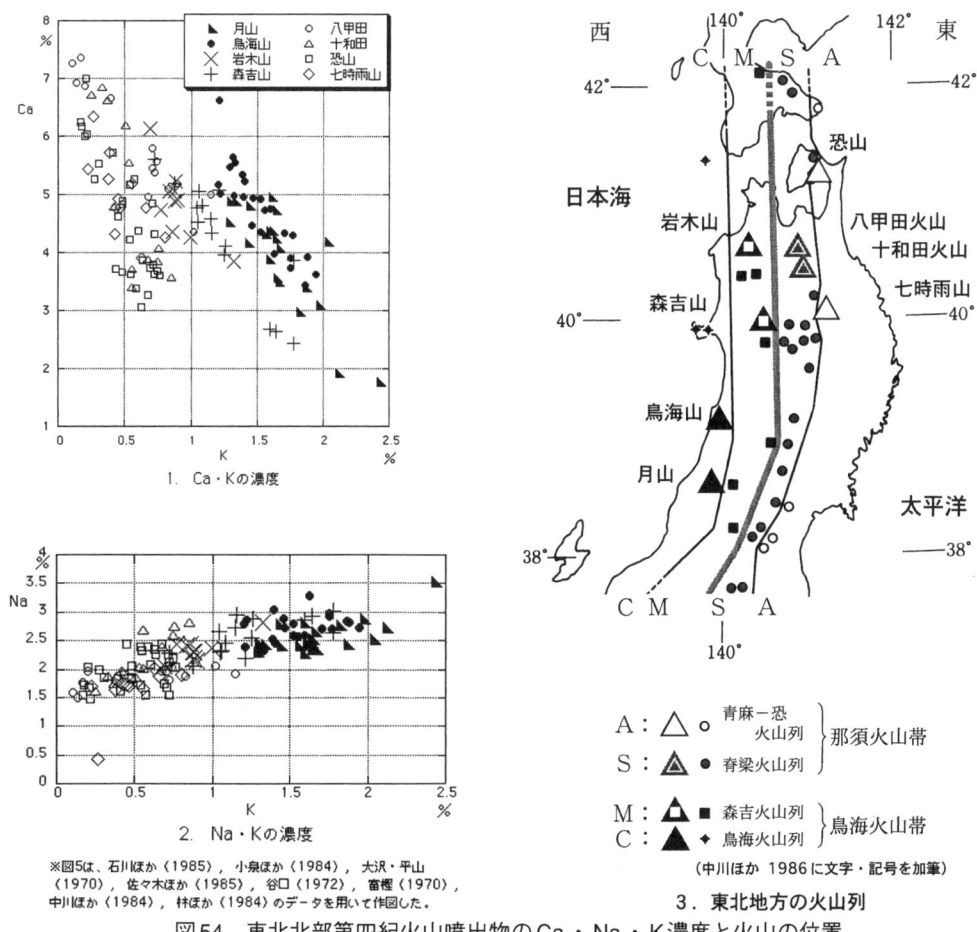

図54 東北北部第四紀火山噴出物のCa・Na・K濃度と火山の位置

1. Ca・Kの濃度
2. Na・Kの濃度
3. 東北地方の火山列

※図5は、石川ほか（1985）、小泉ほか（1984）、大沢・平山（1970）、佐々木ほか（1985）、谷口（1972）、富樫（1970）、中川ほか（1984）、林ほか（1984）のデータを用いて作図した。

（松本 2003c：図5を転載）

を構成するNaとCaに対するK（これはアルカリ長石に含まれる成分である）の比率を見たのが、K/Na+Caである。アルカリ長石を構成する、NaとKに対するCa（これは斜長石に含まれる成分である）の比率を見たのがCa/Na+Kである。この、主に長石の違いを反映していると見ることができる指標を、指標①、あるいは長石の指標と呼ぶ。

指標①が、東北北部の第四紀火山噴出物について有効なのは、その地域では、火山噴出物のアルカリ元素およびアルカリ土類元素が、太平洋プレートからの距離の遠近で系統的に変化するからである（図54-1・2）。第四紀玄武岩のK_2O含有量や他の不適合元素含有量が東北日本を横断する方向で系統的に変化する事実は、地球化学的にはよく知られたことである（巽 1995、周藤・牛来 1997など）。

以上のような理由により、東北日本の第四紀火山噴出物起源の粘土類が利用された土器の産地推定には、長石を構成する元素や指標①が有効な場合があるのである。東北北部の土師器・須恵器を用いた例を、図55-1に示しておく。ただ、図55-2が示すように、同じ火山帯や同じ火山列ごとには、指標①では地域差を示せない。また、火山帯や火山列が同じわけでないが、例えば新潟県佐渡島の小泊の2窯の製品と、青森県五所川原市の2窯の製品は、指標①（図55-4）では明瞭に分ける

ことができない。長石を構成する元素を用いた産地推定法は有効な場合が多いのだが、万能ではないことを忘れてはいけない（松本 2003b）。

2. 有色鉱物を構成する主要元素を用いた指標による分類

地殻は、長石や石英のような無色鉱物と、橄欖石・輝石・角閃石・黒雲母といった有色鉱物で構成される。粘土鉱物も、無色鉱物由来のものばかりではなく、緑泥石のような有色鉱物由来のものもある。また、土器の胎土に用いられる粘土類には、粘土鉱物よりも大きなシルト・砂が多く含まれるのが普通である。したがって、各地の胎土の特徴を知るには、有色鉱物を構成する元素を用いた指標を使って、各地の地質を比較する必要もある。

松本（2001a）では、東北北部の第四紀火山噴出物の分析値[2]を用いて、有色鉱物を構成する主要な元素であるTi・Fe・Mgと、粘土鉱物を構成する主要な元素であるAlは、東北北部地域の第四紀火山のうち火山フロントと脊梁山地を火山列ごとに分けるのに有効であることを示した。その際に使用した指標は、Ti/Al+Fe+Mgであり、指標②と呼んだ。図55-2・3からわかるように、那須火山帯に属する二つの火山列は、長石の指標では分離できなかったが、指標②では分離できている。これは、主にTiの量の違いに由来している。

そして、本研究ではさらに、有色鉱物由来の元素の違いを見るために、Fe/Mgの比率も指標とした。FeとMgとは、有色鉱物の主成分元素であり、鉱物中に一緒に存在している。

図55-5には、Ti/Al+Fe+MgとFe/Mgとの相関を見た。この図では、青森県五所川原市域、秋田県能代市域、新潟県小泊市域のそれぞれの窯出土須恵器が、おおまかには分けられている。ただ、秋田県能代市十二林窯製品のなかに3点、小泊窯の製品と分離できないものがあるが、それらは赤焼土器の坏である。赤焼土器は、偶然に酸化焔焼成された須恵器なのではなく、須恵器とは胎土自体が異なる、別種類の製品なのである。したがって、器表面が還元された一般的な須恵器の場合には、Ti/Al＋Fe＋MgとFe/Mgとの相関図で3地域の窯の胎土を区別することができることになる。このように、東北地方西側の窯ごとの須恵器胎土の違いを見るのには、有色鉱物を構成する元素を用いた指標が有効である。

しかし、以上のような主要元素を用いた指標だけでは、この地域の須恵器窯試料は完全には分けられない。そういう場合には、微量元素を用いて分けるとよいが、これまでのところ微量元素の地域ごとの特徴はあまり確定できていない[3]。したがって、胎土の化学成分にもとづいて、土器と地域の土とを比較して何かを述べようとするならば、データが出そろうまでは、主要元素で基礎的な特徴をつかんだうえで微量元素を用いるのが無難である。

第3節　土器胎土をもとにして人間の諸活動を考察する方法

以上に述べたのは、土器胎土や各地の粘土の化学成分分析にもとづいて、土器の産地推定や土器製作技術について考察をおこなう方法である。ここでは、土器胎土および粘土の化学成分についてしか述べなかったが、この方法を、より有効にするには、さらに別の観点を基礎に置いた方法を組

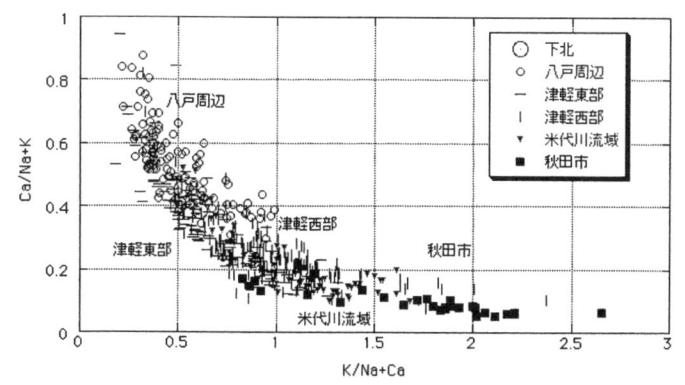

第4章 土器から人の動きを考える方法：土器胎土分析の応用 109

1. 東北北部の土師器・須恵器　指標①

2. 東北地方の火山　指標①

3. 東北地方の火山　指標②

4. 各地の窯出土須恵器　指標①

5. 各地の窯出土須恵器　Ti/Al+Fe+Mg－Fe/Mgの相関

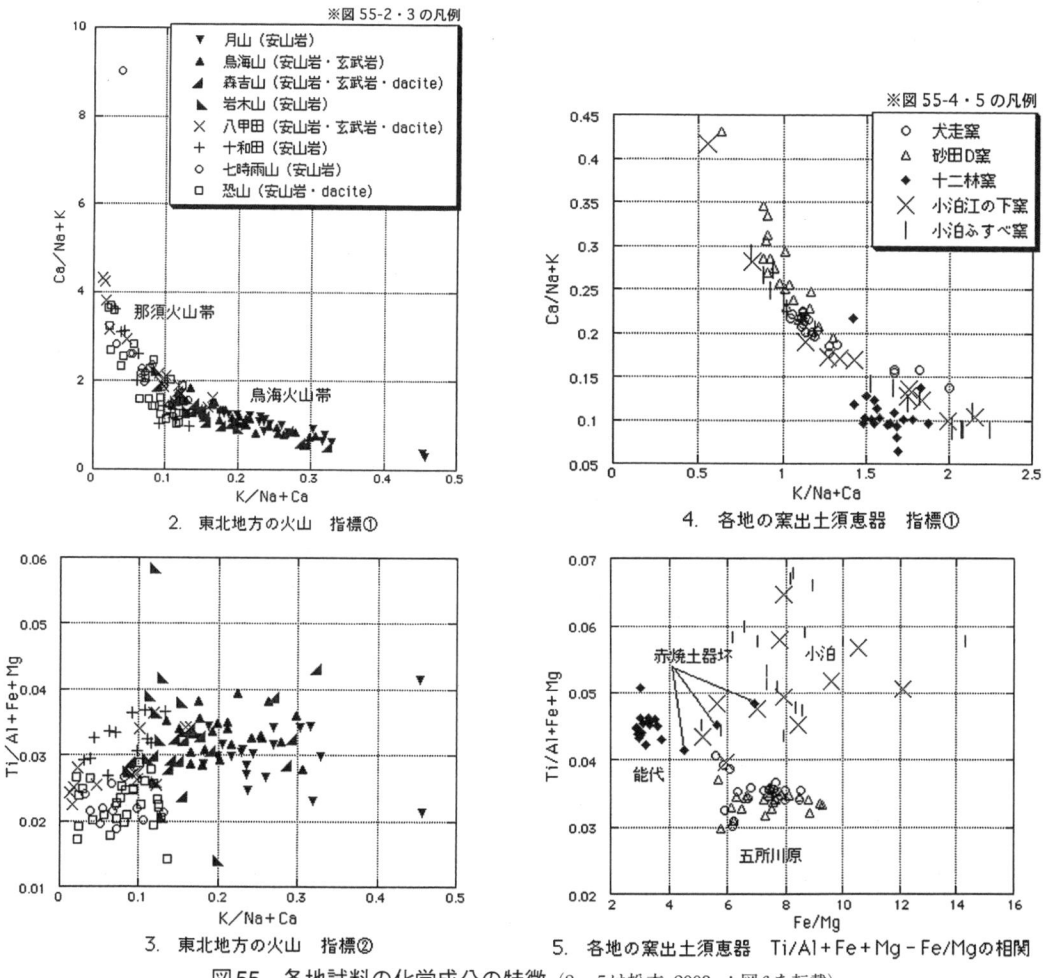

図55　各地試料の化学成分の特徴（2～5は松本 2003c：図6を転載）

み合わせる必要がある。それは、考古学で一般的におこなわれている、土器の形態や製作技術の観察である。

すなわち、土器胎土の化学成分を用いて人間の諸活動を考察するには、第一に、考古学的方法により、土器の外見からの情報を明らかにし、第二に、自然化学的方法により、土器の内面の情報を明らかにすることが有効である。そして、第二の方法を用いる場合、土器ばかりでなく、土器が作られた地域内各地の緒土層の粘土類の化学成分も調べておくべきである。そうすることは、単に土器の産地推定に役立つだけでなく、どの地域のいかなる層準の粘土層を利用したのかといった、土器生産者による土地利用の一端を明らかにすることにもなるのである。

比喩的に述べるならば、第一の考古学的方法を縦糸、第二の自然化学的方法を横糸として考察を織り上げるのである。そのような考察にもとづけば、土器を資料（試料）として、自然対人間、人間対人間といった場面での、人間の諸活動の復元をより豊かにおこなえるようになるであろう。

以下の章で、実際に各種の土器を資料（試料）として、東北北部およびその周辺の人々の関係を論じることにする。

註
（1） 試料とした土器は、奥尻町教育委員会、八戸市教育委員会、札幌市教育委員会、北海道大学、青森県埋蔵文化財調査センター、秋田県埋蔵文化財センター、松戸市教育委員会、余市町教育委員会、蓬田村教育委員会、早稲田大学における発掘調査で出土したものであり、すべて、報告書に掲載された資料である。粘土試料は筆者が各地で採集した。
（2） 石川賢一ほか（1985）の七時雨山、小泉治彦ほか（1984）の月山、大沢穠・平山次郎（1970）の岩木山、佐々木寧仁ほか（1985）の八甲田火山、谷口宏充（1972）の十和田火山、富樫茂子（1977）の恐山、中川光弘ほか（1984）の森吉山、林信太郎ほか（1984）の鳥海山等の採集試料の分析値を用いた。
（3） 三辻（1984）などで明らかにされたように、微量元素のなかでも、SrとRbとの相関図は、地域差をよく示す。しかしながら、前者はCaに、後者はK（すなわち無色鉱物を構成する主要元素である）、に付随していることが多く、それらだけでは地域差を示せない例がある。そのような場合、地域差を見るのに有色鉱物を構成する元素が有効なのであるが、まだ、その際に利用できる微量元素の地域ごとの特徴が、確実には把握できていないのである。

第5章　土師器と蝦夷社会

　第1部では、5世紀末～6世紀初頭頃に東北北部のうち八戸市周辺に土師器を持つ文化が入り、7～8世紀代には土師器を持つ集落が東北北部に多数拓かれたことを述べた。当時の土師器は、カマド付き竪穴住居の建築や馬飼などとともに古墳時代の生活様式に系譜を持つ。そして、東北北部においてそれらの集落が営まれた場所には、7世紀代以前には集落がないことが一般的であった。集落が存在しなかった土地に突然新たな生活様式が開始されたのは、そのような生活様式になじんだ人々の移住があったからと考えられた。

　7～8世紀とは、日本という国号を対外的に表明し、古代日本国が成立し、整備される時期である。そのような時期に、古代日本国の外の地域であった東北北部および北海道南部の土師器は、いかなる製作技術で、どこで作られた製品であったのか。また、それらの土師器は、東北北部内あるいは石狩低地帯などの広範な地域で流通したのであろうか。そして、古墳時代の土師器の系譜を持つ土器は、東北北部や北海道南部でいつまで作られたのであろうか。

第1節　東北北部・北海道南部の土師器

（1）　5～6世紀

　東北北部で最古段階の土師器の組成がわかるのは、八戸市田向冷水遺跡（八戸遺跡調査会2001）のSI1出土の例である（図56）。坏・甕・甑がある。それらは、東北南部の型式では、南小泉式の後半段階に属するものであり、5世紀末～6世紀初頭頃のと考えられる。図56-2は内面を、4は内外面を赤彩する。2の調整として、口縁部にナデ、体部にケズリ、内面にミガキを加えている。4は外面にナデを施した後ミガキを加えて、底部のみケズリで仕上げている。東北北部で7世紀以降に一般化する、坏の内面の黒色処理は、この時期にはまだ見られない。

　それらの形態や調整技法を見る限り、在地で製作されたものと考えられるが、その製作技術自体は、東北南部の古墳時代社会に系譜を持つものである。

　他に、青森県上北郡天間林村森ヶ沢遺跡（阿部1998）では、TK47型式と考えられる坏蓋と土師器椀とが、同じ墓に副葬されていた（日高2001）。そこからは坏も検出されたが、内面を黒色処理する技法は見られない。森ヶ沢遺跡の土師器も、5世紀末～6世紀初頭頃の例である。

（2）　7～8世紀
1. 東北北部の土師器の形態と組成

　第2章で述べたように、東北北部東側に土師器を持つ集落が増加しはじめるのは7世紀に入ってからである。図57に八戸市出土の7世紀の土師器を示した。それらは、器面がミガキ調整されて

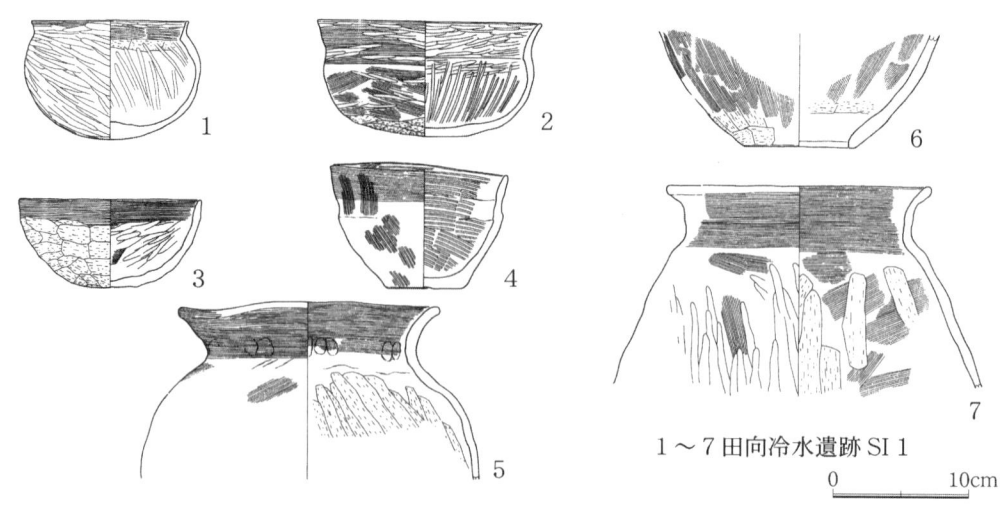

図56　東北北部の5世紀末〜6世紀初頭の土師器

おり、その点は東北北部独自の性質だが、形態は東北中部〜南部の栗囲式に匹敵する（第2章第3節参照）。ここでは、報告書に記された年代をたよりに、この時期の土器の外見的特徴について述べる。

　7世紀前葉〜8世紀前葉頃の基本となる器種は、坏・高坏・長胴甕・球胴甕・甑である。図に示したのは、八戸市根城遺跡SI95・SI110・SI111の各住居から出土した土師器である。SI95は7世紀前葉と考えられるものであるが、そこからは鋸歯文を施したハソウ（図57-6）が出土している。東北北部において土師器製ハソウの出土は希である。SI110には須恵器蓋坏身の模倣坏破片（図57-1）が1点ある。外面底部調整はケズリであり、東北北部に普通であるミガキを採用していない。また、器内面も黒色処理していない。この模倣坏は搬入品である可能性があろう。甑には多孔のものと単孔のものがある。高坏や甑が出土する住居は少ないので、それらはすべての住居で保有されていたわけではないかもしれない。

　根城遺跡SI111は同遺跡SI110を切るので、7世紀前葉よりは確実に新しい時期の住居である。そこから検出された土器に円筒形土器（図57-13）がある。東北北部ではこれが唯一の出土例である。長野・山梨両県域に多く知られているが、東京都域・栃木・福島両県域でも少量ある。地域によって、その帰属時期は多少異なり、長野県・山梨県域では6世紀後葉〜7世紀中葉頃、福島県域では7世紀中葉である。

　図58として8世紀の土師器の組成を示した。1〜8は8世紀前半（二戸市中曽根II遺跡）、9〜11は8世紀後半（南津軽郡尾上町李平下安原遺跡）のものである。この時期の基本的器種組成は7世紀代と同じである。だが、8世紀後半には、既に東北北部東側に高坏は存在せず、西側に少量あるだけである。また、同時期には両地域とも球胴甕が少なくなり、古墳時代以来丸底であった坏の底が、平底的になる（図58-9）。

　以上からわかるように、7世紀に成立した土師器の基本的な器種組成は、それ以前に東北北部や北海道南部に存在した続縄文文化のものではなく、古墳時代後期の土師器の系譜を引くものである。ところで、八戸市域の比較的古い頃の遺跡には、ハソウや円筒形土器など、東北北部の他の遺跡に

第5章 土師器と蝦夷社会 113

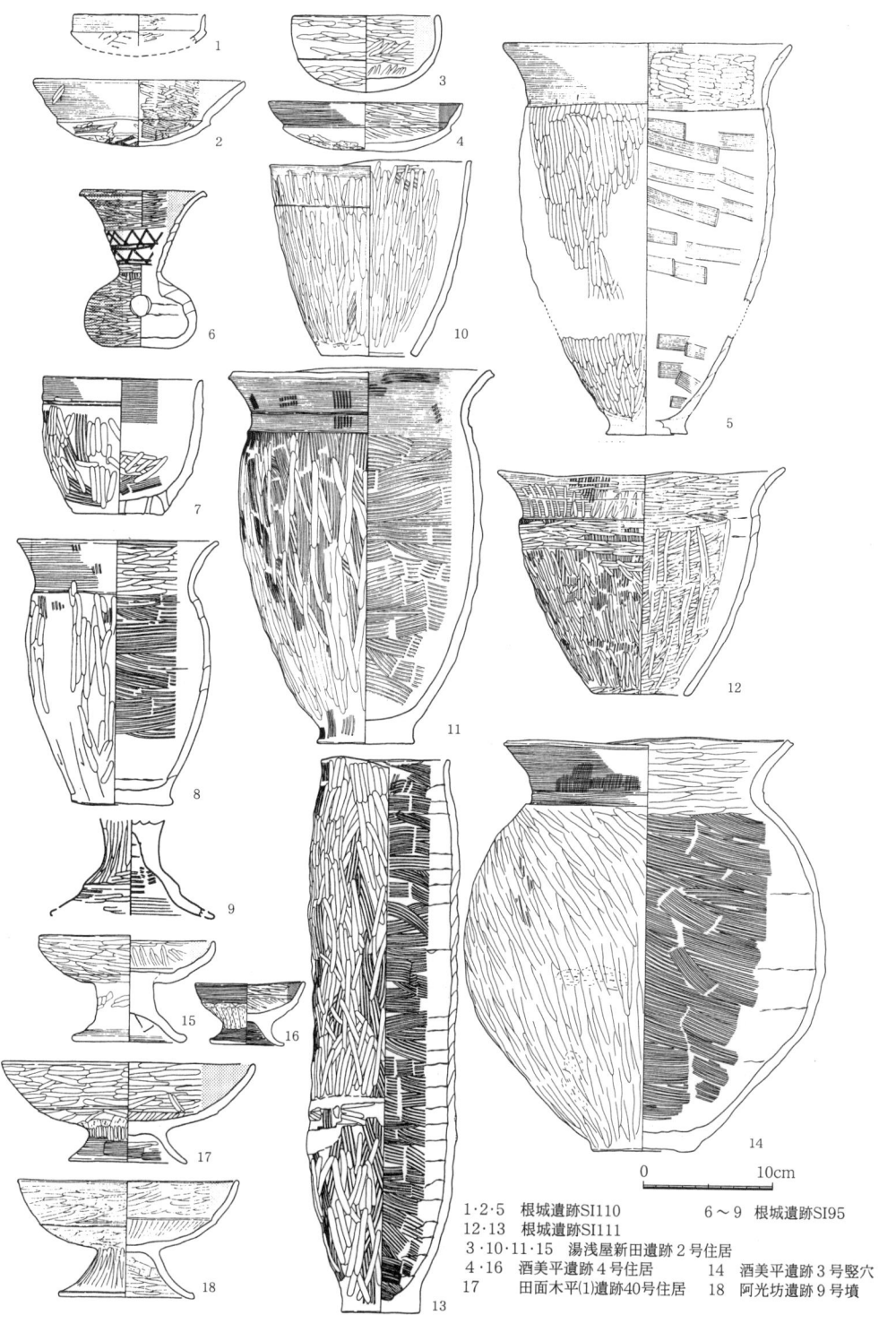

1・2・5　根城遺跡SI110　　　　　6〜9　根城遺跡SI95
12・13　根城遺跡SI111
3・10・11・15　湯浅屋新田遺跡2号住居
4・16　酒美平遺跡4号住居　　14　酒美平遺跡3号竪穴
17　田面木平(1)遺跡40号住居　18　阿光坊遺跡9号墳

図57　東北北部の7世紀代の土師器

図58 東北北部の8世紀代の土師器
1～8 中曽根Ⅱ遺跡
9～11 李平下安原遺跡

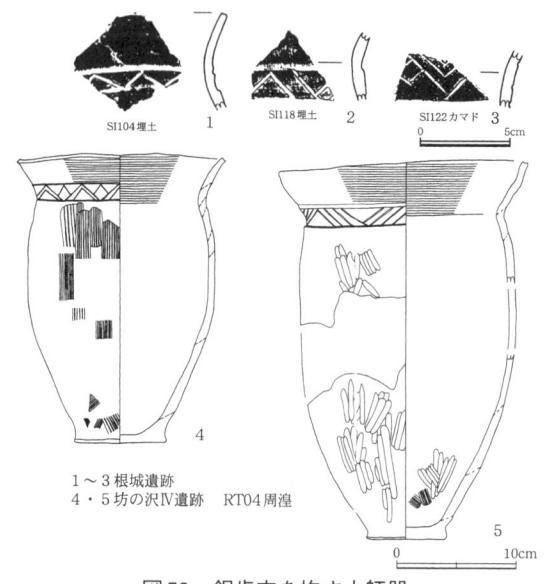

図59 鋸歯文を施す土師器
1～3 根城遺跡
4・5 坊の沢Ⅳ遺跡 RT04周湟

は見られない器種があるが、それらは、結局、東北北部に定着しなかった。それらは別の何かで代用されたか、あるいは生活において必須の器ではなかったのであろう。また、八戸市域にのみそれらがあるのは、その地域に初期段階の移住があったことを示しているのであろうか。

そして、8世紀段階には東北北部から北海道南部には、口縁部や頸部に沈線が巡る長胴甕がある。これは、それぞれの地域の在来の土器の系譜を引く製品と評価されている（日本考古学協会1997年度秋田大会実行委員会編1997など）。ただし、それらは一つの遺跡からの出土数が少なく、また、9世紀段階には消滅する。このような土器の存在は、一般的な土師器が製作されていた古代日本国領域からの移住民と在来の人々との接触と同化を示しているのであろう。

2. 鋸歯文の由来

八戸市根城遺跡出土の長胴甕やハソウに、鋸歯文を施す例がわずかにある（図57-6・図59）。鋸歯文を施す土師器は岩手県から青森県域の東部にかけていくらか存在する。高橋信雄（1982）のように、それを北海道の北大式の影響と考える説もあるが、小野裕子（1998）は無

関係と見ている。しかも、北海道には東北北部にあるような鋸歯文を施す土師器はない。宇部則保（2000）は、それが分布する地域が東北北部から東北中部に限られることからその地域独自のものと考えるべきだとしている。それでよいであろう。それでは、鋸歯文を施す土師器はいかなる契機で生まれたのであろうか。そして、それが北海道にないのはなぜであろうか。

　鋸歯文を施す土師器は、東北北部あるいは東北中部あたりで生まれた土器ではあるのだが、それらは古墳時代の文化と接触した地元の人間が作りだした文様とも見ることができる。そして、鋸歯文を施す土師器は出土している数が少なく、8世紀前葉までしかないので、北海道へ紹介する機会が少なく、道央部には定着しなかった可能性がある。

　八戸市根城遺跡の7世紀前葉のSI95住居から、鋸歯文を施したハソウが出土した（図57-6）。ハソウは古墳時代に特有な器種であり、本来は須恵器の器である。しかも、須恵器のハソウには胴部の区画帯中に櫛で波状の文様が付く製品がある。区画帯中に鋸歯文を施した根城出土例は、古墳時代社会のハソウを見た者が、それをモデルに製作したと考えられはしないだろうか。そしてそのとき、自分たちの伝統的な「何か」を加えようとしたのではなく、むしろ、古墳時代文化の特殊な器の表面に観察された「何か」を翻訳して器に載せたのではなかろうか。

　古墳時代後期でも、栃木県宇都宮市上欠町の聖公園遺跡から、透かしのある脚部下部に波状文が描かれる土師器の高坏が出土している。このように、関東地方にも土師器に文様が施される例はあるが、非常に少ない。土師器に区画帯を設け、そのなかに鋸歯文を描く文様が、ある程度広範な地域に分布するというものでもない。一方、東北北部では、7～8世紀前葉にかけての長胴甕や球胴甕にも鋸歯文が施される場合がある。7世紀の栗囲式に併行する東北在地窯の須恵器甕には、頸部に数段の区画帯を設け、そのなかに櫛描きの波状文を施す製品がある。このことから考えると、鋸歯文を施すとか、狭い文様帯を区切りそのなかに文様を描くということは、須恵器と接触することによって、生まれたもののようではあるが、土師器に文様を描くという行為自体は続縄文的と見ることができる。

　しかしながら、注意しておかなくてはならないのは、鋸歯文を描く土師器は限られた時期しか存在しておらず、それが出土する遺跡も少ないことである。しかも、その出土数は非常に少なく、時期も7～8世紀前葉に限られる。鋸歯文を施すことは、文化接触があった頃の世代のうちの少数者だけがおこなった可能性があろう。また、数代のうちには、続縄文的な心的世界を持つ者がいなくなってしまったことを示すのではなかろうか。

3. 北海道南部の7～8世紀の土師器

　次に、北海道南部の7世紀末葉～8世紀初頭の集落から出土した土師器を概観する。北海道で最も古い段階の土師器が出土した集落遺跡として、千歳市中央の丸子山遺跡をあげることができる。そこから出土した土器は、7世紀の東北北部の土師器と同様であり、形態に注目すれば、栗囲式の範疇に入れることができる。図60-1～7として丸子山遺跡から出土した土師器を示した。

　千歳市丸子山遺跡からは6棟の住居が検出された。坏・高坏・甑・長胴甕・球胴甕が出土しているが、高坏と甑とは一部の住居に限られる。住居跡に廃棄されていた土器は、住居ごとに使用され

ていたすべての土器を網羅してはいないだろうが、高坏と甑の出土量が少なかったことから、それらの器種は実際の利用もあまり多くはなかったと考えられる。

他に、高坏が出土したほぼ同時代の遺跡として、渡島半島南部の上磯郡上磯町矢不来3遺跡がある。そこでは、坏・高坏・小型甕が出土しただけであり、甑・長胴甕・球胴甕はない。なお、出土土器だけでは7世紀末葉に属すのか、8世紀初頭に入るものなのか判別ができないが、同遺跡からは長煙道タイプのカマド付きの竪穴住居が出土しているので、8世紀に入ってからのものと考えておく。

また、7世紀代の土器と考えられている北大III式に坏はない。坏・高坏・長胴甕・甑・球胴甕は、土師器が入ってきてからの器種組成と考えるべきである。なお、8世紀以降も北海道では高坏や甑がほとんど出土しない。高坏は千歳市丸子山遺跡の2点の他には、上磯町矢不来3遺跡（1点）・恵庭市柏木の茂漁古墳群（1点）・千歳市末広の末広遺跡（2点）から出土しているだけである。甑はさらに少ない[1]。

高坏や甑の出土が北海道全域にはおよばないのは、第一には、それらを使う生活様式が定着しなかったからだと考えられる。それでも、千歳市丸子山遺跡のように高坏や甑が出土する遺跡があるのは、その遺跡が、北海道にカマド付き竪穴住居とともに、複数の器種の土師器を使う生活様式が導入された最初の世代あたりのものであるからと推測される。

また、丸子山遺跡の他に高坏と甑が出土した遺跡が見あたらない第二の理由として、それ以外の遺跡は、本州の大部分で高坏や甑を使わない生活様式が確立した後のものであるという可能性も考える必要があろう。そのような生活様式が確立した時期は、東北北部を基本に考えれば、8世紀前半に納まりそうである。

8世紀代の土師器として、図60に札幌市北区24条西12丁目のK435遺跡（8・9・11）・千歳市末広遺跡（10）の例を示した。坏・長胴甕・球胴甕の3器種が基本的組成である。丸子山遺跡から出土しているような、丸底の土師器坏（1・2）は8世紀前半代までしか存在しない。8・9のように、坏の底がいくらか平らになるのは8世紀後半である。このような坏底の形態の変化は、東北北部と同様である。そして、9世紀中葉に刻文を施す擦文土器が生まれる。それらの擦文土器の坏はロクロ土師器同様に平底である。

ところで、恵庭市茂漁古墳群から出土している高坏は、共伴する他の土器の推定年代により、これまでのところ、8世紀後半～9世紀のものと考えられている（天野 1977など）。しかしながら、次の点を考慮すると、その高坏は8世紀後半に納まる可能性がある。茂漁古墳群の高坏の脚部に透かしがあり、土玉が入れられている（図61-4）点である。地理的に近い類例に、青森県八戸市湯浅屋新田遺跡出土の7世紀前葉頃の高坏（図57-5）がある。また、5～6世紀の古墳時代社会に存在した鈴脚高坏（図57-1～3）と呼ばれる須恵器に非常に似る。

5～6世紀の須恵器鈴脚高坏から、7世紀前葉の八戸市湯浅屋新田遺跡の土師器鈴脚高坏にいたるまでに年代差がある。八戸市と石狩低地帯の恵庭市茂漁古墳群のものとの間にも多少の年代差があるとすべきであろう。しかし、9世紀に入ると、石狩低地帯では、一般に土師器に近い土器は作られなくなるので、遅くとも8世紀後半代に納まると考える。

第5章 土師器と蝦夷社会 117

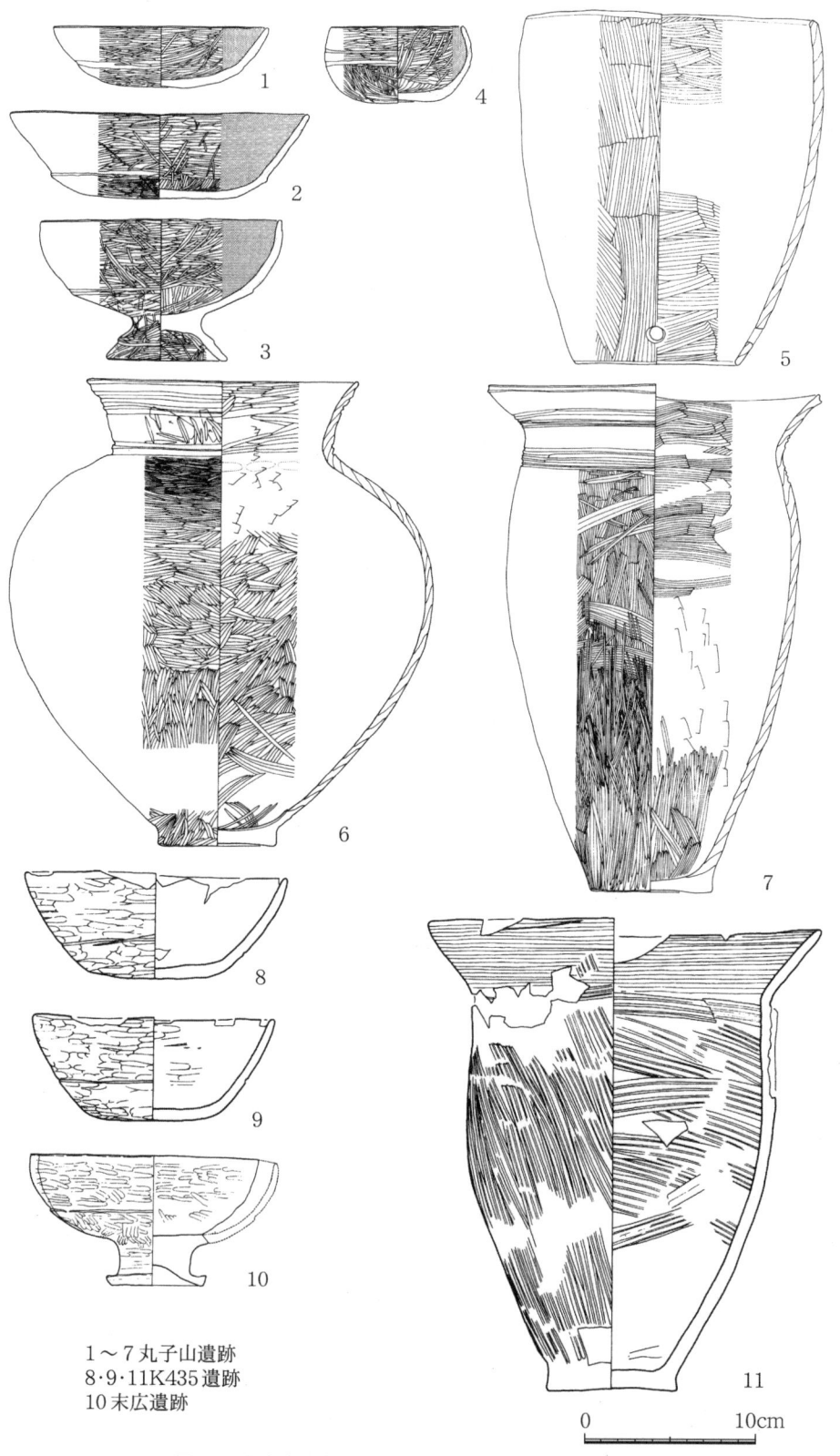

1～7 丸子山遺跡
8・9・11 K435遺跡
10 末広遺跡

図60 北海道南部の7世紀末葉～8世紀代の土師器

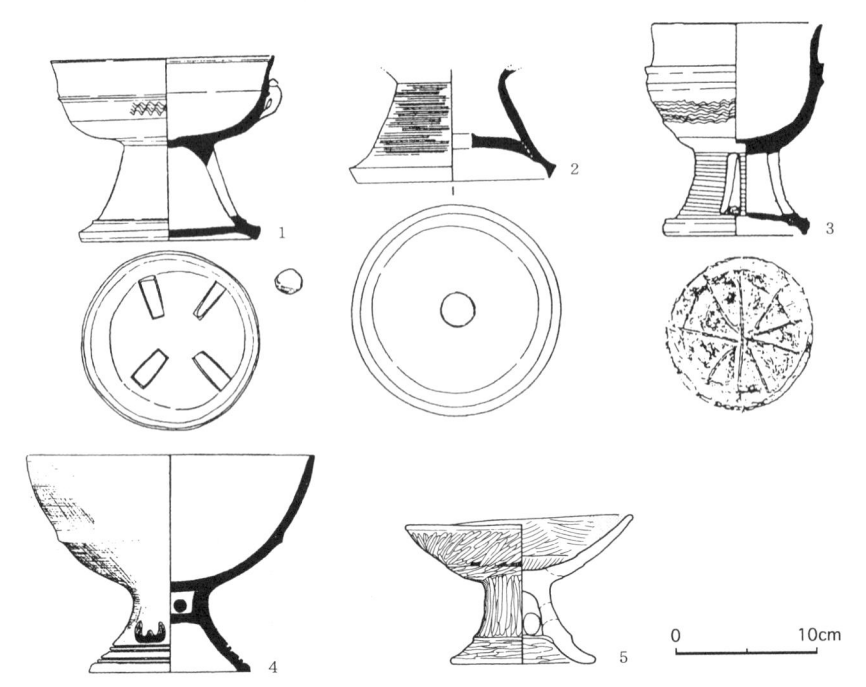

118　第2部　物質文化から見た蝦夷社会における人の動き

1 金崎古墳（島根県松江市）　2 野々井遺跡（大阪府堺市）　3 南谷19号墳（鳥取県東伯郡羽合町）
4 茂漁1号墳（北海道恵庭市）　5 湯浅屋新田遺跡2号住居（青森県八戸市）
図61　各地出土の鈴脚高坏

　鈴脚高坏以外にも、鈴付須恵器は5～6世紀の古墳時代社会には複数存在する（野末 1995）。したがって、時間的なことは別にしても、茂漁古墳の土師器鈴脚高坏には古墳時代的な要素が残っていると解釈することができよう。そこから、古墳時代文化の系譜を引く人と接点のあった者の移住を推定することもできる。時期的・空間的な近さを考えると、その移住者は東北北部の東側あたりの人間であったろうか。

第2節　胎土から見た土師器の産地

(1) 古墳時代後期の関東地方の土師器生産とその流通

　前節では、5世紀末～6世紀初頭以来、東北中部以南の土師器が東北北部にあることを述べた。とくに7世紀以降は、東北地方のみならず北海道にも栗囲式土器が存在する。ただし、それは形態が類似しているということであり、調整技法を見るならば、東北北部およびその北で作られた栗囲式土器は、東北中部以南のものとは少し違いがあった。それでも、ほぼ東北地方全域だけではなく、北海道の一部でさえ類似した土師器が利用されるようになったのである。これは、社会的には、どのような変化を反映したことであろうか。
　古墳時代後期の鬼高式期以降の特徴の一つに、類似した形態の食膳具が広範な地域で利用されるという点がある。例えば、関東地方の古墳時代後期には須恵器坏を模倣した形態の坏が各地で出土する。ただしその形態には、ある空間的広がりごとに特徴がある。そのことに注目し、関東地方では、地域ごとに土師器が生産され、煮沸具の流通圏が「クニ」の単位を示すと推定されている（田

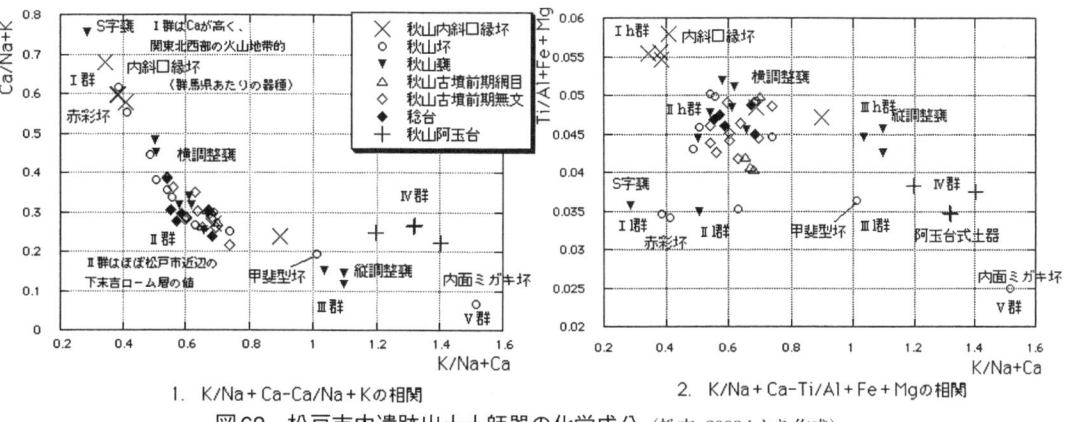

図62 松戸市内遺跡出土土師器の化学成分 (松本 2003dより作成)

中 1994：77頁）。古墳時代後期の社会には、土器を生産させ、流通させるような社会構造ができていたと考えるのである。

例えば、千葉県松戸市内の4遺跡の古墳時代前期〜後期の土師器の胎土分析の結果、前期と後期とでは土器産地に違いがあることがわかっている。古墳時代前期には遺跡周辺で作られた土器が多く利用されているが、後期には、住居数が数軒の小さな集落でも、複数の産地の土器を利用している（松本 2001b・2002a・2002b・2003d）。このことは、古墳時代前期初頭と後期とでは、松戸市域の各集落の関係に違いがあることを示す。古墳時代後期には、松戸市域は特定の土器流通圏に入っていたのである。松戸市域に流入していた土器のなかには、群馬県域あたりのものと考えられる坏もあり、土器の流通範囲は比較的広い。また、土器の胎土分析の結果によると、流通していた土器は坏だけではない。千葉県松戸市秋山神宿遺跡では、甕も流通していたことが判明している（松本 2003d）。このように、古墳時代後期の関東地方においては、特定の産地で生産された土器の流通があったのである。

それでは、栗囲式土器に類似する土師器が分布する東北北部・北海道において、土器が流通していたのであろうか。

(2) 北海道南部・東北北部の土師器の生産とその流通

北海道千歳市丸子山遺跡は、7世紀末頃に拓かれ、数世代で廃棄された6棟の住居から成る集落跡である（第2章第2節参照）。使われた土師器には、坏・高坏・甑・甕がある。甑を持つ住居は1棟だけであり、それは集落で普遍的に利用された器種であるとは言えない。高坏もすべての住居に見られるわけではない。しかしながら、六つの住居から出土した土師器の胎土の化学成分は類似しており、それらの胎土の原料の産地は、ほぼ同一であると考えられる（図63-1・2）。

図63-3・4として札幌市域と東北北部の7〜9世紀代の土師器の胎土の化学成分の特徴を示した。それによると、丸子山遺跡の土師器は札幌市K435遺跡の8〜9世紀の土師器の化学成分とは異なり、東北北部のものとも違う。札幌市内のものに似る値ではあるが、それは両遺跡が地理的に近いので、胎土とする地質の成り立ちが類似するからであろう。

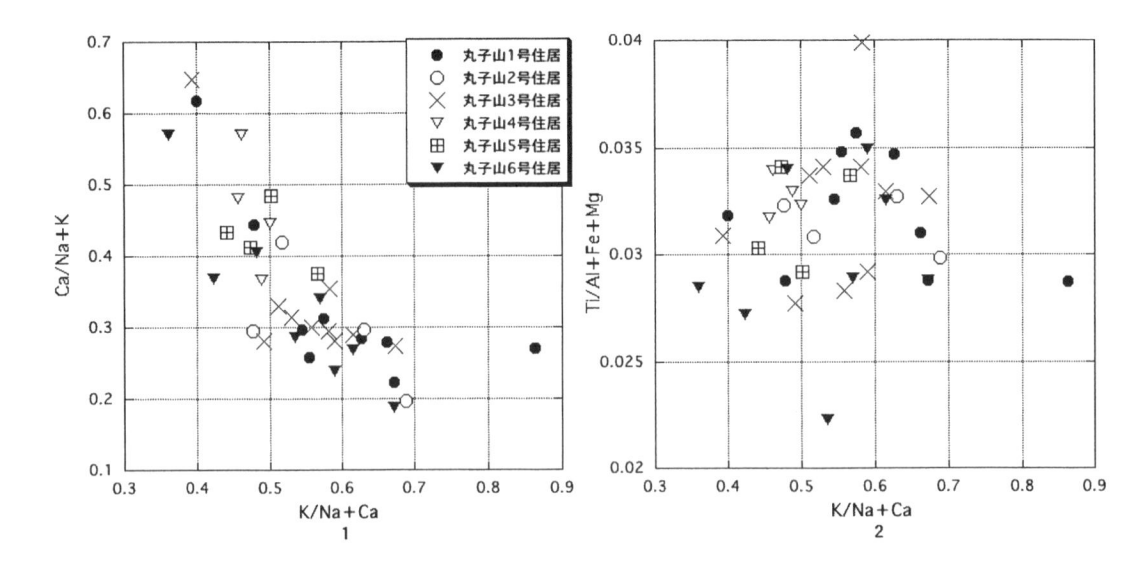

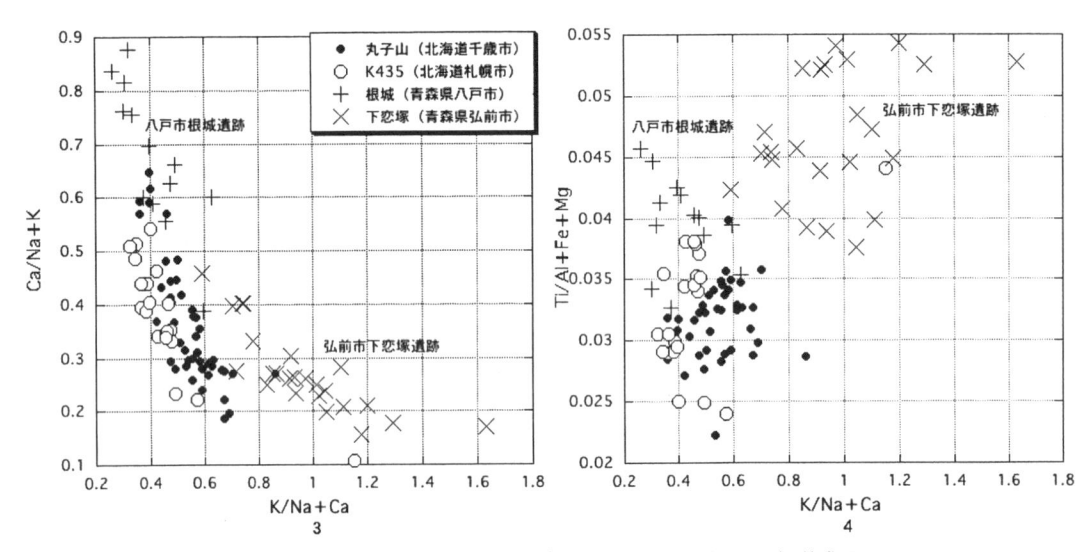

図63 千歳市丸子山遺跡および周辺遺跡出土土師器の化学成分

　千歳市丸子山遺跡では、甑のように、後の時代に北海道に定着しなかった土器が利用されてもいたが、出土した土器類は、東北北部あたりから運ばれたものではない。札幌市の土師器に比較的類似する値なので、遺跡近傍で作られたものと考えられる。丸子山遺跡周辺の粘土が利用されたのではなかろうか。

　青森県八戸市域内の複数の遺跡について、出土土師器を分析した。その結果、胎土の化学成分は遺跡ごとに違っていた（図64）。ただし、それらの化学成分は、同市周辺の第四紀層の粘土の値である（松本2003b）。したがって、同市域の遺跡では、それぞれに土師器の産地が異なる可能性があり、各々の遺跡周辺の土が用いられたと考えられる。

　この点は、千葉県松戸市域の古墳時代後期遺跡の分析結果と異なる。また、八戸市の約12km北

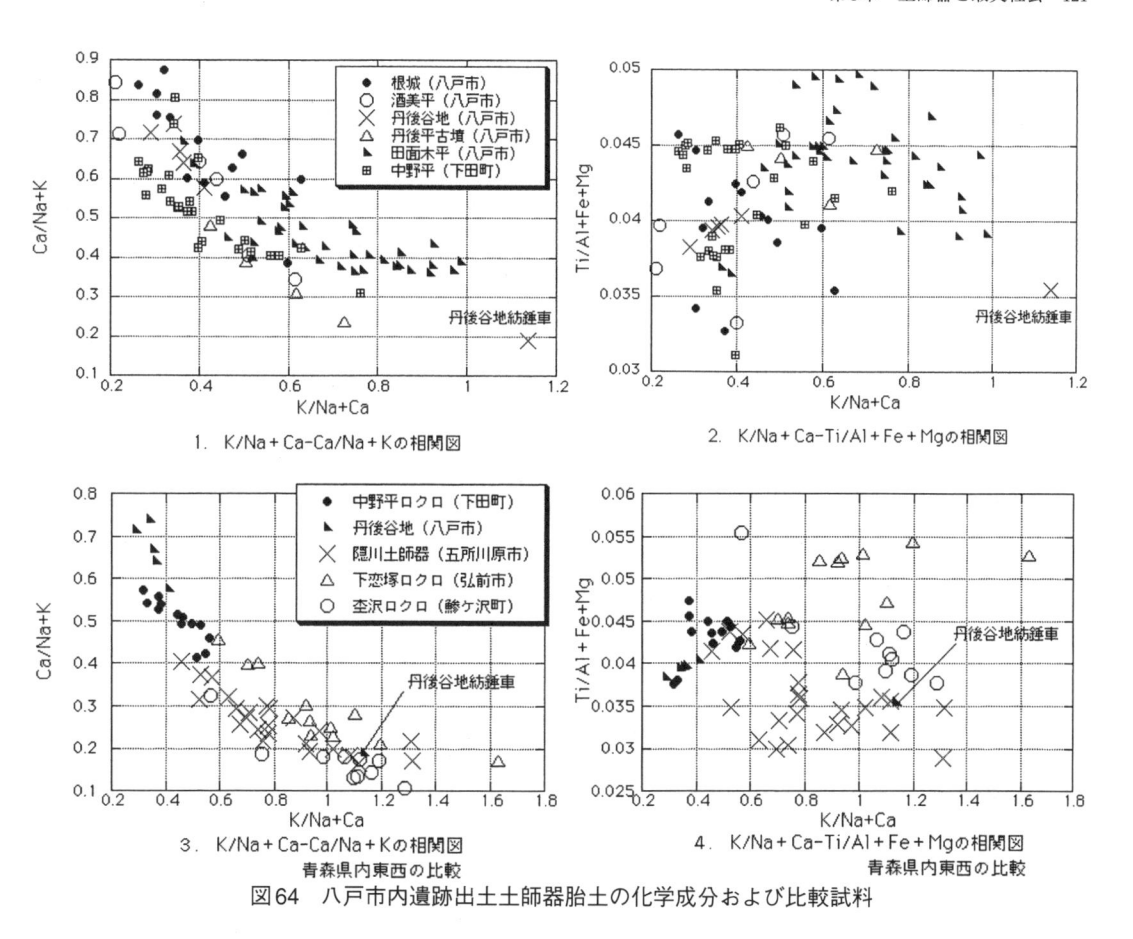

図64　八戸市内遺跡出土土師器胎土の化学成分および比較試料

にある上北郡下田町中野平遺跡の8世紀代の土師器も分析をおこなったが、これも八戸市域内の遺跡のものとは違う値である（図64）。

ただし、図64によれば、八戸市丹後谷地遺跡の紡錘車の1点が青森県五所川原市持子沢の隠川(4)(12)遺跡の土師器や西津軽郡鰺ケ沢町の杢沢遺跡出土のロクロ土師器の値に重なる。紡錘車は小さいものなので、女性が婚姻による移動の際に出身地から持ってきたという可能性もあるが、正確なところは不明である。

以上のように、千歳市、八戸市、下田町などの7～8世紀の遺跡の土師器を分析した結果では、どの遺跡の場合も、利用されていた土師器は、ことごとく遺跡周辺の土で製作されていた。それぞれの市町域周辺の場合、どこか特定の場所に土師器の生産地があり、そこから、ある一定範囲内の複数の遺跡に土師器が供給されるというような流通形態はない。少なくとも、土師器の流通形態は、関東地方の古墳時代後期の社会とは異なるのである。

第3節　製作技法の系統

(1) 内黒処理技法

7世紀代の土師器が出現して以来、東北北部に新たに定着した技法がある。その一つは、坏や高

坏の内面を磨き炭素を吸着させる、「内黒処理」と呼ばれる技法である。土器焼成を終了させた直後の、土器が非常に高温なうちに、土器内面を有機物と接触させ、炭素を土器内に吸着させる方法である。

　これは、土師器が出現する以前の北海道の続縄文文化の土器には見られず、東北北部よりも北の地域で生まれた技術ではない。それに対し、本州島中央の信州には5世紀中葉以降に既に存在した（原 1989）。東国土器研究会（1989）によれば、それはどの地域よりも早い。そして、5世紀末葉～6世紀初頭の青森県八戸市田向冷水遺跡の土師器には、まだこの技術は見られない。したがって、東北北部で独自に生まれた技術と考えることもできない。これまでの知見では、東北南部にこの技法が定着するのが、6世紀の住社式段階であり（仲田 1997）、東北北部にまで広がるのは7世紀の栗囲式の頃である。この技法は古墳時代の東山道沿いよりも南の関東地方には一般化しなかった。したがって、信州あたりから、隣接する東山道沿いの地域に広がり、東北地方に定着したと推測できる。

（2）坏の内外面のミガキとケズリ
　東北地方中部以南の土師器の坏の調整技法は、内面がミガキで、外面がケズリである（図30-9・10・12・13）。ケズリに用いる用具は、滑らかで直線的な刃部を持つ金属製品であろう。仮に、その材質が非金属の竹や木のようなものであるとしても、そのような特徴を持つ製品を作るには金属の刃物が必要である。したがって、ケズリを施す土器は、金属の刃物の利用と近い関係にある。

　それに対し、東北北部および北海道の土師器の坏は、外面がケズリのものはほとんどない。これは、土器製作者が金属製などの刃物を所持していなかったことと関係しているのかもしれない。そして、それらの地方の坏や高坏には、内外面とも丹念なミガキが施されるのが普通である。土器表面に残されたミガキ面の幅から考えれば、その用具は、表面が滑らかな小円礫であると推測される。Deal,M.（1998：40頁Fig.3.9）には、1970年代のグアテマラで使用されていた、土器表面研磨用の小礫が紹介されている。長さ6～7cm、幅4cm、厚さ1cmほどの、いくぶん扁平な珪石の小円礫である。

　内外面のミガキは、縄文時代以来どの地域にでも存在する技法であるから、その調整技法が伝播したとか、あるいは伝授されたとは言えない。ただし、土器表面を削らないという点が東北北部以北では共通していることに注目しておく必要がある。つまり、土器製作者は金属製の刃物のような特別な道具を持つ必要がなかったのである。

　それでも、東北北部の場合には、外面ケズリの坏がいくらか存在する（図30-2・5）。例えば、八戸市丹後平古墳の周湟に入れられた坏には、ミガキとケズリの両製品があり、古墳ごとに坏の調整法が異なる傾向がある。坏がケズリ調整のみ（16号墳）、ミガキ調整1点とケズリ調整3点（10号墳）、ミガキ調整のみ（15号墳）という具合である。それらが遺跡周辺の土で作られたものか、外来の土器なのかは不明だが、外面ケズリ調整は系統的には在来のものではない。それは、岩手県域南部にも比較的多いが、宮城県域以南には普遍的に見られる。

（3）焼　成

　当時の当該地域の土師器は野焼きによる製品であった。野焼きの土器は低温焼成であったり、あるいは高温である時間が短いため土器表面しか酸化しておらず、土器胎土内部に炭素が残るのが普通である。また、器表面にも、どこかに黒斑が残るのが一般的である。川西宏幸（1978）は、野焼きで焼かれた埴輪か窖窯焼成の埴輪かを見分けるのに、器表面の黒斑の有無が有効であることを述べたが、その見分け方は土師器についても使うことができる。黒斑の多くは土器表面に吸着した炭素であるが、野焼きの土師器には黒斑が残るのである。また、秋山浩三（1997：260頁）は、古代末でも黒斑はわずかに残るが古墳時代前期を境に黒斑は減少すると述べている。土坑で焼いた製品を見ると、黒斑はいくらか残っているが、野焼きに比べれば明らかに少ない。

　また、胎土内部の黒色化は、土器焼成時の初期に燃料が不完全燃焼した還元状態下で胎土内に吸着された炭素によると考えられる[(2)]。その後、燃料が完全燃焼する際に、十分に熱と酸素とが供給された土器表面は、酸化して炭素が失われる。しかし、表面は酸化しているのに、胎土内部に炭素が残る土器の場合、器自体は酸化する環境にありながら、器壁内部の炭素が酸化するほどは高温状況が持続しなかったことになる。500度もあれば炭素は酸化するので、胎土内に炭素が残る土器は、500度以上の酸化焔による焼成時間が短かったはずであるから、その焼成法は、野焼きであったと推定できる。なお、ここでいう野焼きは、小林正史（1998）の「開放型」「覆い型」の両方を含む。

　以上に見たように、土器表面と土器胎土内部の観察、そして土器焼成遺構が未発見であることとを考え合わせると、東北北部および北海道南部のこの時期の土師器は、すべて野焼き焼成によることがわかる。そのような焼成法では、焼成時間も短く、必要な熱量が低いので、用いる燃料は大量ではない。樹木の伐採などは不要であり、落下した樹木の枝やイネ科の草類でよかったと推測できる。その採集も、集落近辺で可能であったろうし、重労働ではなかったであろう。

　したがって、坏などの内面を黒色処理する技術は、土師器製作とともに移入されたのであろうが、焼成にかかわるその他の方法は、従来のものとそれほどかわりなく、以前からの生産者が簡単に受け継ぐことができるものであったろう。

第4節　土師器生産の定着と衰退

　東北北部の東側では、5世紀末～6世紀初頭頃に土師器が作られはじめる。それは土師器の製作技術を持つ者による製品であったと思われる。しかし、その時期の遺跡は少ない。そして、この時期には、まだ坏などの内面を内黒処理する技術は入っていない。

　7世紀末～8世紀初頭以降には、東北北部の東側だけではなく、北海道南部でも土師器の生産がおこなわれるようになる。それらの土師器の外観は、東北南部の栗囲式に似ていた。ただ、例えば古墳時代後期の関東地方において土師器が流通していたのとは異なり、胎土分析の結果からは、東北北部および北海道では土器流通の痕跡を認めることができない。

　また、北海道南部と東北北部とでは土師器の組成が異なる。土師器を作り用いるという生活様式

自体は、それらの地域の外から移入されたものであることに違いはないが、それぞれの地域に定着した生活様式に違いがあったと推測できる。それは、おのおのの自然環境の違いに適応したという要因も少しはあろうが、両地域に入った移住者の人数の違いにも関係しているであろう。すなわち、北海道に入った移住者は少なく、東北北部には多かったのである。

土師器の製作技法のうち、内黒処理は7世紀の栗囲式段階に、東北北部に入った技術である。しかしながら、器表面の調整技法は東北地方の中部以南のものとは異なる。中部以南の坏は器表面をケズリ、東北北部以北では坏の外面に丹念にミガキを加えるのである。

そして、鋸歯文などの文様を器面に施す土師器が、東北北部にもいくらかあった。ただし、それは、1遺跡あたりの出土量が少なく、また出土する時期も7世紀後葉から8世紀前葉に限られていた。それぞれの遺跡において新たな土師器製作が開始された当初に、少しだけ作られたというのが実態ではないかと考えられた。一方、北海道南部では、7世紀末あたりの土師器の登場時期からその消滅の頃まで、沈線文が施される土師器が作られ続けた。両地域における文様の施される土師器の出土量の違いは、南の地域から入った土師器生産者あるいは利用者から、それぞれの地における土師器製作者への文化的な影響の大きさの違いであったろう。東北北部では、土器に文様を施すことの意味が忘れられ、北海道南部では、それが忘れられなかった。それは、やはり前者においては、移住者の数が多く、後者においては少なかったことを反映していると見るべきであろう。

しかしその後、9世紀に入ると、どちらの地域でも8世紀代に用いられていた、古墳時代以来の形態の土師器の生産が、ほぼ同時に終わるのである。これは、東北北部のみならず、さらに南の地域の土師器の変容のあり方と同様である。

註
（1） 原典にはあたっていないが、石附（1986）によれば、空知郡栗沢町由良遺跡の竪穴住居出土例が1点ある。石附（1986：113頁第25図）に転載された図を見ると、高さ約14cm、底径8cmほどの多穴式で、底から8cmほどの高さの胴部にも穴が複数巡るものである。
（2） ここで述べているのは、造岩鉱物が溶解しない温度で焼かれた低温焼成の土器についてである。造岩鉱物が溶解するような1000℃を越す高温焼成の土器でも、還元焔下では黒い土器を焼成することができるが、それについてはここでは述べない。

第6章　ロクロ土師器と蝦夷社会

　前章では、東北北部および北海道南部の8世紀代以前の土師器を見た。大きな枠組みのなかでとらえるならば、それらは古墳時代後期の東北南部以南の土師器に系譜を持つと考えられた。例えば、内黒処理を施すといったその製作技法は、東山道地域の技術伝統上にあると見ることができた。また、7世紀末葉〜8世紀代には、東北北部および北海道南部のそれぞれの地域で土師器が作られていたのだが、土器の形態、製作技法、調整技法には、類似点が多くあった。

　しかしながら、後述するように、9世紀に入ると東北北部でロクロ土師器の生産がはじまる。そして、坏は、それまで用いられていた丸底のものにかわり、すべて平底のロクロ製品になる。甕は、すべてがロクロ製品となるわけではないが、器面の調整技法がそれ以前とは大きく変化する。それに対し、北海道ではロクロ土師器の出土が少なく、主要な器とは見られない。この時期以降、刻文の擦文土器が製作されるようになり、それが土器の中心となるのである。

　このように、両地域では、9世紀に入り、土器の生産と使用に関して、大きな違いが生じた。その背景にはいかなる要因があるのであろうか。本章では、ロクロ土師器の生産と使用における相違が生まれた理由を考える。殊に、製作者の動きや交流のあり方に注目する。

第1節　ロクロ土師器の存在時期と分布域

　東北北部にロクロ土師器が出現するのは、9世紀前葉頃である。そして、11世紀代にはそれらは消滅する。ただし、12世紀に平泉を中心として多量に用いられたかわらけと呼ばれる器のなかには、ロクロを用いた製品もある。それらは津軽や米代川流域地方でも用いられるが、一般的な集落で日常の生活において使用された器ではない。

　北海道南部にロクロ土師器が存在した時期は、東北北部とほぼ同じである。ただし、両地域におけるロクロ土師器の出土量には違いがある（表7・図65）。そして、北海道ではロクロ土師器の量が少ないだけでなく、出土する器種もきわめて限られる。

　ロクロ土師器には、坏・長胴甕・小型甕・鍋・羽釜などがある（図66）。これらのうち、鍋は東北北部の西側には比較的多く出土する。羽釜も西側地域の少数の遺跡でのみ見られる。9世紀以降にはロクロ土師器の鍋は庄内から北陸にかけての地域で一般的である。新潟県域では、8世紀前半

表7　東北北部・北海道南部のロクロ土師器出土量概略

地　域	坏	長胴甕	小型甕	鍋	羽釜
石狩低地帯	△	×	△	×	×
渡島半島	△	×	×	×	×
青森西部	◎	◎	◎	○	△
青森東部	◎	◎	◎	×	×

◎多量ある　　○中量ある　　△極く少量ある　　×なし

126 第2部 物質文化から見た蝦夷社会における人の動き

擦文土器
(少量のロクロ土師器)

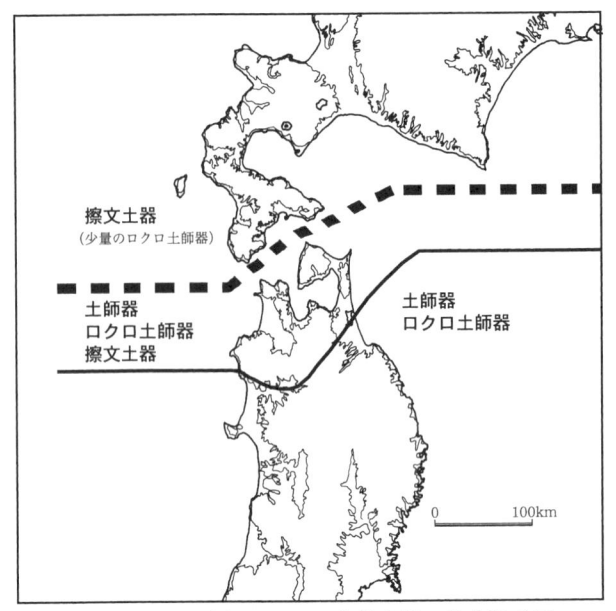

土師器
ロクロ土師器
擦文土器

土師器
ロクロ土師器

図65 ロクロ土師器とその共伴土器の分布概略図

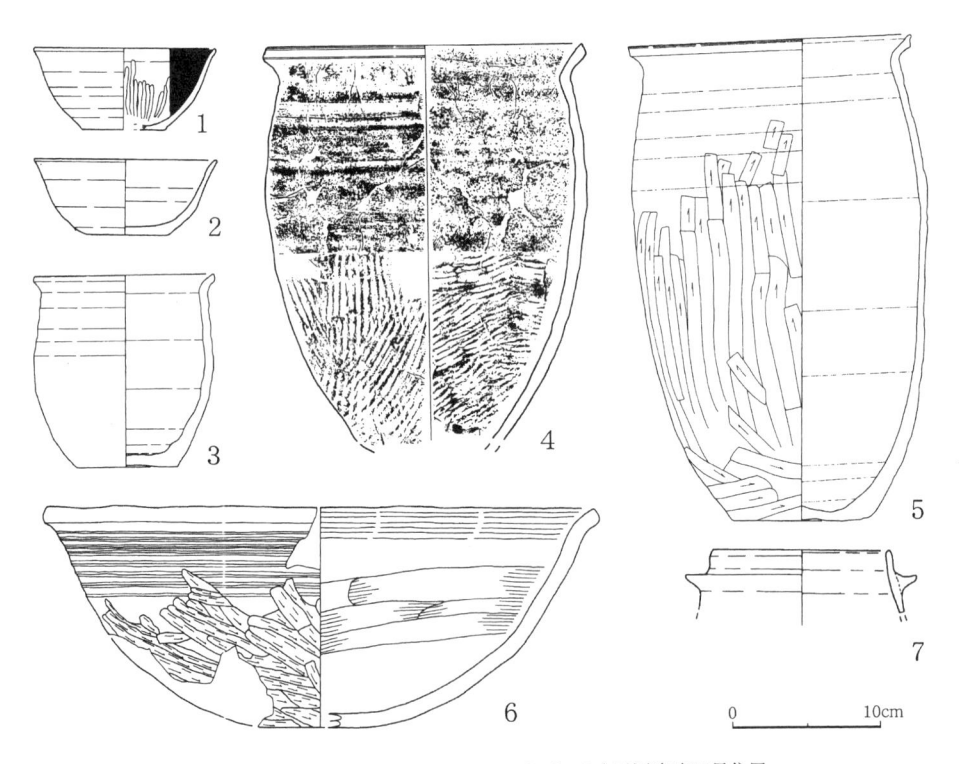

1・2 坏　3 小型甕　4・5 長胴甕　6 鍋　7 羽釜

1・2・6 山元(2)遺跡85号住居
3 野木遺跡SI160　4 山元(3)遺跡26号住居
5 野木遺跡SI72新　7 隠川(12)遺跡SK6

図66 ロクロ土師器の器種

にはその使用が開始されていた（坂井 1983）。

　最も広範に、しかも長期間存在しているロクロ土師器は坏である。9世紀前葉から11世紀頃まで見られるが、11世紀代のものが出土する遺跡は少ない。三浦（1991：147頁）で述べられたように、10世紀後半以降にロクロ挽きの木製椀が多く出回ることと関係があるかもしれない。また、坏は東北北部だけでなく北海道からも出土するが、後者における出土量は少ない。また、その製作地も東北北部以南に限られる。

　ロクロ製の長胴甕は、東北北部では9世紀前葉から作られるが、10世紀前半のうちに生産が終わる。この生産終焉年代は五所川原産須恵器とほぼ同じである。また、一つの遺跡から出土する数はそれほど多くない。ロクロ土師器の長胴甕が多い遺跡でも、たいてい非ロクロの長胴甕と共伴し、非ロクロの製品の方が多い。さらに、北海道ではロクロ製の長胴甕は出土しない。北海道では、ロクロ製の甕自体がほとんど知られていない。札幌市サクシュコトニ川遺跡から9世紀中葉頃の小型甕が2点検出されているだけである。

　鍋も、東北北部でしか出土しない器である。しかも、その分布は同地域の西側に限られる（松本 1991）。それでも鍋は、東北北部西側においては、比較的多くの遺跡から出土するが、1遺跡あたりの数は少ない。長胴甕が1住居での必需品であるとすると、鍋は必需品とまではいえない。また、鍋は、最初ロクロ土師器として出現するが、それは初期の製品にとどまり、10世紀の中葉以降は非ロクロ製品のみとなる。この生産終焉年代も五所川原産須恵器とほぼ同じである。

　羽釜は、青森県五所川原市持子沢の隠川（12）遺跡のような須恵器・ロクロ土師器生産集落にはあるが、それ以外の集落からはあまり出土しない。当該地域の東北北部・北海道南部の基礎的な土器組成には含まれない。

第2節　ロクロ土師器の生産地

(1)　ロクロ土師器の生産遺跡

　ロクロ土師器が生産されたことを示す遺構が二つある。一つはロクロピット（図67-1）であり、もう一つは、焼成されたロクロ土師器を伴う土器焼成土坑（図68）である。

　青森市合子沢の野木遺跡では、9世紀前半～10世紀後半までの遺物を多数含む沢地から、ロクロの部材と推定される円盤状板材が出土した（図67-2）。直径約25cm、厚さ約4cmの一枚のクリ材で、円盤の中央に直径7cmほどの孔が開けられている。それは軸を通す孔であろう。心棒の孔と盤の縁との間には、等間隔に四つの孔が穿たれている。それぞれは直径3cm強である。報告者の中嶋友文（2000：第四分冊263頁図194）では、近世以降の蹴ロクロを参照して部材を、図67-4のように復元している。その推測は正しかろう。9～10世紀の野木遺跡には蹴ロクロが存在したことになる。野木遺跡からはロクロピットを持つ住居跡も複数出土している（青森県教委 1999b・青森市教委 2000）。

　五所川原市持子沢の隠川（4）・（12）遺跡では、13棟の住居のうち7棟からロクロピットが検出されている。土器の素地にされたと推測できる粘土塊が、床面から出土した住居もある。隠川

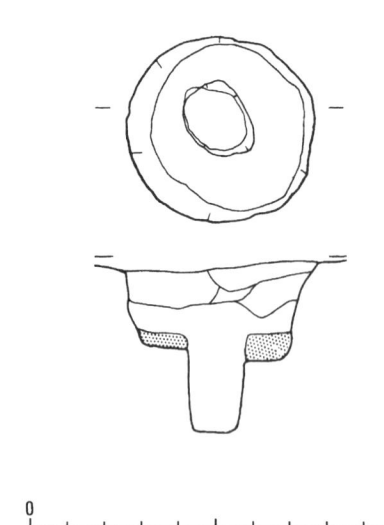

128　第2部　物質文化から見た蝦夷社会における人の動き

1．ロクロピット
五所川原市隠川(4)遺跡　4号住居出土

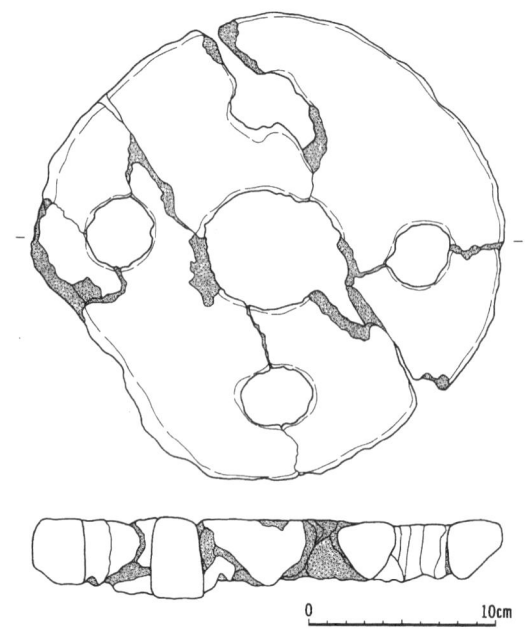

2．ロクロ部材　青森市野木遺跡出土

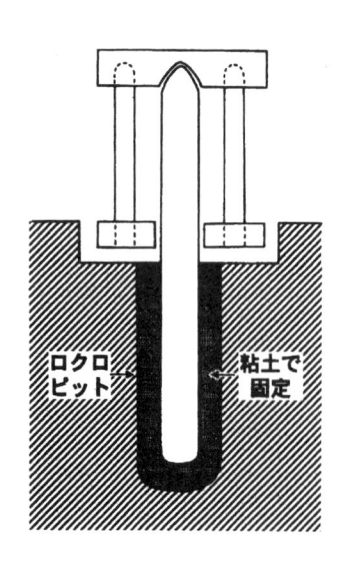

3．ロクロ推定復元図　断面

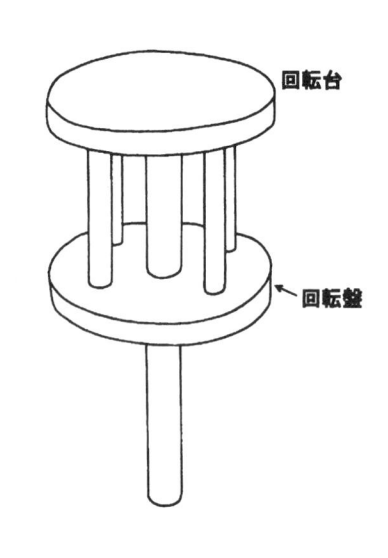

4．ロクロ推定復元図　全体

3・4は、青森市野木遺跡出土部材にもとづいた、中嶋友文（2000）における推定復元である。
（中嶋2000：図194より転載）

図67　ロクロピット遺構と出土したロクロ部材

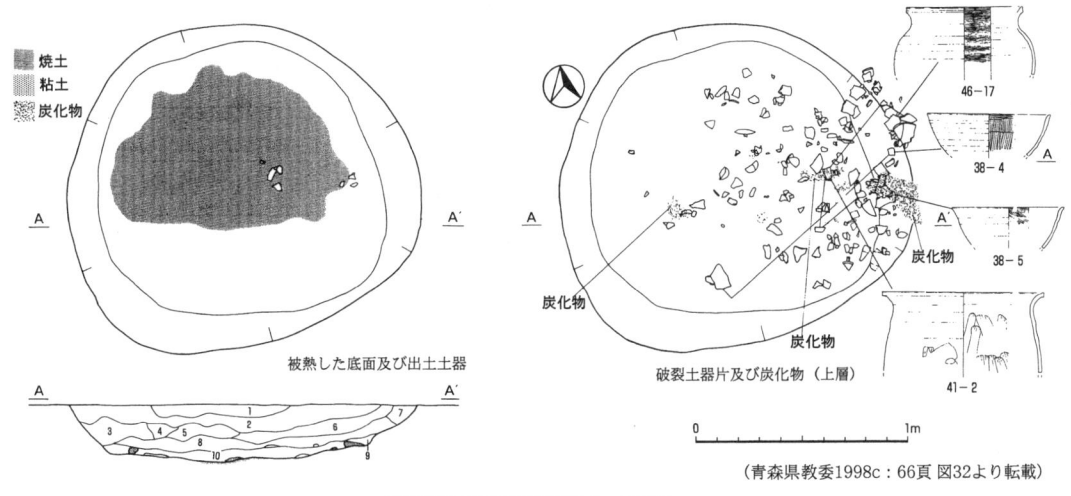

五所川原市隠川(4)遺跡出土　SK05
図68　土器焼成土坑

(4) 遺跡4号住居跡の床面には、不整直方体（実測図によれば1辺20～30cm）の灰白色の粘土塊3点が置かれていた。三辻利一の分析では、その粘土の化学成分は、五所川原産須恵器や隠川 (4) 遺跡から出土しているロクロ土師器らの成分とほぼ同じである（三辻 1998）。また、同遺跡には、ロクロ土師器を焼成したとされる土坑が1基ある。以上のことから、隠川 (4)・(12) 遺跡は須恵器やロクロ土師器の工房を含む集落であったという（青森県教委 1998c）。

　津軽地方からは、土器焼成土坑と考えられる遺構が多数出土している。それらはたいてい土坑底部が赤く酸化しており、底部までよく燃焼されていたことがわかる。青森市野木遺跡・五所川原市隠川 (4) 遺跡・青森県弘前市下恋塚遺跡などから検出された土坑は、すべて、その平面が楕円形で、規模は直径1.5mほどである。当時の地表からの深さに換算すると、50～60cmほどと推測できる。この規模から考えるならば、土坑で一度に焼かれた土器の量はそれほど多くないし、燃料もかさばる形状のものではなかったであろう。参考として、図68として隠川 (4) 遺跡の土器焼成土坑をあげた。ほぼ同時期に、米代川流域でも、下流の能代市域で4遺跡、中流の大館市域で2遺跡から土器焼成土坑が出土している（利部 1997）。

　津軽地方においては、遺構に残された土器から、土器焼成土坑はロクロ土師器製作者が用いた焼成遺構であると考えられる。米代川流域の例でもロクロ土師器の坏が中心であるが、なかに、非ロクロの甕が焼成されたと判断された例もある。しかし、土坑内埋土から出土する破片のなかから、そこで焼かれた個体を判断するのは難しい。次に述べることは筆者が土器の断面を観察した際の印象であり、定量的な測定をしたわけではないが、同時期の土師器でも、酸で土器片を溶かした際に、残る炭素量は、ロクロ土師器の胴部中よりも、擦文土器や非ロクロの土師器に多い。これは、土器が受けた酸化状態下での熱量の違いを示しており、土器の焼成法の違いに由来すると考えられる。500度以上の酸化焔中に放置されていた時間を比べると、ロクロ土師器は長いが、擦文土器と非ロクロ土師器は短く、燃焼の初期段階に還元状態下で吸着された炭素が胴部中に留まったままであったと推測できる[註]。

少なくとも津軽においては、土器の焼成に土坑を用いるのはロクロ土師器の製作技術である。擦文土器や非ロクロ土師器を焼成する者たちは、ロクロ土師器の焼成技術を導入しようと思わなかったのであろう。また、北海道からは土器焼成土坑もロクロピットも発見されていない。しかも、擦文土器の胎土は器面のみならず、内部まで黒色化しているのが普通であり、野焼焼成であった。ロクロ土師器生産の技術は、土器の形成技術から燃焼法にいたるまで、どの技術も北海道には渡らなかったようである。

(2) 胎土から見た生産地
1. 北海道出土のロクロ土師器の産地推定

北海道では、その生産遺構が未発見であることから、ロクロ土師器は本州からの移入品であると考えられている（山本 1997）。また、胎土分析の結果、札幌市K435遺跡出土のロクロ土師器は、本州の日本海沿岸地域からの搬入品であるという（三辻 1993：373頁）。

図69として、道央部と東北北部の諸遺跡から出土した、ロクロ土師器・土師器・擦文土器の試料ごとの各元素の平均値を載せた。それによると、札幌市域や余市町域（松本 2001c）から出土したロクロ土師器の成分は、それぞれの遺跡で出土した擦文土器のものとは異なる。とくに違うのは、K・Ti・Ca・Mn・Zrの濃度である。札幌市域や余市町域出土の擦文土器・土師器の場合は、K・Ti・Zrが低く、Ca・Mnの値が高い。

道央部の土器と東北北部のものとの間で差異が際立っているのは、NaとTiである。Naは北海道の擦文土器では1.1～1.5％であるのに対し、東北北部の場合、最も高い青森県上北郡下田町中野平遺跡出土の土師器ですら、1.2％ほどである。多くは1％以下である。Tiについてみると、東北北部ではロクロ土師器および土師器とも0.5％以上であるのに対し、北海道ではロクロ土師器が0.5％以上であるのに対し、擦文土器は0.5％以下である。

北海道のロクロ土師器の成分に近いのは、東北北部の西側のロクロ土師器である。後に述べるように、東北北部の東側でもロクロ土師器は製作されているが、それらの値は北海道出土のロクロ土師器の成分とは明確に異なる。

第4章で述べたように、東北北部の第四紀層の粘土は、東西地域の間でアルカリやアルカリ土類元素の濃度差が大きい。津軽平野西部ではKが高く、CaとSrが低い。青森県東部ではKが低く、CaとSrが高い。また、Caほど大きな差異ではないが、Naも同じ傾向を示し、青森県東部で高く、津軽平野西部では低い。おおまかに言うならば、東北北部の第四紀の粘土では、西側に比べて東側の方がCaとSrが高くなるのである。

そして、図70をもとにして考えるならば、北海道から出土しているロクロ土師器の大半は、津軽や米代川流域産の可能性が高い。ただし、図70-3の結果からわかるように、札幌市北区のサクシュコトニ川遺跡出土のロクロ土師器の坏4点と擦文土器の坏4点は互いに類似した成分であり、同遺跡出土の他の擦文土器やロクロ土師器とは異なる。しかしながら、擦文土器の坏は東北北部から出土した例は知られておらず、一般的には北海道産と見ることができる。したがって、それらのロクロ土師器の坏も北海道産である可能性がある。だが、これらは少数例なので、ここでは判断を

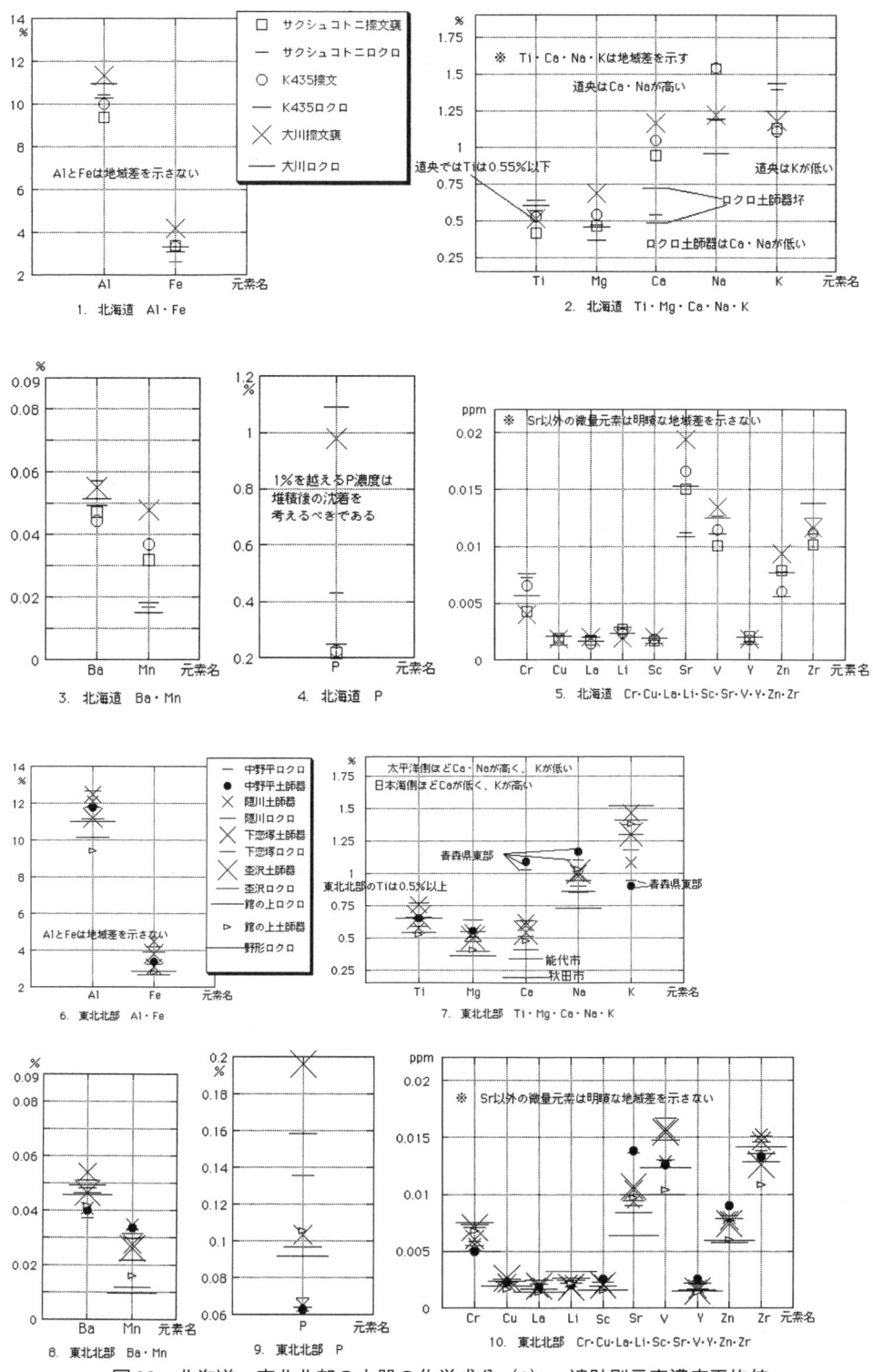

第6章　ロクロ土師器と蝦夷社会　131

図69　北海道・東北北部の土器の化学成分（1）　遺跡別元素濃度平均値

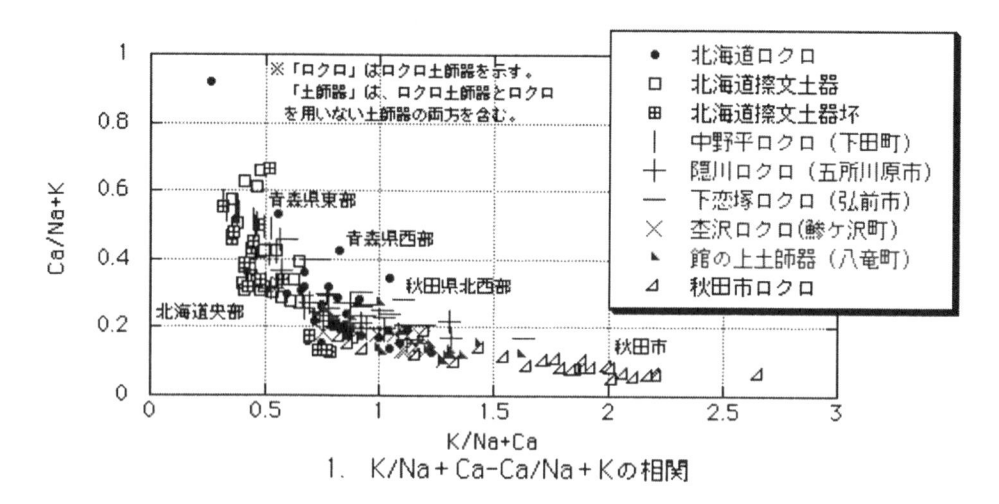

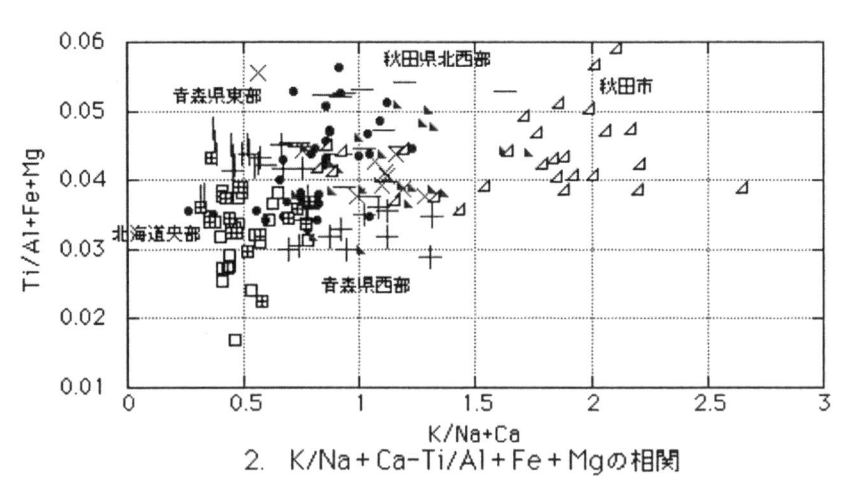

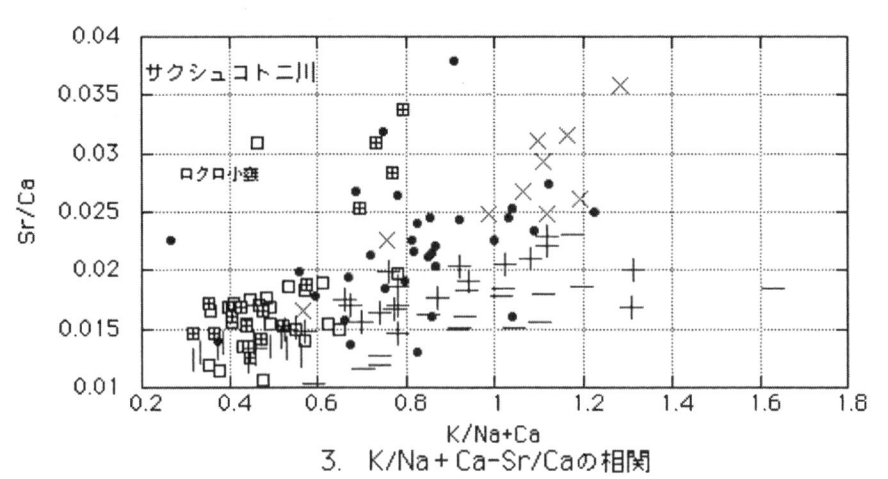

図70　北海道・東北北部の土器の化学成分（2）　試料別各種指標

保留する。さらに分析例を増やすか、別の原理の分析を実施して再度検討する必要がある。

2. 東北北部におけるロクロ土師器の生産地

　図70は、青森県東側の上北郡下田町中野平遺跡、青森県のほぼ中央の南津軽郡浪岡町高屋敷館遺跡、青森県西側の五所川原市隠川遺跡・弘前市下恋塚遺跡等から出土した9世紀後半〜10世紀前半頃のロクロ土師器の化学成分を示したものである。図からわかるように、青森県の東側、中央部、西側では、ロクロ土師器の化学成分に違いがある。それらの値は、それぞれの遺跡が所在している地域の第四紀層の粘土の値に近い（松本 2003b）。9世紀後半以降の青森県域では、ロクロ土師器はそれぞれの集落遺跡のある地域内で作られていると考えられるのである。

　ほぼ同時期の秋田市湯ノ沢F遺跡から出土したロクロ土師器の化学成分も、青森県域のものとは異なり、独自の成分である（松本 2003b）。秋田市域の第四紀層の粘土の化学成分に関するデータを持たなので、粘土の値との比較から同遺跡出土ろくろ土師器の生産地を推定することはできない。しかしながら、湯ノ沢F遺跡では土器焼成土坑が検出されているので、そこで土器焼成がおこなわれたことは確かであり、同遺跡のロクロ土師器は、遺跡周辺の粘土を利用して作られたと考えてよいであろう。

　以上のことから、東北北部において、ロクロ土師器は地域ごとに製作された可能性が高い。胎土分析の結果を見るならば、同地域におけるロクロ土師器の流通は広範な地域におよんでおらず、東北北部の東側・中央部・西側等のそれぞれの地域で生産されていたと考えられる。津軽あるいは米代川流域あたりのロクロ土師器は、北海道南部に運ばれたと推定されるが、それらは東北北部の東側にはおよばなかったようである。

(3) ロクロ土師器の系統

　ロクロ土師器の系統を辿る場合、東北北部東側の上北郡下田町中野平遺跡から、北陸型甕と呼ばれる丸底の長胴甕が数点出土していることが注意をひく。北陸型甕とは北陸地方から山形県庄内地方にかけて普通に出土する長胴甕である。津軽では浪岡町山元（3）遺跡・青森県弘前市境関館遺跡から、米代川流域では能代市浅内の寒川II遺跡から検出されている。東北中部以南の東側では盛岡市域にのみ出土が認められている（羽柴 2000）。

　胎土分析の結果から、上北郡下田町中野平遺跡出土の北陸型甕は遺跡周辺の土で作られたと考えられる（三辻 1991・松本 2003b）。それは、遺跡周辺に北陸系のロクロ土師器製作者がいたことを示している。ただ、同遺跡における北陸型甕の出土数は少ないので、その製作者が下田町の中野平遺跡周辺に留まっていたのは一時的であったと推定できる。

　次に、鍋の系譜を考える。鍋にはロクロ製と非ロクロ製とがあり、前者は東北北部の西側にのみ分布し、後者は東側にもおよぶという分布上の特徴がある。このような分布は、その系譜を考えるのに都合がよい。東北北部において、鍋は9世紀後半頃から11世紀代まで用いられている。そして、9世紀後半〜10世紀前半はロクロ製が主流だが、その後11世紀までは非ロクロ製品だけとなる。松本（1991）によると、ロクロ製鍋は北陸から東北北部西側にかけての地域および東北中部

東側の盛岡市域から、非ロクロ製の鍋は東北北部全域から出土している。他方、福島県・宮城県域からは、ロクロ、非ロクロ製、どちらの鍋も出土していない。

東北北部で使われはじめた頃の鍋は、すべてロクロ製であり、底が丸く、器の外面にタタキ調整を加えている。須恵器の製作技法が用いられているのである。そのような鍋は北陸地域では8世紀代以来使われている（坂井 1983）。

東北北部には非ロクロ製の鍋があり（図32-11）、津軽から下北まで出土している（松本1991）。このタイプの鍋の分布域もロクロ製の鍋とほぼ同じである。ロクロ製の鍋が古くに出現することから、その使用が最初にあり、その後ロクロ製鍋の消滅をおぎなう目的で非ロクロ製鍋の製作がはじまったことになる。このタイプの鍋は北海道にないので、これがロクロ鍋の存在した地域で作られたことがよくわかる。

東北北部のロクロ土師器の坏の製作技術をみると、底部の粘土の切り離し法は、それが9世紀前葉以来回転糸切りである。それ以前に東北地方にあったロクロ製品である須恵器の切り離しはヘラ切りによる。ロクロ土師器の製作技法は、8世紀代までの東北地方の須恵器製作技術とは異なるのである。そして、須恵器・土師器の別を問わずロクロを用いて成形された土器を列島規模で見るならば、底部切り離し法として、ヘラ切り技法が古く糸切り技法が新しい。したがって、東北北部のロクロ土師器の製作技術は新しい系統の方に属する。

8世紀末～9世紀初頭頃の関東地方のロクロ土師器は、ヘラ切り技法による。当時、回転糸切りによる切り離しがおこなわれていたのは、信濃や北陸道地域のロクロ土師器ならびに東海地域の須恵器であった。このことから考えると、その器種だけでなく、技法からも、東北北部のロクロ土師器の製作者のなかに、北陸系の延長上にいる人々がいたことは間違いなかろう。それが、秋田や庄内地方あたりから東北北部に入ったのか、さらに遠くから入ったのかはわからない。なお、東北北部の多くの長胴甕は底部が平らな陸奥型と言われるものである（坂井 1990）。それらは、東北中部および南部の東側で普遍的に見られるものである。したがって、その地域のロクロ土師器製作者の移住もあったであろう。

第3節　北海道に根づかなかったロクロ土師器製作技術

以上に述べてきたように、胎土分析にもとづくと、ロクロ土師器坏・ロクロ土師器甕の一部には、北海道で製作された擦文土器の値に非常に近いものがあり、北海道におけるロクロ土師器の製作の可能性が皆無ではない。しかし、石狩低地帯出土のロクロ土師器の大部分は、本州東北地方からの移入品である。そして、その供給元は津軽、あるいは米代川流域であると考えられる。東北北部東側の製品は、今回の分析試料にはない。

また、東北北部東側の9世紀前葉のロクロ土師器長胴甕のなかには、北陸型甕が数点あったが、胎土分析によれば、それは青森県域東部の遺跡周辺で作られた可能性が高い。それらは、少なくとも日本海側の粘土が用いられた製品ではない。したがって、その形態の甕が多い地域を参考にすれば、ロクロ土師器製作者の系統には、北陸から出羽に至るあたりの人々が含まれていたと推測でき

る。だが、それらの北陸型甕は出土数が少なく、しかも一時期しか存在しないので、その製作者は一時だけ滞在し、その後、再び移動したか、土器製作をやめてしまったのであろう。丸底の甕を作る製作技術や、土器の形態に関する伝統を、その地に移植しはしなかった。

　ここに示した北陸型甕の例にも示されているように、8世紀代までの土師器の製作者と9世紀以降のロクロ土師器製作者とでは、その社会的性格が異なる可能性がある。前者は、各地に土師器製作者が移住することによって、直接その製作技術を伝え、その後もその製作者はその土地に住み続けたと考えられる。だが、後者の製作技術は、各地で広く受け入れられはしなかったことから、そう考えるのである。ロクロ土師器製作者は特別な技術の保持者であり、しかも、その技術は簡単には伝達されなかったということではなかろうか。それは、決してその技術が難しいからという理由ではない。それを必要とする社会があったかなかったかの違いなのである。

　くり返しになるが、胎土分析の結果、サクシュコトニ川遺跡から出土したロクロ土師器坏のなかに、擦文土器坏とほぼ同じ胎土のものが少数あるので、北海道にもロクロ土師器製作者が渡った可能性も捨てきれない。しかし、仮に、そうであったとしても、ロクロ土師器の製作技術がその地に根づくことはなかった。東北北部にロクロ土師器製作者が住み続けた点とは大きな違いである。そして、7～8世紀の土師器製作者が北海道に渡り、その技術が定着したのとは異なる。前時代の土師器製作者と9世紀以降のロクロ土師器製作者とは、持てる技術に違いがあるだけではなく、全く異なる構造の社会に属していたと推測する。

註

　　　筆者がICP-AES分析をするために、試料を酸で溶解させる場合に、胎土が黒色化した土師器長胴甕を硝酸・過塩素酸・フッ化水素酸で溶かすと炭素が解け残る。それに対し、同一試料をマッフル炉内において500℃で2時間加熱し、それを同様の酸で溶かすと、試料は完全に溶解する。このことから、胎土が黒色化した低温焼成土器の場合、その黒色化は還元した鉄だけではなく、炭素の色であると考えられる。ただし、高温焼成土器の黒色化の原理はこの限りではない。

第7章　擦文土器と蝦夷社会

　石狩低地帯から渡島半島には、7世紀末葉ないし8世紀代に本州東北北部とほぼ同様な土師器が存在した。それらはカマド付きの竪穴住居とともに移入された文化であった。とくに、丸底の坏は土師器の出現によって北海道に定着した器種である。しかしながら、その形態の坏は8世紀のうちに消滅する。そして、9世紀中葉、すなわち東北北部の土師器坏のほとんどがロクロ土師器となってしまう頃、土師器に刻文を施した北海道独自の土器が出現するのである。

　北海道の7世紀末葉から8世紀代の土器を、土師器ではなく擦文土器と呼ぶ研究も多いが、本研究では丸底の坏が存在する8世紀代までの土器を土師器とし、9世紀中葉頃に成立した刻文土器を擦文土器と呼ぶ。7～8世紀の土師器は、北海道南部以南のものと東北北部のものとの間に横走する沈線の有無くらいの違いしかないが、9世紀中葉以降の擦文土器に施される文様には、さらに複雑な意匠のものが見られるようになり、器の形態にも北海道独自のものが現れるようになる。

　擦文土器は土師器の影響を強く受けて生まれた土器である（横山1990）。その名称は、土器の表面に木製の板等で擦った痕跡が残ることから付けられたものであるが、このような器面の特徴は、元来7～8世紀の東北北部や北海道南部の土師器に見られた。その意味では、9世紀中葉以降の擦文土器は、北海道の人々が土師器を変容させたものなのである。

　そして、津軽海峡を挟む津軽や下北半島では、渡島半島西南部産の製品によく似た擦文土器が少量ながら使われる。青森県出土の土師器や須恵器の編年にもとづけば、これらは9世紀後半～11世紀代の製品にあたる。

　9世紀以降、東北北部には多くの集落が営まれたが、そこで用いられた物質文化には、北海道由来のものがほとんどみられない。ただ、この擦文土器だけは、北海道で誕生した物質文化であった。少量ではあれ、このような出自の土器を使用する者がいたのはいかなる理由によるのであろうか。

第1節　津軽海峡周辺の擦文土器の分布

(1)　分布の変遷

　東北北部の擦文土器については、斉藤淳（2003）の分類と編年がある。ここでは、その分類と編年を基本として論を進める。ただし、推定された絶対年代のうち、斉藤はⅡ類を10世紀前葉～後葉としているが、ここでは津軽の集落遺跡における出土例にもとづいて、10世紀中葉～後葉とする。斉藤（2003：275頁）は、西津軽郡鰺ケ沢町杢沢遺跡5号住居で、10世紀中葉の土師器を覆う層から出土した例を示しながらも、類型としての存続年代に幅を設け、10世紀前葉～後葉とした。だが、杢沢遺跡は、遺跡全体でも10世紀中葉およびそれ以降の遺物しか出土していないので、10世紀前葉を含める必要はない。また、他にⅡ類が出土している北津軽郡中里町中里城遺跡も、

表8　東北北部の擦文土器の地域別遺跡数　（斉藤2003にもとづく）

類型	年　　代	渡島半島西南部	津軽平野・半島西部	米代川流域	陸奥湾岸津軽	下北半島	山八上北
Ⅰ類	9C後葉〜10C中葉	1	0	0	2	4	0
Ⅱ類	10C中葉〜10C後葉	2	11	0	0	6	0
Ⅲ類	10C中葉〜11C前葉	1	11	0	9	12	1
Ⅳ類	10C後葉〜11C後葉	5	21	1	0	2	0
Ⅴ類	10C中葉〜11C後葉	5	31	2	8	6	0

10世紀後半にはじまる集落遺跡である。

　斉藤（2003）によれば、青森県域で66箇所、秋田県米代川上流域で2箇所の擦文土器出土遺跡が知られている。さらに斉藤は、擦文土器をⅠ〜Ⅴ類に分け、遺跡ごとの類型別の出土破片数を5葉の図で示した。それにもとづき、渡島半島の主要な遺跡を加えて作成したのが図71〜73である。また、表8として、地域別遺跡数を類型ごとに記した。

　表8と図71-1から、東北北部の擦文土器が出土する遺跡の大半は、10世紀中葉およびそれ以降のものであり、その分布は津軽と下北半島地域に多いことがわかる。米代川流域では、その上流域に2遺跡があるだけである。それらは、米代川下流域に擦文土器が出土した遺跡が見られないことから、岩木川および平川上流域に続く山間地域に含めるべき分布である。

　図71-2として、9世紀後葉〜10世紀中葉の製品であるⅠ類の分布を示した。東北北部には、下北半島と陸奥湾沿岸に6遺跡があるが、1遺跡あたりにおける土器の出土点数は、多くても19点にも満たない。北海道では、9世紀中葉に擦文土器が作られるようになったが、東北北部の場合は、10世紀中葉より前には、それらはほとんどなかったと推測できる。当該時期には、多数の集落が津軽全域において造営された（第2章参照）。しかしながら、擦文土器が出土する集落遺跡は、津軽平野には皆無であり、陸奥湾に面した青森市域に、二つあるだけである。それらの例でも、土器の出土量は少ない。そして、渡島半島西南部にも、まだ大きな集落遺跡が見られないのが、この時期の特長である。

　Ⅱ類は、10世紀中葉〜後葉の短い時期に存在した（図72-1）。下北半島の津軽海峡に近い地域と、日本海側の岩木川流域の丘陵縁に多く分布する。東北北部における当該時期の擦文土器が出土する遺跡は17箇所である。そのうち、破片出土数が4点以下の遺跡は15、5〜19点以下である遺跡が2であり、どの遺跡からも出土数が非常に少ない。

　同じく10世紀中葉に使用が開始され、11世紀前葉まで存続するⅢ類の分布は、Ⅱ類よりも広い（図72-2）。下北半島北半の津軽海峡沿岸と陸奥湾沿岸、津軽半島の陸奥湾沿岸と津軽平野周辺の丘陵縁辺部、上北におよんでいる。東北北部では33遺跡が知られている。なお、上北の三沢市平畑（5）遺跡から、擦文土器が出土している。この地域は下北との関連でとらえるべきなのかもしれないが、これは東北北部東側における唯一の擦文土器出土遺跡である。

　また、東津軽郡蓬田村蓬田大館遺跡（図72-7）では、擦文土器の出土破片数が100点を越す。蓬田大館遺跡は10世紀後半〜11世紀代の集落遺跡である。北海道では、渡島半島西南部よりも石狩低地帯〜胆振および噴火湾沿岸に多い。

　Ⅱ・Ⅲ両類と同様、10世紀中葉にはじまるⅤ類と、10世紀後葉にはじまるⅣ類とは、ともに11

第7章　擦文土器と蝦夷社会　139

世紀後葉まで存続する。Ⅳ類はⅤ類に共伴するのが一般的だが、Ⅴ類だけが出土する遺跡の方が多い。Ⅳ類24遺跡（図73-1）、Ⅴ類47遺跡（図73-2）である。図73を一見して、両類とも日本海沿岸につらなる地域に多い。ただし、秋田県北部の米代川も日本海に注ぐ川であるが、その中流〜下流域、すなわち海に近い地域には擦文土器が出土する遺跡はない。一方、その上流域の2遺跡から擦文土器が出土している。それらは、日本海に注ぐ岩木川上流域に連なる範囲と見るべきであろう。陸奥湾沿岸にも、それらが出土する遺跡はいくらかあるが、Ⅲ類を出す遺跡ほど多くはない。それに対し、両類は、奥尻島を含む渡島半島西南部にも多い。以上のことから、Ⅳ・Ⅴ類は、渡島半島西南部から岩木川流域を中心とする津軽地方に多く出土すると見ることができる。両地域は日本海で繋がっている。

　以上をまとめると次のようになる。9世紀中葉に北海道で成立した刻文を施す擦文土器が出土する遺跡は、東北北部では10世紀前葉以前にはほとんどないが、10世紀中葉以降に少しずつ増え、10世紀後葉〜11世紀になると、津軽を中心に数多くが知られるようになる。

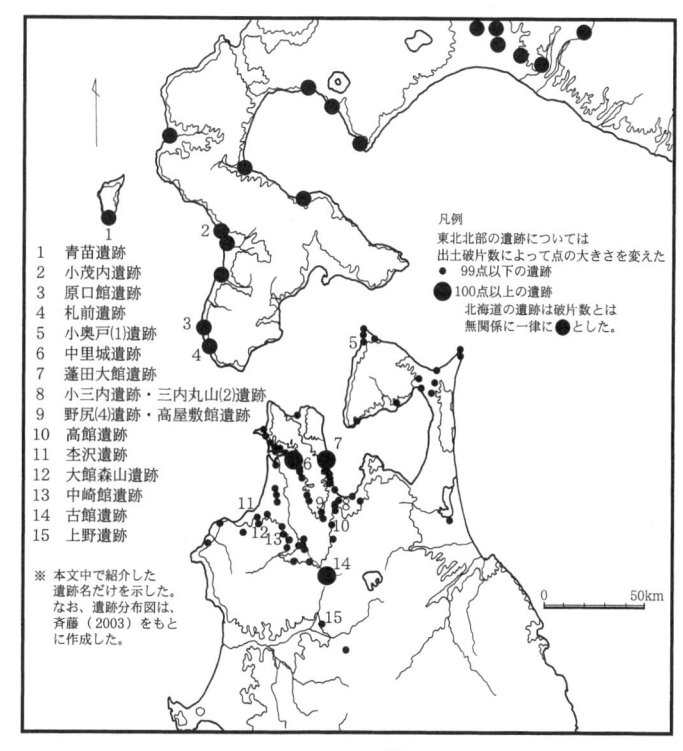

1. Ⅰ〜Ⅴ類

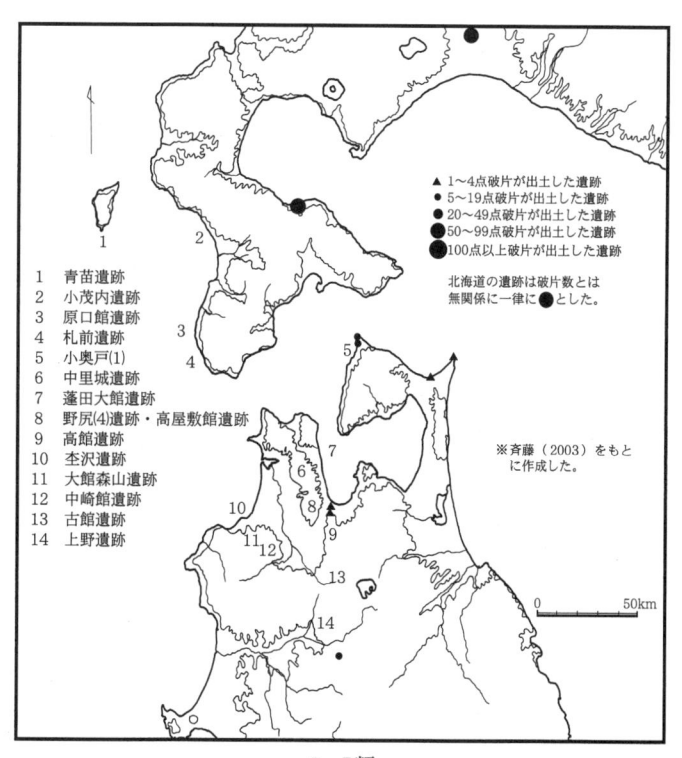

2. Ⅰ類

図71　擦文土器の分布（1）

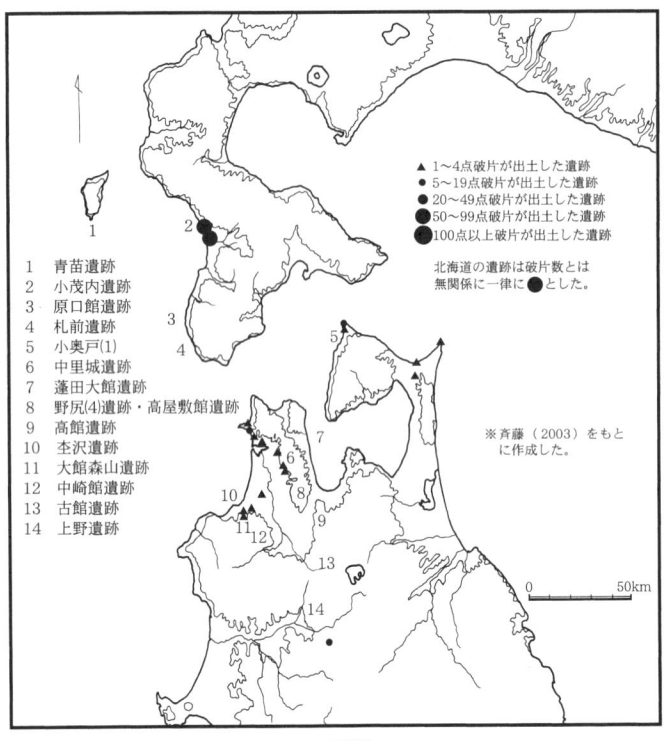

140 第2部 物質文化から見た蝦夷社会における人の動き

1. Ⅱ類

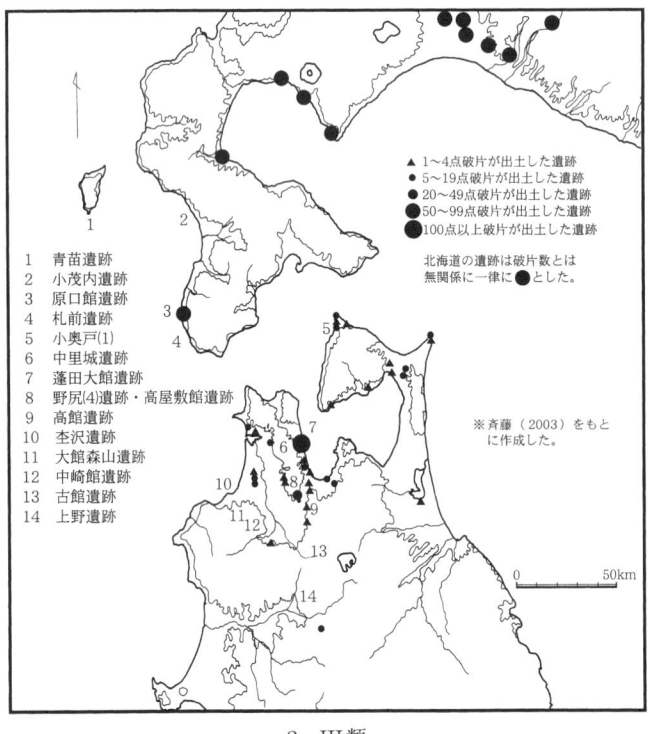

2. Ⅲ類
図72 擦文土器の分布（2）

(2) 東北北部における集落遺跡造営と擦文土器の使用

東北北部で出土する擦文土器が10世紀中葉以降に多いことは、集落遺跡の出土量からもわかる。第2章第2節の表4として示した集落遺跡で説明すると、津軽の集落は9～10世紀前半で終わる集落と10世紀後半～11世紀まで存続する集落とに二分できるが、前者の35遺跡では2遺跡から、後者の13遺跡では6遺跡から擦文土器が出土している。米代川流域で、擦文土器が出土した2遺跡は、10世紀後半以降のものである。

津軽には、9～10世紀前半までの集落が多数あるが、そのうちの擦文土器が出土した遺跡は6％にとどまる。青森市野木遺跡では、575棟もの住居がありながら、1点の擦文土器も見いだされていない。この時期は、多数の住居を擁する集落遺跡であっても、全く擦文土器が出土しないのが普通なのである。それに対し、10世紀後半～11世紀まで存続した集落では、その46％で擦文土器が出土している。

ただし、どちらの時期でも、1遺跡から出土する擦文土器は多くはない。図71-1として示したように、出土破片数が99点以下であるのが大多数であり、100点を越すのは3遺跡だけである。しかも、最も多くの破片が出土した南津軽郡碇ケ関村古館遺跡でも340点で

ある。同遺跡では、土師器の破片数が29,198点なので、擦文土器はその約1％余りなのである。津軽では、多くの集落が造営されても、10世紀前半まで[1]は、擦文土器の使用者は限られていた。第2章の表4によれば、10世紀後半以降には、二つに一つの集落で、擦文土器が用いられた。だが、その時期にも、用いられた擦文土器の数は少なかった。擦文土器の使用時期を絶対年代で表せば、10世紀中葉～11世紀である。遺跡から出土する土器の数から考えると、非常に少なかったとすべきであろう。津軽の集落に生活した人々の多くは、擦文土器の使用者ではなかったというべきである。

第2節　津軽海峡周辺の擦文土器の比較

(1) Ⅳ・Ⅴ類の擦文土器の形態と調整

図73に見たように、渡島半島西南部で擦文土器を使用する遺跡が増加するのは、Ⅳ・Ⅴ類の時期である。そして、両類は、東北北部において最も多く見られる擦文土器でもある。また、渡島半島西南部側に属する奥尻島青苗遺跡、松前町札前遺跡では、多くの鉄滓や羽口破片が出土しており、その時期には鍛冶もおこなわれていた。先に第3章で述べたように、それらの鍛冶技術は津軽あたりか

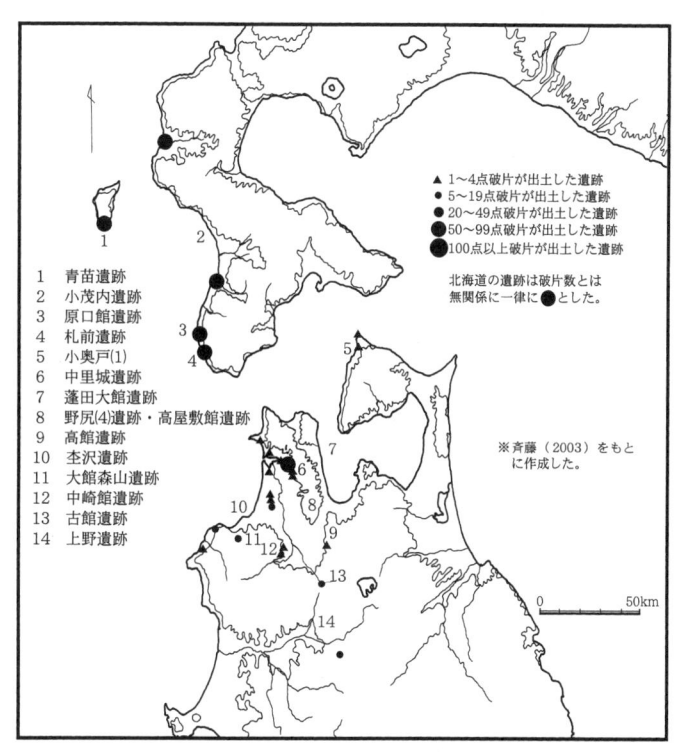

1. Ⅳ類

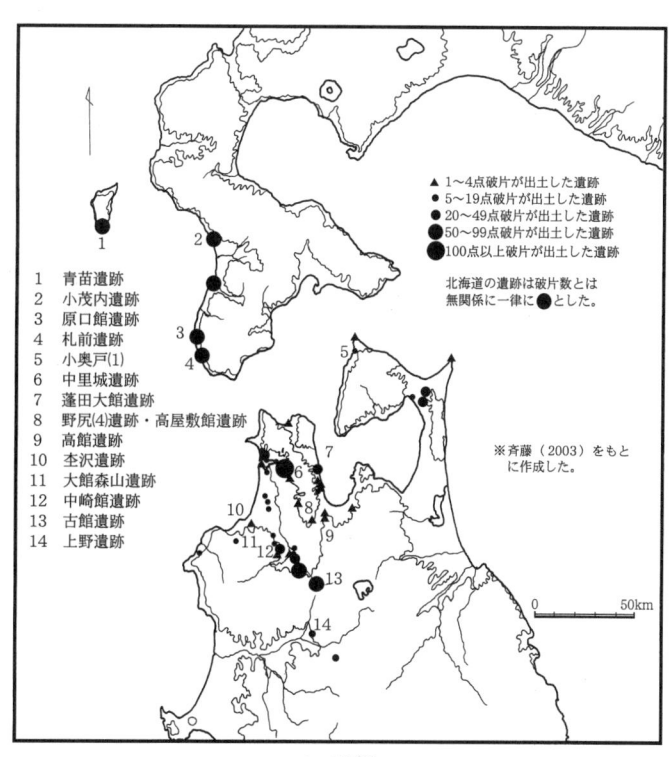

2. Ⅴ類
図73　擦文土器の分布（3）

142 第2部 物質文化から見た蝦夷社会における人の動き

Ⅳ類　　　　　　　　　　　Ⅴ類

9 蓬田大館遺跡　　5・11〜15・17 札前遺跡
1・6 中里城遺跡　　4・16 小茂内遺跡
2・7・10 古館遺跡　　8 上野遺跡
3 中崎館遺跡

0　　　10cm

図74　津軽海峡周辺の擦文土器　Ⅳ・Ⅴ類

ら移入された可能性がある。この時期は、両地域の人々の交流が活発になっていたのである。津軽海峡を挟んだ南北の地域でⅣ・Ⅴ類の擦文土器が出土するのも、やはり人々の交流が活発になっていた証となるであろう。そこで、本節では両地域のⅣ・Ⅴ類の擦文土器を比較し、人々の交流を考える基礎とする。

まず、形態と調整について比較する。図74として示したのは当該地域の擦文土器Ⅳ・Ⅴ類である。これらの器種のうち、甕は海峡の南北両地域で出土する。したがって、両地域の人々の交流を考える際に利用できるのは甕である。図74-2・7・10は碇ヶ関村古館遺跡出土のⅣ類（2）とⅤ類（7・10）である。5は松前町札前遺跡のⅣ類、11～15・17はⅤ類である。甕は、両遺跡のものとも、器の表面にヘラナデ、内面にミガキを施す。内外面ともヘラナデし、ハケメを残すものもある。そして、口縁部に平行沈線をひき、文様を描く。形態や器面の調整は、渡島半島西南部と東北北部側とでほぼ同じである。また、両地域とも甕の表面に黒斑が残り、土器の断面も黒く、胎土中に炭素が残るのが普通である。焼成法は野焼きである。

図74-14～17は、渡島半島西南部の坏である。これまでのところ、坏については東北北部からの出土例がない。また、Ⅳ・Ⅴ類の坏には高台が付くのが特徴である。調整技法は甕とほぼ同じである。多くは口縁部に平行沈線を数条巡らす。17のように、無文のものも希にある。坏の大部分は、内面をよく磨き、炭化物を吸着させている。

（2）　胎土から見た擦文土器の産地

津軽海峡を挟む南北の地域に、Ⅳ・Ⅴ類の擦文土器がまたがって分布する、10世紀中葉～11世紀でも、東北北部では土師器やロクロ土師器の出土が多く、擦文土器の1遺跡からの出土数は非常に少ない。それに対し、渡島半島から出土する土器はほとんどが擦文土器である。両地域から出土する土器組成の違いから、東北北部の擦文土器は、渡島半島あたりで製作され、それが搬入されたとも、東北北部で製作されたとも考えられてきた。

松前町札前遺跡・蓬田村蓬田大館遺跡・中里町中里城遺跡・浪岡町野尻（4）遺跡出土の擦文土器の間で胎土の化学成分の比較をおこなった（図75-1・2参照）。それによると、札前遺跡の擦文土器と、津軽の出土品の主要元素の組成はかなり類似する。それぞれの遺跡周辺の地質を考慮すると、松前町札前遺跡でも津軽の諸遺跡でも、使用される粘土は第四紀層と推測できる。両地域の第四紀層の基本的な供給源は、それぞれの地域に近い第四紀火山の噴出物である。松前町域と、津軽の粘土は、供給源が同じ火山列であるから、その化学成分が類似し、殊にアルカリおよびアルカリ土類の元素だけでは明瞭に分けられないことが十分予想される（松本 2003b）。

しかしながら、地域差を出しやすい微量元素のScやVを用いると、津軽の擦文土器と渡島半島の製品とを分けられる場合がある。例えば、蓬田村蓬田大館遺跡と札前遺跡の擦文土器は分けることができ（図75-3）、蓬田大館遺跡の擦文土器と土師器は、ほぼ同じ胎土が利用されたことがわかる。また、中里町中里城遺跡の擦文土器も、同遺跡出土の土師器と似た成分である（図75-4・5）。図75-6として、浪岡町野尻（4）遺跡出土の擦文土器・土師器・ロクロ土師器・須恵器の化学成分を比較した。ロクロ土師器と擦文土器は似た胎土である。それらのロクロ土師器の値は、遺跡周辺

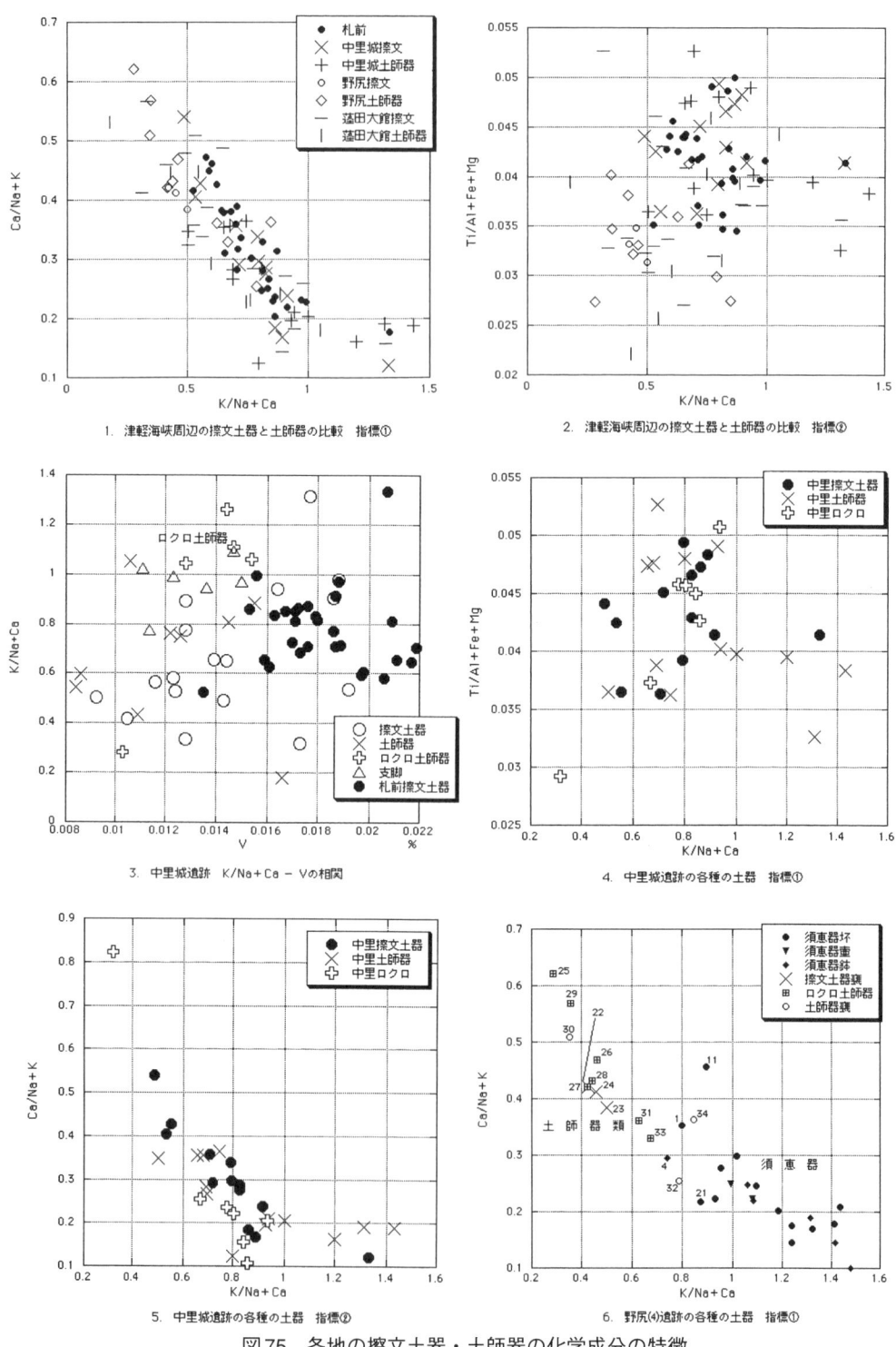

144　第2部　物質文化から見た蝦夷社会における人の動き

図75　各地の擦文土器・土師器の化学成分の特徴

の前田野目層とほぼ同じ値の土である。以上のことから、津軽の擦文土器は土師器同様に、それぞれの遺跡周辺の粘土を用いて作られたと考えられる。

以上の胎土分析の結果から、擦文土器の製作者は渡島半島西南部と津軽の両地域に存在していたことがわかる。そして、両地域から出土する土器の文様や形態が類似することから、それらの人々は何らかの関係を持っていたと推測できる。ただし、津軽では、擦文土器は極く少量しか出土しないので、その製作者も少なかったと考えられる。

津軽の擦文土器とされている土器のなかには、器表面にハケメが付かないものが少数ある。それは、刃物状の用具で器表面を削っている（図74-10）。この器表面の調整技法は土師器やロクロ土師器の技法と同じであり、口縁に沈線が施される点だけが擦文土器の特徴である。そのような土器は、擦文土器の製作者が、土師器の製作技法を用いて製作したと考えられる。

第3節　擦文土器・土師器・ロクロ土師器の製作者

(1)　用途による土器の違い

中型甕や小型甕を除いた煮沸具ならびに食膳具の土器について、札前遺跡・青苗遺跡・中里城遺跡・古館遺跡における、土器の出土量を種類ごとにまとめた（表9）。

表9の結果からわかるように、渡島半島西南部では煮沸用具・食膳具ともに擦文土器が中心である。一方、津軽では、煮沸用具は土師器が、食膳具はロクロ土師器がそれぞれ中心である。特殊な器として把手付土器があるが、それはすべて土師器である。さらに、普遍的な器ではないので表には含めなかったが、内耳土鍋が古館遺跡、青苗遺跡から数点の出土が知られている。古館遺跡のものは非ロクロ製の土師器であり、青苗遺跡のものは擦文土器である（前田 1987）。以上を単純化すると、この時期の津軽海峡周辺地域には、非ロクロ製の土器とロクロ製の土器があり、非ロクロ製土器は海峡の北にも南にもあったが、ロクロ製土器は海峡の南だけにあった。

第2節の図71-1で見たように、東北北部の擦文土器出土遺跡の場合は、1遺跡から出土する擦文土器の絶対量が少なかった。100点以上の破片が出土した遺跡は中里城遺跡、蓬田大館遺跡、古館遺跡だけである。

津軽の擦文土器の使用量が比較的多い10世紀中葉ないし11世紀に限って、渡島半島・津軽・八戸地方の土器の種類別の出土量を概念化したものを、図76として示した。下北にも擦文土器は分布するが、集落が調査された例がないので、ここには述べなかった。また、八木（1998）によれば、この時期の八戸地方では、土師器の坏がほとんど出土しない。

(2)　擦文土器・土師器・ロクロ土師器の製作者

〈擦文土器の製作者〉渡島半島西南部では、擦文土器の煮沸具・貯蔵具・食膳具が、津軽では煮沸具だけが作られた。渡島半島西南部と津軽の擦文土器製作者の共通点は、煮沸具を製作する点である。ただ、津軽でははあまり擦文土器自体を作らない。

〈土師器の製作者〉土師器の製作者は津軽・三八上北に存在し、煮沸具として長胴甕、貯蔵具と

表9　各種の土器の遺跡別出土量

土器器種名 遺跡名	擦文土器		土師器				ロクロ土師器		
	坏	長胴甕	坏	長胴甕	鍋	把手付土器	坏	長胴甕	鍋
札前遺跡	◎	◎	×	×	×	1点	△	×	×
青苗遺跡	◎	◎	×	×	×	×	△	×	×
中里城遺跡	×	○	△	◎	○	◎	◎	○	△
古館遺跡	×	○	△	○	○	◎	◎	△	×

◎多量ある　　○中量ある　　△極く少量ある　　×なし

※「◎多量ある」とは、対象としている遺跡において
その機能を持つ器のなかで最も多く出土している場合を指す。「○中量ある」
とは、対象としている遺跡においてその機能を持つ器のなかにその種類の器も
比較的多くある場合を指す。

```
                    非ロクロ製                    ロクロ製
煮沸具  擦文長胴甕 ●   ：  長 胴 甕 ▼
食膳具  擦 文 坏  ●   ：  土 師 器 坏 ▼              坏 ◇


                        渡島半島   ●●●●●●
                                ●●●●● ◇
津軽海峡  ==========================================
          津軽  ●●▼▼▼▼▼    ｜   三八上北地域  ▼▼▼▼▼▼
                ◇◇◇◇◇       ｜                   ◇
```

図76　非ロクロ製土器とロクロ製土器の分布状況概念図（10世紀中葉〜11世紀）

して甕類を作った。食膳具は作らないのが普通である。製作者の移動の実態を考えるとき、土師器が渡島半島西南部から出土していない点に注意する必要がある。青森県域で作られた土師器自体が渡島半島に移動しないだけでなく、その製作者が移動することもなかったのである。

〈ロクロ土師器の製作者〉渡島半島西南部の札前遺跡では、ロクロ土師器の坏が出土するが、その絶対量は少ない。ロクロ土師器の製作者は、普通、大量に製品を作るので、渡島半島西南部にロクロ土師器坏が少量しか存在しないことは、その地域に、ロクロ土師器の製作者がいなかったことを示す。一方、青森県域にはロクロ土師器の製作者が存在した。また、渡島半島南西部でのロクロ土師器坏の出土量の少なさは、津軽海峡の南で作られたそれらの坏が、海峡を渡って供給されることは希であったことを示す。

以上から、擦文土器・土師器・ロクロ土師器の製作者の住んでいた地域は、それぞれ限定されることがわかる。すなわち、擦文土器の製作者は津軽海峡の南北にいたが、東北北部では西側と下北に限られた。そして、ロクロ土師器と土師器の製作者は津軽海峡の南側だけに住んだのである。

(3)　津軽の擦文土器製作者

以上に見たように、擦文土器の製作者は津軽海峡の南北の地域に存在した。ただし、1遺跡あたりの擦文土器の出土量から考えるならば、津軽海峡の南側にいた擦文土器の製作者の数は少ない。一方、土師器・ロクロ土師器の製作者は津軽海峡の南側にしか存在しない。言い換えるならば、土師器の製作者は海峡を北へ渡らない。それでは、少数ではあれ、擦文土器の製作者は、海峡を南北の双方向に渡ったのであろうか。前節で考察したように、津軽で出土する擦文土器が、それぞれの遺跡周辺の土で作られたと考えられる以上、その擦文土器製作者のなかには、海峡の北側から来た

者が含まれる場合があろう。

　渡島半島西南部の擦文土器の製作者には、同地で製法を学んだ者と津軽でそれを学んだ者とがおり、津軽の擦文土器製作者には、渡島半島西南部および奥尻島でそれを学んだ者、あるいは津軽で学んだ者がいた可能性がある。ただ、津軽では1遺跡から出土する擦文土器の量が少ないので、津軽で擦文土器作りが伝授され続けることはあまりなかったと考えられる。擦文土器作りをおこなう人間が数代にわたり集落に存在したならば、遺跡から出土する擦文土器の量がさらに多かったはずだからである。

　擦文土器や土師器の土器製作技術の伝授がいかなる過程を経るのかについては、考古学的には知られていない。そこで、擦文土器が出土した遺物に暮らした人々の社会構造の基本的形態を推定し、その上に民族誌を援用し、擦文土器の製作技術の伝授のメカニズムを考えておく。ここでは、土器作りに関わる諸活動を、個々の要素に分けるのではなく、その全体を社会構造の有機的な一部としてとらえるので、社会構造および家族構成、労働形態の推定を大きく誤らない限り、土器作り伝授の過程もそれほど間違わないはずである。

　誰から誰に土器作りが伝授されるのかを決めるために、家族構成を考えておく。松前町札前遺跡を例にとると、住居には一辺が約4m四方の小規模例から15×9mほどの大規模例まであり、6～7m四方のものが多い。約4m四方の例を基本的な居住要素を備えた基本クラスの住居だとすると、それを家族の最小単位のものと推定できる。住居床面積から、核家族が基本と考える。そして、各集落が政治的に結合されているとは見られないので、基本的に自給自足の社会構造とする。

　結婚した若い女性は、子供を生み、育てるという時期がある。子供を何人産むかにもよるが、その期間はそれほど短いものではない。したがって、女性は子供の面倒を見ることを中心とした労働、つまり家から近いところで、しかも危険を伴わない労働を中心におこなうことになる。Arnold（1985：100～101頁）は、一時的、あるいは季節的な活動に限定できる場合の土器製作は家族内労働であり、そのような土器作りには女性が最も適しているとした。八つの理由があげられている。そのうち、第一に述べられたのが、土器作りは子供の世話をしながらできることである。Murdock and Provost（1973：207頁）で示された、185の社会における50種類の労働の男女の分業に関する記録をもとにして、Burton,Brudner and White（1977：249-250頁）で、男女の分業を決定する主な要因は、出産と子供の養育を女性が担う点であると解釈したことを引用した説である。推定される社会構造を前提にすれば、擦文土器使用社会においても、子供の養育を基礎にした男女の分業があったと考えられる。したがって、危険が伴う場所での作業であったり、体力的に難しい時期には、土器の胎土となる土の採集に関しては、男性がおこなわねばならなかったこともあろうが、土器の成形および焼成に関しては、女性がおこなったと推定することができよう[2]。

　子供たちは、日常生活のなかで、それぞれ尊敬する同性の労働を無意識的に学ぶとすると、土器作りは母親のそばに暮らすその娘へと受け継がれると考えられる。ただし、子供の行動範囲のなかにいる女性であれば誰でも土器作りの先達になり得る。また、婚姻前に土器作りを学んでしまう場合と婚姻後に学ぶ場合とがあるであろう。しかしながら、家族労働を中心とした生活を営む社会では、子供のうちに家事仕事を習得するのが普通と考えられるので、土器作りも婚姻前に、自らの家

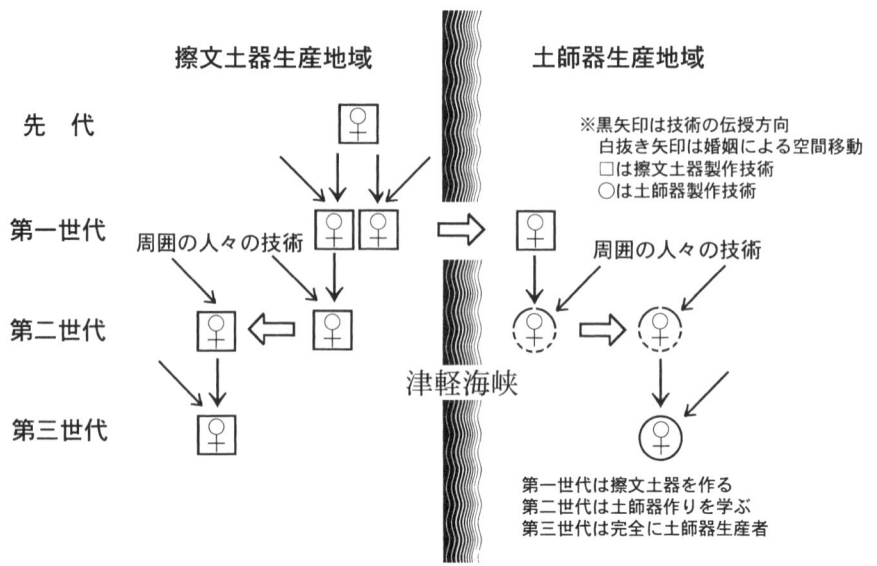

148　第2部　物質文化から見た蝦夷社会における人の動き

図77　推定される土器製作技術習得過程の概念図

の周辺で学んでいたであろう。

　津軽側の住居面積も札前遺跡例とそれほど違いがないので、基本的な家族構成は核家族であり、場合によっては3代の家族構成もあると推定する。そして、津軽における擦文土器作りがどのようなメカニズムを経ておこなわれたのかを図77を用いて説明する[3]。

　先代の擦文土器作りを学んだ娘が津軽に嫁ぐ。そこでは核家族を構成するので、土器を外から手に入れない限り、第一世代の女性は、母親から学んだ擦文土器を作ることになる。それが、津軽から出土する擦文土器の多くのものと考える。渡島半島西南部から津軽に嫁ぐ女性はそれほどいないので、一つの遺跡から出土する擦文土器は少ないことになる。

　第一世代の娘である第二世代の女性は、母親の土器作りを学ぶはずだが、遺跡から出土する擦文土器の量から考えると、一人の母親はそれほど頻繁には土器作りをしない。そして、集落成員を構成する女性の多くは土師器作りをおこなうので、娘は集落内の誰かが作る土器作りを見、まねをして土器作りを覚える可能性がある。その結果、第二世代は多くの場合、土師器作りを学ぶことになる。ただ、母親の擦文土器を知っているので土器の表面に文様を描くことには抵抗は持っていない。南津軽郡浪岡町野尻（4）遺跡出土の、馬の姿を沈線で描く擦文土器（高杉 2002）などは、特定の型を逸脱した文様を持つものである。第二世代が作る土器だったのではなかろうか。さらに、第三世代は周囲で作られている土師器作りを学ぶことになり、完全に土師器の作り手となるのである。このように、土師器生産地域の場合、擦文土器の作り手が少数いたとしても、1～2世代のうちに、その技術が失われることになる。

　津軽海峡両側の擦文土器の製作者のなかには、南から北へ渡った人々も、北から南へ渡った人々もいたであろう。ただ、どちらの場合でも、その数はそれほど多くはないであろうし、津軽側の1遺跡から出土する擦文土器の量の少なさを考えるならば、そのような双方向の人々の行き来があったのは、多くは臨海地域であったろう。一方、ロクロ土師器の製作者は津軽海峡の南側だけにいて、

北へ渡らなかった。海を渡ったのが擦文土器の製作者だけであったのはなぜであろうか。

(4) 土器から見た社会の違い

　擦文土器、土師器を問わず、ロクロを使わない土器の製作者は、家族の日常食生活の支度をする者にとって最も身近な用具である、煮沸用の土器すなわち長胴甕を製作している。一方、ロクロを用いた土器の製作者は、10世紀後半以降は坏しか製作していない。坏は、食事を作る者よりは、食事を食べる個々の人間に身近な器である。

　津軽においては、煮沸用具はロクロを持たぬ者が製作するので、その製作者は、土器製作に特別の用具を必要としない者であり、それは、家族内労働をしながら土器作りをおこなえる者、つまり女性である可能性が高い。そして、それを製作する人間だけが津軽海峡を渡るとすれば、それは、婚姻を契機として、女性が移動している姿を推測することができる。そうだとすれば、八戸市域およびその周辺から擦文土器の長胴甕が出土しないのは、そこには、渡島半島西南部の人々との婚姻関係がないか、あっても極く希であることを示すのであろう。

　また、同時代の津軽であっても、擦文土器が出土しない遺跡もある。南津軽郡浪岡町野尻(2)および(3)遺跡は、10世紀後半代の遺構・遺物が存在する遺跡だが、そこからは擦文土器は出土していない。擦文土器が広範囲に「流通する」のではなく、婚姻のような、きわめて個人的な理由で分布していることを反映しているのではなかろうか。

　一方、ロクロ土師器坏の製作者は家族のためにだけ土器を製作しているのではない。同一規格の土器を多量に作るのであり、それは、社会的な仕事であったと考えられる。したがって、津軽海峡の北の地にその必要がない限り、製作者が海峡を渡る理由はなかった。逆に言えば、海峡の北の地には、ロクロ土師器製作者を必要とする社会はなかったのである。

　津軽海峡周辺地域で出土した土器の製作技術・用途・製作者の社会的位置を整理すると次のようになる。

　　擦文土器長胴甕・坏＝日常の調理・食膳具＝家族のための調理をおこなう者の製品
　　土　師　器　長　胴　甕＝日常の調理用具　＝家族のための調理をおこなう者の製品
　　ロ ク ロ 土 師 器 坏＝日常の食膳具　　＝ロクロを用いることのできる者の製品

　この時期、東北北部以北では、家族内労働の一環としての土器作りは女性がおこない、社会的労働あるいは家族外労働（家族の外へ向けた労働）としての土器作りは男性の仕事であったろう。すなわち、煮沸用具を含む擦文土器と土師器の製作者は女性、坏しか作らないロクロ土師器の製作者は男性であったと考えられる。したがって、擦文土器の分布は女性の移動を示すことになる。少なくとも擦文土器が出土する範囲は、瀬川（1996：13頁）が考えたように、女性の婚姻関係があった地域と推定でき、関係が比較的密だった地域と考えることができる。

　そして、土師器が渡島半島側から出土していないことは、土師器の製作者が北の地域に嫁がなかったことを示す。これは、津軽平野部の男性が渡島へ出かけ、例えば鍛冶仕事のような労働をする

ことも多くあったが、渡島半島側の男性が、津軽平野部へ出向いてくることはほとんどなかったことを示しているのではあるまいか。したがって、津軽平野部の男性が渡島の女性を連れてくることはあったかもしれないが、津軽平野部の女性が渡島半島へ渡る機会は希であったことになる。つまり、土器の分布は、津軽平野部地方と渡島半島地域の男性の労働形態の違いと、それに関連する女性の移動のあり方の違いを示していると考えられる。

ロクロ土師器が作られた地域は、男性も土器作りをする社会であり、擦文土器が作られる地域は男性が土器作りをおこなわなかった社会である。土器作りといっても、ロクロ土師器の不特定多数に向けての労働と、家族内労働としての労働とでは、まったくその社会のなかにおける位置が異なるのである。

そして、流通していたのは家族内労働による擦文土器ではなく、家族外労働の製品であるロクロ土師器である。それは、特定の者だけがロクロ土師器の製作者となり、その製品は流通することを前提に作られたことを示す。ロクロ土師器が作られた社会と、それが作られなかった社会とでは、社会構造が異なることを示している。それ故、北海道にロクロ土師器製作者が育たなかったのである。ロクロを用いて土器を作るとは、単に「発達した技術」であるというのではない。同一規格の製品を一定時間内に数多く作る必要さえなければ、不要な技術なのである。

第4節　擦文土器の製作と女性

以上に述べてきたように、擦文土器の製作者については、渡島半島西南部と津軽との間における婚姻による女性の移動を推定した。婚姻による女性の移動の原因の一つとしては男性の移動が考えられる。例えば、鍛冶の移動がある。第3章で見たように、松前町札前遺跡や奥尻町青苗遺跡で鍛冶がおこなわれていた。その技術は本州からのもので、それは男性の移動を示すと推測できる。つまり、札前遺跡や青苗遺跡においては、土器製作技術は渡島半島西南部独自のものであるが、それ以外の文化要素には津軽と共通のものがあるのである。

このように、津軽と渡島半島西南部とでは相互に人間の移動があったことが推定された。集落の調査例がないので言及しなかったが、擦文土器が出土する下北でも類似した現象はあったろう。その一方、東北北部東側、特に八戸市域には擦文土器の製作者が移住していなかった。これは、東北北部東側と渡島半島西南部との間に人間的交流がなかったことを示している。両地域は疎遠であったのである。

このような、津軽・下北から北海道にかけて擦文土器の製作者がいるという状況は、近世アイヌの分布状態に似る（浪川 1992）。10世紀後半以降には、後のアイヌ民族と和人のような、それぞれ別の生活様式を持つ者が隣り合って存在していたのである。

ところで、10世紀後半から11世紀代とは、おそらく「えぞ」という呼称が生まれた時期でもある（熊田 1986、斉藤 1996）。その背景には、「えみし（えびす）」と呼ばれていた東北北部の住民の多くが、遅くともその頃までには、北海道の住民と自らとを別の存在であると表明したくなっていたという事実があろう。そして、12世紀に津軽の平野部が陸奥国に編入される（大石 1990、遠

藤 1994など）。その時期は、12世紀の奥州藤原氏に代表される、中世日本国の秩序に組み込まれた人々が、その経済的基盤を整えた時期でもあろう。その舞台の一つが、東北北部から北海道であったのであろう。

最近、箕島栄紀（2001）、鈴木（2003）など、北海道の人々と本州の人々との交易の実態やその背景に関する研究が増えている。交易をおこなう人々は、家から離れて遠くへ向かう男性であったろう。このような、広い範囲に動く男性が生みだす歴史もある。そして、それは活動的であり、また、政治との関連性もあり、物語として面白いかもしれない。しかしながら、擦文土器についての考察を通して見てきたように、日常の行動がもとになる女性や子供の歴史が、その基礎にはあったのである。

註
（1） 第2章の表4に10世紀前半とした集落数は、集計の都合上、10世紀中葉を前後に二分し、10世紀前半と後半の集落跡として処理した数字である。したがって、表で10世紀前半とした遺跡からも、10世紀中葉の擦文土器が出土することがあり得る。だが、実際には、10世紀前半の擦文土器が出土する10世紀中葉の集落遺跡はない。表中で10世紀前半とされた集落跡のほとんどは、938年頃の白頭山－苫小牧火山灰降下以前に廃棄されているので、10世紀前葉に廃棄されたものが多いことになる。
（2） 『正倉院文書』天平勝宝2（750）年7月のものと目されている「浄清所解　申作土器事」に示されている土師器生産の例のように（東京大学史料編纂所 1968）、男性が土器の胎土を採集するということもあったであろう。この土師器生産は、吉田晶（1961）・田中琢（1967）によって、単婚家族的構成をとる小規模なものであったと考えられている例である。他に、延暦23（804）年成立の「皇太神宮儀式帳」に、「土師器作物忌。無位麻續部春子女。父。無位麻續部倭人。」という記述がある（川俣馨一編 1931）。若い娘と、その父とが土師器の製作をおこなったようである。一方、同じ箇所に「陶器作内人。無位礒部主麻呂。」とあり、須恵器は男性が製作したことがうかがえる。
（3） 遠藤匡俊（1997）は、史料にもとづいて19世紀中葉頃のアイヌ社会における家や個人の流動性を説くなかで、当時、離婚・再婚による女性の移動がかなり頻繁におこっていたことを明らかにした。おそらく、9～11世紀の津軽海峡周辺の社会でも女性の離婚・再婚による再移動はあったであろう。だが、ここではあくまでも土器製作技術の伝授についての基本となる単純なモデルを提示する。実際に再移動があったか否については、そのつど資料ごとに考察せねばならぬ。

第8章　須恵器と蝦夷社会

　東北北部地方から出土する最古の須恵器は、大阪府域の陶邑の製品である。5世紀中葉～6世紀初頭頃のTK208あるいはTK47型式が、八戸市域やその周辺からいくつか出土している。その後、7～8世紀には、湖西産の須恵器が八戸周辺の末期古墳に副葬される。この時期までの東北北部出土の須恵器は、すべて東北北部よりも南の地域の製品であり、長頸壺やハソウのような特殊な容器が中心である。

　9世紀後半になると、その時期に多くの集落が営まれるようになる東北北部の西側で、須恵器が生産されるようになる。前時代までの東北北部東側における須恵器と違い、作られたのは墓の副葬品ではない。様々な場面での用途があろうが、器種は坏・長頸壺・大甕などであり、日常生活の場である一般集落から出土している。

　ところで、東北北部は、9世紀後半にはまだ古代日本国に属していない。しかしながら、須恵器生産にかかわる技術は、本来、古代日本国領域の人々が持っていたものである。しかも、素地の調整・窯の構築・器の成形・焼成にいたる多くの工程をこなすには、専門の知識や熟練が必要であった。したがって、須恵器生産は、古代日本国領域に住んだ者が東北北部に移住してはじまったと推測できる。そうだとすると、その須恵器生産者が、古代日本国の外に移り住み、須恵器生産を開始したのには、いかなる目的があったのであろうか。

第1節　東北北部産の須恵器

（1）　須恵器窯の分布

　東北北部における須恵器生産は、秋田県能代市十二林窯と青森県五所川原市前田野目地区の須恵器窯跡群で、9世紀後半～10世紀代にかけておこなわれた（図78）。東北北部の東側では、現時点では、須恵器の生産は知られていない。本研究では、東北北部で最も多くの窯跡が発見されている五所川原市の窯に注目する。

　図79は、福田友之（1993a）をもとにして製作した、五所川原市須恵器窯跡群の分布図である[1]。この図にもとづいて、その立地条件から、窯が造られた地点を次の三つに分けることができる。1）丘陵の傾斜が急になりはじめるあたりで、集落に最も近い地域、標高50～60m。2）集落から離れた丘陵地、標高100m前後。3）集落からかなり離れた丘陵地の奥深くに入った地点、標高150～170m前後。

　1）のグループに入るのは1～8までの窯であり、それらは空間的な広がりから、さらに三つのまとまりとしてとらえられる。1～4の持子沢地区、5・6の前田野目地区、7・8の山道溜池地区である。2）のグループは9・10の犬走・鞠ノ沢地区である。また、3）のグループに入るのは11

154　第2部　物質文化から見た蝦夷社会における人の動き

1　五所川原須恵器窯跡群
2　十二林窯

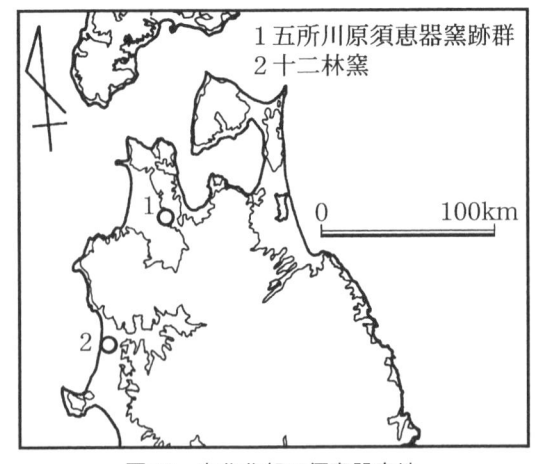

図78　東北北部の須恵器産地

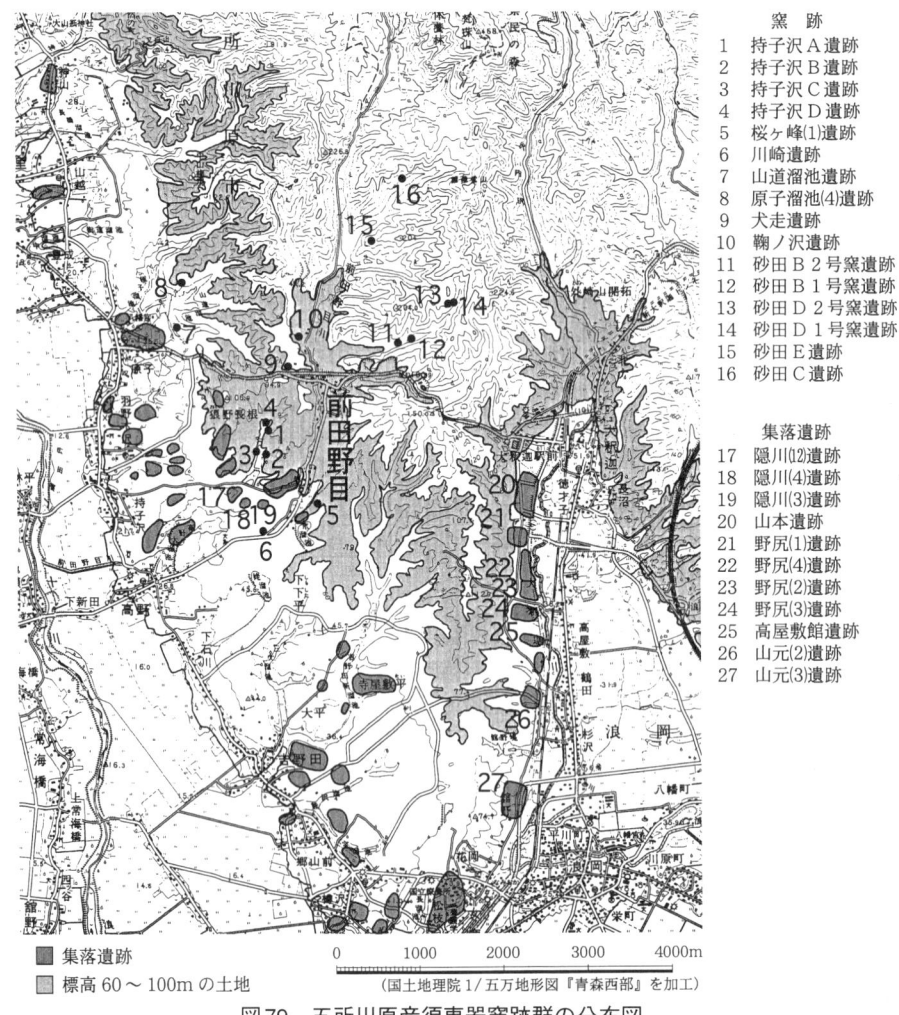

窯　跡
1　持子沢A遺跡
2　持子沢B遺跡
3　持子沢C遺跡
4　持子沢D遺跡
5　桜ヶ峰(1)遺跡
6　川崎遺跡
7　山道溜池遺跡
8　原子溜池(4)遺跡
9　犬走遺跡
10　鞠ノ沢遺跡
11　砂田B2号窯遺跡
12　砂田B1号窯遺跡
13　砂田D2号窯遺跡
14　砂田D1号窯遺跡
15　砂田E遺跡
16　砂田C遺跡

集落遺跡
17　隠川(12)遺跡
18　隠川(4)遺跡
19　隠川(3)遺跡
20　山本遺跡
21　野尻(1)遺跡
22　野尻(4)遺跡
23　野尻(2)遺跡
24　野尻(3)遺跡
25　高屋敷館遺跡
26　山元(2)遺跡
27　山元(3)遺跡

■　集落遺跡
■　標高60〜100mの土地

(国土地理院1/5万地形図『青森西部』を加工)

図79　五所川原産須恵器窯跡群の分布図

第8章　須恵器と蝦夷社会　155

〜16の六つの窯である。これらは二つの沢に分かれて存在しているので、二つのグループと認識して、東側の沢の11〜14を砂田東地区、西側の沢の15・16を砂田西地区と呼ぶことにする。

(2)　窯跡の調査による編年 [2]

　青森県五所川原市須恵器窯跡群には多数の窯跡が知られているが、発掘調査された窯跡は少ない。しかしながら、各地の遺跡から出土する五所川原産須恵器の多くは、既に調査された窯の製品による分類が可能である。また、秋田県能代市域の須恵器窯としては、十二林窯の調査がある。東北北部産の須恵器窯跡資料のうち、報告書に掲載された代表的な器種の実測図を、図80として転載した。坏、壺、甕が基本的な器種である。最初に、編年とその絶対年代について述べておく。

　三浦（1995）では、能代市十二林→五所川原市持子沢系（持子沢B-1・持子沢D-1）→五所川原市前田野目系（砂田B-1・鞠ノ沢A・砂田D1・D2）という推移を考えている。十二林窯では坏の底部には手持ちヘラケズリを加えた例が20％ほどあるのに対し、津軽では坏の底部がすべて糸切り後無調整である。坏の底部技法としてはヘラケズリの方が古いので、十二林→五所川原という変遷を考えたのである。そして、五所川原における須恵器生産は9世紀末から11世紀中葉とした（三浦　1995：282頁）。

　榊原滋高（1998：75頁）では、持子沢系→前田野目系の関係を基本として、前田野目系では砂田Dより前に犬走窯の2窯を置き、犬走窯跡の調査結果にもとづき、窯跡における燃焼面形成の順番から犬走1号→犬走2号という前後関係を明らかにした。その上で、犬走1号・2号窯出土品は型式的にも分類できるとした。しかも、より新しい犬走2号窯の「物原層の直上に白頭山－苫小牧火山灰が層を成して堆積して」おり、「2号窯・物原層と白頭山－苫小牧火山灰の間には腐植土層が全く入り込まないことから、2号窯が廃絶した後それほど時間が経過することなく白頭山－苫小牧火山灰が降灰した」（榊原・鈴木・小野　1998：35頁）と判断した。そして、降下火山灰の年代を基本として、窯の操業の年代を「犬走2号窯の操業年代は10世紀第1四半期に、犬走1号窯はそれ以前の9世紀末に、犬走2号窯に後続する砂田D2窯は10世紀第2四半期以降に相当する（榊原・中田・小野　1998：116頁）」と述べた。

　報告書に掲載された窯覆土の実測図によれば、2号窯の天井が崩落した後に火山灰が堆積した様子がわかる。窯の天井がどれほどの時間の経過の後に崩落するかは、様々な条件によって異なる。津軽が雪深いことを考えると、崩落までには、それほど長い時間を要しなかったであろう。

　さらに、窯の後方4mほどのところに土坑が4基あるが、そのうちSX03土坑は、それが掘られ、底部に地山ブロック混じりの土が数センチ堆積した段階で、白頭山－苫小牧火山灰が堆積している。そして、SX03は、犬走窯2号窯で焼成された大甕の破片が埋まるSX01を切っている。覆土を構成する土から考えるならば、SX01は人為的に埋められたようである。完全に埋めるのにどれほどの時間を費やしたか不明だが、そう長い時間ではないであろう。しかも、SX03を掘った後、それが埋まりきらないうちに火山灰は降下したのだから、その頃もまだ窯周辺で人々が活動していた可能性がある。そうだとすれば、犬走2号窯の操業は白頭山－苫小牧火山灰降下の数年前であったと推測できる。

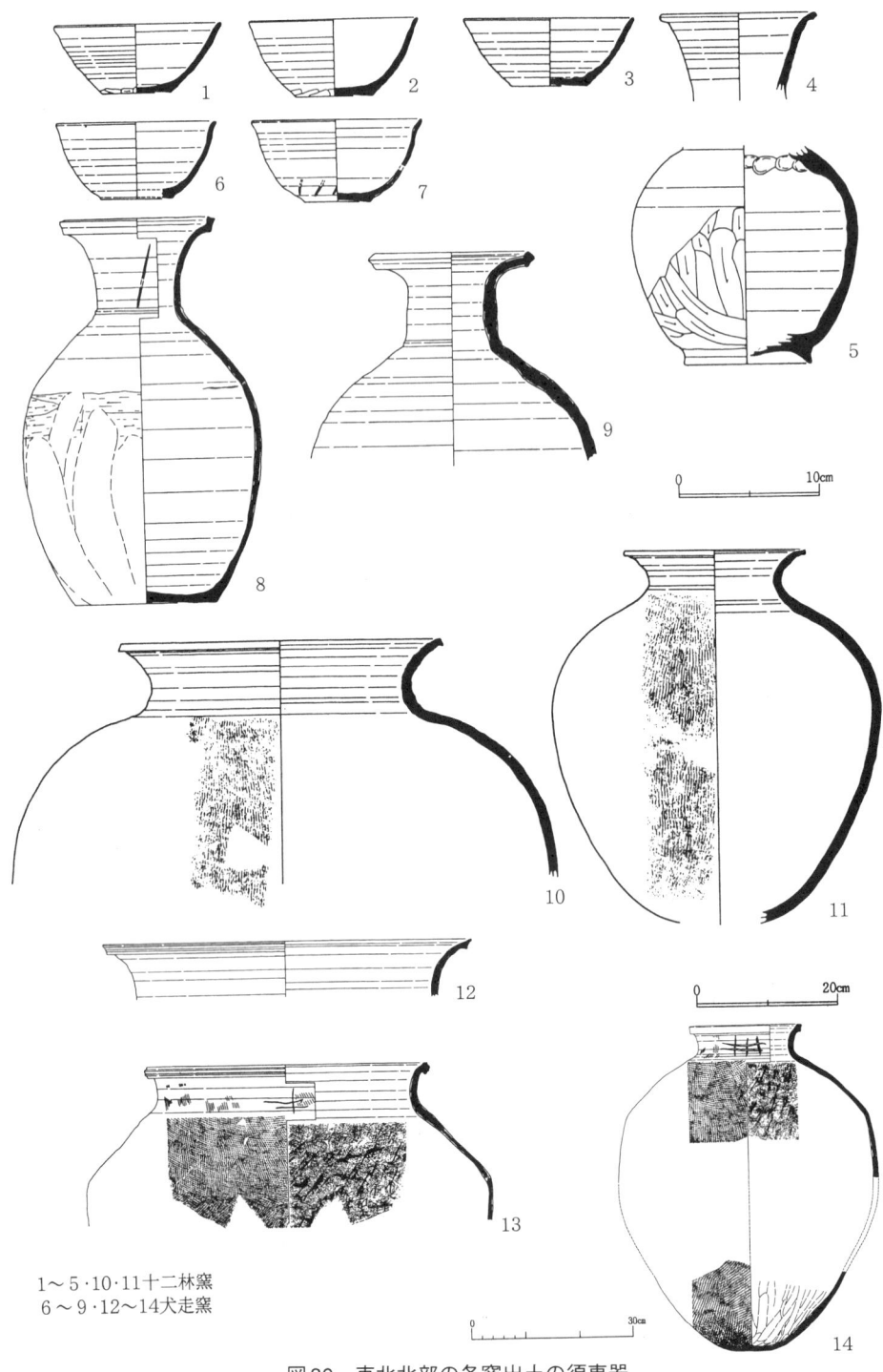

156　第2部　物質文化から見た蝦夷社会における人の動き

1〜5・10・11十二林窯
6〜9・12〜14犬走窯

図80　東北北部の各窯出土の須恵器

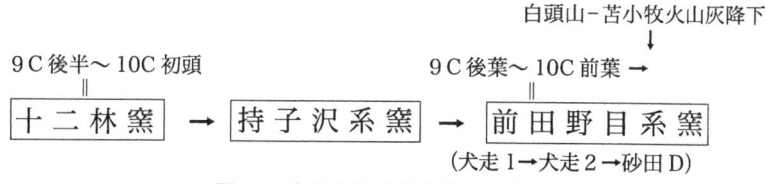

```
                                    白頭山－苫小牧火山灰降下
                                         ↓
  9 C 後半～10C 初頭      9 C 後葉～10C 前葉 →
      ‖                           ‖
 ┌─────────┐    ┌─────────┐    ┌─────────┐
 │ 十二林窯 │ →  │ 持子沢系窯 │ →  │ 前田野目系窯 │
 └─────────┘    └─────────┘    └─────────┘
                              （犬走１→犬走２→砂田 D）
```
図81　東北北部産須恵器窯操業編年

　最近の自然科学的手法を中心とした説では、白頭山－苫小牧火山灰の降下年は930～947年の間となる[3]。そのうち、二つの手法から導き出された年代がちょうど重なる937～938年説を用いると、犬走１・２号窯は10世紀前葉頃に操業していたと推定できる。

　これまでの説をまとめると図81のようになる。報告書で推定されているように、犬走１窯の操業開始年代を９世紀後葉とするならば、持子沢系の窯が犬走窯より古いので、五所川原窯の基とされている十二林窯と五所川原窯との間で、操業開始年代にほとんど差がなく、十二林窯は犬走１窯とも併存することになる。さらに、十二林窯の大甕の口縁部の形態が、併存していた五所川原窯のものと全く異なるので、十二林→持子沢系という一系の流れがあったという説は再考する必要があろう。それらはほぼ同時期に異なる地域からの技術の移植によって、併行してはじまった可能性があるのである。しかし、ここでは両者の系統を詳しく述べることはできないので、能代市域と五所川原市域の両地域の関係については不明としておく。

　降下火山灰の年代を用いて、絶対年代を推定できた犬走窯の例を中心に、五所川原窯の年代のみ押さえておくと、五所川原市域においては、９世紀後半には須恵器の生産がはじまっており、犬走窯は10世紀前葉のうちにその生産が終了していた。犬走窯より新しい砂田 D 窯がいつまで操業したかは、調査では明らかになっていない。

（3）　器形と生産活動から推定される五所川原須恵器生産年代

　持子沢系窯や前田野目系窯（犬走窯・砂田窯）の製品のうち、相対的な新旧関係を示す特徴を持つ器種について、その形態の変遷を図82～84としてまとめておく。

坏：形態の変化は不明である。砂田 D 窯では坏の出土が少ない。坏は持子沢・犬走窯では生産されるが、砂田 D 窯の段階ではほとんど生産されない。

壺：器全体の形態と口唇部の形態が変化する。持子沢 C 窯と犬走窯の出土品は胴部が細長く、全体が徳利型なのに対し、砂田 D 窯のそれは胴部が球形である。口唇部の形態は、犬走窯から砂田 D 窯への変化は明瞭である。犬走窯は口唇部を曲げているだけで、その断面形はほぼ縦長の長方形なのに対し、砂田 D では、口唇部を曲げ、先端部を上方向につまみ出し、その断面形は菱形である。持子沢窯の壺は２例報告されており、それらは異なる形態である。一つは、口唇部を上方向につまみ出されている例（図82-1）、もう一つは、口唇部を倒し、垂直に面取する例（図82-2）である。実測図が示されている窯出土例はこの２例だけであるが、後者は集落遺跡から出土する例が多い。後者を持子沢窯例の典型ととらえておく。

中甕：持子沢 C 窯の出土品と犬走窯（SX01＋２号窯残土３層）の出土品とは類似しており、実測図だけで見分けるのは難しい。持子沢・犬走窯の出土品は内面に当て具痕をとどめるが、砂

表10 五所川原須恵器窯製品の3類型と推定年代

系統	器種等	壺形態・口唇部形態	中甕口唇部形態	大甕口唇部形態	推定操業年代
持子沢系		徳利型・断面垂直面取型 その他	断面□型	不明	9世紀後葉
犬走系		徳利型・断面□型	断面□型	断面▷型	10世紀前葉
砂田系		球型胴部・断面▷型	断面▷型	断面◁型	10世紀中葉

田D窯のものにはその痕跡がない。

大甕：持子沢C窯の広口の大甕は未報告なので不明である。犬走窯のものは胴部内面に当て具痕があるが、砂田D窯の出土品にはその痕跡がない。

　ある製作者が同一形の口唇部を作り続けたとすると、壺形態にもとづいて、五所川原窯を三つのタイプに分けることができる。そして、各タイプを製作者1世代に相当させると、おおよそ3世代の変化と考えられ、犬走2号窯が938年の数年前に廃棄されたことを基準にするならば、3タイプの製品の製作年代を、表10として示したように、おのおの、9世紀後葉、10世紀前葉、10世紀中葉と推定できる。

　報告書によると、犬走窯における焼成回数は2回であった。一方、他の五所川原窯の調査では、焼成回数を明確に述べたものがない。このことを、一つの窯での焼成回数が少なかったことの現われであると考え、1窯あたり2回の焼成と仮定するならば、五所川原における須恵器生産年の存続年数を次の式で示すことができる。

五所川原における須恵器生産の存続年数＝須恵器窯の総数×2÷年間の焼成回数

　千葉徳爾（1991：179頁）では、燃料消費量を「割木仕入勘定帳」から算出し、慶応年間の岐阜県土岐郡土岐口村における陶器窯で、1年に1～2回の火入れをおこなっていたと推測し、さらに、明治時代においても、火入れは年間2回以下であったという古老の話を紹介している。五所川原の須恵器窯はあまり多くないので、その生産にかかわった人数は少なかったと考えられる。須恵器製作者の活動サイクルを、粘土の採掘、粘土の調整、器の製作（幅2m長さ4～6mほどの焼成室に納める製品を作り貯める）、乾燥、焼成、農耕および燃料の伐採などとすれば、季節ごとの仕事量はかなり多い。一つの窯の焼成は年1回くらいが妥当であったろうか。

　ただし、未発見の窯もあろうし、複数の窯が同時に操業していたのか否かも不明であり、現時点の窯跡数に関する情報だけでは、五所川原における須恵器生産の存続年数は把握できない。試みに現在知られている情報を先の式に当てはめるてみると、焼成が毎年1回おこなわれたと仮定すれば、存続年数は32年間となり、9世紀後葉～10世紀中葉までの期間を埋めるには少なすぎる年数である。年間の焼成回数が違っても、存続年数は変化する。窯跡数から須恵器生産の存続年数を推測することは、今後の課題としておきたい。

（4）集落出土須恵器の年代

　集落遺跡における須恵器の出土例は多いので、その埋置の絶対年代を知ることができる場合があ

第8章 須恵器と蝦夷社会 159

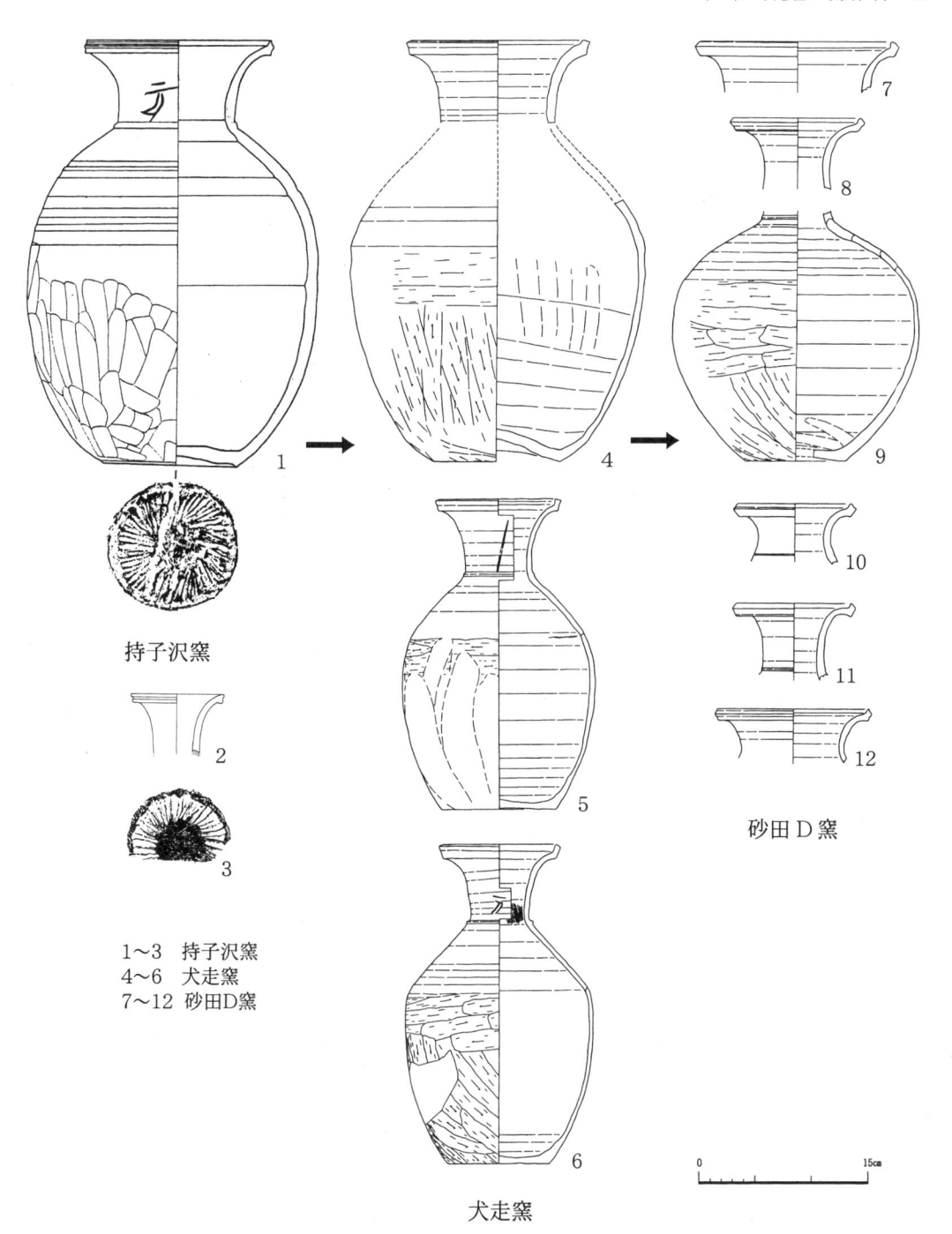

持子沢窯

1～3 持子沢窯
4～6 犬走窯
7～12 砂田D窯

犬走窯

砂田D窯

図82 五所川原産須恵器の変遷（1） 壺

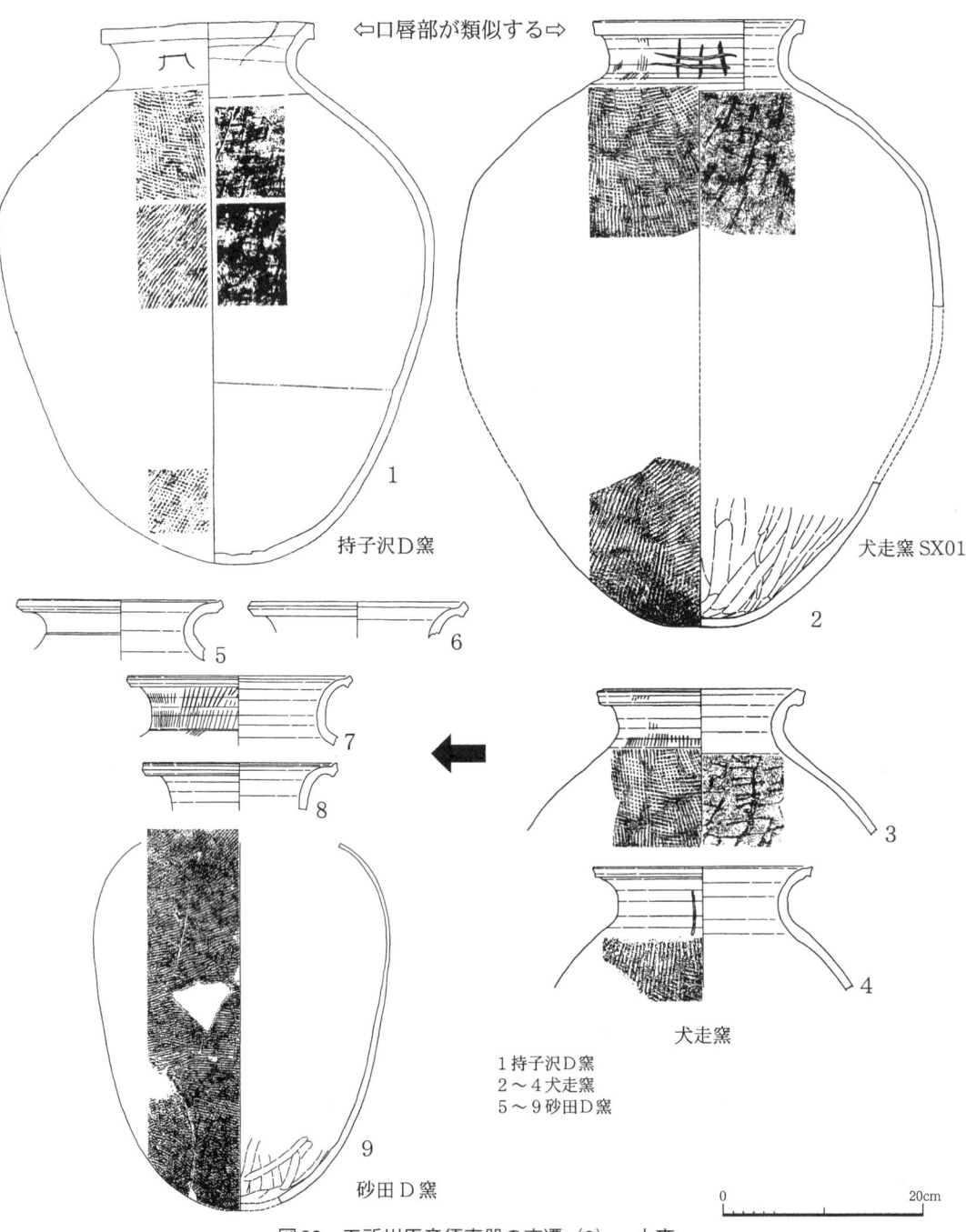

160　第2部　物質文化から見た蝦夷社会における人の動き

⇦口唇部が類似する⇨

持子沢D窯

犬走窯SX01

犬走窯

砂田D窯

1 持子沢D窯
2～4 犬走窯
5～9 砂田D窯

0　　　　20cm

図83　五所川原産須恵器の変遷（2）　中甕

第8章　須恵器と蝦夷社会　161

犬走窯

砂田D窯

図84　五所川原産須恵器の変遷（3）　大甕

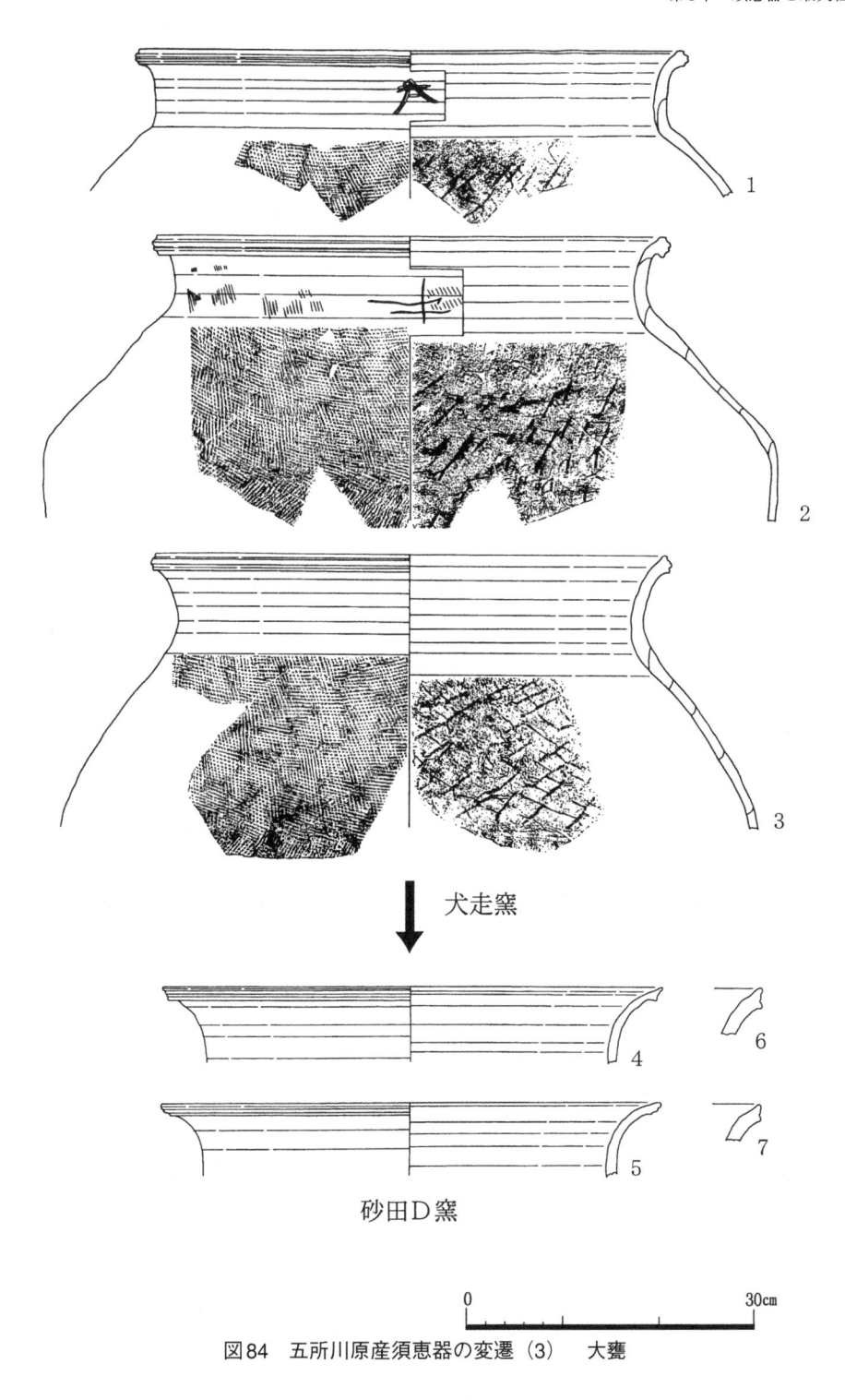

る。青森県域には、10世紀前半に降下した十和田a火山灰と白頭山－苫小牧火山灰が堆積しているところがあり、この二つの火山灰の堆積例を用いれば、集落出土の各窯産の須恵器が埋置された絶対年代を、ある程度推定できるはずである。以下に、火山灰と須恵器との埋置状態にもとづいて、窯の製品ごとの生産年代を推定する。

なお、考察に用いる集落遺跡は、須恵器産地周辺の津軽に限定する。北海道各地の遺跡のように、須恵器産地から距離が離れると、降下火山灰による堆積層の絶対年代と、それを応用して導いた窯跡における推定生産年代よりも、50年以上新しい場合が多いからである。

1. 持子沢系大甕の絶対年代

持子沢C窯（坂詰1973）から出土した須恵器大甕（図83-1）に似る製品は比較的多い。ただ、先にも述べたように、それらは犬走SX01＋2号窯の大甕とかなり似るので、実測図だけからそのタイプを識別することはできない。

1.-1　十和田a火山灰降下以前　－青森市三内　三内遺跡44号住居例－

十和田a火山灰との関係が確実に把握されている例に、青森市三内遺跡44号住居の床面下の土坑に埋設された大甕がある（図85-9）。それが埋められた床は、住居が廃棄された直後に十和田a火山灰に覆われていたと記録されている。十和田a火山灰は915年降下なので、その大甕はそれ以前に製作されたものである。口唇部の形態、器の全形、内面の調整痕から考えるならば、それは持子沢系あるいは犬走窯の製品である。915年までにはこの住居は廃棄されていた。この住居が利用されていたのが1世代の間と仮定するならば、この甕は9世紀後葉のうちに製作さたと推測できる。

1.-2　十和田a火山灰降下以前　－青森市野木遺跡473号住居例－

図85-6は、その形態から持子沢系の壺と考えられる。473号住居の床面から出土した。当住居は、焼けた後廃絶され、床面直上層が堆積した。その層中に十和田a火山灰が混じっていた。住居が焼け、火山灰が降下するまでに経過した時間、あるいは、住居が焼けるまでに、そこで、その須恵器が使われていた期間がどれほどであったかはわからない。しかしながら、少なくとも、持子沢系の壺が製作されてから、915年の十和田a火山灰降下までには、しばらく時の経過があったことになろう。

1.-3　白頭山－苫小牧火山灰降下以前　－南津軽郡浪岡町野尻〜遺跡216土坑例－

白頭山－苫小牧火山灰降下以前に土坑内に埋設された大甕の例である。図85-4のように大甕が埋設された後に、覆土が凹み、そこに白頭山－苫小牧火山灰が入っている。覆土が凹むまでに経過した時間は不明だが、数年は経ているであろう。したがって、938年の数年前の埋設と考えられる。ただ、須恵器が生産されてから埋設されるまでに、どれほどの時が経過したかは不明である。この大甕も持子沢系あるいは犬走窯のものである。

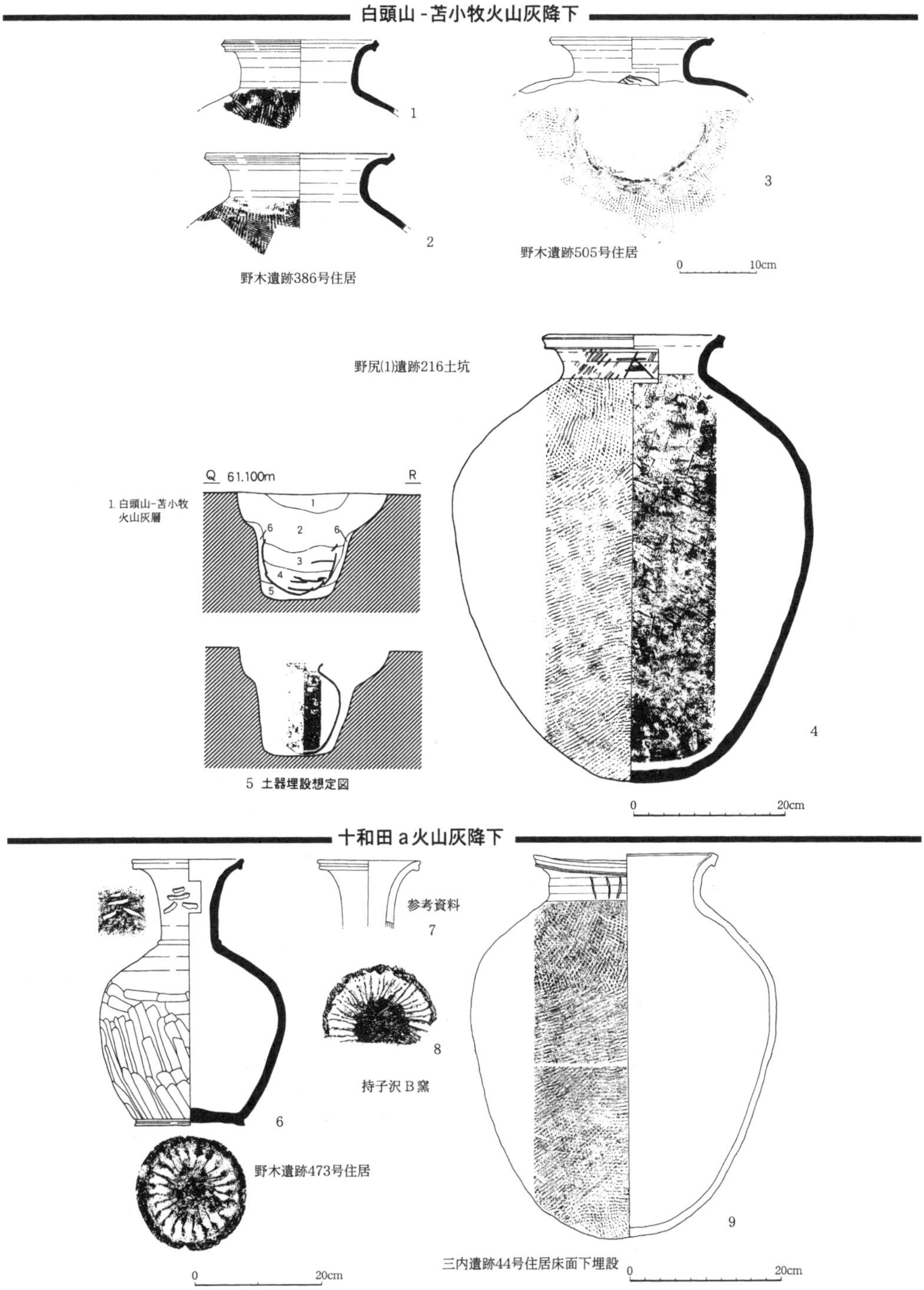
白頭山 - 苫小牧火山灰降下
1
2
野木遺跡386号住居
3
野木遺跡505号住居
0　10cm
野尻(1)遺跡216土坑
Q　61.100m　R
1. 白頭山-苫小牧
火山灰層
1
6　2　6
3
4
5
5 土器埋設想定図
4
0　20cm
十和田 a 火山灰降下
参考資料
7
8
持子沢Ｂ窯
6
野木遺跡473号住居
9
三内遺跡44号住居床面下埋設
0　20cm
0　20cm

図85　集落遺跡出土の須恵器　降下火山灰から見た埋没年代

2. 砂田系大甕・長頸壺の絶対年代

2.-1 白頭山-苫小牧火山灰 -青森市合子沢 野木遺跡386号住居-

　野木遺跡の386号住居では、白頭山-苫小牧火山灰を含む覆土中に、砂田系の中甕の大破片が2点（図85-1・2）入っていた。火山灰が混入しているとしか記録されていないし、その覆土自体が人為堆積なのか、自然堆積なのかも不明である。ただ、どちらにしても、火山灰が降下してからそれほど時間は経過していないと考えられる。甕は破片であり、大部分が失われている。どこか別の場所で、ある期間使用された後に廃棄されたと考えられる。そうであるとすれば、その生産年は、938年よりも古いことになろう。

2.-2 白頭山-苫小牧火山灰 -青森市合子沢 野木遺跡505号住居-

　野木遺跡505号住居では、床面から砂田系の中甕の大破片が出土し、覆土上部の2枚の層に白頭山-苫小牧火山灰が含まれていた。1回に降下したはずの火山灰が新旧関係を持つ2枚の層から出土しているので、それらの層は火山灰降下後の堆積である。それでも、降下火山灰が含まれる層の形成は、その降下からあまり時が経過していない場合が多いことから、この層も938年に近い頃の堆積層と推測できる。ただ、この住居は焼失しており、その床面に須恵器があった。焼失した後、竪穴の窪地を埋めた土に火山灰が含まれたとすれば、その焼失は938年に近いことになる。そして、甕は破片である。どこかで一定期間使用された後に廃棄されたと考えられる。

　以上に述べたのが、火山灰降下と須恵器を包含する土層との関係で埋没時期を推定できる例である。持子沢系あるいは犬走窯の製品は、十和田a火山灰降下年である915年よりも古い時期に生産されたと考えることができる。青森市三内遺跡の例により、古いものは、9世紀後葉には生産されていたと見ることができた。そして、五所川原産須恵器では最も新しいタイプのものとなる砂田系の須恵器は、白頭山-苫小牧火山灰との関係を見ることのできた野木遺跡の2例から、10世紀前葉～中葉初頭に製作されたと考えられる。この結論は榊原・中田・小野（1998：116頁）の推定年代とおおよそ重なる。

第2節　五所川原産須恵器の生産

(1) 須恵器生産の技術

1. 胎土

　須恵器生産に不可欠の物質的要素は、胎土の中心となる粘土類と燃料の樹木である。最初に須恵器胎土の化学成分の特徴を示し、次に、五所川原近辺におけるその成分を持つ粘土層の分布について述べる。

　表11として、五所川原市内2地点（大溜池、前田野目中村）と浪岡町2地点（野尻（1）遺跡南、野尻（4）遺跡内）で採集した（図86）粘土類の化学成分の分析値を示した。また、それらの粘土類と五所川原市犬走窯、および同市砂田D窯出土須恵器の化学成分との比較をおこなった（図87）。

　分析地点の土層を地質図（図86）に当てはめると、大溜池床の粘土層（図86-1）は低位段丘を

表11 五所川原市内および浪岡町産粘土の化学成分

単位：Ti～P（重量％）・Ba～Zr（ppm）

試料名	採取地・層準等	Ti	Al	Fe	Mn	Mg	Ca	Na	K	P	Ba	Cr	Cu	La	Li	Sc	Sr	V	Y	Zn	Zr
野尻粘土01	野尻(4)遺跡遺物包含層直下地山層	0.580	13.183	3.903	0.023	0.492	0.829	1.083	0.799	0.033	423	25	10	9	18	33	19	116	82	14	81
野尻粘土02	野尻(4)遺跡地山No.01層直下粘土層	0.444	12.889	3.808	0.065	0.508	1.624	1.688	0.582	0.038	477	13	10	12	12	23	177	55	29	97	198
野尻粘土03	野尻(4)遺跡地山No.02層直下層	0.355	9.946	3.007	0.081	0.479	2.016	2.445	0.780	0.039	501	5	9	13	13	18	213	42	44	83	164
野尻粘土04	野尻(4)遺跡地山No.03層直下層	0.367	9.675	3.033	0.073	0.539	2.289	2.553	0.786	0.045	446	10	10	15	13	19	229	49	50	81	157
野尻粘土05	野尻(4)遺跡地山No.04層直下層	0.353	8.950	3.039	0.087	0.586	2.500	2.701	0.841	0.054	428	9	10	14	12	17	245	54	44	82	138
前田粘土01	野尻(1)遺跡南隣 灰化せず	0.375	9.745	2.605	0.027	0.651	1.432	1.397	1.123	0.031	583	17	9	9	20	19	158	88	19	82	133
前田粘土02	野尻(1)遺跡南隣 灰化せず	0.362	9.477	2.681	0.032	0.643	1.539	1.478	1.171	0.030	590	16	10	10	18	16	166	87	20	86	125
前田粘土03	野尻(1)遺跡南隣 灰化せず	0.327	8.322	2.874	0.046	0.753	1.840	1.651	1.357	0.029	620	20	9	9	16	13	187	76	22	77	112
前田粘土04	野尻(1)遺跡南隣	0.415	11.236	4.257	0.011	0.904	1.273	0.712	1.160	0.045	419	80	46	48	32	33	122	308	178	352	165
前田粘土05	野尻(1)遺跡南隣	0.276	9.333	7.161	0.004	0.565	0.884	0.853	1.103	0.038	279	20	13	28	19	21	85	82	52	80	179
前田粘土06	野尻(1)遺跡南隣 灰化せず	0.295	10.311	2.498	0.021	0.439	1.101	1.258	1.170	0.029	382	20	17	17	20	23	111	93	38	101	158
前田粘土07	野尻(1)遺跡南隣 灰化せず	0.310	9.890	2.500	0.017	0.440	1.157	1.340	1.183	0.030	399	17	16	22	20	21	119	76	49	99	145
前田粘土08	野尻(1)遺跡南隣 灰化せず	0.290	10.385	3.012	0.014	0.520	0.817	1.027	1.236	0.033	382	18	16	19	21	23	91	80	46	101	163
前田粘土09	野尻(1)遺跡南隣 灰化せず	0.280	11.115	2.749	0.010	0.486	0.701	0.941	1.346	0.034	360	18	17	18	23	23	81	76	45	103	178
前田粘土10	野尻(1)遺跡南隣	0.388	9.807	2.899	0.022	0.714	0.765	1.004	1.218	0.052	500	22	34	16	20	25	114	117	48	123	149
前田粘土11	野尻(1)遺跡南隣	0.409	10.999	2.624	0.042	1.034	0.867	1.278	1.649	0.058	563	27	39	21	27	26	116	120	63	178	176
前田粘土12	野尻(1)遺跡南隣	0.415	10.375	2.794	0.024	0.616	1.243	1.543	1.278	0.048	525	22	32	16	22	25	147	106	37	95	158
前田粘土13	野尻(1)遺跡南隣 灰化せず	0.385	9.312	2.906	0.029	0.626	0.842	1.129	1.129	0.043	470	23	30	10	19	25	111	121	32	115	149
中村粘土01	前田野目中村灰白色粘土 灰化せず	0.333	9.723	3.030	0.032	0.501	0.725	1.543	1.298	0.030	375	15	27	14	29	22	100	49	39	102	188
中村粘土02	前田野目中村灰白色粘土 灰化せず	0.251	8.264	2.313	0.039	0.373	0.921	2.133	1.421	0.028	424	11	18	16	19	17	116	34	44	82	186
大溜池01	前田野目粘土	0.633	12.317	2.186	0.010	0.593	0.479	0.896	1.160	0.039	524	98	13	21	40	22	99	148	20	63	149
大溜池02	前田野目粘土 水簸	0.576	12.502	4.041	0.016	0.739	0.407	0.787	1.361	0.046	508	109	20	20	42	21	85	151	19	103	150
大溜池03	五所川原前田野目大溜池むつみ窯	0.524	11.205	4.097	0.013	0.578	0.488	1.049	1.347	0.021	386	62	14	26	30	17	104	116	19	65	132
大溜池04	五所川原前田野目大溜池床土	0.616	8.026	2.431	0.024	0.541	0.490	1.020	1.391	0.030	411	61	17	26	39	15	104	107	15	51	140
大溜池05	五所川原前田野目大溜池床土	0.586	9.196	4.074	0.015	0.489	0.286	0.819	1.321	0.032	387	74	19	28	34	16	81	122	17	53	152
大溜池06	五所川原前田野目大溜池床土	0.556	9.447	5.388	0.013	0.511	0.220	0.730	1.335	0.030	391	77	20	28	34	16	74	124	19	55	151
大溜池07	五所川原前田野目大溜池床土	0.557	11.273	3.628	0.014	0.610	0.193	0.569	1.408	0.032	404	90	20	25	43	19	64	136	21	62	157
大溜池08	五所川原前田野目大溜池床土	0.558	11.646	3.635	0.021	0.630	0.215	0.547	1.445	0.033	445	94	19	23	44	19	75	130	20	65	162
大溜池09	五所川原前田野目大溜池床土	0.520	11.839	2.503	0.012	0.714	0.280	0.700	1.465	0.035	623	84	22	28	52	23	86	112	29	71	147
大溜池東01	五所川原大溜池東上部層白色シルト	0.372	12.296	2.050	0.012	0.321	0.133	0.416	1.021	0.028	305	34	17	17	15	21	29	68	22	53	101
大溜池東02	五所川原大溜池東中部粘土	0.411	9.454	1.581	0.012	0.286	0.505	0.883	1.055	0.026	359	30	17	20	22	12	82	66	21	54	111
大溜池東03	五所川原大溜池東中部粘土	0.661	12.133	3.817	0.030	0.564	0.116	0.506	1.082	0.035	576	59	29	31	34	21	53	176	32	111	142
大溜池東101	五所川原大溜池東部表土	0.701	9.076	5.821	0.095	0.703	0.421	0.858	1.448	0.095	391	86	129	36	51	14	84	197	21	125	236
大溜池東102	五所川原大溜池東部表土直下黒褐色土	0.705	16.558	9.165	0.052	0.606	0.046	0.174	1.016	0.061	506	97	63	25	47	27	43	238	21	127	227
大溜池東103	五所川原大溜池東部褐色ローム	0.768	12.078	7.431	0.084	0.659	0.156	0.444	1.397	0.044	425	90	44	26	53	18	74	234	19	114	198
大溜池東104	五所川原大溜池東部褐色ローム	0.650	15.950	8.829	0.078	0.510	0.014	0.157	0.924	0.063	661	70	53	24	60	27	37	217	20	123	176
大溜池東105	五所川原大溜池東部褐色ローム	0.599	14.578	7.550	0.080	0.434	0.010	0.163	0.778	0.054	586	57	48	27	46	27	32	181	23	119	181
大溜池東106	五所川原大溜池東部	0.663	9.425	3.913	0.022	0.376	0.012	0.168	1.085	0.028	328	63	22	30	30	18	43	127	23	53	154
大溜池東107	五所川原大溜池東部上部黄白色粘土	0.608	12.925	3.670	0.009	0.542	0.009	0.132	0.885	0.033	296	69	24	32	36	22	42	148	32	70	191
大溜池東108	五所川原大溜池東部	0.318	13.403	2.205	0.010	0.259	0.063	0.250	0.765	0.027	268	35	16	17	19	17	22	64	21	57	116

構成する約2万年前の堆積層である。試料とした粘土は、大溜池近くの「津軽金山焼松風窯」の窯元、松宮亮二氏が、窖窯を用いた焼き物の素地としている粘土層から採集した。浪岡町の野尻（1）南露頭（図86-3）は、25～40万年ほど前の十和田火山の火砕流の風化した前田野目層のものである（根本 2000）。五所川原市前田野目中村（図87-2）の灰白色粘土試料と野尻（4）遺跡内の地山（図86-4）は、十和田火山の火砕流を基本とした層と考えられる。また、図87によると、犬走および砂田D両窯出土の須恵器の成分は、五所川原市大溜池床の灰白色粘土に最も近い。他の3地点の試料は、須恵器とは異なる成分である。

上記のことにもとづくと、五所川原産須恵器の胎土として利用されたのは、十和田火山の火砕流の風化層ではなく、約2万年前の堆積物で構成される低位段丘の粘土である可能性が高い。そこは多くの集落遺跡が拓かれた段丘面西側の北部にあたり、須恵器窯跡が集中する前田野目川周辺から1～数km離れている（図86）。

2. 窯構造と推定される燃料

図88として、五所川原市犬走窯の構造を示した。窯は半地下式の無断窖窯と推定されている。ここには二つの窯が重なっているが、新しい方の2号窯についてその規模を記すと、窯体の全長

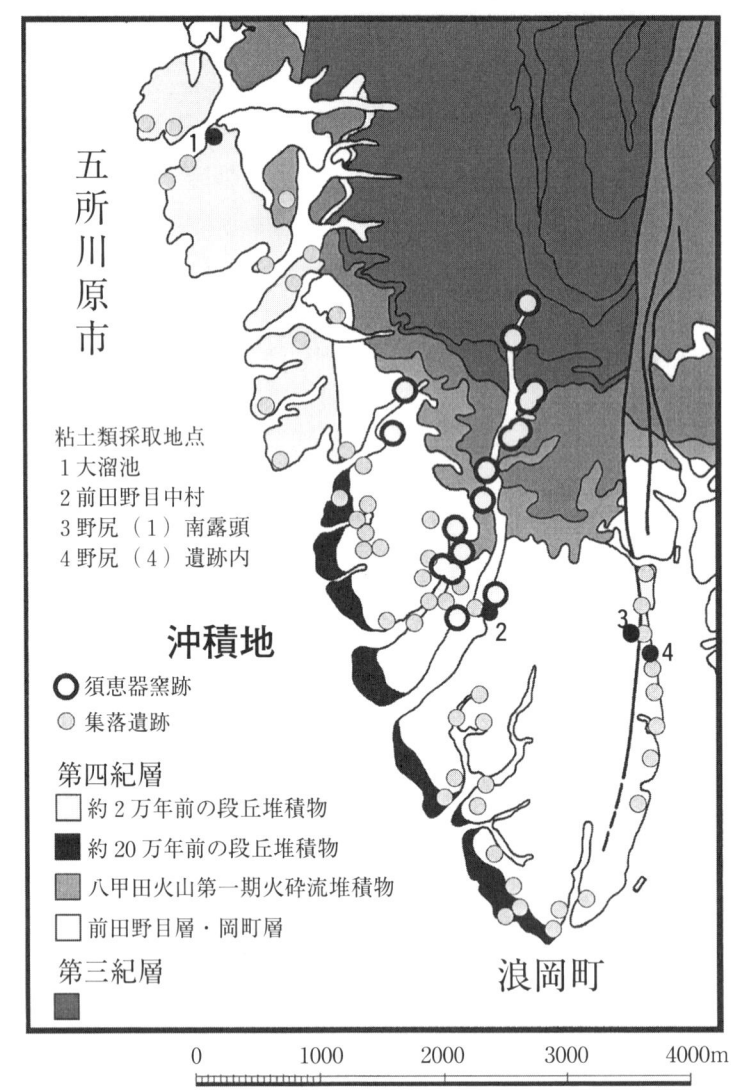

図86 五所川原産須恵器窯周辺の地質と粘土採集地点

7.3m、幅2.1〜2.6m、燃焼室は長さ2.1m、幅2.0〜2.4mである。燃焼室の傾斜は約10度、燃成室から窯尻にかけての傾斜は約23度である。このような構造と規模の窯は、東北北部ではそれ以前には存在しなかった。

　このように、窯内の容積が大きいうえに、須恵器は造岩鉱物が溶解するほどの高温で焼成されるので、使用された燃料は多量だったはずである。したがって、燃料は、拾い集められた薪で間に合うはずはなく、伐採された樹木が用いられたことであろう。その樹種は不明だが、窯の後背の丘陵地に豊富にあった樹木が利用されたと考えられる。樹木を多量に伐採して、それを燃料に使う土器生産形態は、五所川原で須恵器生産が開始されるまで東北北部には存在しなかった。

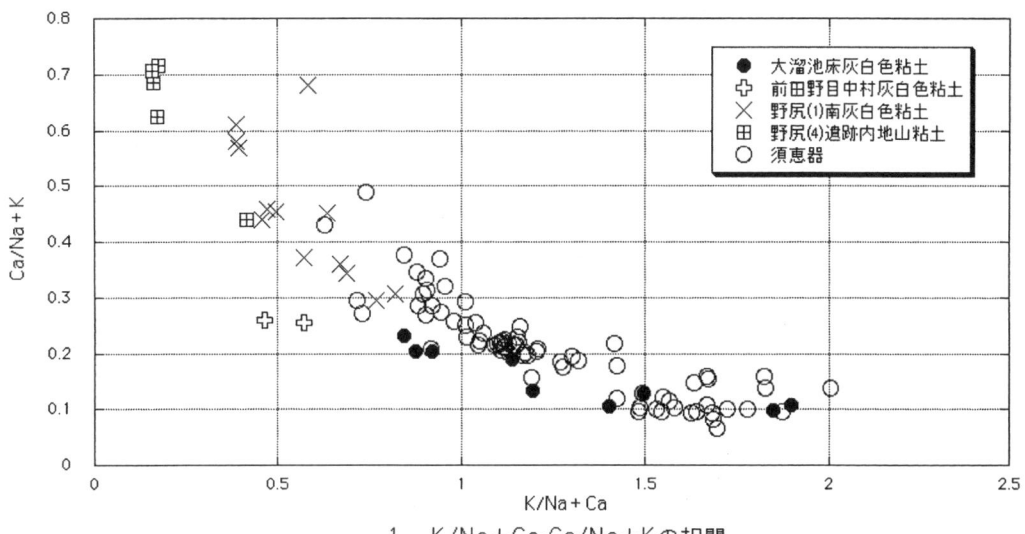

図87　五所川原産須恵器と市内産粘土の化学成分

1. K/Na+Ca-Ca/Na+Kの相関
2. K/Na+Ca-Ti/Al+Fe+Mgの相関

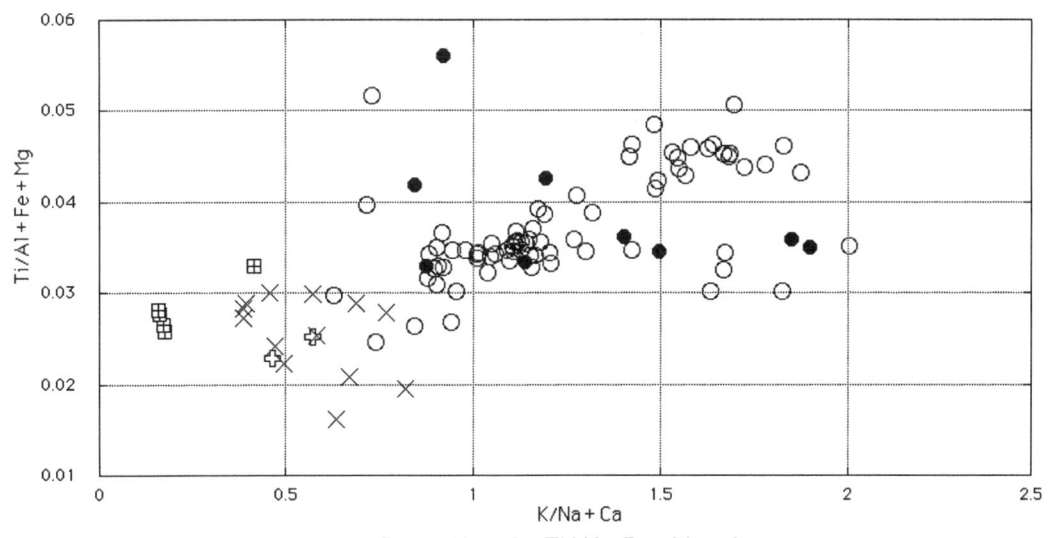

（3）須恵器生産集落と窯の立地条件

1．地形と地質

　図79として、集落と推定される遺跡の分布を示した。それらのうち発掘調査された遺跡は、17～19の3遺跡（隠川12・4・3遺跡）だけである。他の遺跡は遺物散布地として登録されているものだが、その立地条件から、多くは集落であると考えられる。それらの遺跡の分布状態を一見して、集落遺跡と窯跡群とは、立地地域に違いがあることがわかる。この点は、同じ窯業でも、集落内に焼成遺構が造られるロクロ土師器とは異なる。

　図89は、集落遺跡と窯跡群との立地を示した模式図である。この模式図は、十川・隠川（12）遺跡・持子沢窯跡群・砂田窯跡群を通る線上で土地を切ったとして、距離：標高を1：2.5に変換

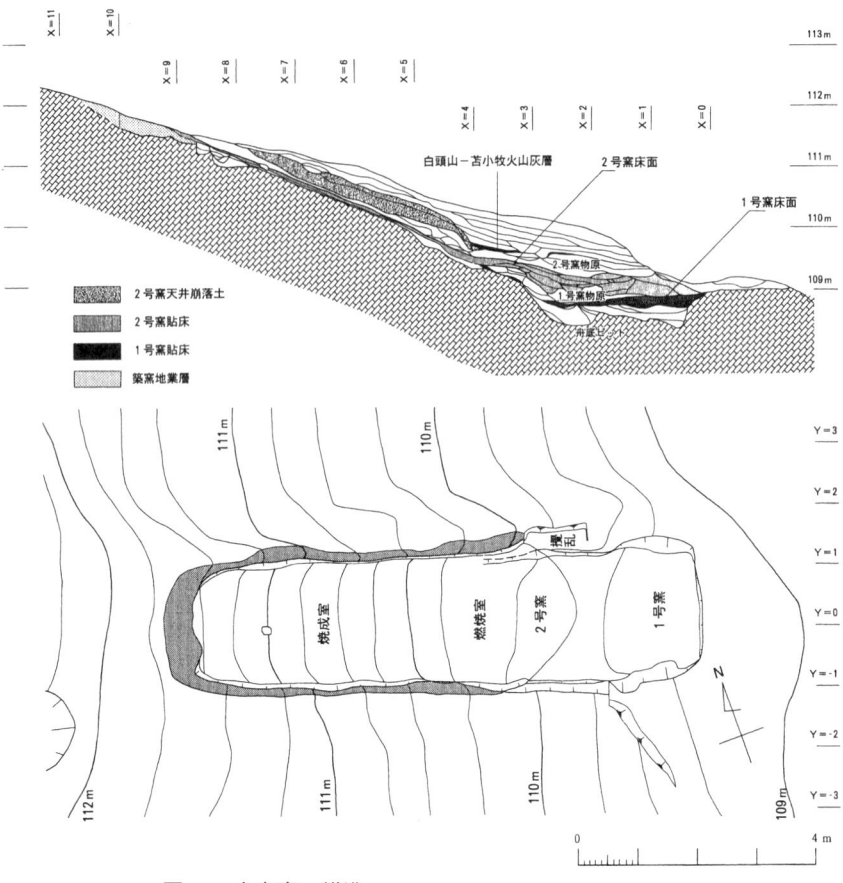

168　第2部　物質文化から見た蝦夷社会における人の動き

図88　犬走窯の構造（工藤ほか　1998：第9図より転載）

して作図したものである。図からわかるように、それらの集落遺跡の分布域と窯跡の占地地域との地形とを比較すると、集落は低地に近い緩斜面に営まれ、窯は丘陵地の、傾斜が急になりはじめる地点からさらに奥地を選択して築かれている。

　図89に示した隠川（12）遺跡は、分布調査で把握されている集落遺跡のなかでは標高の高い地域にある。隠川（12）遺跡やその東に隣接する隠川（4）遺跡からは、ロクロピットを持つ住居跡が複数検出され、ロクロピットのある住居内に置かれていた白色粘土の化学成分と、須恵器の化学成分はほぼ一致した（三辻 1998）。その集落では須恵器や土師器の成形がおこなわれていたのである。隠川（12）および隠川（4）遺跡は、須恵器や土師器の生産者たちが住んだ集落であると推定できる。そのことが、比較的窯に近い地点に集落を営んだ要因であろう。そして、須恵器生産者が住まない場合には、図79からわかるように、より段丘の縁に近い地域に集落が営まれたとみてよいであろう。それぞれの集落は、その成員の生業を反映した場所に営まれたと考えられる。水田に近く、畑作が可能な緩斜面地に一般の集落が営まれ、須恵器の窯は、傾斜が急な丘陵地に造られたのである。そして、須恵器生産者の住む集落は窯に近い地点にあった。

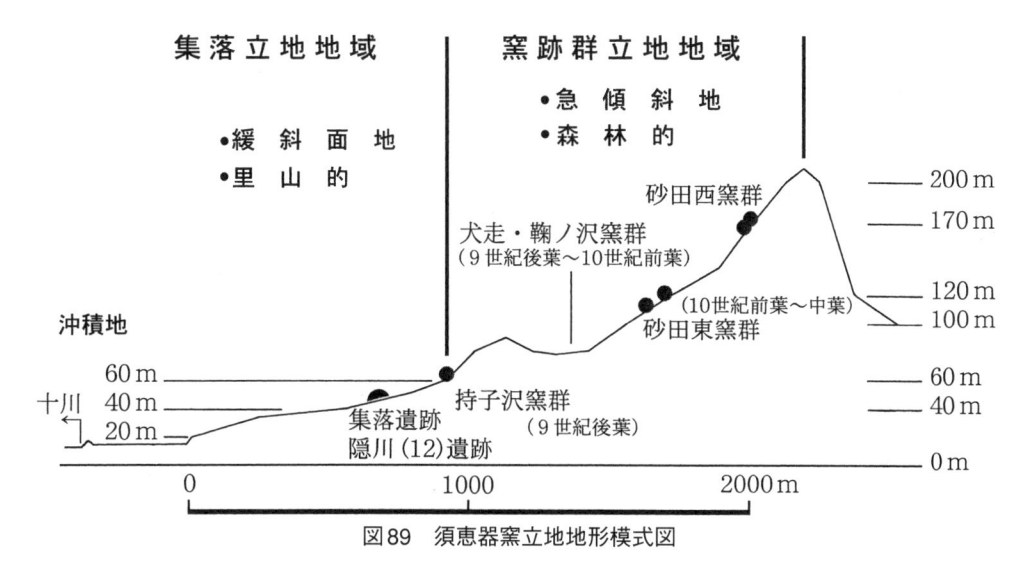

```
  集落立地地域 │ 窯跡群立地地域
               │
  ・緩斜面地    │ ・急傾斜地
  ・里山的      │ ・森林的
```

図89 須恵器窯立地地形模式図

2. 窯築造地の選択理由

　須恵器の窯は、集落が営まれた緩斜面にではなく、傾斜が急になる丘陵地に築かれた（図89）。窯の焚口から煙出しへの傾斜を20～40度とするのに、傾斜地が選択されたことが理由の一つであろう。だが、おそらく理由はそれだけではない。図86や図89からわかるように、窯は9世紀後葉には集落近隣に築かれているが、時期を追うごとに山の奥地へとその構築場所が移動していく。窯を山奥へと移築していかねばならぬ理由があったはずである。

　須恵器生産に不可欠な要素は、第一に素地となる粘土類、第二に燃料となる樹木類の存在である。粘土類の化学成分分析の結果から考えるならば、五所川原産の須恵器生産に用いられる粘土類は、約2万年前に堆積した低位段丘先端部に存在するものである。しかし、須恵器窯は粘土類の採掘地の近くではなく、標高50m以上の急傾斜地に営まれていた。それをもとに考えるならば、五所川原の須恵器窯跡群は、粘土類の採掘地の近さではなく、むしろ別の要素を第一にして築かれていたことになる。須恵器生産では、一度の焼成で相当量の薪が消費されたであろう[4]。したがって、窯は燃料の供給地に近い地点に造られることが理想的である。窯は、集落ではなく、山地に営まれたと考えられる。

　図89に示したように、五所川原では、傾斜が急になる丘陵地のうち、最も標高が低く、集落に近い地点に初期の須恵器窯である持子沢窯が営まれた。その後、時期の経過とともに標高の高い丘陵奥地へと窯の築造地点が移ったのである。最も新しい段階の砂田窯は、標高170m付近にあり、集落からは直線距離で1km以上も離れている。このような窯跡立地場所の時期的変遷は、窯が、標高の低い地点から高い地点へ、しかも集落から離れた山奥へと移動したことを示している。その動きから、窯の移動の要因が、燃料の確保であったことを読み取ることができる。

　加藤瑛二（1997）では、大阪府・岐阜県・愛知県などの古代～近世の窯業が、原料と燃料とを備えた丘陵地域に立地すると述べ、古代には原料より燃料依存の傾向があったと考えている。五所川原における須恵器窯の立地も、原料と燃料とを備えた地域内ではあるが、燃料の確保を重視して選択されていたことを物語っている。

(2) 須恵器生産技術の移入と生産者の移住

　五所川原市域や能代市域で須恵器が生産されていた9世紀後半〜10世紀には、東北北部や北海道は古代日本国に属していない。しかしながら、須恵器焼成に適した粘土の採掘地の選定、素地の調整、ロクロを用いておこなう器の成形、窯の構築、窯による土器の焼成、燃料の伐採、といった様々な技術は、すべて古代日本国に源がある。しかも、それらは、限られた専門家だけが持っていた技術である。

　その技術の専門性の高さは、粘土原料の選択からもうかがえる。松本（2001b）によると、五所川原産の土師器には須恵器と同じ成分の胎土のものと異なる成分のものとがある。また、図90として示したように、一般に、土師器はK/Na＋Ca、Ca/Na＋Kの値の幅が広く、須恵器はその値が狭い。この図の須恵器には、五所川原市域や能代市域のものだけでなく、関東や佐渡島のものも含めてあるが、K/Na＋Caの値は地域に無関係に0.6〜2.0の間に入り、Ca/Na＋Kの値が0.5以下となる。つまり、須恵器は、土師器よりも限定された粘土類を用いるのである。そして、津軽の場合、これまで各地の土師器の胎土分析をおこなった結果では、そのタイプの粘土類が分布する地域は五所川原近辺に限られる可能性が高い。

　図87は、五所川原市金山にある大溜池床の低位段丘を構成する粘土類と五所川原市の東に隣接する浪岡町の前田野目層の化学成分を比較したものである。前田野目層は十和田・八甲田火山の噴火噴出物が風化した粘土であり、根本（2000）によれば20万〜40万年前の堆積層である。試料採集地2〜3は前田野目層に相当し、4も十和田・八甲田火山の噴出物に由来する層である。一方、五所川原市大溜池床の粘土は、吾妻（1995）によれば2万年ほど前の層であり、それらは十和田・八甲田火山起源ではない。五所川原須恵器窯近辺の段丘堆積物のほとんどは、十和田・八甲田火山起源であるが、大溜池を含む低位段丘だけが別起源なのである（吾妻 1995）。すなわち、須恵器窯や隠川遺跡に近い前田野目川下流域の低位段丘は、大溜池付近の低位段丘とほぼ同じ標高であるが、そこは隆起した部分であり、構成する土の起源が異なる。

　そして、大溜池の粘土の化学成分は須恵器胎土の成分に非常に近く、前田野目層の粘土は土師器に近いが須恵器の成分とははっきりと異なる。このことから、須恵器の産地は、五所川原市域や浪岡町域という狭い範囲のなかでも、特定の特徴を持つ粘土類の有無に規定されて選地されたと考えられる。そして、そのような粘土類を識別する能力を持つ人間が、五所川原市域の須恵器生産に適した粘土層を発見し、そこで窯を操業したと推定できる。

　以上のように、9世紀になるまで東北北部には存在していなかった須恵器生産が、専門的な技術であり、古代日本国の領域に存在した特別なものであった点に注目するならば、その生産者は古代日本国領域からの移住者であったことになる。そのような技術の持ち主たちは、いかなる理由で、国外である五所川原市域に移住したのであろうか。これを考えるには、五所川原産須恵器には、どのような器種があり、それらがどこでどのように利用されたのかを検討する必要がある。

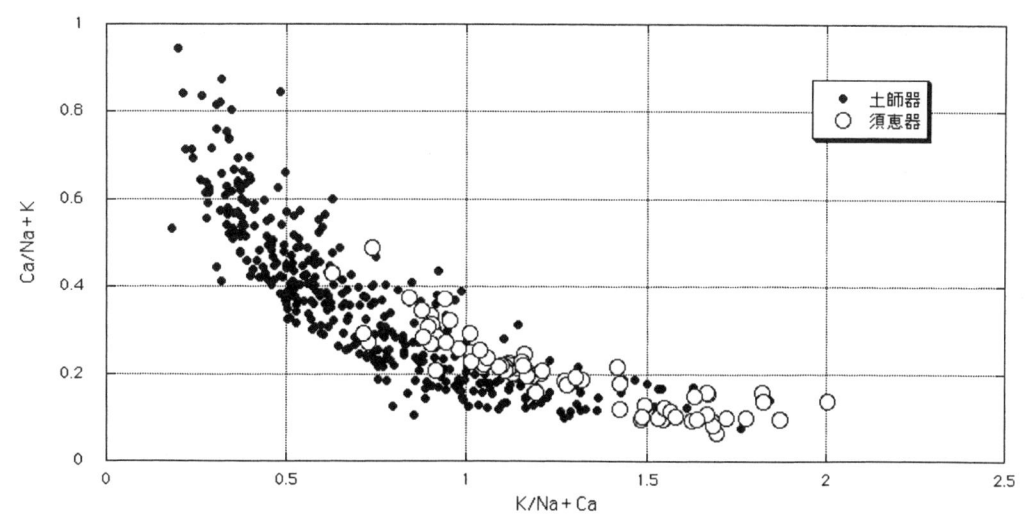

図90　須恵器と土師器の胎土の化学成分の違い

第3節　五所川原産須恵器生産の社会的背景

(1)　須恵器の分布

　図91として、五所川原産の須恵器の分布域を示した[5]。三辻（1993a）の胎土分析結果と須恵器の形態的特徴にもとづいて作成された、福田（1993a）・豊田宏良（1997）・三浦・神（1997）らの分布図を基本に、鈴木琢也（2004）の情報を加えて作ったものである。それによれば、五所川原産須恵器の分布域は古代日本国の外である。五所川原産須恵器が出土した最北の遺跡は、北海道稚内市声間大曲遺跡である。サハリンからの須恵器出土は知られていない。

　ところで、三辻（1990・1993b）では、五所川原産須恵器が東北北部や北海道に流布している頃、新潟県佐渡島の小泊窯の製品もそれらの地域に流通していたと考えている。それが正しいとすると、五所川原産須恵器とは異なり、小泊産須恵器の場合には、古代日本国の領域内にある製品、すなわち、国家が管理している地域で生産された製品が、国家の外に運ばれていたのであり。しかも、五所川原産須恵器の産地内にもその製品が多量に出回っていたことになる。

　だが、坂井（1992・1994）、春日真実（1998）は、三辻が試料とした須恵器を観察した結果、小泊窯産と推測された製品は、ことごとく小泊産ではないと判断した。器形や胎土の外観から小泊産須恵器と五所川原産須恵器とを区別することは容易であり、実測図を見る限り、坂井や春日の判断が正しい。また、松本（2003c）によれば、胎土の化学成分でも、小泊産須恵器と五所川原や能代産の須恵器とを十分に区別できるのだが、三辻の方法では分離できない。したがって、9世紀後半以降、小泊の須恵器が東北北部や北海道に存在したという十分な証拠は、いまのところない。五所川原に須恵器窯が築かれた後に古代日本国の領域外に分布した須恵器の中心は、五所川原産であった点をここで確認しておく[6]。

　なお、9世紀中葉およびそれ以前には、秋田県域南部や山形県域などのいくつかの窯から須恵

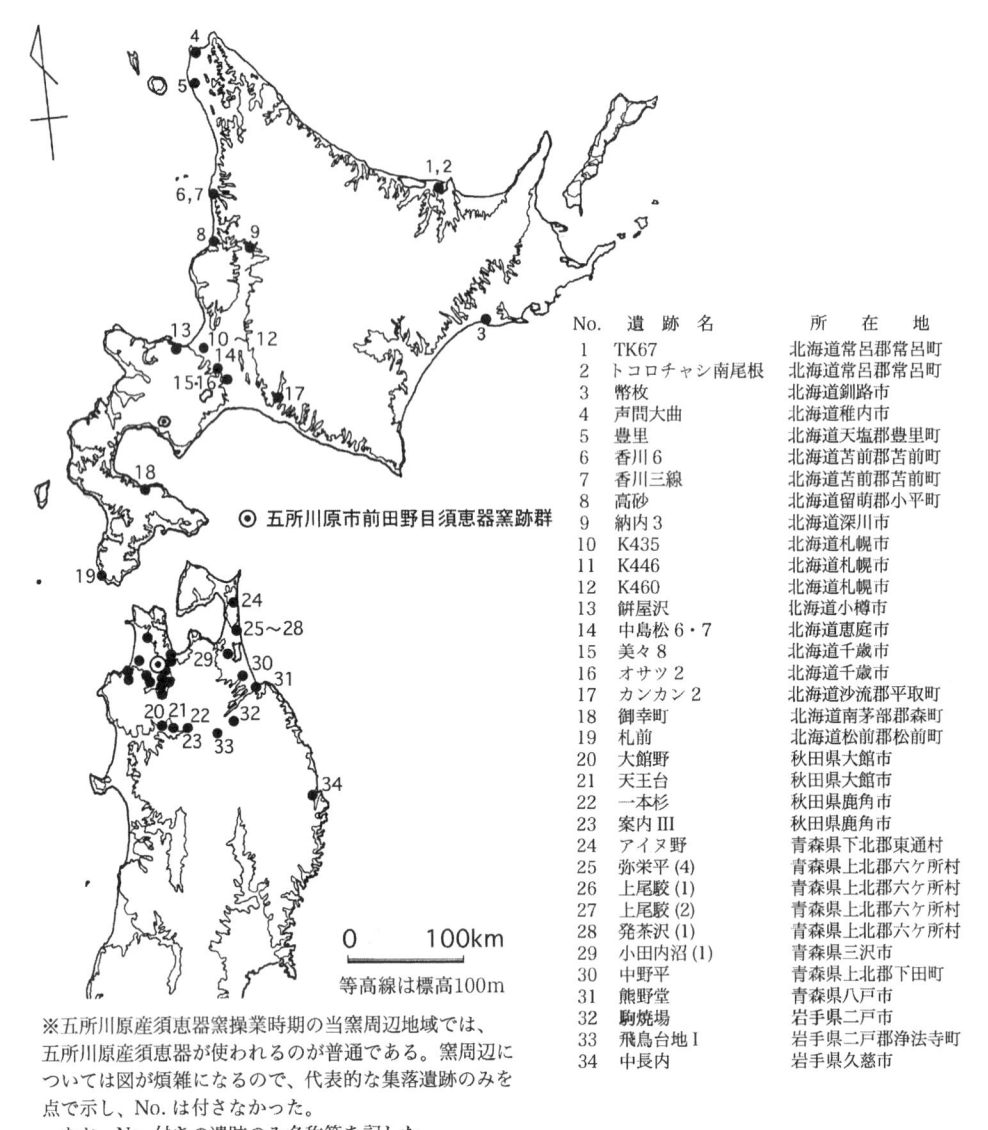

172　第2部　物質文化から見た蝦夷社会における人の動き

No.	遺跡名	所在地
1	TK67	北海道常呂郡常呂町
2	トコロチャシ南尾根	北海道常呂郡常呂町
3	幣枚	北海道釧路市
4	声間大曲	北海道稚内市
5	豊里	北海道天塩郡豊里町
6	香川6	北海道苫前郡苫前町
7	香川三線	北海道苫前郡苫前町
8	高砂	北海道留萌郡小平町
9	納内3	北海道深川市
10	K435	北海道札幌市
11	K446	北海道札幌市
12	K460	北海道札幌市
13	餅屋沢	北海道小樽市
14	中島松6・7	北海道恵庭市
15	美々8	北海道千歳市
16	オサツ2	北海道千歳市
17	カンカン2	北海道沙流郡平取町
18	御幸町	北海道南茅部郡森町
19	札前	北海道松前郡松前町
20	大館野	秋田県大館市
21	天王台	秋田県大館市
22	一本杉	秋田県鹿角市
23	案内III	秋田県鹿角市
24	アイヌ野	青森県下北郡東通村
25	弥栄平(4)	青森県上北郡六ケ所村
26	上尾駮(1)	青森県上北郡六ケ所村
27	上尾駮(2)	青森県上北郡六ケ所村
28	発茶沢(1)	青森県上北郡六ケ所村
29	小田内沼(1)	青森県三沢市
30	中野平	青森県上北郡下田町
31	熊野堂	青森県八戸市
32	駒焼場	岩手県二戸市
33	飛鳥台地I	岩手県二戸郡浄法寺町
34	中長内	岩手県久慈市

※五所川原産須恵器窯操業時期の当窯周辺地域では、五所川原産須恵器が使われるのが普通である。窯周辺については図が煩雑になるので、代表的な集落遺跡のみを点で示し、No.は付さなかった。
なお、No.付きの遺跡のみ名称等を記した。

図91　五所川原産須恵器の分布

が運ばれていたはずである。だが、東北北部以北の窯だけを問題にするため、ここではその時期の須恵器の流通については言及しない。

(2)　分布の意味

　第2章の表4に示した、津軽の9～10世紀前半の23集落では、須恵器は土器組成の一つである。集落数も住居数も多いので、そこで使われた須恵器は多量であったことになる。出土した須恵器は、ほぼ五所川原産である。器種には坏・壺・中甕・大甕がある。そして、津軽以外の地域には、この時期にあまり五所川原産の須恵器はない。

　表4によると、10世紀後半～11世紀まで存続する集落遺跡が、津軽で13を数える。そのすべてから須恵器が検出されているが、10世紀前半以前の集落に比べると、1遺跡あたりの量が少ない。

表12　北海道における五所川原産須恵器の出土時期

No.	遺跡名	所在地	出土遺構・出土層の年代
1	TK67	北海道常呂郡常呂町	表土層・周辺に後期擦文土器
2	トコロチャシ南尾根	北海道常呂郡常呂町	10世紀後半頃
3	豊里	北海道天塩郡豊里町	
4	香川6	北海道苫前郡苫前町	10世紀後半〜11世紀
5	香川三線	北海道苫前郡苫前町	10世紀後半〜11世紀
6	高砂	北海道留萌郡小平町	10世紀後半〜11世紀
7	納内3	北海道深川市	周囲に他の遺物なし
8	K435	北海道札幌市	10世紀後半〜11世紀
9	K446	北海道札幌市	9世紀後葉〜10世紀後葉
10	K460	北海道札幌市	9世紀後葉〜10世紀後葉
11	餅屋沢	北海道小樽市	10世紀後半〜11世紀
12	中島松7	北海道恵庭市	10世紀後半〜11世紀
13	美々8	北海道千歳市	9世紀後葉〜10世紀後葉
14	オサツ2	北海道千歳市	9世紀後葉〜10世紀後葉
15	カンカン2	北海道沙流郡平取町	10世紀中葉〜10世紀後葉
16	御幸町	北海道南茅部郡森町	9世紀後葉〜10世紀後葉
17	札前	北海道松前郡松前町	10世紀後葉〜12世紀

※報告書にあたったもののみ、年代等を記した。

器種は、壺・中甕・大甕である。五所川原市域に近い津軽では、須恵器が生産されていた期間に多くの集落が営まれていたが、須恵器の生産が終了するとともに、集落の数も減少している。また、五所川原市域から遠い、東北北部の他の地域や北海道から出土した五所川原産の須恵器の多くも、壺・中甕・大甕である。しかも、北海道では須恵器が出土する遺跡が少なく、出土量も極くわずかである。須恵器は、それが流通の対象だったのではなく、何かの見返りに渡された製品であったのかもしれない。

　そして注意しておかねばならないのは、五所川原およびその近辺と北海道との間では、須恵器廃棄時期に違いがある点である。五所川原およびその近辺では、五所川原産須恵器が生産されていた年代に併行して須恵器が廃棄されていたが、白頭山－苫小牧火山灰降下前、すなわち938年を境にそれよりも前に廃棄される例が圧倒的に多く、北海道では白頭山－苫小牧火山灰降下、すなわち938年を境にしてそれよりも後に廃棄される例が多いのである。表12として、北海道出土の須恵器が土層中に堆積した時期を示した。不明なものは空欄にした。石狩低地帯には、五所川原市域で須恵器が生産されている時期の流通を示すものもある可能性があるが、定かではない。石狩低地帯以外の地域では、すべてが10世紀中葉あるいは後葉以降のものである。五所川原産の須恵器は、津軽での利用よりやや遅れて北海道に入っている場合が多いのである。

　五所川原産の須恵器が9世紀後葉〜10世紀前葉の生産のピーク時よりもやや遅れた、生産の最後の頃、すなわち10世紀中葉およびそれ以降に北海道に入ったと推測するうえで参考になるのが、鍛冶遺跡や、擦文土器の高台坏の存在時期である。北海道において小鍛冶や鉄精錬の痕跡が増えるのは、10世紀後半以降である。また、高台坏が北海道の日本海側に出現するのもほぼ同時期である（瀬川 1996）。しかも、この坏は、10世紀後半以降の津軽にあった、ろくろ挽きの木製椀に似ており、その出現には、木製椀が関係していると推測できる。おそらく、この時期に木製椀が津軽から移入されたこともあったのであろう。

このように、10世紀後半以降に北海道に入る文化要素は多数ある。そして、北海道全域に五所川原産の須恵器が広がる時期もほぼ同じなのである。共伴する他の品物の帰属時期から考えれば、むしろ、9世紀後葉に北海道に移入された須恵器は数少なく、石狩低地帯付近にしかそのような遺跡はない（表12）。しかも、それらの遺跡でも、完全には9世紀後葉のものと断言できず、それら須恵器の利用時期は、10世紀後葉であった可能性が残るのである。10世紀後半以降に北海道に移入された須恵器は、独立して運ばれたのではなく、津軽地表からの多くの文化要素を含むなんらかの関係のなかにあったと考えるべきではなかろうか。

北海道の日本海沿岸には、北海道およびそれより北の地域と本州の産品の流通による交易集団が10世紀後葉に成立したという考えがある（瀬川 1996：15頁）。北海道における五所川原産須恵器の利用は、その動きのなかでのことであろう。また瀬川は同論文のなかで、鎌倉時代成立の『諏訪大明神絵詞』に記された渡党は擦文時代における（北海道）西南部集団のその後の姿を指すとしている（14頁）。それは正しいであろう。後に渡党となる人々は、10世紀後半以降、津軽半島部から渡島半島西南部にかけて存在していた。主に交易にかかわったのは彼らであったろう。『諏訪大明神絵詞』によれば、渡党の話す言葉は、聞き取りづらくはあるが大和言葉であるようである。そのような集団が、北の産物に対する見返りの品として津軽の様々なものを北海道に持ち込み、そのなかに須恵器もあったと考えられる。

第4節　須恵器生産者移住の背景とその目的

東北北部に最も近い大きな須恵器産地である北陸では、平安時代前期の須恵器生産者は国衙に登録されていた班田農民であり、その生産は私営手工業であったと考えられている（吉岡・浜岡 1967）。五所川原市域に移住してきた須恵器生産者も、その移住前にはどこかの富豪層と貢納関係を結んでいたことであろう。そうであるならば、須恵器生産者が、富豪層との関係を自発的に解消し、移住をしたと考えるよりも、富豪層に新たな土地を開発するために移住させられた可能性の方が高いであろう。

五所川原市域における須恵器生産の技術は、東北北部に根づいたり、中世陶器となるといった別の形で継続したりはしなかった。そこでの須恵器の生産は、東北北部でのその生産の継続を目的としていなかったことを読み取ることができる。五所川原市域の須恵器生産者は古代日本国において、富豪層と関係を持っていた者たちであり、彼らはその富豪層の意向によって、特定期間、津軽地域でその生産を要請されたと想像できる。

五所川原に須恵器窯が多数作られた時期には、東北北部に多くの集落が営まれた。津軽の平野に面した丘陵地の開拓は、とくに大規模であった。その周辺で鉄製錬と鉄製品の生産もおこなわれた。津軽が開拓されたその背景には、古代日本国領域からの移住が数多くあったと考えられるが、そのことを記す政府の史料がないので、その移住は古代日本国の政策であると判断する根拠はない。しかし、それが古代日本国の領域に住む人々の移住である以上、元の土地を離れるに際しては、土地を介して繋がっていた富豪層や政府系の人々となんらかの摩擦が生じていたであろう。あるいは、

摩擦が生じていないとすれば、その移住が富豪層等の意図の下にあったからと推測できる。

　五所川原における須恵器生産は、9世紀後葉～10世紀中葉と考えられる。それに併行して、周辺の集落に五所川原産の須恵器が大量に供給される。それ以外の地域には製品はあまり流通しない。そして、須恵器が生産されている時期こそは、津軽で多くの集落が営まれる頃である。第2章で、その集落は、稲作を中心とした耕地の開拓をおこなっていたと考えた。このことから、五所川原で須恵器の生産をおこなった主な目的は、その開拓を支えることであったと推測する。そして、10世紀前半までの開拓の完了で、須恵器生産に区切りが付けられる。その結果、その後、新たな須恵器窯は営まれなかった。

　一方、北海道に広い範囲で五所川原産の須恵器が出土するようになるのは、五所川原における須恵器生産や津軽の集落での須恵器の使用開始時期よりも後である場合が多いし、その流通量も少ない。津軽において、須恵器は日常の生活用具として生産され、利用されていたが、北海道においては、それは日常の生活用具ではなく、特別な品として、交易等の結果入手されたものであったろう。北海道への須恵器の流通は、須恵器生産者が携わったことではなく、五所川原における須恵器の生産の本来の目的には入っていなかったと考えるべきであろう。

註
（1）　本書脱稿間際、五所川原市教育委員会（2003）があることを知った。それには、同市内の須恵器窯跡の詳細な分布、性質、その時期的変遷などが報告されている。筆者の怠惰の故に、それを知ることが遅れ、時間的余裕がなく、本研究にはそれを生かすことができなかった。
（2）　本書脱稿間際、窯跡の最近の発掘調査事例を踏まえた五所川原市教育委員会（2001・2003・2005）にあたることができた。五所川原須恵器窯跡群の詳細な分布調査を報告した五所川原市教育委員会（2003）の編年試案によると、五所川原須恵器窯跡群の年代について「初現が9世紀後葉～末葉、終焉が10世紀中葉以降であり、11世紀までは操業していないものと考えられる（146頁）」と述べられている。本論は、窯の調査に関しては1998年までの情報にもとづいている。新しい情報を参考にできなかったのは、筆者の怠惰の故である。しかし、大筋では、筆者の述べた内容を訂正せねばならぬ箇所はないと見ることができた。先の3冊の報告書には利用すべき須恵器実測図、遺跡分布図等の情報が多数掲載されているのであるが、性急に変更することもできないので、本書は2003年12月に完成したままの内容とした。
（3）　十和田a火山灰の降下年については、町田洋ほか（1981）、早川由紀夫・小山真人（1998）らが『扶桑略記』中の記述にもとづいて、915年の降下であることを確かめた。白頭山－苫小牧火山灰の降下年は、早川・小山（1998）が『興福寺年代記』と『貞信公記』中の記述から、噴火開始が946年11月でクライマックスは947年2月であるとした。加えて、『扶桑略記』の記述から930年、934年、944年の可能性も考えている。福沢仁之ほか（1998）は、小川原湖に堆積した年縞堆積物を用いた年代測定をおこない、白頭山－苫小牧火山灰が含まれる層を937-938年のものとした。石塚友希夫ほか（2003）は、白頭山周辺の火砕流層・泥流層から採取された炭化樹木を用いた放射性炭素年代測定をおこない、その炭化樹木を試料としてwiggle matchingを年代較正に用いて樹木が堆積した年代は930-944年（1σ）であるとした。
（4）　千葉（1991）では、1866年の岐阜県土岐郡土岐口村（現土岐市）の例をひき、2700束の薪が四間窯で煎茶碗焼成用の1～2回分程度と述べられている。

（5） 鈴木（2004）には、北海道内において五所川原産須恵器が採集された56地点の分布図が示されている。それに教えられ、報告書にあたることができた稚内市と釧路市の遺跡を図91に新たに加えた。
（6） 鈴木（2004）では、発掘調査で出土した須恵器のみならず、採集品も含め、北海道内採集のほぼすべての資料にあたり、それらの帰属時期について検討している。それによっても、五所川原産以外の須恵器は9世紀末葉よりも古いものとのことである。

第 3 部　蝦夷とは誰か

第9章　物質文化から見た古代の蝦夷

　本研究は、古代日本国の外にあって、国にまつろわなかった「一つの集団」であるという蝦夷観を排して、そう表記された人々が、どのような歴史を持つ人々であったのか、物質文化を対象として叙述することを心がけてきた。対象地域を東北北部および北海道南部、対象時期を5世紀末～11世紀にかけてとした。論の構造として重視したのは、対象とした人々が、縄文時代以来そこに居住し続けていた人々であったと、無批判に考えるのではなく、それらの人々がいつからそこにいたのかを常に問うことであった。3～5世紀にかけて当該地域に集落がほとんどなかったことを、人口密度が非常に低かったことの反映ととらえ、7世紀以降の集落の増加を、人口の移住で説明しようとしたのである。そして、蝦夷と表記された人々は、続縄文時代以来、東北北部に住んでいた者ばかりで構成されていたのではなく、それらの人々のなかには古代日本国領域からの移住者が多く含まれていたという仮説を立て、それを検証しようとした。

　また、物質文化の考察をおこなう際には、その素材の化学成分などの自然面を重視した。文化によって自然に対する働きかけ方が異なることに注目し、文化の変化の根底に、人間の移動があったか否か、そして、あった場合には、いかなる性質の移動であったかを読み取ろうとしたのである。

　東北北部では、5世紀末頃から少しずつ、その兆しは見えはじめ、7世紀以降、多くの集落が営まれるようになる。しかし、集落の立地条件や遺跡から出土する物質文化からは、それらの集落の構成者たちが、前時代以来の在来の者たちだったという証拠を読み取ることはできなかった。むしろ、蝦夷とされた人々には、古代日本国の領域からの移住者が多く含まれると考えられた。

第1節　東北北部・北海道南部への人々の移住と蝦夷社会の成立

(1)　南から北へ向かう人々の移住の三つの波

　第1部で述べたように、古代に蝦夷が住むとされた東北北部とその周辺地域では、物質文化の移動にもとづけば、どの時代にも人々の移動が頻繁におこなわれていたと考えられた。そして、蝦夷社会が存在した東北北部や北海道南部の地域内での移動よりも、むしろさらに南の地域からの人々の移動が多かった。

　カマド付き竪穴住居と土師器を用いる生活様式を持つ人々の移動を、大きく三つの波としてとらえることができる（図92）。第一の波は東北北部の東側で5世紀末～6世紀初頭に、第二の波は東北北部の東側で7～8世紀に、第三の波は東北北部の西側で9～11世紀にそれぞれおこった。第一の波は小規模であり、第二の波と第三の波は大規模である。なお、これらの移動は移住と呼べる内容なので、以下移住と呼ぶ。

　そして、この三つの波の方向に注目するならば、「集団の移住」は常に南から北であり、北から

図92 東北北部・北海道南部への人々の移住の波

南への移動は見られないことがわかる。これは、Hanihara（1991）の二重構造モデルが推定する人間の移動の方向と一致する。そして、東北北部へ移住したのは、古代日本国の領域に住んだ人々であった。

辻（1986・1990・1992）では、東北地方のうち前方後円墳が作られた地域には三つの画期が見られるとする。第一の画期は古墳時代のはじまりの時期であり、各地に前方後円墳が築かれた。この動きは東北北部にはおよばなかった。第二の画期は5世紀末〜6世紀初頭にあり、最北の前方後円墳である角塚が岩手県胆沢郡胆沢町に造られた頃である。第三の画期は7世紀の前半である。群集墳が各地に広がり、栗囲式土器が広い地域で作られるようになる。本研究で述べる移住の第一の波は、辻の第二の画期にあたり、第二の波は第三の画期の時期にあたる。そして、第三の波は、古代日本国における軍事的な「蝦夷」政策が終わってからのことである。

(2) 第一の波 －5世紀末〜6世紀初頭・東北北部東側地域－

この時期は、辻（1986）が第二の画期と呼ぶ、東北地方において古墳が急増する時期であり、岩手県胆沢郡胆沢町に、本州最北の前方後円墳である角塚古墳が造られた頃である。そしてこの時期に、八戸市域を中心とする東北北部の東側に、土師器とカマド付き竪穴住居を持つ集落が営まれたのである。

八戸市田向冷水遺跡から出土した土師器とカマド付き竪穴住居は、以前には東北北部には存在せ

ず、このような物質文化の組み合わせは、東北中部や南部の前方後円墳が造営された地域のものである。坏と長胴甕の組み合わせを基本とする土師器やカマド付き竪穴住居といった文化要素は、古墳時代の社会に系譜を持つものであり、それが東北北部の地にも造られたということは、その社会に系譜を持つ者が移住してきたことを示す。ただし、同遺跡のSI1には北大I式の深鉢が1点伴っているので、続縄文文化の系統を引く人間も存在したことを示している。しかしながら、北大式土器の少なさと、他の文化要素の内容から、その人数は少なかったと推測する。

この5世紀末〜6世紀初頭の人々の移住を本研究では第一の波と呼ぶ。それは、角塚古墳が造られた動きの一部、つまり辻が第二の画期と呼んでいる時期の動きの一端と見てよいであろう。前方後円墳が造られなかったことから、古墳時代のなかった地域とされてきた東北北部ではあるが、その東側の一部の地域には、前方後円墳が造られた地域の動きに連動した人々がいたのである。田向冷水遺跡は沖積地に面した低い段丘の縁にある。これは、沖積地で水稲耕作を営んだ南の古墳時代社会における土地利用に類似すると見ることができる。しかしながら、当該時期の集落遺跡の調査例が少ないため、本研究ではこの時期の人々の動きについてはほとんど言及できなかった。もう少し集落遺跡の全貌が明らかになった時点でさらに考察を進めたい。

(3) 第二の波 －7〜8世紀・東北北部東側－

第二の波は、7〜8世紀に東北北部の東側と北海道南部以南に見られる。これらの地域にカマド付き竪穴住居で構成される集落が増加するのは、まさにこの時期である。集落が拓かれた場所は、それ以前には、人々の生活の痕跡がなかった土地であることが多い。そして、集落の物質文化的特徴や、末期古墳における馬具の副葬や馬の埋葬の例から、馬飼をおこなう人々がそれらを拓いたと推定できる。東北北部の東側は、稲作農耕には不向きな土地であるが、馬飼や雑穀栽培には適する。そこは、笹やススキが優勢な黒ボク土地帯であり（佐瀬ほか1990）、しかも、降雪量が少なく、冬の放牧が可能で、馬飼適地なのである。

そのような土地を選択して移住した人々は、元来あまり稲作農耕には向かない土地に住み、馬飼や雑穀栽培を主としておこなう人々であったと推測できる。東北北部に連なる地域では、東山道地域や甲斐などの馬産地が、その移住者の出身地として有力な候補となる。東北北部東側に多い末期古墳も、それらの馬産地との関連を示す証拠になるかもしれない。東北北部の末期古墳は、地表面から土坑墓を掘りそこに木棺を安置し、その上に土でマウンドを築く。この構造は、東北北部の続縄文時代の墓を基本にして、それに古墳の外形要素を加えたのだとこれまでは解釈されてきた（高橋1996、辻1998など）。だが、古墳を構築する材質を問わず構造の類似を重視するならば、7〜8世紀の積石塚には、これと同じ構造のものが複数あるので、東北北部の末期古墳の祖型は積石塚にあると推測できる。そして、古墳時代後期以降の積石塚は、長野県中部以北、群馬県域、山梨県甲府市域およびその周辺に多い（桐原1989）。この地域は古代の馬の産地である。これも、東北北部の東側と共通する点である。

そして、8世紀代には石狩低地帯にも末期古墳がある。7世紀末ないし8世紀初頭頃における土師器の器種組成の定着の仕方を見るならば、東北北部に一度定着した文化を持つ人々が北海道に渡

182　第3部　蝦夷とは誰か

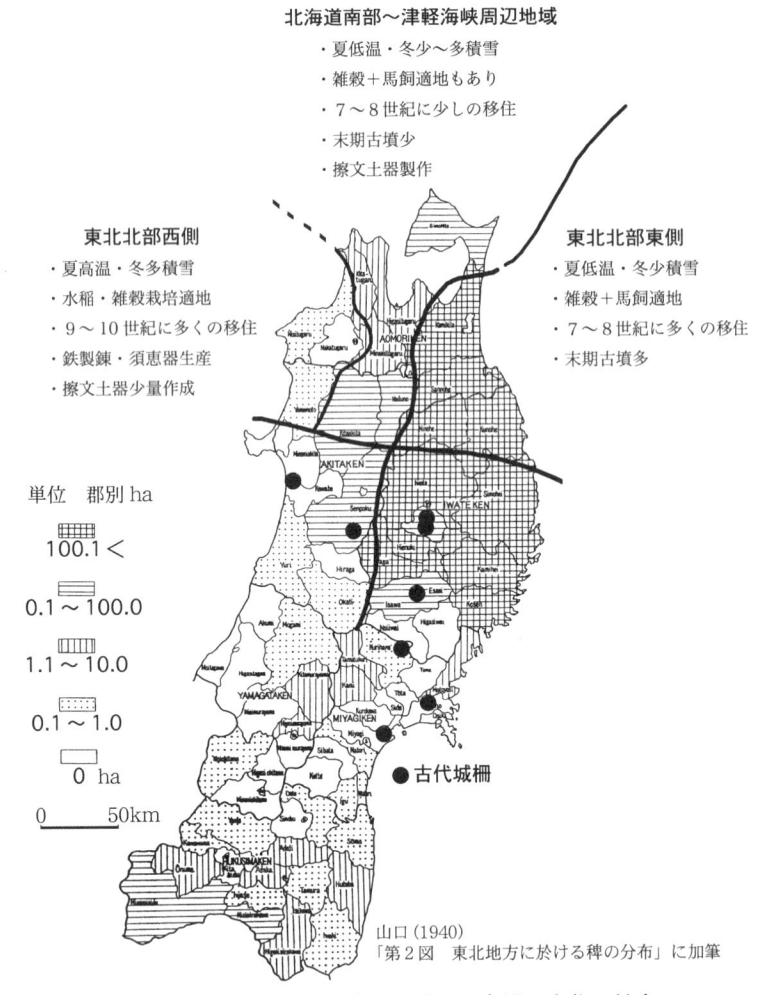

北海道南部〜津軽海峡周辺地域
・夏低温・冬少〜多積雪
・雑穀＋馬飼適地もあり
・7〜8世紀に少しの移住
・末期古墳少
・擦文土器製作

東北北部西側
・夏高温・冬多積雪
・水稲・雑穀栽培適地
・9〜10世紀に多くの移住
・鉄製錬・須恵器生産
・擦文土器少量作成

東北北部東側
・夏低温・冬少積雪
・雑穀＋馬飼適地
・7〜8世紀に多くの移住
・末期古墳多

単位　郡別 ha
100.1＜
0.1〜100.0
1.1〜10.0
0.1〜1.0
0 ha

● 古代城柵

山口（1940）
「第2図　東北地方に於ける稗の分布」に加筆

図93　東北北部地域の東西の違い　自然・文化・社会

ったが、その後人々の移住は続かなかったと推測できる。気候などの自然環境を重視すれば、その地域を目指した人々には、そこで馬飼が可能であることは理解されていたことだろう。しかし、当時の北海道南部に馬飼があったか否かは確かめられていない。それでも、炭化種子の分析によれば、雑穀栽培はおこなわれていたので、馬飼や雑穀栽培をおこなう文化を構成する要素の一部は渡っていたことになる。

　図93として、7〜11世紀に集落が拓かれた地域の、自然・文化・社会の東西差をまとめた。その際、東北北部の東西の気候の違いと、それぞれの地域に営まれた生活との対応関係を際立たせるために、山口（1940）による、東北地方における稗の作付面積を比較した図を基盤にした。これによれば、移住の第二の波がおよんだ地域は、20世紀において稗栽培に適する地域である。7〜8世紀は古墳寒冷期の最後の頃にあたり（阪口 1989）、20世紀よりもさらに寒かった。したがって、自然環境から考えるならば、当時移住の波がおよんだ東北北部東側は、稲作をおこなう目的で選択された場所であるとは思えない。その地域に移住した人々は、寒い時期に、より暖かい地域ではなく、むしろ寒冷な地域を選択したことになる。人々が、稲作よりも、馬飼や雑穀栽培に最適な環境

第9章　物質文化から見た古代の蝦夷　183

を目指した結果と見ることができるのである。

（4）　第三の波　－9～11世紀・東北北部西側地域・日本海地域－

　9～11世紀、とくにその前半期におこった移住の第三の波は、東北北部の東側よりも西側に顕著であり、東北北部の西側地域の自然環境を大きく変えるものであった。選択された土地条件や気候条件は、第一・第二の波がおよんだ東北北部東側とは全く異なる。第三の移住の波は、稲作を中心とした農耕が可能な地域を目指したと推測できる。しかも、この移住が開始された9世紀は、前時代と異なり、温暖な時期であった。温暖期は10世紀前半まで続いた。温暖な時期に温暖な地域に人々が移住したことになる。寒い時期に、夏期に寒冷な自然条件の地域を選択した7～8世紀における第二の移住の波と、この第三の移住の波とは、まったく異なる活動内容だった。

　この時期の集落の造営は、9～10世紀前半までと、10世紀後半～11世紀代の2期に分けることができる。前者の時期に、津軽平野の西側や陸奥湾を望む沖積地に面した段丘上で35の集落跡が確認されている。9～10世紀に造営された集落は、それ以前には利用されていなかった土地が開拓されたものであった。後者の時期に入ると、津軽では、集落の多くは廃絶され、前時代の1/3ほどに減少する。これは、ちょうど温暖期に集落が増加し、多少寒冷になると、集落が減少したと解釈することができる。他方、米代川の中・上流域においては、寒冷な10世紀後半～11世紀に、26の集落跡が確認されており、温暖な時期よりもむしろ集落数が増えている。

　この時期の1集落跡における住居数を見ると、9～10世紀前半に多く、10世紀後半～11世紀に減少している様子が見える。最大の集落を見ると、前者の時期は、およそ200棟/50年である。それに対し、後者は時代ごとの住居数を明確にするのは難しい場合が多いが、最大でも50棟/50年にも満たないようである。移住者によって9世紀に新たな集落が造営された頃の人口が最大であり、その後人口は減少した。そして、10世紀中頃を境に多くの集落が廃棄され、新たな集落が拓かれた。それでも、10世紀後半以降には、200棟/50年を越すような大集落は存在しない。前時期とは異なり、この時期には、外からの移住者が少なかったと解釈できる。

　また、9世紀後半～10世紀前半には、津軽の五所川原市域と米代川下流域の能代市域で須恵器の生産がおこなわれた。さらに、9～11世紀の全時期を通じて、各地の集落で鍛冶の痕跡が見られ、とくに9世紀後半以降には東北北部西側地域において、鉄製錬炉が14遺跡で確認されている。これらの生産技術は、前時代までに東北北部地域に存在した緒技術から生まれたものではない。それぞれの専門の技術者が移住してきて、はじめて可能となる技術ばかりである。

　以上のように、第三の波とした移住は、その前半期である9～10世紀前半に、東北北部西側において、主に見られた現象である。そこでは、急激な人口の増加が突然おこった。当該地域においても、奥羽山地に近い黒石市域のように8世紀後半に集落の造営が開始される場所がある。それでも、9～10世紀前半までに見られる集落の増加は、このような8世紀以来の在来の人々の人口増加だけでは説明がつかない。他地域からの移住があったのである。そして、大規模な人口を支えることができたのは、水稲耕作を中心とした農耕だけであった。

　一方、第三の波は北海道南部までは到達しない。これは、7～8世紀に東北北部東側に見られた

第二の移住の波が北海道まで到達するのと対照的である。これは、やはり第三の移住の波が暖かい地域を目指していたことと関係しているであろう。

そして北海道南部には、9世紀中葉頃に、刻文を施す擦文土器が生まれた。これは、第二および第三の移住の波で見られた、土器の無文化とは逆の現象である。9〜10世紀前半は、北海道と東北北部とに住む人々の関係が薄くなり、その間に北海道的な要素の強い文化が生まれる。その文化こそ、東北北部の「蝦夷文化」に対して、独立した「擦文文化」と呼べるものである。

その後、10世紀前半のうちに、津軽で多くの既存の集落が廃棄され、10世紀後半以降になると、渡島半島西南部と津軽の人々との間で相互の交流が見られるようになる。津軽における渡島側の影響としては、わずかな量の擦文土器の存在をあげられるだけだが、渡島半島西南部の松前町札前遺跡や奥尻島青苗遺跡では、小鍛冶の痕跡が多く残される。鉄製錬は渡島半島ではおこなわれていないので、鉄は東北北部の西側から入手したと推測できる。

第2節　蝦夷社会内における物質文化の移動と人々の移動

(1) 土器から人々の移動を見る

第2部では、蝦夷社会の内部における人々の交流の実態と、それぞれの地域に展開する社会構造の型を復元した。資料としたのは、土師器・ロクロ土師器・擦文土器・須恵器等の土器である。とくに、人々の交流を見る際に用いる基本的な方法の一つとして、胎土分析を実施した。各種の土器の胎土や各地の遺跡周辺の地層から採取した粘土類の化学成分の比較を通して、それらの土器の生産地を推定し、土器やその製作者の移動を復元した。

また、東北北部で生産された須恵器の胎土の化学成分の特徴から、その粘土類が採取できる地域を推測した。その結果、青森県五所川原市の須恵器窯は、須恵器生産に利用できる粘土類の産地に立地していることがわかった。須恵器の生産に熟練した者が、五所川原市域に須恵器に適する粘土類を見いだし、そこで須恵器の生産をはじめたと考えられた。そのような技術を持つものは、古代日本国の領域に本来住んでいた須恵器生産者であったと推測できた。

(2) 土器の移動と人の移動

胎土分析の結果、土師器や擦文土器の原料には、それぞれの遺跡周辺の粘土類が用いられていることがわかった。また、それらの広範な地域における流通はなかった。東北北部では、広範な地域でロクロ土師器が生産されていたが、その流通は認められなかった。東北北部においては、生産地の近隣でそれらは利用されていたのである。一方、北海道ではロクロ土師器の生産遺跡は知られておらず、それらは東北北部から搬入されていた。須恵器は東北北部の能代市域と五所川原市域の2箇所でしか生産されず、東北北部および北海道への流通があった。これらのことから次のようなことが読み取れた。

　1）　限定された生産地：ロクロ土師器・須恵器…ロクロ製品
　2）　各地にある生産地：土師器・擦文土器……非ロクロ製品

1) の土器類は北海道では生産されなかった。2) の土器類のうち、7～8世紀の土師器は北海道でも東北北部でも製作されていたが、9～11世紀には土師器は本州側だけで作られていた。擦文土器は9世紀中葉以降に北海道で作られ、10世紀中葉以降に津軽・下北でも作られた。

(3) 物質文化一般の移動と人の移動

　第1部と第2部で用いた資料を用いて、物質文化一般の移動と人の移動の関係をおさえておく。物質文化の移動には、広範囲における場合と、狭い範囲での移動との2種がある。広範囲で動く物質文化には、須恵器・原料鉄・ロクロ土師器がある。狭い範囲で動くものには、土師器や擦文土器がある。そして、どちらにも属する可能性があるのは、鍛冶の手による鉄製品や、ろくろ師による木地製品である。それらは製品だけの移動もあろうし、製作者の移動も推測できる。

　このような物質文化の動きを、技術の動きに変換し、人間の動きとしてまとめると次の三類型となる。

1) 移動しない生産技術＝簡単に移植されない生産技術
　　特別な生産技術＝限定される生産地＝製品は多数・広範な移動
　　生産される物質文化：「須恵器」「鉄（素材）」「ロクロ土師器」
2) 移動して定着する生産技術＝簡単に移植される生産技術
　　普遍的な生産技術＝各地にある生産地＝製品は少数・移動しない＝製作者の移動
　　生産される物質文化：「土師器」「擦文土器」
3) 移動はするが定着しない生産技術＝簡単に移植されない生産技術
　　特別な生産技術＝各地に移る生産地＝製品は多数・広範な移動＝製作者の移動
　　生産される物質文化：「鍛冶による鉄製品」「ろくろ師による木製品」

　津軽海峡を渡るのは、1) と2) の技術による製品である。それらの製品は、東北北部および北海道においては、9世紀以降に新たに登場した。1) のロクロ土師器には、ロクロと焼成土坑、須恵器はロクロ・窯・多量の木材燃料（木材を多量に伐採する技術）・高温焼成に耐える粘土類を得る知識が、鉄の生産には砂鉄・製鉄炉・木炭（木材を多量に伐採し、木炭を生産する技術）が必要であった。これらの技術が定着したのは東北北部の一部においてであり、北海道には根付かなかった。それに対し、2) に関する技術はそれぞれの地域で、前時代までにおこなわれていた内容がほとんどである。土師器の炭素吸着法だけは新たな技術と見ることができるが、原理的には知られていたことの応用であり、それは特別な道具を必要としない。

　1)～3) の技術保持者の社会的位置には違いがある。1) と3) は特別な道具を用いる技術であり、その技術を持つ者は社会においては少数者である。2) は特別な道具を使わず、誰もが持つことができ、その製作者は多数である。

　1) のような特別な道具を用いる技術は、それを必要とする社会がなければ、不要である。その技術を必要とするのは個人ではなく、社会である。それ故、それを必要としない社会への技術の移植はおこらない。これは、Arnold（1985）がグアテマラの例で示した、ロクロ技術の非定着の背景（221頁）と構造的には同じである。女性が伝統的技術を用いて日常的家族内労働の枠組のなか

186　第3部　蝦夷とは誰か

で土器作りをおこなう社会には、ロクロ技術は定着しなかった。ロクロ技術の紹介元のスペインでは、男性が商業的労働としてロクロを用いた土器作りをおこなっていたのである。可能なときに必要なだけの土器を作る人々にとっては、むしろロクロ技術は不要である。この点から考えると、1) が定着しなかった北海道とそれが定着していた東北北部とは、9世紀代のうちに社会構造の違いも大きくなっていたと推測できる。そして、まさにその時期に2) の技術である擦文土器が北海道に誕生する。

　2) の技術は、各地で多くの人間によっておこなわれるので、その動向は、各地の文化の基本部分の変化を示す。擦文土器のように土器表面に文様を描くことは、続縄文時代以来東北北部や北海道で普遍的におこなわれていたが、外来の文化要素である土師器製作には見られなかった。そこで、土器表面の文様の消長は、前時代から存続する在来の文化要素の変化ととらえることができる。東北北部では、7〜8世紀に土師器が作られはじめた当初から、文様を描く者が少なく、鋸歯文も数代で終わる。これは文化接触と変化の結果である。移住者の到来から数代の後に、在来者は移住者の文化に同化したのであろう。それに対し、北海道での文化接触とその変容の結果は逆である。移住者が在来の文化に同化したと考えられる。移住者の数が、東北北部では在来者よりも多く、北海道では少なかったことの結果であると推測する。

　3) の技術は、中世以降に遍歴する職能民として知られる人々のものである。東北北部および北海道では、10世紀後半以降に鍛冶たちが遍歴していた。しかしながら、遍歴した民については、今後に残された課題が多い。遍歴する技術者と交易をおこなう者との関係や、物資の流通を担った人々の具体像を考える必要がある。北海道と東北北部において様々な物資の流通が増加するのが10世紀後半であり、ちょうど小鍛冶の跡が北海道で増加する時期でもあるからである。

第3節　まとめ　−蝦夷と表記された人々の移住とその出自−

(1)　雑穀栽培と馬飼適地への移住　−東の波・第一の波と第二の波−

　第一の移住の波は、5世紀末〜6世紀初に東北地方の南部以南の古墳時代の社会から東北北部の東側に向かうものであった。この波は小さく、継続的ではなかったし、多くの集落を開拓するものでもなかった。

　第二の移住の波は7〜8世紀におこり、知られている遺跡数の増加の仕方から、断続的に継続していたと考えられる。東北地方の南部以南の農耕社会から北の地域に向かうものであった。この時の移住は東北北部東側のみならず北海道南部の石狩低地帯まで延びた。

　第一の波も第二の波も、東北北部東側の夏に冷涼な地域への移住であった。そこは稲作には適さない地域であるが、雑穀栽培や馬飼には適していた。このような自然環境の地を移住先に選択しているので、第一と第二の波は、稲作中心の農耕を目的とした移住ではなく、雑穀栽培と馬飼を基本にした生活をおこなう人々が移住したものと推測する。その生業形態に起因するのであろうが、営まれた集落の規模は、数棟〜22棟/50年ほどのものであり、それほど大きくはなかった。

　7〜8世紀までに新たに拓かれた東北北部と北海道南部の集落を支えた物質文化を見るならば、

それらの開拓者の中心は南からの移住者である。沈線で文様を描く土師器があるので、続縄文の系譜を引く人間もいると考えられるが、その数は少なかった。文様を描く土師器が短期間で消滅したことがそれを物語る。在来の人間たちは新たな文化に同化したのである。移住者の数が、先住者を上回っていたことを示すのであろう。それに対し、北海道への移住者の数は先住者人口よりも少なかった。北海道南部では、7世紀末〜8世紀に東北北部の土師器と類似する土器が多く存在するが、それらは9世紀前葉までには消滅し、9世紀中葉以降は文様を描く土器、すなわち擦文土器が生まれるのである。

　7〜8世紀におこった移住の第二の波のうち、東北北部への移住は、先住者を凌ぐ人口規模で、およそ2世紀間、断続的におこなわれた。古代日本国の領域からの移住者と推測する。北海道へも移住はあったが、人数は少なく、先住者を凌駕することはなかった。その時期も7世紀末頃から8世紀代という短期間であった。

(2) 稲作適地への移住 ―西の波・第三の波―

　9世紀に入ると、東北北部西側に多くの集落が拓かれる。それらは沖積地に面した丘陵地に立地する。7〜8世紀の東北北部東側の開拓とは異なり、夏に高温多雨で冬は多雪な地域が選択されている。この開拓の主な目的は、稲作を中心とした生業を持つ集落の造営にあると考えられる。

　それらの集落は隣接して存在しており、同時期に製鉄、須恵器生産、轆轤を用いた木工などがおこなわれていた。各種の先進技術を持つ者が、移住者のなかには存在する。稲作を中心とした沖積地の開拓がおこなわれることと、鍋の利用、ロクロ土師器の形態などから、それらの技術を持つ者は北陸から出羽あたりの人々であると推測する。そして、この時期を経て、12世紀には米代川流域〜津軽平野が古代日本国に編入されてしまうのである。稲作が可能な土地となっていたことが、編入を促したのであろう。一方、この時期に北海道の開拓はおこなわれない。このことも、この時期の開拓が稲作地を広げることに重点があったことを物語っていよう。

　北海道には擦文文化が確立し、この文化は津軽海峡周辺地域まで広がるのである。同時に、北海道と東北北部の住民は、異なる集団に属する人々であるという意識が、東北北部に移住した人々の間に生まれていた可能性が高い。史料上に「えぞ」という呼称が出現するのは11世紀である（熊田 1986）。その時期の考古資料を参考にするならば、9〜10世紀の東北北部の開拓の間に、東北北部と北海道双方の住民たちに両地域の住民の違いが意識され、蝦夷（えみし）と「えぞ」として区別されるようになると思われる。12世紀の和歌によると、それらの人々は津軽を含みさらに北の地域に住むとされた。考古学的事象と重ねて考えれば、その地域に住む人々、すなわち「えぞ」は擦文土器を用いる人々であると推測される。北海道を中心に、津軽海峡周辺以北に住んだ人々である。この「えぞ」と呼ばれた擦文土器を用いた人々こそが、近世アイヌ民族へと続くのであろう。このように、移住の第三の波により、東北北部と北海道の住人は、異なる出自を持つ者であると、互いのことを思うようになったと推測する。

(3) 蝦夷の出自

　5世紀末〜11世紀にかけての東北北部への移住の波は、すべて東北地方の南部以南に存在した農耕社会からのものであり、その移住者が拓いた集落も、馬飼や農耕を生業としたものであった。7〜8世紀の土師器には文様を描かれたものが少量でも存在していることから、集落には先住者の末裔も住んでいたであろう。しかし、集落、住居の構造、馬の存在、土師器とその組成、種々の生産技術等の新しい文化要素の突然の出現と、その定着の早さから、先住者は移住者よりも人口が少なく、短期間のうちに、移住者の文化に同化したと推定する。東北北部の住民の大部分は、この時期のうちに、移住者へと移り変わったのである。

　一方、9世紀中葉頃になると、独自の文様を持つ土器を作る擦文文化の担い手たちが、北海道および東北北部の北辺に存在した。7〜8世紀には、北海道にも東北地方からの人々の移住があり、それ以降、雑穀を中心とした農耕がおこなわれた。だが、土器表面に文様を描く土器の存続から考えると、擦文文化の担い手の中心はおそらく縄文時代以来、主に北海道に住んでいた人々の末裔である。北海道への移住者は、数が少なく、先住者をその文化に同化させるまでには至らず、むしろ、在来の人々を中心として、本州からの雑穀栽培を基本とした文化要素を取り入れながら、北海道色の濃い新たな文化を創造したのである。東日本の縄文人がアイヌ民族へ移行したという、形質人類学の成果（Dodo and Ishida1990）と調和的である。

　古代の東北北部に住み、蝦夷と表記された人々のなかには、続縄文時代以来の在来の民もいたが、むしろ、多くは東北中部およびそれ以南の古代日本国の領域における、複数の社会の出身者だった。東北北部の東側には、比較的寒冷な土地でも可能な馬飼と雑穀栽培とを生業の特徴とした人々が、西側には温暖な地域でおこなう稲作を生業の中心とした人々が、時を違えてそれぞれ別の地域から移住し、種々の蝦夷社会が成立したのであった。擦文文化の担い手は、前時代以来の北海道在来の人々が中心であったと言えようが、東北北部の蝦夷の多くは、古代日本国の複数の地域からの移住者だったのである。

終章　蝦夷を考える　―そしてその後の蝦夷―

第1節　アイヌ語系地名の存在をどう考えるか

(1)　アイヌ語系地名の分布

　東北北部の古代において蝦夷と表記された人々の大部分は、7世紀以降に当地域よりも南の山間地から移住した人々であったことを前章までに述べてきた。最後に、少々、その人々と現代の東北北部の人々との関係を考えておこう。

　古代蝦夷とアイヌ民族との関連を類推させる要素に、東北北部における、いわゆる「アイヌ語地名」がある。考古学にせよ文献史学にせよ、古代の蝦夷がいかなる系統の人々であったのかを述べる際に、よく言及されることなので、簡単にでもこの問題については触れておかなくてはならない。

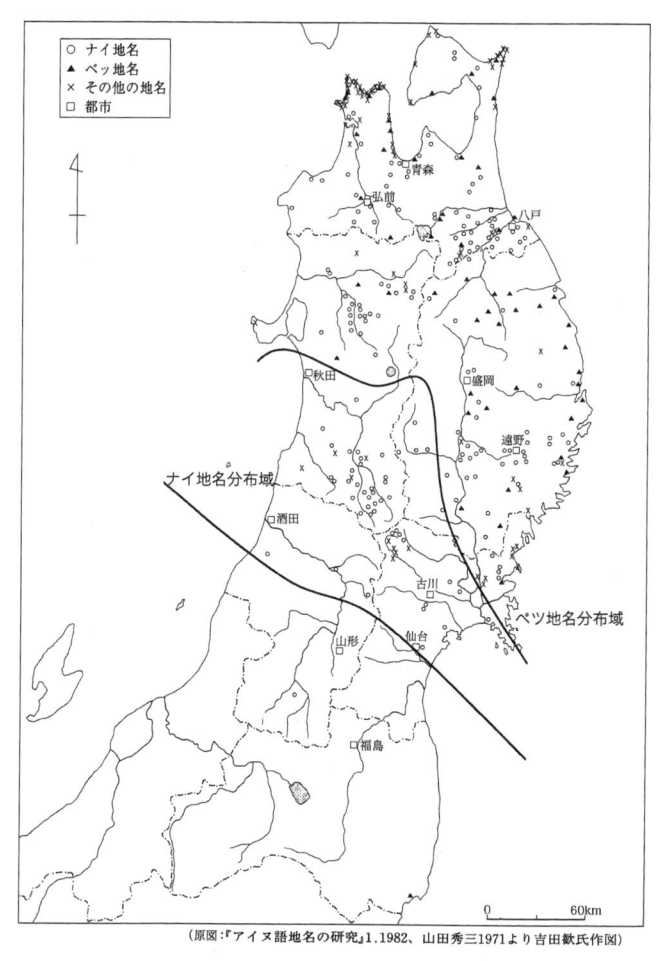

図94　アイヌ語系地名の分布（今泉（1992）　168頁図2に一部加筆）

ただ、最初に述べておくが、アイヌ語で解釈できる東北北部の地名を「アイヌ語地名」と呼ぶのは適当ではない。学史的にはそう呼ぶ研究が多いが、本来それらの地名は「アイヌ語系地名」とでもすべきである[1]。なぜなら、東北北部にそれらの地名がつけられた時期には、まだアイヌ民族が成立していなかったからである。そうである以上、それらの地名のもとになった言語はアイヌ語とは言えない。したがって、ある地名が現代アイヌ語で解釈できるとしても、それを「アイヌ語地名」と呼ぶべきではない。以下ではいわゆる「アイヌ語地名」を「アイヌ語系地名」と記す。

工藤（1998b・2000）は、金田一京助（1993a）や山田秀三（1982・1983）といった、東北地方のアイヌ語地名研究、金田一（1993b）や知里真志保（1974）らのマタギ言葉のなかにあるアイヌ語についての研究などを紹介しつつ、東北地方の言語は、ある時期まで現代アイヌ語と同系統であったろうと述べている。おそらくそれは正しい。しかし、その、ある時期とはいつのことであろうか。また、山で狩猟をするマタギの言葉にそれが多く残ったのはなぜであろうか。

図94として、東北地方のアイヌ語系地名の分布を見た。これによると、全域に広がっているのは「ナイ」だけである。ただし、「全域」とは言っても、福島県より北の地域であり、多いのは青森・秋田・岩手の3県である。また、「ベツ、ペツ」は、東北北部と岩手県に多く、東北地方の西側の場合、秋田県南部以南には存在しない。その他の地名は、近世にもアイヌ民族が住んでいた青森県の臨海部に集中し、岩手県の三陸沿岸にも比較的多いが、全域では、「ナイ」「ペツ」に比べて数は少ない。

知里（1987）によるならば、北海道南西部では「ペツ」は普通の川、「ナイ」は小さな川を示す。樺太では、「ナイ」が普通の川、「ペツ」が小さな川のことだが、「ペツ」は地名にはめったに現れない、北海道北東部では「ナイ」が普通の川、「ペツ」は山中の小さな支流に稀につけられるだけ、そして、北千島の場合には全く「ナイ」がないとのことである。

津軽半島北端の今別川、岩手県北部から八戸市を経て太平洋に流れる馬淵（まべち）川は、「ペツ」地名の一つである。岩手県二戸郡安代町、同県紫波郡紫波町、同県遠野市上郷町のサヒナイ、などの「ナイ」は、山間部を流れる支流や沢のような小さな川に付けられている。これらのような東北北部における例は、それらの語が北海道南西部における使用法と同じであることを示している。しかしながら、「ペツ」の付く河川名はほとんどない。

さらに、知里の前掲書では、「petは本来のアイヌ語で、nayは外来らしい。川を古朝鮮語でナリ、或は現代語方言でナイといっているのと関係があるのかもしれない（381頁）」とも述べられている。一般的に、「ナイ」地名はアイヌ語系地名の代表のように思われているが、知里が古朝鮮語と関係がありそうだと考えていたということには注意しておく必要がある。ただし、確実な論拠が示された説ではないので、知里の考えが正しいのか否か判断できない[2]。仮にそれが正しいとして、古朝鮮語が東北北部や北海道に入った時期はいつであろうか。また、古朝鮮語が川の名前にしか反映されていないのはなぜであろうか。とりあえず、本研究では「ナイ」古朝鮮語説はとらず、別の可能性を考える。

近世にもアイヌ民族が住んでいた津軽半島や下北半島などの地域には、近世以来のアイヌ語による地名、すなわち実際のアイヌ語地名も多いはずである。したがって、東北北部には古代以来の地

名と近世以来の地名とが混在していることになるが、近世にアイヌ民族が住んでいたという記録がない内陸部の「ナイ」「ペツ」地名は、さらに古い時期からのアイヌ語系地名であると考えてよかろう。「ナイ」の分布範囲が、樺太以南、そして北千島よりも南である点は、ほぼ縄文土器の分布域と重なるので、それは縄文時代にも使われていた言葉であったと考えておきたい。

(2) アイヌ語系地名を残した人々

　アイヌ語系地名を歴史研究に用いる際に注意しておかなくてはならないことを確認しておく。アイヌ語で解釈できる地名の存在は、その地名を創出した言語を話す人々が、その土地にある時点まで居住していたことを示してはいるが、それがいつの時点までのことなのか、そして、その言語を話す人々の人口規模がどの程度であったのかについては教えてくれないということである。

　東北北部にアイヌ語系地名が比較的多く残存する背景を考える際に参考にできるのは、19世紀後葉以降の近代日本人たちの北海道への入植と、地名の採用のされ方やその残存の状況である。明治6（1873）年のアイヌ人口は16,270人（高倉 1972）、明治2〜6年までに北海道に入植した日本人の人口は39,392人（桑原 1982）である。そして、その10年後には入植した日本人の人口は81,030人になっていた（前掲、桑原）。このように、先住民族であるアイヌ民族の人口を、移住者である日本人の人口が、短期間のうちに上回った。われわれが見ている北海道のアイヌ語地名は、このような日本人入植の過程で、異なる言語を用いる多数の日本人たちによって残され、現在も利用されているものなのである。

　東北北部のアイヌ語系地名も、古代日本語を話す移住者にそれが利用された結果残されたものであると考えるべきではなかろうか。実際、東北北部の地名の大部分はアイヌ語系ではなく、古代日本語成立以後のものである。また、アイヌ語系地名の多くは小さな河川や小さな山の名に由来するものであり（図94）、とくに、近世にアイヌ民族が住んでいたという記録のない内陸地域は、その傾向が高い。このような現象は、明治期以後の北海道でおこった現象を応用して解釈できる。入植した日本語の話者が、既存のアイヌ語地名を選択的に利用したように、古代日本語を用いる人々が、なんらかの理由で、川や山の一部の地名についてのみ、既に存在していた地名を利用したという過程があったと考えるべきではなかろうか。

　ところで、東北北部においては、弥生時代後期〜古墳時代中期に併行する頃の集落遺跡がほとんど見つかっていない。当時はいわゆる古墳寒冷期（阪口 1989）の前半にあたる。なかでも3〜4世紀頃は、東北北部と北海道南部に後北C2・D式土器や黒曜石製のラウンドスクレイパーが分布し、両地域の物質文化が類似していると述べられる時期である（石井 1997・女鹿 2003）。墓からの出土品には片口土器も見られるが、多くの遺跡から出土する土器の器種は深鉢だけであり、しかも、1遺跡あたりの出土土器総量は少ない。この時期の人々は、きわめて遊動性に富んだ生活を営んでいたと推測されている（前掲、石井）。これらのことから、3〜4世紀頃東北北部には、北海道南部同様の生活様式を持つ人々がいたが、人口密度が低かったと言うことができるであろう。

　その後、古墳時代後期にほぼ併行する5世紀後葉〜6世紀前葉には、八戸市周辺に古墳時代社会の生活様式を備えた集落遺跡がいくらかあったようであるが、同時期の遺跡数から推測するならば、

当時の集落遺跡の密度は低く、人口が少なかったとしか考えられない。

　それに対し、本論で述べてきたように、7世紀に入ると、東北北部の東側で集落遺跡が急激に増加する。人口が少なく、しかも定住的でなかった地域において、突然人口が増え、雑穀農耕や馬飼を生業とした集落が増加したのである。それは、古墳寒冷期と呼ばれる寒冷な時期における出来事であった。前時代に居住していた人々が、外来の生活様式を学び、人口を増加させたと考えるよりも、南の地域からそのような生業をおこなう人々が移住してきたと考えるのが妥当であろう。土器や住居の構造からも、移住者は、古墳時代社会の文化を受け継ぐ人々であったと考えられた。話された言語は、古代日本語、すなわち大和言葉であったろう。

　また、東北北部西側には、稲作を生業の中心とした地域の人々が、9世紀以降に移住してきた。とくに、9世紀後半以降に拓かれた地域が多い。ロクロ土師器、須恵器、鉄生産等の技術の移入から考えるならば、その出身地は、隣接地である東北北部の東側ではない。その人々は、古代日本国領域内の平安時代社会の担い手であり、やはり大和言葉を話していたであろう。

　そして、北海道における明治期以来の出来事でわかるように、別の言語を話す移住者が先住民より多くなった場合でも、過去の地名が使われていさえすれば、それは残りうる。先住民が命名した地名は、その地に先住民がいたことを示しはするが、地名の使用者がその言語の話し手であることを保証するわけではない。したがって、例えば7世紀以降の東北北部東側におけるように、異文化の生活様式が多量に出現した時期からは、その地に住むすべての人々が先住民であったことを語る材料として、それらの地名を利用することはできない。すなわち、アイヌ語系地名を根拠にして、7世紀以降に蝦夷と表記された人々が、東北北部の先住民だけで構成されていたと考えることはできないのである。

　おそらく東北北部のアイヌ語系地名は、7〜11世紀の間に過去の地名が淘汰される過程で残存したものであろう。北海道における縄文時代以来の物質文化の変化と住民の形質的変化とを総合して考えるならば、当該地域の縄文時代の言葉は、アイヌ語に直接繋がると考えられる。そして東北北部のアイヌ語系地名は、縄文時代以来の言葉の残映ということになるであろう。縄文晩期〜弥生（続縄文）時代の東北北部における遺跡の分布状況や遺物の性質から考えれば、それらの時期の多くの人々は、言語的にも形質的にも連続していると推測できる（松本 1998）。それ以前の縄文時代においても、東北北部と北海道南部に住んだ人々の文化に大きな違いはなかった。しかも、先に述べたように、3〜4世紀の後北C2・D式土器使用期には、ほぼ同一の文化圏となっていた。両地域において、集落の立地条件や物質文化に顕著な違いが確実に生じてくるのは、7世紀以降である。縄文時代の言葉は、隣接地域との接触で変化しながらも、形質的にも縄文人に繋がるアイヌ民族の言葉として残ったが、東北北部の大部分においては、それらは地名としてしか残らなかったのである。そして、地名のほとんどは、古代日本語由来のものになった。この背後には、古代日本語を話す人々による、先住民の人口を上回る規模の移住があったと考えるべきであろう。ただし、その移住は一度におこったことではなく、断続的であり、人々の出身地域も、時期によって様々であった。

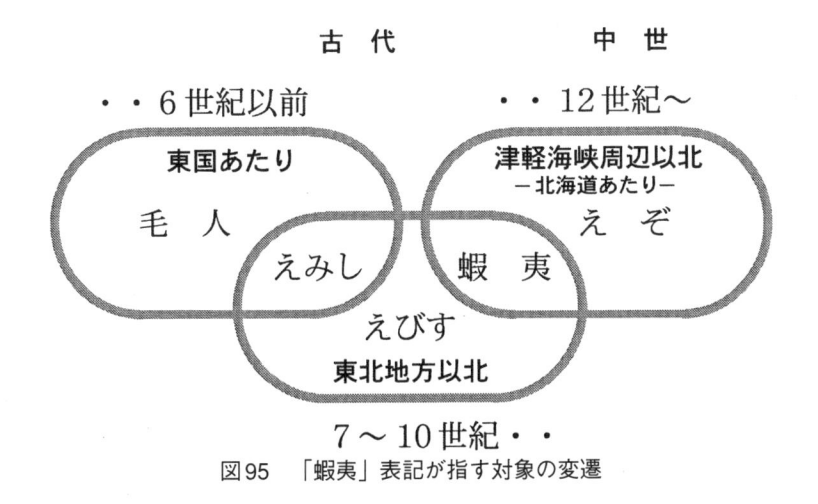

図95　「蝦夷」表記が指す対象の変遷

第2節　蝦夷とは誰か

(1)　「えみし（えびす）」から「えぞ」へ

　序論で述べたように、「蝦夷」表記は7世紀の古代「日本国」成立とともに生みだされたものであった。それは、対外的に国の構造を成立させるために必要な「装置」であった。
　918年に成立した『本草和名』の昆布（これは蝦夷の居住域である三陸沿岸地域から北海道にかけての寒流域にのみ存在した）の和名「衣比須布（えびすめ）」の存在から、「蝦夷」は10世紀以前には「えびす」と読まれていたこと、そして「蝦夷」という表記から、「蝦」が用いられたのは、「蝦夷」表記を「えみし」よりは「えびす」と読むことを当初から念頭に置いていたからであると考えた。大和政権下では東国の人々を「毛人」と書き、「えみし」と読んだ。その後、古代日本国成立期に、東国よりもさらに北・東の遠隔の地である東北地方の人々の表記は「蝦夷」となり、音は「えみし（えびす）」となった。そして10～12世紀の間に、東北北部の最北部である津軽半島や下北半島部よりも北の人々のことを「蝦夷」という表記のままで、「えぞ」と読むようになったのである。
　「えみし」「えびす」「えぞ」は古代日本国あるいはそこの住民が呼んだ名称であった。表記された（呼ばれた）者と国との関係が変わると、表記やその読みも変えられたのである。その変化を序章表1に示した。その場合、注意すべきは、第一に変化したのは蝦夷等と表記された人々と古代日本国との関係であり、その関係を作りだしたのは国の側だということである。すなわち、表記あるいはその読みを次々と変えていった古代日本国にとっては、表記された人々の実態がどうであったかなどということはさほど重要なことではなく、自らの裏返しの姿を映す鏡として都合のよい「蝦夷」像が描ければそれで良かったのである。蝦夷とされた人々のなかには、後のアイヌ民族に連なる人々もいたので、異なる言葉を話す者もいたことは事実であろう[3]。だが、全人口から考えれば、そのような人々はむしろ少数であった。そして、一部で全体を代表させていたのが国側の記録であった。したがって、例えば「毛人」はいわゆる「和人」で「蝦夷」は縄文時代以来の在来の民

であるなどと単純化して考えるべきではない。東北地方以北の地だけでなく、日本列島上のどこにでも、縄文時代以来の人間に連なる人々もいれば、弥生時代以来断続的に移住してきた人々の末裔もいたのである。

　本研究では7～11世紀、ちょうど「蝦夷」表記が生まれた時期から、その表記が「えぞ」と読まれるようになった時期までを対象としたが、言及したのは、ほとんどが「えみし（えびす）」とされた人々についてであり、「えぞ」になったであろう人々に関する記述はあまりできなかった。そこで、最後に、「えみし（えびす）」や「えぞ」と呼ばれた人々がいかなる人々であったのかを述べておく。

　（2）　「えみし（えびす）」と「えぞ」の姿
　「えぞ」という呼称は、11世紀にはすでに生まれていたと考えられている。熊田（1986）で述べられ、斉藤（1996）、入間田（1997）などで支持されているごとくである。そして海保（1987）で多数紹介されているように、12世紀の平安京貴族たちの歌のなかに「えぞ」という表記が多く見られることも、その頃までには津軽半島以北の住民たちが、「えみし」ではなく、「えぞ」と呼ばれるようになっていたことを伝えている。

　おそらくこのような変化は、10世紀のうちに進行していたことであろう。その背後にあるのは、「差別化」である。そして、「差別化」意識は東北北部の地においておこっていたと考える。

　7～8世紀にかけて東北北部の東側には古代日本国領域の古墳時代社会の伝統を引く人々の移住がたびたびあった。その頃、北海道南部には東北北部の地からの人々の移住もいくらかあった。しかし、その移住は8世紀代にはひとまず終わり、9世紀に入ると東北北部の西側を中心に、別のタイプの移住がはじまる。とくに、9世紀中葉～10世紀前葉に、津軽平野に臨む丘陵地の縁辺を中心にして、大きな集落が造営されたのが、この時期の移住の特色である。その移住が開始された頃は、温暖期でもあり、地形から考えても、水稲耕作適地を開拓することを目的としていたと推定される。だが、そのような移住、そして開拓は、北海道南部ではおこなわれなかった。北海道南部には、ロクロ土師器・須恵器・鉄の製作者がいなかったことが、それを物語る。開拓されなかった理由として、そこが稲作適地ではないという自然条件の違いが考えられる。そして、この9～10世紀の間に生じた、両地域における住民の出自の違いが、「えみし」の地に住む人々と、「えぞ」と呼ばれた人々との乖離を生んだ。

　「えみし」「えびす」「えぞ」への音の変化の背景を、次のように推測する。「えみし」は大和政権が用いていた一般的な用語であった。「えびす」は、東国の人々による「えみし」の発音で、7世紀後葉に古代日本国が、それに対し「蝦夷」という漢字表記を加えた。「えぞ」は9世紀以降に東北北部地方に入植した人々や、本来、日本国にその出自を持つ人たちが作り[4]、おそらく、日本国中央に住む人々に話し言葉で伝えた呼称だった。そこに漢字表記は付随していなかった。だからこそ、漢字表記は「蝦夷」のままであった。すなわち、「えぞ」は、古代日本国政府あるいは漢字を用いる人々が記録するために作った呼称ではなかったからこそ、7世紀に「毛人」から実際の音に近づけた「蝦夷」表記を作る必要があったのとは異なり、新たな漢字表記が生まれなかったと

考えるべきであろう。

　9世紀中葉に、北海道南部には土師器に刻文が施された擦文土器が出現したが、東北北部においては、津軽地域や下北半島の一部を除いてその土器は出土していない。この擦文土器の分布は、浪川（1992）が示した近世におけるアイヌ民族の分布に似る。アイヌ民族は津軽半島と下北半島以北の地に住んでいた。

　後にアイヌ民族になる人々と、和人意識を持つ人々との乖離は、東北北部西側に集落が増加する頃にはじまったはずである。多くの移住者は、北海道の人々に会うこともなかったので、あまり意識しはしなかったであろう。しかしながら、札幌市サクシュコトニ川遺跡や余市町大川遺跡から9世紀中葉頃のロクロ土師器が出土していることからわかるように、両地域の人々は、少しずつ交流を持っていた。そうして、擦文文化の担い手たちとたびたび接触するうちに、東北北部の西側の民が、自分たちと北海道の人々との違いを強調しはじめたのである。それが決定的になるのは、擦文土器が東北北部で出土するようになる頃、すなわち10世紀の中葉以降のことであろう。渡島半島に複数の擦文文化の集落が営まれるようになり、以前よりも、鉄器や須恵器などが北海道に運ばれる量が増えた時期である。

　そして、最後に強調しておくが、北海道の人々との違いを強調した東北北部の人々こそが、平安京の側から見れば、この時期の蝦夷そのものであった。しかしながら、その人々は、出自も意識も古代日本国の人間であり、「蝦夷」はさらに東あるいは北の北海道にいると考えていた。

第3節　「蝦夷（えみし）」と「えぞ」とアイヌ民族

　それでは、近世以降の蝦夷（えぞ）、すなわちアイヌ民族は、擦文文化の担い手たちの末裔であろうか。ところで、考古学で言う「〜文化」とは、あくまでも物質文化にもとづいた括りであり、「われわれ意識」「われわれへの帰属意識」として構成者自らが共有する意識（山内昌之1994）にもとづく民族という概念とは全く異なる。例えば、日本民族意識を持つ人々の文化複合といっても、21世紀の大都会の構成者のものと、20世紀前半における人口希薄地域の構成者のものとでは、相当に違っている。アイヌ民族についても、近世と現代とでは物質文化を中心とした要素には大きな違いがある。両時代を問わず、同一民族同士で共通なのは、言語や意識であろう。ただし、21世紀の今日、アイヌ語の話し手は減少していくばかりである。しかしながら、「われわれ意識」は存続している。そこで、ここでは、「われわれ意識」の基礎にもなり得る、アイヌ民族の神話をもとに、民族意識がどこまで遡れるのかを考えてみる。

　知里（1976；228-229頁）によれば、ヒエおよびアワのことをアイヌ語でアイヌ・アマムと言い、「アイヌ（人間）の穀物」の意味である。それに対し、米はシサム・アマム、すなわち「日本人の穀物」を意味する。また、知里は同書229頁で、「人間の始祖オキクルミ（Okikurumi）が、天界のヒエの種を盗んで、自分の脛を切り裂き、その中え隠して天降ったのが此の世のヒエの起源であるとする神話もある通り、アイヌわヒエを以て太初から存在すると考えている。従って、あらゆる穀物の中でこれを最もこれを尊び、晴の日の食糧として粢や酒に造り、また遠く旅する際わ、

身の守りとして少量でも鞄の中え入れて携える習いである」と記している⁽⁵⁾。アイヌ民族が尊んでいるのはヒエなのである。明治期に北海道に入植した日本人が、稲の栽培に手を尽くすのと好対照である。

　そして注目すべきなのは、アイヌ民族が、人間とはヒエなどの栽培をおこなう存在だと考えている点である。アイヌ民族は、農耕をおこなうようになってからの人々を、アイヌ（人間）と考えていることになる。考古学資料にもとづくならば、ヒエ・アワなどの雑穀類の栽培が開始された時期以降の人々を、アイヌ民族は同じ民族と意識できる可能性を持つ。オキクルミのヒエ起源神話が指しているのは、東北北部を介して、雑穀栽培を含む文化複合である土師器やカマドを持つ竪穴住居が千歳市丸子山遺跡に造られはじめた、7世紀末～8世紀初頭頃から、実際にヒエ・アワ・オオムギなどが出土した札幌市サクシュコトニ川遺跡を代表とする9世紀中葉頃、すなわち刻文の擦文土器が生まれた時期までの間に当たるのではなかろうか。いずれにしても、アイヌ・アマムを栽培するようになった時期以降を、アイヌ民族の時代と言ってよいのではないだろうか。

　このように、アイヌ民族共有のわれわれ意識の基礎は土師器使用期～擦文土器使用期初期の間に生まれたと考えることができる。そして、先には、北海道と東北北部の住民との乖離は、9世紀中葉頃にはじまり、決定的になったのは10世紀中葉以降であると述べた。こちらは、東北北部の住民側から見た年代である。新たな集落を営むようになった東北北部の住民が、北海道の住民を強く意識するようになったのが、この時期だということである⁽⁶⁾。

　言語のことを考えてみる。水稲耕作が可能な地域を開拓することを目的として、9～10世紀前半に東北北部西側に移住してきたのは、古代日本語すなわち大和言葉を話す人々であった。それに対し、その頃成立した刻文の擦文土器を用いる人々すなわち擦文文化の担い手は、近世アイヌ語に直接連なる言葉を話す人々であったろう。したがって、9世紀中葉～10世紀前葉には、両者が互いの違いをおおいに意識する素地はできていた。両地域の人々の接触の結果、「えみし（えびす）」と別の、「えぞ」という呼称が生まれたのであろう。それは、鍛冶の痕跡が北海道一円で見られるようになる10世紀後半以降のことであったろうか。そして、その情報が、東北北部の人々を介して、平安京に伝わったのである。しかしながら、この呼称も、北海道の住民の自称ではなかった。

　最後に重要な点を述べておきたい。「えみし（えびす）」も「えぞ」もそう呼ばれた人々の自称ではなかったという点である。さらに述べるならば、アイヌ民族の「アイヌ」ですら、本来は「民族」としての自称ではない。日本人がアイヌ語の「ヒト」を指す言葉を使って、北海道に住む人々に対して付けた名前である。すなわち、集団を指す呼称としての「えみし（えびす）」「えぞ」「アイヌ」の三つは、その時々に、日本国側が付けた名称である。日本国に、それらの人々を呼ぶ必要があったがゆえに、その時々の時代的要請に合わせてその都度付けた名称なのであった。

　「倭」は魏（中国）によって記された名称であったが、「日本」という国号を自ら、ある時期に対外的に表明したことを思い出すべきである。自ら付けた国号を主張したのは、自らの国の歴史を記しはじめたときでもあった。アイヌ民族が自らの歴史を書き記すとき、民族の自称が使われることになるのである。しかしながら、その名称の成り立ちがいかなるものであったかは別として、20世紀後葉以降、アイヌ民族自らが、自分たちのことを「アイヌ民族」と表記するようになっている

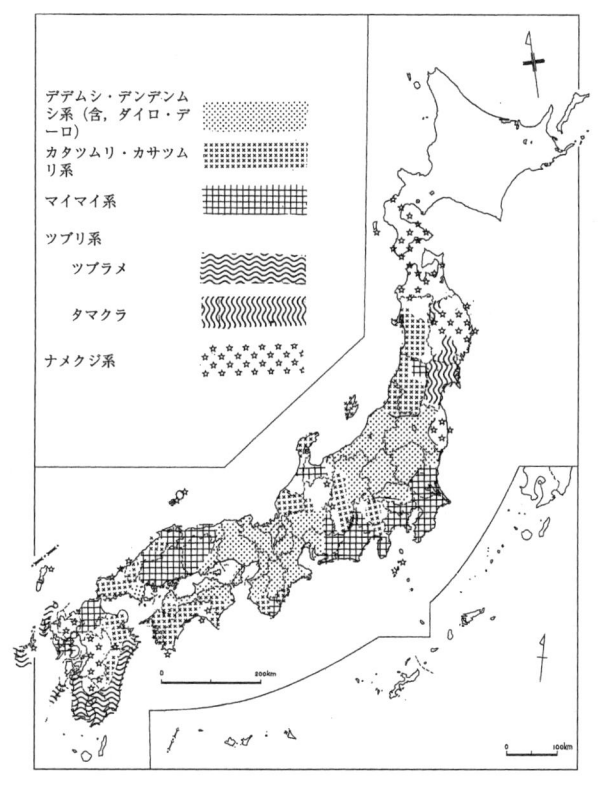

図96　柳田の類別による「かたつむり」
の語形分布（森下喜一・大野眞男（2001）　図10）

ので、ここでは、「アイヌ」を民族名としても用いている。

第4節　蝦夷の言葉　－南部弁・津軽弁の起源－

　前節では、意識の面に焦点をあて、北海道の擦文文化の担い手こそが、アイヌ民族に直接連なる人々であろうという見通しを述べた。ところで、縄文時代以来擦文時代までの系統を辿れる物質文化として土器を用いて説明するならば、北海道においては、縄文時代から続縄文時代、そして擦文時代に至るまで、器の表面に文様を施す土器（有文土器）が作られ続け、無文土器が主流になることはなかった。多くの物質文化が変化したときに、利用される土器表面の文様に大きな変化があった東北北部とは、この点が大きく異なる。東北北部では、7～8世紀に集落が増加しはじめると、続縄文時代まで利用されていた有文土器が、無文土器に取って代わられたのである。

　ただし、続縄文文化から擦文文化への変化の時期に、沈線が巡る土師器やカマド付き竪穴住居が作られ、穀物などの栽培が開始されるという、比較的大きな変化が、北海道でも見られた。そして、ここから近世アイヌ民族の物質文化に至るまでには、さらに変化が生じている。土器、カマド、竪穴住居の消滅などである。しかしながら、土器等の消滅といった物質文化の変化は、地域によって時期に違いはあるが、本州でも同様におこったことである。前時代に比べ、集落や墓などの直接人間の数を示す遺跡の数が極端に変化するようなことがなければ、このような物質文化あるいは生活

様式の変化は、前時代以来の居住者によって担われたことであると解釈できる。

　したがって、北海道の住民の言語は、縄文時代から続縄文時代を経て擦文時代に至るまで、基本となる体系は変わらず、そして、それが近世アイヌ語となったと推測できよう。

　それに対し、前時代に比べて、突然、人口が増えたとしか解釈できない集落の急増、これに伴う物質文化および生活様式の変化が見られる場合、別の地域からの移住があったことを示している。東北北部東側における7～8世紀、東北北部西側における9～10世紀の集落の変化は、その例であった。さらに近隣地域の例をもう一つ述べるならば、19世紀後葉以降の北海道への日本人の入植を加えておかねばならない。

　最後の例は、圧倒的な数の日本語話者の移住と、日本政府の政策により、アイヌ語地域が日本語地域となった例である。このことからわかるように、考古学資料を用いて移住があったことを確実に述べることができる場合には、地域における言語の変化、あるいは変換の有無についての考察も可能であろう。以下に、蝦夷が話した言葉がいかなる系統であったのかを考えてみる。

　東北北部の蝦夷の言語についての考察には、山田（1982・1983）や金田一（1993a・b）らがおこなった、地名やマタギ言葉を用いてアイヌ語との関連を考える研究や、浅井亨（1979）、小泉保（1998）のように、現代日本語方言における東北北部の方言の位置を考える研究がある。だが、これまでの言語学的研究は、過去の蝦夷論と共に存在しており、蝦夷は縄文時代以来の先住民であるという先入観の上に成り立っていた。本研究で述べた、7～11世紀における古代日本国領域からの、たびたびおこった人々の移住を踏まえるならば、蝦夷たちの話した言葉についての研究は、さらに深まるはずである。

　柳田国男は、『蝸牛考』[7]で、日本列島各地におけるカタツムリについての呼称が、同心円的に分布することを見抜き、その背景に言葉の伝播・交替といった歴史があったと説明した。方言周圏論と呼ばれる論である。そのなかで、津軽地方と九州熊本地方のナメクジは、最も古い言葉であり、京都を中心とした地域のデデムシが最新の言葉であると説いた[8]。辺境ほど古い言葉が残ったと考えたのである。後に国立国語研究所（1966）によって、その推定された分布域の正しさが明らかにされた。ただし、柳田は同一系統に属する言葉が変化する際の構造を読み取ったのであり、絶対的な時間は問題にしていない。したがって、本研究における視点に戻るならば、ナメクジという言葉が、いつ、津軽周辺や熊本地方に定着したかを問わねばならない。また、この柳田の論の背後には、現在、大和言葉が話されている地域は、「ある古い時期」から、同一系統の言葉が利用されていたという仮説があることになる。その古い時期とは、いつであろうか。

　言葉の定着した年代を考えるうえで貴重な例となるのが一人称の「ワ」、二人称の「ナ」である。津軽地方の人々は、現在でも自分のことを「ワ」、貴方のことを「ナ」と言う。それらは奈良時代・平安時代に用いられていた日本語古語であり、鎌倉時代以降の文献には見られない（池上秋彦1972）。そして、現在は方言として日本列島の南北の地域に残っているだけである[9]。方言周圏論的にその残存の仕方を解釈できる言葉である。したがってその存在は、それらの語が入ってきたのが、平安時代以前であったことを示している。北条忠雄（1986）でも、それらの2語は「原形原用法で対立並用されているところに古代性を遺存しているといえる（168頁）」と述べ、他の地域の

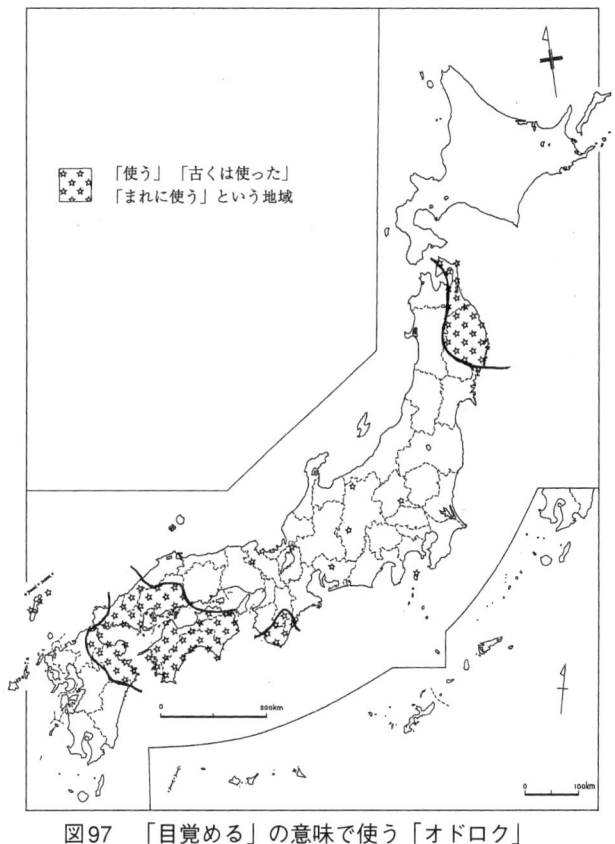

図97 「目覚める」の意味で使う「オドロク」の分布（森下喜一・大野眞男（2001）　図15）

方言で「ワ」が反射代名詞あるいは対称として用いられることがあることと区別している。津軽地方の「ワ」と「ナ」は、平安時代までに当地で使われるようになっていた人称代名詞であると見てよいであろう。その出現期として、9～10世紀前半の津軽地方における集落の造営期を考えることができよう。

　また、津軽弁には、「ウダデ」（気持ち悪い）、「ネマル」（座る）など、他にも平安時代に使われていた言葉が残っている。今後、津軽弁を言語年代学的に考えてみる必要が大いにあろう。

　東北北部東側の方言に残る古語として、目覚めるという意味の「オドロク」をあげることができる。その分布図を図97として示した。これも周圏論で説明される例である（加藤 1996）。この語は、『万葉集』に見られる。7～8世紀に、東北北部東側に集落が営まれるようになる頃と一致するのである。

　ところで、津軽弁のなかにはアイヌ語と共通の単語がある（小笠原 1998）。例えば、履物の意味の「ケリ」、小刀の意味の「マキリ」などだが、一人称の「ワ」や二人称の「ナ」に比べれば、使用頻度が低い単語である。しかも、青森県には近世にもアイヌ民族がいたのであるから、それらは、古代以降のどの時期にでも入る可能性のある言葉である。それに対し、「ワ」や「ナ」は、どの時期にでも、最も使用頻度の高い言葉であり、しかも、日本列島の大部分の地域で、鎌倉時代にはすでに別の言葉に変化していたにもかかわらず、津軽地方に残っていたのである。中世以降に津

軽地方に入った人々が使用したのではなく、古代に定着した言葉が残ったと考えられる。

マタギ言葉とアイヌ語との共通性はどうであろうか。両者とも古代に辿ることのできるほど古い言葉であるかも知れない。ただ、この場合は、「ナイ」「ペツ」と同様に、縄文時代以来の言葉である可能性もある。

柳田が問題にしたナメクジも、おそらく平安時代に定着した例なのであろう。津軽地方には、平安時代頃に入った言葉が、その後、新語に置き換わらずに、残存したのである。すなわち、津軽よりも南にある地域と違い、平安時代の移住の後、あまり頻繁な人口の流入がなかったことを示しているのではなかろうか。

そして最後に、移住者と先住民の人口と使われた言語のことを考え、それぞれの土地の人々の話した言葉についての仮説を示し、今後の研究の指針とする。

移住者の言語の変化についての前提を話す。小泉（1998；216頁）は、移住者の数が先住民よりも多い場合には、移住民たちの言語がその土地の言葉となるが、先住民よりも少ない場合には、移住民が先住民の言葉を話すこととなるという。近代の北海道における入植を見てもその過程はよく理解できる。

移住者の規模を踏まえた本研究での仮説を述べる。東北北部においては、7～8世紀、9～11世紀、どちらの移住でも、常に、先住民よりも移住民の人数が勝っていたので、その結果、どの土地の人々も、古代日本語すなわち大和言葉を話していたことであろう。

一方、北海道南部への移住者は人数が少ない。7世紀末～8世紀前半くらいには、千歳市丸子山遺跡のように、移住者が比較的多い集落もあったかもしれないが、集落の存続期間は短く、しかも、そのような例は少なかった。また、移住者は継続して入ってはこず、全体としては在来の人々の数が圧倒的に多かった。したがって、縄文時代以来の言語が残り、それが日本語等の周辺地域の言葉を借用しながら変化してアイヌ語になった。その言葉を話す人々は津軽地方・下北地方にも、その沿海部を中心にして住んでいた。ただし、土器の存続のあり方から考えるならば、刻文を施す擦文土器が発生して以降に北海道側から来た人々なのであろう。

第5節　文様の世界と文字の世界

蝦夷とは古代日本国が創った表記である。文献上の存在としての蝦夷については、やはり文献を用いて述べるのが筋であろう。しかしながら、蝦夷に関する史料は、古代日本国が残したものばかりである。何かを記録したい人々と、そのような必要のない人々とでは、世界観も歴史観も、そして、政治構造がまったく異なるのである。したがって、自ら史料を残す必要のなかった蝦夷について、何かを残す必要があった古代日本国側の史料だけを使って、その歴史を描くことはできない。そこで、本研究では、物質文化を用いて、蝦夷と表記された人々についての歴史の一部を描こうとしてきた。その場合でも、古代の考古学資料で、呼称を知ることができる場合は稀なので、本研究でも、呼称については、史料を用いて考えた。また、蝦夷と呼ばれた人々の住んだ空間と時間についても、文献をもとに特定した。

ところで、3万数千年前に日本列島に人々が住むようになって以来、ある時期まで、そこには文字が無かった。文字で記録をする必要がなかった。そして、文字の無い時期、人々は器面に文様を施した土器を用いていた。その後、文字を用いる文化に属する人々が西側から日本列島に入り、しだいに土器の表面から文様が失われていく。東北北部で土器が無文様化したのは、蝦夷の時代である。考古学資料を用いるならば、蝦夷の時代とそれ以前とでは、繋がる要素がほとんどないのである。古代日本国で文字記録が残されるようになってからも、大和言葉を話す人々の大半も文字を使わなかった。蝦夷と表記された人々のうち、その中心であった移住者たちは、大和言葉を話す人々であったろうが、文字を記さなかった。しかしながら、彼らは、古代日本国の人々と共通の神話あるいは宗教、思想体系のなかに生きていたのではなかろうか。すでに、土器に文様を施さねばならないという思想体系の外にいたのである。

　北海道においてはどうであろうか。そこでは、土器の表面から文様が消える前に、土器が作られなくなってしまった。アイヌ民族の時代には、土器の代用品が日本国から入るようになっていたのである。したがって、日本国が北海道の住民におよぼす影響があまりに大きくなっていた段階では、土器の文様の有無で、文化の違いを見ることは適当ではない。例えば、土器が作られていた擦文時代と、それが無いアイヌ民族の時代とで、文化の担い手たちに違いはあるのか。擦文文化はおそらくアイヌ民族に続くのだと先に述べてきた。人々は日本国の文化に同化したわけではない。

　ところが、東北北部では、蝦夷の時代と言われる時期に、すでに日本国の文化に同化していた。本研究では、様々な物質文化をもとにして、蝦夷と呼ばれた人々を多面的に説明しようと心がけたつもりである。その結果、古代に蝦夷と表記された人々の大部分は、古代日本国領域からの移住者で構成されており、数の少なかった先住の民はそれらの人々の文化に同化したと解釈した。

　蝦夷と呼ばれた人々のうち、7～8世紀に東北北部東側に移住した人々は、寒冷な時期に、南の地域から移住した人々であった。南の地域からの移住者とはいえ、稲作を生業の中心とするのではなく、雑穀栽培と馬飼とをおこなう人々であった。それが、寒冷な時期に、夏冷涼な地域への移住を促したのである。また、北海道への移住を試みる人々もいた。

　温暖な時期となる9～10世紀には、東北北部の稲作適地である西側地域に大規模な移住があった。暖かい地域からの人々がそれをおこなった。これは水稲耕作地を開拓することを目的としていた。したがって、人々は北海道へ向かわなかった。東北北部の東側への移住者と西側への移住者とは、互いに全く異なる地域の出身者である。彼らは、古代日本国からは「蝦夷」と呼ばれたかもしれないが、自分たちは、そう認識していなかったであろう。

　本来、日本列島上に人はいなかった。3万数千年前に、人々は他の地域から移り住んだのである。そこで、しだいに同一の言語を話す人々の集団が形成されていく。縄文土器や東日本の弥生土器、続縄文土器のような器表面に文様を持つ土器が作られていた間、それらの土器のある地域では、人々は通じ合う言葉を話していたのではなかろうか。それに対し、弥生時代を経て、土師器や古墳文化が出現する頃には、別の言葉を話す別の思想体系を持っている人々が、日本列島の大部分に住むようになる。

　文字と、それが入る以前の社会にあった文様とは、人間社会にとっては類似した働きを持ってい

たのであろう。したがって、それらは交替することができた。どちらも、自然の側ではなく、人間の側にあるのである。

　東北北部では、7〜8世紀を最後に有文土器は作られなくなった。北海道では、土器が作られていた全期間、土器に文様が存在した。すなわち、東北北部では縄文時代の記憶が7〜8世紀の頃に消滅したが、北海道には、その後もアイヌ文化のなかにそれがわずかに生きていたのではないだろうか。そして、現在がある。

　第6節　今後の課題

　中心を持つ文化は周縁を必要とする。その構造が蝦夷概念を生み出した。その思想的枠組みのなかに、最近までわれわれもいたのではないだろうか。蝦夷を、中央に相対する人々であるように見ることは、すでにその枠組みのなかにあるのである。そして、中央は拡大するという性質を持ち、中央にある者たちは、それを肯定する。そのような思想的枠組みである。例えば、蝦夷を征討するという記事をそのまま肯定してしまうのである。ある意図を持って政権が残す記録に、冷静な、中立的なものがどれだけあるだろうか。

　そもそも、東北北部の人々の側に、征討されねばならぬ理由があっただろうか。実際に軍事的な活動があり征討されたか否か、これも吟味しなくてはならないが、それは別にしても、『続日本紀』は、征討を必要とする物語の枠組みのなかで歴史を語りたかったと考えるのは間違いではないであろう。つまり、蝦夷を征討しなければならなかったのは、唯一、古代日本国のみであり、少々乱暴に言うならば、当時の国の歴史を作るのに必要な物語であった部分が多いのであろう。

　本研究では、ある空間と時間とを占めた、蝦夷と表記された人々の実態を、物質文化を用いて明らかにしようとした。それらの多くの人々は、古代日本国に出自を持つと考えられた。これは、一般に考えられている蝦夷像とは異なるが、蝦夷とは誰かという問いをさらに深化させる。蝦夷と呼ばれた人々の実態ばかりでなく、「蝦夷」という存在を強調せざるを得なかった古代日本国の実態を、そして、「蝦夷」を生んだ「国という思想」を問うことへと導くのである。

　そして是非おこなわなければならないのは、国の歴史を物語るために隠されてしまった、あるいは歪められてしまった事実を明らかにする研究である。第一には、「蝦夷の征討」とは何であったのかを問わねばならない。今後の課題である。

　註
（1）　山田（1982）では、北海道にあるアイヌ語で解釈できる地名を「アイヌ語地名」、東北地方にある「〜内（ナイ）」といった地名を「アイヌ語系地名」と呼び分けている。
（2）　山田（1982）は、知里真志保の「ナイ」古朝鮮語、現代朝鮮語方言説を重視して考察をしているが、明快な回答は出さず、「知里さんが「ペッは本来のアイヌ語で、ナイの方は外来らしい」と書かれたのではあるが、ここでは検討できないので、ペッは古くからの言葉で、ナイは後に北から流行して来た語らしいという程度で見て行くことにしたい（229頁）」と述べている。
（3）　『続日本紀』養老6年4月16日条の記事に陸奥の蝦夷・薩摩の隼人らを征討した官人、征討に功

（4）　金田一（1993a）は、「えぞ」の語根を、「アイヌ」と同義語のアイヌ語の古語であるenjuであると考えている。10世紀中葉以降に北海道の擦文文化の担い手たちと交流のあった津軽地域の人々が、「えぞ」と発音したのではあるまいか。
（5）　知里はこの神話の採集地について触れていないが、高倉（1966）には沙流のアイヌ民族の伝承にこのような内容があることが述べられている。また、金田一（1993b）でも、同様のオキクルミ伝説を述べるなかで、沙流がオキクルミの聖地であると述べている。
（6）　瀬川（2003）では、10〜11世紀の擦文文化においては、すでにアイヌ・エコシステムが成立しており、この時期にアイヌ社会の原型ができたと考えている。この考え方は正しい。本稿で述べたアイヌ民族の持つ「われわれ意識」に連なる観念は、ヒエ栽培をおこなう者が人間であるという思いであった。これもエコシステムの一部を構成する。ただし、このような「われわれ意識」は、異なるエコシステムにおいても続く。「われわれ意識」を基本とした民族の捉え方は、時代や社会を越えても可能である。
（7）　『蝸牛考』の内容は最初、『人類学雑誌』に掲載されたが、そのときにはまだ「方言周圏論」という用語は使われていない。1943（昭和18）年に、創元社から『蝸牛考』が出版されたときに、書き加えられたのである。ここでは、底本を創元社版とする岩波文庫版『蝸牛考』を用いた。
（8）　源順によって10世紀中葉頃に編纂された『和名類聚抄』では、蝸牛の和名は「加太豆不利（カタツブリ）」である。この時期、平安京ではデデムシではなくカタツブリが用いられていたということであろうか。なお、『和名類聚鈔』によれば、和名を「奈女久知（ナメクジ）」とする漢名は、「蚰蜒」である。
（9）　小学館『日本国語大辞典　第二版』によれば、一人称としての「ワ」使用は青森県、岩手県海岸地区、秋田県、東京都三宅島・八丈島、新潟県佐渡・東蒲原郡、鳥取県西伯耆郡、島根県、広島県倉橋島、高知県幡多郡・長岡郡（男子間でいう）、鹿児島県鬼界島で採集されており（13巻1223頁）、二人称としての「ナ」の使用は青森県、新潟県中越、沖縄県石垣島で採集されている（10巻5頁）。

引用・参考文献（以下の文献には、挿図として利用したものも含む）

青木和夫・稲岡耕二・笹山晴生・白藤禮幸校注　1998『新日本古典文学大系16　続日本紀5』岩波書店
青森県教育委員会　1976『黒石市牡丹平南・浅瀬石遺跡発掘調査報告書』青森県埋蔵文化財調査報告書第26集
　　　1978a『青森市三内遺跡』青森県埋蔵文化財調査報告書第37集
　　　1978b『黒石市高館遺跡発掘調査報告書』青森県埋蔵文化財調査報告書第40集
　　　1980a『大平遺跡』青森県埋蔵文化財調査報告書第52集
　　　1980b『碇ケ関村古館遺跡』青森県埋蔵文化財調査報告書第54集
　　　1988『李平下安原遺跡発掘調査報告書』青森県埋蔵文化財調査報告書111集
　　　1989『発茶沢（1）遺跡IV』青森県埋蔵文化財調査報告書第120集
　　　1990a『中崎館遺跡』青森県埋蔵文化財調査報告書第129集
　　　1990b『杢沢遺跡』青森県埋蔵文化財調査報告書第130集
　　　1992『堀切沢（2）（3）（4）（5）遺跡』青森県埋蔵文化財調査報告書第141集
　　　1994『山元（1）遺跡』青森県埋蔵文化財調査報告書第159集
　　　1995『山元（2）遺跡』青森県埋蔵文化財調査報告書第171集
　　　1996『野尻（2）遺跡II・野尻（3）遺跡』青森県埋蔵文化財調査報告書第186集
　　　1997『宇田野（2）遺跡　宇田野（3）遺跡　草薙（3）遺跡』青森県埋蔵文化財調査報告書第217集
　　　1998a『外馬屋前田（1）遺跡』青森県埋蔵文化財調査報告書第242集
　　　1998b『高屋敷館遺跡』青森県埋蔵文化財調査報告書第243集
　　　1998c『隠川（4）遺跡・隠川（12）遺跡I』青森県埋蔵文化財調査報告書第244集
　　　1999a『野尻（1）遺跡II』青森県埋蔵文化財調査報告書第259集
　　　1999b『野木遺跡II』青森県埋蔵文化財調査報告書第264集
　　　2000a『野尻（1）遺跡III』青森県埋蔵文化財調査報告書第277集
　　　2000b『野木遺跡III』青森県埋蔵文化財調査報告書第281集
　　　2000c『岩ノ沢平遺跡』青森県埋蔵文化財調査報告書第287集
青森県史編纂古代部会編　2001『青森県史　資料編　古代1　文献史料』青森県
青森市教育委員会　2000『野木遺跡発掘調査報告書II』青森市埋蔵文化財調査報告書第54集
赤沼英男　1995「いわゆる半地下式竪型炉の性格の再検討」『たたら研究』35号、11－28頁、たたら研究会
　　　1996a「遺物の解析結果からみた半地下式竪型炉の性格」『季刊考古学』57号41－45頁、ニュー・サイエンス社
　　　1996b「付篇5　オサツ2遺跡出土遺物の金属学的解析」『千歳市　オサツ2遺跡（2）』261－277頁、（財）北海道埋蔵文化財センター
　　　1998「第3節　泉沢中台における鉄関連炉の機能」『泉沢中台遺跡』125－132頁、秋田県教育委員会、秋田県埋蔵文化財調査報告書第276集
　　　1999「第3節　遺物の自然化学的調査結果からみた扇田谷地遺跡における生産活動」『扇田谷地遺跡』107－115頁、秋田県教育委員会、秋田県埋蔵文化財調査報告書第283集
　　　2002「4　王朝国家体制下で進む鋼製鉄器の普及」佐々木稔編『鉄と銅の生産の歴史』69－

87頁、雄山閣
秋田県教育委員会　1989『一般国道7号八竜能代道路建設事業に係る埋蔵文化財発掘調査報告書II』秋田県埋蔵文化財調査報告書第178集
秋本吉郎　1958『日本古典文学大系2　風土記』岩波書店
秋山浩三　1997「第三節　黒斑等の遺物属性からみた土器焼成遺構」窯跡研究会編『古代の土師器生産と焼成遺構』258－276頁、真陽社
浅井辰郎　1950「9.ヤマセ吹走時に於ける東北地方の気温分布について」『資源科学研究所彙報』16号、58－66頁
浅井　亨　1979「蝦夷語のこと」『日本古代文化の探求　蝦夷』113－156頁、社会思想社
旭川市教育委員会　1995『旭町1遺跡』旭川市埋蔵文化財発掘調査報告書第20輯
吾妻　崇　1995「変動地形からみた津軽半島の地形発達史」『第四紀研究』34巻2号、75－89頁
穴澤義功　1984「製鉄遺跡からみた鉄生産の展開」『季刊考古学』8号、47－52頁、ニュー・サイエンス社
阿部明彦・山口博之・斎藤　健　1995「山形県」『第五回東日本埋蔵文化財研究会　東日本における奈良・平安時代の墓制　第I分冊』234－259頁、東日本埋蔵文化財研究会栃木大会準備委員会
天辰正義　2005「出土鉄滓の化学成分評価による製鉄工程の分類」『鉄と鋼』91巻1号、47－54頁、日本鉄鋼協会
天野哲也　1977「擦文文化成立における古墳の意義」『考古学研究』24巻1号、54－72頁
　　　　　1989「擦文期北海道にもたらされた鉄の量とこれに関連する諸問題－アイヌ期との比較において－」『たたら研究』30号、1－8頁、たたら研究会
新井　宏　2000「古代日本に間接製鋼法があったか」『ふぇらむ』5巻10号、36－42頁、日本鉄鋼協会
井上光貞・関　晃・土田直鎮・青木和夫校注　1976『日本思想大系3　律令』岩波書店
池上秋彦　1972「代名詞の変遷」鈴木一彦・林　巨樹編『品詞別日本文法講座2　名詞・代名詞』123－162頁、明治書院
池上　悟　1980「積石塚の地域相－関東・東北地方」『考古学ジャーナル』180号、37－41頁、ニュー・サイエンス社
石井　淳　1997「北日本における後北C2-D式期の集団様相」『物質文化』63号、23－35頁、物質文化研究会
石川賢一・吉田武義・北川嘉彦・青木謙一郎・大上和良　1985「東北日本弧、岩手県七時雨火山の地球化学的研究」『東北大学核理研研究報告』18巻2号、366－378頁
石上英一　1987「古代東アジア地域と日本」『日本の社会史　第1巻　列島内外の交通と国家』55－96頁、岩波書店
石塚友希夫・中村俊夫・奥野　充・木村勝彦・金奎漢・金伯禄・森脇　広　2003「白頭山火山灰の10世紀における巨大噴火の高精度AMS14C年代測定」『名古屋大学年代測定総合研究センター研究紀要』58－64頁
石附喜三男　1983「5　エゾ地の鉄」『日本民俗文化大系　第三巻　稲と鉄』301－321頁、小学館
　　　　　　1986『アイヌ文化の源流』みやま書房
市川健夫　1981『日本の馬と牛』東書選書
伊東信雄・板橋　元　1963『五条丸古墳群』
伊藤　循　1991「蝦夷と隼人はどこが違うか」『争点日本の歴史　第三巻　古代編II』59－74頁、新人物往来社

井上光貞・関　晃・土田直鎮・青木和夫校注　1976『日本思想大系　律令』岩波書店

今泉隆雄　1992「律令国家とエミシ」須藤隆・今泉隆雄・坪井清足編『新版古代の日本　⑨東北・北海道』163－198頁、角川書店

入間田宣夫　1986「糠部の駿馬」高橋富雄編『東北古代史の研究』592－631頁、吉川弘文館

　　　　　　1988「久慈・閉伊の駅馬」中世東国史研究会編『中世東国史の研究』285－311頁、東京大学出版会

　　　　　　1990「稙宗の貢馬」羽下徳彦編『北日本中世史の研究』167－191頁、吉川弘文館

　　　　　　1997「鎮守府将軍清原真衡と「戸」「門」の建置」青森県六戸町編『北辺の中世史』11－27頁、名著出版

岩手県教育委員会　1960『岩手県中世文書　上巻』

　　　　　　　　　1981『東北縦貫自動車道関係埋蔵文化財調査報告書　XI（水沢地区）』

岩波書店　1961『日本の地理　第2巻　東北編』

ウサクマイ遺跡研究会　1975『考古学調査報告　烏柵舞』雄山閣

氏家和典・加藤　孝　1966「10　東北」『古墳時代　上　日本の考古学　IV』499－528頁、河出書房

宇都宮市教育委員会　1984『聖公園遺跡II』宇都宮市埋蔵文化財報告書第14集

　　　　　　　　　　1987『向山根遺跡　第2次発掘調査』宇都宮市埋蔵文化財調査報告書第22集

宇部則保　1989「青森県における7・8世紀の土師器－馬淵川下流域を中心として－」『北海道考古学』25、99－120頁、北海道考古学会

　　　　　2000「古代東北地方北部の沈線文のある土師器」『考古学ジャーナル』462号、8－12頁、ニュー・サイエンス社

　　　　　2003「東北北部型土師器にみる地域性」『海と考古学とロマン』247－265頁、市川金丸先生古稀を祝う会編、青森市

江坂輝弥　1971「青森県八戸市鹿島沢古墳新発見の遺物」『考古学ジャーナル』58号、ニュー・サイエンス社

枝幸町教育委員会　1980『ホロナイポ遺跡』

江釣子村教育委員会　1988『猫谷地古墳群』

遠藤　巖　1994「米代川流域の中世社会」『研究紀要』9号、69－88頁、秋田県埋蔵文化財センター

遠藤匡俊　1997『アイヌと狩猟採集社会』大明堂

大石直正　1984『東北中世史の黎明』東京大学出版会

　　　　　1990「陸奥国の荘園と公領－鳥瞰的考察－」『東北文化研究所紀要』22号、31－61頁、東北学院大学

　　　　　1997「戸のまちの起源と交通」青森県六戸町編『北辺の中世史』29－60頁、名著出版

大沢　穠・平山次郎　1970『五所川原地域の地質』地域地質研究報告（5万分の1図幅）、地質調査所

大沢正己　1985「VI札前・静浦D遺跡出土の鉄滓・鉄器　板状ガラス破片の金属学的調査」『札前』312－335頁、松前町教育委員会

岡安光彦　1984「いわゆる「素環の轡」について」『日本古代文化研究』創刊号、95－120頁

小口雅史　1992「阿倍比羅夫北征地名考－渡嶋を中心として－」『文経論叢』27巻3号、137－148頁、弘前大学人文学部

　　　　　2000「渡嶋再考」『国立歴史民俗博物館研究報告』84集、5－37頁

小野忠凞　1985『山口県の考古学』吉川弘文館

小野裕子　1998「北海道における続縄文文化から擦文文化へ」『考古学ジャーナル』436号、4－10頁、

ニュー・サイエンス社
海保嶺夫　1987『中世の蝦夷地』吉川弘文館
利部　修　1997「第8節　東北西部－秋田県の事例と検討－」窯跡研究会編『古代の土師器生産と焼成遺構』189－204頁、真陽社
春日真実　1998「札幌市内出土「小泊窯産須恵器」について」『新潟考古学談話会会報』19号、11－13頁、新潟考古学談話会
鹿角市教育委員会　1981『御休堂遺跡発掘調査報告書』鹿角市文化財調査資料19
加藤瑛二　1997『日本・中国　陶磁業の立地と環境』古今書院
加藤正信　1996「日本の方言と古語」加藤正信・佐藤武義・前田富祺著『日本の方言と古語』7－51頁、南雲堂
川西宏幸　1978「円筒埴輪総論」『考古学雑誌』64巻2号、1－70頁、日本考古学会
川俣馨一編集　1931『新校群書類従』1巻、内外書籍
漢語大詞典編集委員会編集　1989－1991『漢語大詞典』漢語大詞典出版社（中華人民共和国）
喜田貞吉　1933「奈良時代における北海道の経営（中）」『歴史地理』62－5頁、1－12頁、日本歴史地理学会
木村　高　2000「津軽地方における平安時代の住居跡－付属する掘立柱建物と外周溝の機能について－」『考古学ジャーナル』462号、13－18頁、ニュー・サイエンス社
菊池徹夫　1984「擦文文化と鉄」『季刊考古学』8号、66－72頁
岸　浩　1975a「天然記念物見島牛の起源に関する研究（上）」『獣医畜産新報』652号、20－32頁
　　　　1975b「天然記念物見島牛の起源に関する研究（下）」『獣医畜産新報』653号、11－21頁
　　　　1981「天然記念物見島牛の起源に関する研究（Ⅲ）」『獣医畜産新報』725号、41－53頁
北構保男　1991『古代蝦夷の研究』雄山閣
桐原　健　1980「積石塚の地域相－中部山岳地方」『考古学ジャーナル』180号、31－36頁、ニュー・サイエンス社
　　　　　1989『UP考古学選書　10　積石塚と渡来人』東京大学出版会
金田一京助　1993a『金田一京助全集　第6巻　アイヌ語Ⅱ』三省堂
　　　　　　1993b『金田一京助全集　第12巻　アイヌ文化・民俗学』三省堂
熊谷公男　1992a「古代東北の豪族」須藤隆・今泉隆雄・坪井清足編『新版古代の日本　⑨東北・北海道』261－288頁、角川書店
　　　　　1992b「平安初期における征夷の終焉と蝦夷支配の変質」『東北文化研究所紀要』24号、1－21頁、東北学院大学東北文化研究所
熊田亮介　1986「蝦夷と夷狄」高橋富雄編『東北古代史の研究』吉川弘文館
　　　　　1994「古代国家と蝦夷・隼人」『岩波講座　日本通史』第4巻、古代3、187－224頁、岩波書店
倉野憲司ほか　1965『校本古事記』続群書類従完成会
黒坂勝美編　1965『新訂増補　国史大系　類聚国史　後篇』
　　　　　　1965『新訂増補　国史大系　扶桑略記・帝王編年紀』
　　　　　　1966『新訂増補　国史大系　古事記・先代舊事本紀・神道五部書』
　　　　　　1969『新訂増補　国史大系　続日本紀　前篇』
　　　　　　1969『新訂増補　国史大系　続日本紀　後篇』
　　　　　　1981『新訂増補　国史大系　延喜式　後篇』

	1982『新訂増補　国史大系　日本書紀』
	1983『新訂増補　国史大系　類聚三代格　後篇・弘仁格式』
桑原滋郎	1976「東北地方北部および北海道の所謂Ⅰ型式の土師器について」『考古学雑誌』61-4頁、1-20頁、日本考古学会
桑原真人	1982『近代北海道史研究序説』北海道大学図書刊行会
工藤雅樹	1994「考古学から見た古代蝦夷」『日本考古学』1号、139-154頁
	1998a『蝦夷と東北古代史』吉川弘文館
	1998b『東北考古学・古代史学史』吉川弘文館
	2000『古代蝦夷』吉川弘文館
工藤清泰	1998「津軽平野」『シンポジウム「城柵と地域社会の変容」資料集　東北地方の古代集落　第一分冊』1-121頁、第24回古代城柵官衙遺跡検討会事務局（盛岡市教育委員会文化課内）
工藤清泰ほか	1998『犬走窯発掘調査報告書』五所川原市埋蔵文化財調査報告書第21集　五所川原市教育委員会
久保　泰・森　広樹	1995「渡島半島南部の擦文時代の防禦集落」『考古学ジャーナル』387号、27-33頁、ニュー・サイエンス社
現代思潮社	1978『覆刻　日本古典全集　本草和名』
小泉治彦・吉田武義・青木謙一郎	1984「東北日本弧・第四紀月山火山の地球化学的研究」『東北大学核理研研究報告』17巻2号、391-401頁
小泉　保	1998『縄文語の発見』青土社
国立国語研究所	1972『日本言語地図』第5集、大蔵省印刷局
国立歴史民俗博物館編	1994a『国立歴史民俗博物館研究報告』58集
	1994b『国立歴史民俗博物館研究報告』59集
児島恭子	2003『アイヌ民族史の研究』吉川弘文館
五所川原市教育委員会	2002『M26号窯跡』五所川原市埋蔵文化財調査報告書第23集
	2003『五所川原須恵器窯跡群』五所川原市埋蔵文化財調査報告書第25集
	2005『KY1号窯跡』五所川原市埋蔵文化財調査報告書第26集
後藤壽一・曽根原武保	1934「胆振国千歳郡恵庭村の遺跡について」『考古学雑誌』24巻2号、79-102頁、日本考古学会
小林正史	1998「野焼き方法の変化を生み出す要因　－民族誌の野焼き方法の分析－」『民族考古学序説』139-159頁、同成社
小林和彦	1991「丹後平古墳第2号土坑から出土した馬歯について」『丹後平古墳』138-141頁、八戸市教育委員会
子持村教育委員会	1991『黒井峯遺跡』
小谷地　肇	2003「伏岩里三号墳第七号石室出土獅噛式環頭大刀をめぐって」『海と考古学とロマン』235-245頁、市川金丸先生古稀を祝う会
近藤誠司	2001『アニマルサイエンス①ウマの動物学』東京大学出版会
斎藤　淳	2003「本州における擦文土器の変遷と分布について」『海と考古学とロマン』267-283頁、市川金丸先生古稀を祝う会
斉藤　忠・杉山博久	1983『日本横穴地名表』吉川弘文館
斉藤利男	1996「蝦夷社会の交流と「エゾ」世界への変容」『古代王権と交流1　古代蝦夷の世界と交流』439-480頁、名著出版

坂井秀弥　1983「越後における七・八世紀の土器様相と画期について－新井市栗原遺跡出土土器をめぐって－」『信濃』35巻4号、290－306頁、信濃史学会

　　　　　1990「東北古代ロクロ土師器甕の二系譜と須恵器との関係－丸底の出羽、平底の陸奥－」『新潟考古学談話会会報』6号、30－36頁、新潟考古学談話会

　　　　　1992「青森県杢沢遺跡の「小泊産須恵器」について」『新潟考古学談話会会報』9号、44－46頁、新潟考古学談話会

　　　　　1994「北海道出土「佐渡小泊産須恵器」の問題点」『新潟考古学談話会会報』13号、24－26頁、新潟考古学談話会

阪口　豊　1989『尾瀬ケ原の自然史』中公新書

坂詰秀一　1973「津軽持子沢窯跡調査概報」『北奥古代文化』5号、10－17頁、北奥古代文化研究会

　　　　　1974「津軽持子沢窯跡第2次調査概報」『北奥古代文化』6号、108－112頁、北奥古代文化研究会

坂本太郎　1956「日本書紀と蝦夷」古代史談話会編『蝦夷』56－91頁、朝倉書店

榊原滋高　1998「第4章　五所川原砂田D窯須恵器の分析」『犬走須恵器窯跡発掘調査報告書』70－75頁、五所川原市埋蔵文化財調査報告書第21集、五所川原市教育委員会

榊原滋高・鈴木和子・小野　基　1998「第3章　第2節　犬走1・2号窯」『犬走須恵器窯跡発掘調査報告書』29－69頁、五所川原市埋蔵文化財調査報告書第21集、五所川原市教育委員会

榊原滋高・中田書矢・小野　基　1998「第6章　第1節　五所川原須恵器の編年」『犬走須恵器窯跡発掘調査報告書』114－126頁、五所川原市埋蔵文化財調査報告書第21集、五所川原市教育委員会

桜井清彦・菊池徹夫編　1987『蓬田大館遺跡』蓬田村教育委員会、六興出版

佐々木寧仁・吉田武義・青木謙一郎　1985「那須北帯、北八甲田火山群の地球化学的研究」『東北大学核理研研究報告』18巻1号、175－188頁

佐瀬　隆　1989「黒色腐植層（黒土層）の生成に関する覚書」『紀要Ⅸ』49－66頁、（財）岩手県文化振興事業団埋蔵文化財センター

佐瀬　隆・近藤錬三　1990「岩手山麓における最近13,000年間の火山灰土壌の植生環境」『ペドロジスト』35巻1号、15－30頁、日本土壌学会

佐瀬　隆・細野　衛　1999「青森県八戸市、天狗岱のテフラ－土壌累積層の植物珪酸体群集に記録された氷期－間氷期サイクル」『第四紀研究』38巻5号、353－364頁、日本第四紀学会

佐藤忠雄　1979『奥尻島青苗遺跡－図版編』奥尻町教育委員会

（財）岩手県埋蔵文化財センター　1998『房の沢Ⅳ遺跡発掘調査報告書』岩手県文化振興事業団埋蔵文化財調査報告書第287集

（財）栃木県埋蔵文化財センター　1997『八幡根遺跡』栃木県埋蔵文化財調査報告第189集

（財）北海道埋蔵文化財センター　1995『千歳市　オサツ2遺跡（1）・オサツ14遺跡』北海道埋蔵文化財調査報告書第96集

札幌市教育委員会　1993『K435遺跡』札幌市埋蔵文化財調査報告書ⅩLⅡ

設楽政健　2002a「青森県内の製鉄遺跡－炉形状からの再検討－」『青森県考古学』13号、121－146頁、青森県考古学会

　　　　　2002b「青森県内古代製鉄遺跡の立地」『たたら研究』42号、28－37頁、たたら研究会

下田町教育委員会　1991『阿光坊遺跡』下田町文化財調査報告書第3集

周藤賢治・牛来正夫　1997『地殻・マントル構成物質』共立出版

神　康夫　1995「1．李平下安原遺跡」『第五回東日本埋蔵文化財研究会　東日本における奈良・平安時

代の墓制　第Ⅰ分冊』86頁、東日本埋蔵文化財研究会栃木大会準備委員会
須藤　功編　1988『写真でみる日本生活図引　3　あきなう』弘文堂
杉本　壽　1981『木地師と木形子』翠楊社
鈴木琢也　2004「擦文文化期における須恵器の拡散」『北海道開拓記念館研究紀要』32号、21 - 46頁
鈴木　尚　1956「東北地方の古人骨」『蝦夷』166 - 206頁、朝倉書店
鈴木　信　2002「擦文～アイヌ文化期の馬 - 馬蹄跡の調査から - 」『北海道立埋蔵文化財センター年報』3号、45 - 54頁、北海道立埋蔵文化財センター
　　　　　　2003「続縄文～擦文文化期の渡海交易の品目について」『北海道考古学』39輯、29 - 47頁、北海道考古学会
関口　明　1992『蝦夷と古代国家』吉川弘文館
瀬川拓郎　1989「擦文時代における食料生産・分業・交換」『考古学研究』36巻2号、72 - 97頁
　　　　　　1996「擦文文化の終焉」『物質文化』61号、1 - 17頁、物質文化研究会
　　　　　　2003「擦文時代の交易体制」『歴史評論』639号、2 - 14頁、校倉書房
高倉新一郎　1966『アイヌ研究』北海道大学生活協同組合
　　　　　　1972『新版　アイヌ政策史』三一書房
高島成侑　1989「第2節　発茶沢（1）遺跡の建築跡について」『発茶沢（1）遺跡Ⅳ』271 - 288頁、青森県埋蔵文化財調査報告書第120集
高杉博章　2002「本州北部における土師器と擦文土器の接触関係について」『北海道考古学』38輯、47 - 63頁、北海道考古学会
高橋　崇　1986『蝦夷』中公新書
高橋富雄　1963『蝦夷』吉川弘文館
　　　　　　1991『古代蝦夷を考える』吉川弘文館
高橋千晶　1995「岩手県」『第五回東日本埋蔵文化財研究会　東日本における奈良・平安時代の墓制　第Ⅰ分冊』121 - 201頁、東日本埋蔵文化財研究会栃木大会準備委員会
高橋信雄　1982「東北地方北部の土師器と古代北海道系土器との対比」『北奥古代文化』13号、15 - 30頁、北奥古代文化研究会
　　　　　　1985「岩手の古代集落 - 竪穴住居址の集計にみる問題 - 」『日高見国 - 菊池啓次郎学兄還暦記念論集 - 』249 - 269頁、菊池啓次郎学兄還暦記念会
　　　　　　1996「蝦夷文化の諸相」鈴木靖民編『古代王権と交流1　古代蝦夷の世界と交流』319 - 354頁、名著出版
高橋　学　1989「竪穴住居と掘立柱建物が併列して構築される遺構について - 能代市福田遺跡・十二林遺跡を端緒として - 」『秋田県埋蔵文化財センター紀要』4号、23 - 40頁、秋田県埋蔵文化財センター
　　　　　　1996「古代末の出羽」『季刊　考古学』57号、22 - 25頁
　　　　　　1998「米代川流域」『シンポジウム「城柵と地域社会の変容」資料集　東北地方の古代集落　第二分冊』1 - 103頁、第24回古代城柵官衙遺跡検討会事務局（盛岡市教育委員会文化課内）
高橋玲子　2001「平安時代東北地方における掘立柱敷設付竪穴住居について」『秋田考古学』47号、1 - 61頁、秋田県考古学会
竹下將男　1998「三陸沿岸」『シンポジウム「城柵と地域社会の変容」資料集　東北地方の古代集落　第一分冊』285 - 338頁、第24回古代城柵官衙遺跡検討会事務局（盛岡市教育委員会文化課内）

巽　好幸　1995『沈み込み帯のマグマ学』東京大学出版会
舘　充訳　2001『現代語訳　鉄山必用記事』丸善
田名網　宏　1956「古代蝦夷とアイヌ」古代史談話会編『蝦夷』1－55頁、朝倉書店
　　　　　　1969『古代の交通』吉川弘文館
田中新史　1980「東国末期古墳出土の馬具－年代と系譜の検討－」『古代探叢－滝口　宏先生古稀記念考古論集』257－278頁、滝口　宏先生古稀記念論集編集委員会
田中　琢　1967「畿内と東国－古代土器生産の観点から－」『日本史研究』90号、76－88頁、日本史研究会
田中広明　1994「「国造」の経済圏と流通」関　和彦編『古代王権と交流2　古代東国の民衆と社会』69－98頁、名著出版
谷　旬　1982「古代東国のカマド」『研究紀要』7号、223－248頁、(財)千葉県文化財センター
谷口宏充　1972「十和田火山の岩石学的研究」『岩石鉱物鉱床学会誌』67号、128－138頁
地学団体研究会編　1995『新版地学教育講座③鉱物の科学』東海大学出版会
地質調査所　1988『八甲田地熱地域地質図』『特殊地質図』24－1
千歳市教育委員会　1982『末広遺跡における考古学的調査（下）』千歳市文化財調査報告書Ⅷ
　　　　　　1994『丸子山遺跡における考古学的調査』千歳市文化財調査報告書19
千葉徳爾　1991『増補改訂　はげ山の研究』そしえて
地里真志保　1973『地里真志保著作集　第3巻』平凡社
　　　　　　1976『地里真志保著作集　別巻1　分類アイヌ語辞典　植物編・動物編』平凡社
通商産業省編　1960『未利用鉄資源』第6輯
塚田松雄　1967「過去一万二千年間：日本の植生変遷史Ⅰ.」『植物学雑誌』80巻、323－336頁
　　　　　　1981「過去一万二千年間－日本の植生変遷史Ⅱ.新しい花粉帯」『日本生態会誌』31巻2号、201－215頁
辻　秀人　1986「Ⅳ古墳時代」『図説発掘が語る日本史1北海道・東北編』149－178頁、新人物往来社
　　　　　　1990「東北古墳時代の画期について（その2）－7世紀史の理解をめざして－」『考古学古代史論攷』323－347頁、伊東信雄先生追悼論文集刊行会
　　　　　　1992「5　古墳の変革と画期」須藤隆・今泉隆雄・坪井清足編『新版　古代の日本9　東北・北海道』角川書店
　　　　　　1996「蝦夷と呼ばれた社会－東北北部社会の形成と交流－」鈴木靖民編『古代王権と交流1　古代蝦夷の世界と交流』215－248頁、名著出版
　　　　　　1998「列島における東北世界の成立」『歴史のなかの東北』13－40頁、河出書房新社
東京大学史料編纂所編集　1968『大日本史料』編年之三
東国土器研究会　1989「1988年「黒色土器－出現と背景－」の成果と課題」『東国土器研究』2号、178－181頁、東国土器研究会
東北町教育委員会　2004『鳥口平（2）Ⅱ』東北町埋蔵文化財調査報告書第15集
富樫茂子　1977「恐山火山の岩石学的研究」『岩石鉱物鉱床学会誌』72号、45－60頁
土佐雅彦　1981「日本古代製鉄遺跡に関する研究序説－とくに炉形を中心に－」『たたら研究』24号、12－34頁、たたら研究会
戸沢　武　1968「第30節　大館森山・大平野両製鉄址について」『岩木山　岩木山麓古代遺跡発掘調査報告書』505－517頁、岩木山刊行会、弘前市
百々幸雄　1995「骨からみた日本列島の人類史」『モンゴロイドの地球3日本人のなりたち』129－171

　　　　　　　頁、東京大学出版会
豊田宏良　1997「北海道における須恵器の様相」『蝦夷・律令国家・日本海－シンポジウムⅡ・資料集－』
　　　　　　335－342頁、日本考古学協会1997年度秋田大会
富岡直人　2002「第11節　中半入遺跡出土ウマ遺存体分析」『中半入遺跡・蝦夷塚古墳発掘調査報告書』
　　　　　　296－301頁、(財) 岩手県文化振興事業団埋蔵文化財センター
中川光弘・吉田武義・青木謙一郎　1984「東北日本弧・第四紀森吉火山噴出物の微量化学組成」『東北大
　　　　　　学核理研究報告』17巻2号、375－381頁
中川光弘・霧鳥　洋・吉田武義　1986「青麻－恐火山列：東北日本弧火山フロント」『岩石鉱物鉱床学会
　　　　　　誌』81号、471－478頁
中里町教育委員会　1990『中里城遺跡Ⅰ』中里町文化財調査報告書第2集
中嶋友文　2000「図194　および解説」『野木遺跡Ⅲ（第四分冊）』263頁、青森県教育委員会
仲田茂司　1997「東北・北海道における古墳時代中・後期土器様式の編年」『日本考古学』4号、109－
　　　　　　121頁、日本考古学協会
中田祝夫　1978『和名類聚抄　元和三年古活字版二十巻本　勉誠社文庫23』勉誠社
中西川　駿ほか　1991『古代遺跡出土骨からみたわが国の牛、馬の渡来時期とその経路に関する研究』
　　　　　　平成2年度文部省科学研究費補助金（一般研究B）研究成果報告書
中路正恒　2001「「えみし」少考　その高橋富雄氏説の検討」『東北学』4号、100－111頁、作品社
中村徹也　1994『珈琲タイムの考古学』新日本教育図書
浪川健治　1992『近世日本と北方社会』三省堂
成田壽一郎　1996『木工挽物』理工学社
二戸市教育委員会　1981『中曽根Ⅱ遺跡』
西宮一民校注　1985『古語拾遺』岩波文庫
日本考古学協会1997年度秋田大会実行委員会編　1997『蝦夷・律令国家・日本海』
日本地誌研究所編　1975『日本地誌第3巻東北地方総論　青森県・岩手県・秋田県』二宮書房
根本直樹　2000「第二節　地質・地史」『浪岡町史1』40－77頁、浪岡町
野末浩之　1995「特殊須恵器の器種と特徴」『装飾須恵器展』73-107頁、愛知県陶磁資料館
乗安和二三　2000「181　見島ジーコンボ古墳群」『山口県史　資料編　考古1』637－643頁、山口県
羽柴直人　2000「青森県内のロクロ使用土師器長胴甕について」『村越潔先生還暦記念論集』210－232
　　　　　　頁、弘前大学教育学部考古学研究室OB会
橋本鉄男　1979『ものと人間の文化史31　ろくろ』法政大学出版会
八戸遺跡調査会　2001『田向冷水遺跡Ⅰ』八戸遺跡調査会埋蔵文化財調査報告書第1集
八戸市教育委員会　1983『史跡根城跡発掘調査報告書Ⅴ』八戸市埋蔵文化財調査報告書第11集
　　　　　　1984『八戸市都市区域内埋蔵文化財発掘調査報告書』八戸市埋蔵文化財調査報告書第13集
　　　　　　1988『田面木平遺跡（1）』八戸市埋蔵文化財調査報告書第20集
　　　　　　1991『丹後平古墳』八戸市埋蔵文化財調査報告書第44集
　　　　　　1997『酒美平遺跡』八戸市埋蔵文化財調査報告書第73集
　　　　　　2002『丹後平古墳群・丹後平（1）遺跡・丹後平古墳』八戸市埋蔵文化財調査報告書第93集
長谷川熊彦　1963『砂鉄』技術書院
羽場睦美　1997「箱形炉と竪型炉」『前近代における鉄のフォーラム資料』(社) 日本鉄鋼協会社会鉄鋼
　　　　　　工学部会
埴原和郎　1994「二重構造モデル：日本人集団の形成に関わる一仮説」『人類学雑誌』102巻5集、455－

477頁、日本人類学会

原　明芳　1989「長野県における「黒色土器」の出現とその背景－5世紀末の食膳具様式の成立との関連で－」『東国土器研究』2号、88－106頁、東国土器研究会

早川由紀夫・小山真人　1998「日本海を挟んで10世紀に相次いで起こった二つの大噴火の年月日」『火山』43巻、403－407頁

林　信太郎・吉田武義・青木謙一郎　1984「東北日本、鳥海火山の地球化学的研究」『東北大学核理研研究報告』17巻2号、382－390頁

樋口知志　1996「渡島のエミシ」鈴木靖民編『古代王権と交流1　古代蝦夷の世界と交流』73－102頁、名著出版

日高　慎　2001「東北北部・北海道地域における古墳時代文化の受容に関する一考察－古墳時代中期を中心として－」『海と考古学』4号、1－22頁、海交史研究会

福沢仁之・塚本すみ子・塚本　斉・池田まゆみ・岡村　真・松岡裕美　1998「年縞堆積物を用いた白頭山－苫小牧火山灰（B-Tm）の降下年代の推定」『LAGUNA（汽水域研究）』5号、63－73頁、島根大学汽水域研究センター

福田豊彦　1995「鉄を中心にみた北方世界」『中世の風景を読む1　蝦夷の世界と北方交易』153－198頁、新人物往来社

福田友之　1993a「第3章　第3節　五所川原産須恵器の分布」『五所川原市史　史料編1』299－315頁、五所川原市

　　　　　1993b「第2章　第2節　五所川原産須恵器窯跡」『五所川原市史　史料編1』100－138頁、五所川原市

船木義勝　1995「秋田県」『第五回東日本埋蔵文化財研究会　東日本における奈良・平安時代の墓制　第Ⅰ分冊』202－233頁、東日本埋蔵文化財研究会栃木大会準備委員会

古川一明　1995「宮城県」『第五回東日本埋蔵文化財研究会　東日本における奈良・平安時代の墓制　第Ⅰ分冊』260－290頁、東日本埋蔵文化財研究会栃木大会準備委員会

文化庁文化財保護部監修　1971『天然記念物事典』第一法規

北条忠雄　1986「5　東北方言の概説」『講座方言学4－北海道・東北地方の方言－』149－177頁、国書刊行会

馬淵和夫　1973『和名類聚抄古写本声点本本文および索引』風間書房

前沢和之　1991「第二節　上野国の馬と牧」『群馬県史　通史編2　原始古代2』572－607頁

前田　潮　1987『北方狩猟民の考古学』同成社

町田　洋・新井房夫・森脇　広　1981「海を渡ってきたテフラ」『科学』51巻、562－569頁

松井　健・近藤鳴雄　1992『土の地理学－世界の土・日本の土－』朝倉書店

松井　章　1990「動物遺存体から見た馬の起源と普及」『日本馬具大鑑』1、33－44頁、吉川弘文館

松前町教育委員会　1985『札前遺跡』

松村博文　1998「歯冠計測値に基づく土着系・渡来系弥生人の判別法」『国立科学博物館専報』30号、199－210頁

松本建速　1991「東北北部の平安時代のなべ」『紀要』11号、61－79頁、（財）岩手県文化振興事業団埋蔵文化財センター

　　　　　1992「副葬・供献された石鏃の形態と土器型式から見た文化の接触と変化」『筑波大学先史学・考古学研究』3号、53－79頁

　　　　　2001a「五所川原産須恵器の胎土分析」『物質文化』71号、1－21頁、物質文化研究会

2001b「木戸前遺跡出土土器の成分分析」『木戸前遺跡』21－26頁、松戸市遺跡調査会
2001c「大川遺跡出土土師器の胎土分析」『大川遺跡における考古学的調査Ⅳ』367－376頁、北海道余市町教育委員会
2002a「千葉県北部・茨城県南部の土器胎土・第四紀層粘土の成分分析」『土曜考古』26号、65－84頁、土曜考古学研究会
2002b「松戸市馬屋敷遺跡出土土師器・ロームの成分分析」『馬屋敷』137－150頁、松戸市遺跡調査会
2003a「蝦夷と蕨手刀」『物質文化』75号、30－44頁、物質文化研究会
2003b「誘導結合プラズマ発光分光分析（ICP-AES）による東北北部古代土器の胎土分析」『第四紀研究』42巻1号、1－12頁、日本第四紀学会
2003c「東北西部産須恵器の胎土分析」『考古学研究』50巻3号、102－120頁、考古学研究会
2003d「秋山神宿遺跡出土土器の成分分析」『秋山神宿遺跡』58－63頁、松戸市遺跡調査会
2005「主要元素に基づいた古代遺跡出土鉄滓の識別」『鉄と鋼』91巻1号、55－61頁、日本鉄鋼協会

三浦圭介　1991「古代における東北地方北部の生業」『日本考古学協会宮城・仙台大会シンポジウム資料集　北からの視点』143－153頁、日本考古学協会1991年度宮城・仙台大会実行委員会
　　　　　1995「第3章　古代」『新編　弘前市史　資料編1』188－391頁、弘前市

三浦圭介・神　康夫　1997「五所川原古窯跡群で生産された須恵器について」『蝦夷・律令国家・日本海－シンポジウムⅡ・資料集－』335－342頁、日本考古学協会1997年度秋田大会

三浦圭介・長尾正義・神　康夫　1995「青森県」『第五回東日本埋蔵文化財研究会　東日本における奈良・平安時代の墓制　第Ⅰ分冊』81－120頁、東日本埋蔵文化財研究会栃木大会準備委員会

三辻利一　1983『古代土器の産地推定法』ニュー・サイエンス社
　　　　　1990「杢沢遺跡出土須恵器の蛍光X線分析」『杢沢遺跡』507－512頁、青森県埋蔵文化財調査報告書第130集、青森県教育委員会
　　　　　1991「6．中野平遺跡出土四耳壺の胎土について」『中野平遺跡（第2分冊）－古代編－』333－347頁、青森県埋蔵文化財調査報告書第134集、青森県教育委員会
　　　　　1993a「第4節　五所川原窯群の須恵器の化学特性とその伝播・流通」『五所川原市史資料編1』334－365頁、五所川原市
　　　　　1993b「札幌市内の遺跡出土須恵器、土師器の蛍光X線分析」『K435遺跡』369－381頁、札幌市文化財調査報告書XLⅡ、札幌市教育委員会
　　　　　1998「第2節　土器類・粘土の蛍光X線分析」『隠川（4）遺跡・隠川（12）遺跡Ⅰ』237－243頁、青森県教育委員会、青森県埋蔵文化財調査報告書第244集
　　　　　1999「②元素分析による須恵器の産地推定」『考古学と自然科学　④考古学と年代測定学・地球科学』294－313頁、同成社

箕島栄紀　2001『古代国家と北方社会』吉川弘文館
宮城県教育委員会　1981『清水遺跡』宮城県文化財調査報告書第77集
村岡洋文・長谷紘和　1990「黒石地域の地質」『地域地質調査報告書（5万分の1地質図幅）』地質調査所
女鹿潤哉　2003『古代「えみし」社会の成立とその系統的位置付け』岩手県立博物館調査研究報告書第18冊、岩手県立博物館
桃崎祐輔　1993「古墳に伴う牛馬供犠の検討－日本列島・朝鮮半島・中国東北地方の事例を比較して－」『古文化談叢』31号（下）、1－141頁

盛岡市教育委員会　1981『志波城跡Ⅰ』
森　公章　2002「倭国から日本へ」『日本の時代史3倭国から日本へ』8 - 131頁、吉川弘文館
森下喜一・大野眞男　2001『シリーズ〈日本語探求法〉9　方言探求法』朝倉書店
森田村教育委員会　2001『八重菊（1）遺跡』森田村緊急発掘調査報告書第7集
　　　　　　　　　2002『八重菊（1）遺跡Ⅱ』森田村緊急発掘調査報告書第8集
森本岩太郎　1988「第1節　尾上町李平下安原遺跡出土人骨について」『李平下安原遺跡発掘調査報告書』469 - 473頁、青森県教育委員会
八木光則　1996「馬具と蝦夷－藤沢狄森古墳群出土の壺鐙をとおして－」『岩手史学研究』79号、1 - 20頁
　　　　　1998「馬淵川流域の様相」『第24回古代城柵官衙遺跡検討会資料集』第24回古代城柵官衙検討会事務局（盛岡市教育委員会内）
八木光則・似内啓邦・津嶋知弘・黒須靖之・太田代由美子　1998「馬淵川流域」『シンポジウム「城柵と地域社会の変容」資料集　東北地方の古代集落　第一分冊』123 - 283頁、第24回古代城柵官衙遺跡検討会事務局（盛岡市教育委員会文化課内）
安田初雄　1959「古代における日本の放牧に関する歴史地理的考察」『福島大学学芸学部論集』10巻1号、1 - 18頁
柳田国男　1980『蝸牛考』岩波文庫
山内昌之　1994「序章　民族問題をどう理解すべきか」『いまなぜ民族か』1 - 29頁　東京大学出版会
山口県教育委員会　1964『見島総合学術調査報告』
　　　　　　　　　1983『見島ジーコンボ古墳群』山口県埋蔵文化財調査報告第73集
山口直樹　1991「考古学講座について（2）－「鉄づくり」開催と記録報告－」『千葉県立房総風土記の丘年報』14号、114 - 166頁、千葉県立房総風土記の丘
山口英男　1995「八・九世紀の牧について」高橋富雄編『馬の文化叢書　第二巻　古代－馬と日本史1』326 - 361頁、馬事文化財団発行
山口　敏　1985「Ⅴ.　東日本－とくに関東・東北南部地方－」『季刊人類学』16巻 - 3号、70 - 82頁
山口弥一郎　1940「東北地方の稗の分布」『地理学評論』16巻1号、38 - 57頁
山田秀三　1982『アイヌ語地名の研究　第1巻』草風館
　　　　　1983『アイヌ語地名の研究　第3巻』草風館
山本哲也　1997「ロクロ土師器と北海道」『國学院大學考古学資料館紀要』13輯、78 - 104頁
山根一郎・松井　健・入沢周作・岡崎正規・細野　衛　1978『図説　日本の土壌』朝倉書店
横山英介　1990『擦文文化』ニュー・サイエンス社
横山英介・石橋孝夫　1975『Wakkaoi－石狩・八幡町遺跡ワッカオイ地点調査報告－』石狩町教育委員会
吉岡康暢・浜岡堅太郎・橋本澄夫・水野九右衛門　1967「（(3) 北陸　(1) 北陸の窯業生産）『日本の考古学Ⅵ　歴史時代　上』170 - 191頁、河出書房
吉川金次　1991『鍛冶道具考－実験考古学ノート－』神奈川大学日本常民文化叢書2、平凡社
吉田　晶　1961「8・9世紀の手工業生産をめぐる諸問題」『ヒストリア』31号、1 - 13頁、大阪歴史学会
吉田　孝　1997『日本の誕生』岩波新書
鹿間時夫・中屋惣舜監修　1971『こけし事典』東京堂出版
渡辺眞紀子　1992「土壌の資源的価値に関する比較文化的考察－黒ボク土と農耕文化－」『比較文化』6号、189 - 210頁、中央学院大学比較文化研究所紀要

Arnold, D. E. 1985 *Ceramic theory and cultural process*. Cambridge U. P.

Burton, M. L., L. A. Brudner and D. R. White. 1977 A model of the sexual division of labor. *American Ethnologist*, 4:pp.227 − 251

Deal, M. 1998 *Pottery Ethnoarchaeology in the Central Maya Highlands*. TheUniversity of Utah Press

Dodo, Yukio and Hajime Ishida 1990 Population history of Japan as viewed from cranial nonmetric variation. *Journal of the Anthropological Society of Nippon*, 98 (3):pp.269 − 287

Hanihara, Kazuro 1991 Dual structure model for the population history of the Japanese. *Japan Review*, 2:pp.1 − 33.

Mason, B.（松井義人・一国雅巳訳）　1970『一般地球化学』　岩波書店［Mason, B.（1966）*Principles of Geochemistry*］

Murdock, G. P. and C. Provost 1973 Factors in the division of labor by sex: a cross-cultural analysis. *Ethnology* 12:pp. 203 − 225

Rice, P. M.　1987 *Pottery Analysis*. The University of Chicago Press

挿図出典

図4 1・8（八戸市教委 1991：第37図）、2・3・6（八戸市教委 1991：第17図）、4・5・6（八戸市教委 1991：第23図）、9（八戸市教委 1991：第27図）、10・11（下田町教委 1991：第20図）、12～17（八木 1996：第4図）

図24 1（八戸市教委 1983：第35図）、2（八戸市教委 1988：第256図）、3（青森県教委 1992：第32図）、4（八戸市教委 1997：第6図）、5（八戸市教委 1988：第293図）

図26 1（青森県教委 1988：22図）、2（青森県教委 1988：122図）、3（青森県教委 1994：第10図）、4（青森県教委 1998b：第43図）、5（青森県教委 1998b：第72図）、6（青森県教委 1994：第39図）、7（青森県教委 1980c：第30図）

図27 1（青森県教委 2000c：図216）、2（青森県教委 2000c：図125）、3（松前町教委 1985：第60図）、4（松前町教委 1985：第49図）、5（松前町教委 1985：第9図）、6（鹿角市教委 1981：図24）、7（中里町教委 1990：Fig.39）

図28 1（青森県教委 1997：図25）、2（青森県教委 1989：第39図）

図30 1～4・6（八戸遺跡調査会 2001：第15図）、5・7（八戸遺跡調査会 2001：第16図）、8～10（八戸市教委 1983：第58図）、11・12（八戸市教委 1983：第37図）、13（八戸市教委 1988：第268図）、14（八戸市教委 1984：第17図）、15（八戸市教委 1988：第265図）、16～18（八戸市教委 1983：第59図）

図31 1（八戸市教委 1988：第261図）、2（八戸市教委 1991：第17図）、3（八戸市教委 1991：第23図）、4（二戸市教委 1981：148号址）、5（二戸市教委 1981：171号址（5））、6・8（八戸市教委 1988：第263図）、7（八戸市教委 1988：第262図）、9～11（宮城県教委 1981：第104図）、12・13・15（宮城県教委 1981：第86図）、14（宮城県教委 1981：第87図）

図32 1～4・9・12（千歳市教委 1994：Fig.8）、5（千歳市教委 1994：Fig.18）、6・7（千歳市教委 1994：Fig.22）、8・13（千歳市教委 1994：Fig.12）、10・11（千歳市教委 1994：Fig.14）

図33 1・2・12（青森県教委 1995：第217図）、3（工藤ほか 1998：第17図）、4・10（青森県教委 1998b：第73図）、5（青森県教委 1978b：第129図）、6（青森県教委 1994：第109図）、7（青森県教委 1994：第100図）、8（青森県教委 1994：第42図）、9（工藤ほか 1998：第18図）、11（青森県教委 1994：第44図）、13（青森県教委 1999b：図19）

図35 1（八戸市教委 1991：第21図に加筆）、2（八戸市教委 1991：第25図）、3（山口県教委 1964：第34図）、4（江釣子村教委 1988：第14図）

図43 1（青森市教委 2001：第889図）、2（青森市教委 2001：第890図）、3（青森市教委 2001：第879図）、4（青森市教委 2001：第873図）、5（青森市教委 2001：第891図）、6（松前町教委 1985：第120図）

図44 2-1（森田村教委 2001：図176）、2-2・3（青森県教委 1990b：第251図）

図46 1・2（千歳市教委 1982：Fig.202）、3（松前町教委 1985：第118図）、4（松前町教委 1985：第80図）、5（北海道埋文 1995：図Ⅱ-54）、6・7（枝幸町教委 1980：Fig.71）、8・9（枝幸町教委 1980：Fig.72）、10（青森県教委 1976：第49図）、11（青森県教委 1976：第19図）、12（青森県教委 1988：259図）、13（青森県教委 1990b：第266図）、14（青森県教委 1980b：第110図）、15（森田村教委 2002：図86）、16（青森県教委 1998a：図53）、17（森田村教委 2001：図177）

図49 1～3（青森県教委 1980b：第151図）、4・9～11（青森県教委 1980a：第314図）、5・6（青森

県教委 1980b：第148図）、7・8（青森県教委 1980b：第157図）、12・13・18（青森県教委 1980b：第158図）、14〜16・19・20（青森県教委 1980b：第159図）、17（青森県教委 1980b：160図）、21〜27（青森県教委 1980b：第156図）、28（青森県教委 1980b：第155図）、29（青森県教委 1980b：第154図）

図50　1・2（青森県教委 1980a：第172図）

図53　穴澤（1984）、図2の一部を加工

図56　1〜4・6（八戸市教委 2001：第15図）、5・7（八戸市教委 2001：第16図）

図57　1・2・5（八戸市教委 1988：第58図）、3・10・11・15（八戸市教委 1984：第17図）、4・16（八戸市教委 1997：第17図）、6〜8（八戸市教委 1983：第37図）、9（八戸市教委 1983：第38図）、12・13（八戸市教委 1983：第59図）、14（八戸市教委 1994：第26図）、17（八戸市教委 1988：第268図）、18（下田町教委 1991：第16図）

図58　1・3（二戸市教委 1981：148号址）、2（二戸市教委 1981：171号址（5））、4・6（二戸市教委 144号址（2））、5（二戸市教委 1981：53号址（2））、7（二戸市教委 1981：85号址（4））、8（二戸市教委 1981：50号址（4））、9・10（青森県教委 1988：214図）、11（青森県教委 1976：第52図）

図59　1（八戸市教委 1983：第70図）、2（八戸市教委 1983：第50図）、3（八戸市教委 1983：第71図）、4（岩手埋文 1998：第23図）

図60　1・2・6（千歳市教委 1994：Fig.8）、3（千歳市教委 1994：Fig.22）、4（千歳市教委 1994：Fig.18）、5・7（千歳市教委 1994：Fig.14）、8・9・11（札幌市教委 1993：第83図）、10（千歳市教委 1982：Fig.94）

図61　1〜3（野末 1995：特殊須恵器実測図1）、4（後藤・曽根原 1934：第7図）、5（八戸市教委 1984：第17図）

図66　1・2・6（青森県教委 1995：第217図）、3（青森市教委 2000：第742図）、4（青森県教委 1994：第100図）、5（青森市教委 2000：第674図）、7（青森県教委 1998c：隠川（12）図42）

図67　1（青森県教委 1998c：図25）、2（青森県教委 2000b第一分冊：図221）、3・4（青森県教委 2000b第四分冊：図194）

図74　1・6（中里町教委 1990：Fig.78）、2（青森県教委 1980b：第103図）、3（青森県教委 1990a：第93図）、4・16（久保・森 1995：図6）、5（松前町教委 1985：第106図）、7（青森県教委 1980b：第100図）、8（秋田県教委 1992：第48図）、9（桜井・菊池 1987：第93図）、10（青森県教委 1980b：第101図）、11・14・15・17（松前町教委 1985：第111図）、12（松前町教委 1985：第105図）、13（松前町教委 1985：第110図）

図80　1〜3（秋田県教委 1989：第263図）、4・5（秋田県教委 1989：第271図）、6・7（工藤ほか 1998：第17図）、8（工藤ほか 1998：第18図）、9（工藤ほか 1998：第37図）、10・11（秋田県教委 1989：第266図）、12（工藤ほか 1998：第38図）、13（工藤ほか 1998：第21図）、14（工藤ほか 1998：第36図）

図82　1（坂詰 1974：第3図）、2・3（坂詰 1973：第6図）、4〜6（工藤ほか 1998：第18図）、7・9（工藤ほか 1998：第38図）、8・10〜12（工藤ほか 1998：第37図）

図83　1（坂詰 1974：第3図）、2〜4（工藤ほか 1998：第36図）、5〜9（工藤ほか 1998：第39図）

図84　1〜3（工藤ほか 1998：第21図）、4〜7（工藤ほか 1998：第38図）

図85　1・2（青森県教委 1999b：図255）、3（青森県教委 2000c：図28）、4（青森県教委 1999a：図19）、6（青森県教委 1999b：図377）、7・8（坂詰 1973：第6図）、9（青森県教委 1978a：第110図）

付篇　遺跡の地籍文献総覧

北海道
(1) 青苗遺跡（奥尻郡奥尻町青苗）
　　佐藤忠雄　1979『奥尻島青苗遺跡　図版編』函館土木現業所・奥尻町教育委員会
(2) 旭町1遺跡（旭川市旭町1条9丁目）
　　旭川市教育委員会　1995『旭町1遺跡』旭川市埋蔵文化財発掘調査報告書第20輯
(3) ウサクマイ遺跡（千歳市蘭越）
　　ウサクマイ遺跡研究会　1975『考古学調査報告　烏柵舞』雄山閣
(4) 大川遺跡（余市郡余市町大川）
　　余市町教育委員会　2001『大川遺跡におおける考古学的調査　IV』
(5) オサツ2遺跡（千歳市都）
　　（財）北海道埋蔵文化財センター　1995『千歳市オサツ2遺跡（1）・オサツ14遺跡』北海道埋蔵文化財調査報告書第96集、同センター1996『千歳市オサツ2遺跡（2）』北海道埋蔵文化財調査報告書第103集
(6) 納内3遺跡（深川市納内字納内）
　　（財）北海道埋蔵文化財センター　1989『深川市　納内3遺跡』北海道埋蔵文化財調査報告書第60集
(7) 香川三線遺跡（苫前郡苫前町香川）
　　苫前町教育委員会　1988『香川6遺跡　香川三線遺跡』
(8) 香川6遺跡（苫前郡苫前町香川）
　　苫前町教育委員会　1988『香川6遺跡　香川三線遺跡』
(9) カンカン2遺跡（沙流郡平取町二風谷）
　　平取町教育委員会　1996『平取町カンカン2遺跡』
(10) K435遺跡（札幌市北区北24条西12丁目）
　　札幌市教育委員会　1993『K435遺跡』札幌市埋蔵文化財調査報告書XLII
(11) K446遺跡（札幌市北区麻生7丁目）
　　札幌市教育委員会　1979『K446遺跡』札幌市埋蔵文化財調査報告書XX
(12) K460遺跡（札幌市北区北31条西8〜9丁目）
　　札幌市教育委員会　1980『K460遺跡』札幌市埋蔵文化財調査報告書XXII
(13) 声問川大曲遺跡（稚内市大字声問村字コエトイ）
　　稚内市教育委員会　2001『声問川右岸1・2遺跡』
(14) サクシュコトニ川遺跡（札幌市北区北17条西13丁目）
　　吉崎昌一・横山英介ほか　1986『サクシュコトニ川遺跡』北海道大学
(15) 札前遺跡（松前郡松前町札前）
　　松前町教育委員会　1985『札前』
(16) 沢町遺跡（余市郡余市町沢町）
　　余市町教育委員会　1989『沢町遺跡』
(17) 末広遺跡（千歳市末広）
　　千歳市教育委員会　1982『末広遺跡における考古学的調査（下）』千歳市文化財調査報告書VIII、同委

員会1985『末広遺跡における考古学的調査（続）』XI

(18) 高砂遺跡（留萌郡小平町高砂）

　　小平町教育委員会 1983a『おびらたかさご』小平町文化財調査報告1、小平町教育委員会　1983b『おびらたかさごII』小平町文化財調査報告2

(19) トコロチャシ南尾根遺跡（常呂郡常呂町字常呂）

　　常呂町教育委員会 1986『トコロチャシ南尾根遺跡－1985年度』

(20) TK67遺跡（常呂郡常呂町字常呂）

　　常呂町教育委員会 1988『TK67遺跡』

(21) 中島松7遺跡（恵庭市中島松）

　　恵庭市教育委員会 1988『中島松6・7遺跡』

(22) 錦町5遺跡（旭川市錦町10丁目）

　　旭川市教育委員会 1985『錦町5遺跡II』旭川市埋蔵文化財発掘調査報告書第6輯

(23) 幣舞遺跡（釧路市幣舞）

　　釧路市埋蔵文化財調査センター　1999『釧路市幣舞遺跡調査報告書IV』

(24) 八幡遺跡ワッカオイ地点（石狩市生振）

　　横山英介・石橋孝夫 1975『Wakkaoi－石狩・八幡遺跡ワッカオイ地点調査報告書－』石狩郡石狩町教育委員会（現石狩市教育委員会）

(25) 美々8遺跡（千歳市美々）

　　（財）北海道埋蔵文化財センター 1982『美沢川流域の遺跡群VI－千歳市美々8遺跡』北海道埋蔵文化財調査報告書第8集、（財）北海道埋蔵文化財センター 1994『美沢川流域の遺跡群XVII－美々8遺跡』北海道埋蔵文化財調査報告書第89集、（財）北海道埋蔵文化財センター 1996『美沢川流域の遺跡群XVIII－千歳市美々8遺跡低湿地部・美々8遺跡』北海道埋蔵文化財調査報告書第102集

(26) ホロナイポ遺跡（枝幸郡枝幸町幌内保）

　　枝幸町教育委員会 1980『ホロナイポ遺跡』

(27) 丸子山遺跡（千歳市中央）

　　千歳市教育委員会 1994『丸子山遺跡における考古学的調査』千歳市文化財調査報告書19

(28) 御幸町遺跡（茅部郡森町字御幸町）

　　森町教育委員会 1985『御幸町　茅部郡森町における縄文中期の土壙及び住居址群の調査』

(29) 矢不来3遺跡（上磯郡上磯町矢不来）

　　上磯町教育委員会 1990『矢不来3遺跡』

(30) 蘭島餅屋遺跡（小樽市蘭島餅屋沢）

　　小樽市教育委員会 1991『蘭島餅屋沢遺跡』小樽市埋蔵文化財調査報告第2輯

青森県

(1) 阿光坊遺跡（上北郡下田町字阿光坊）

　　下田町教育委員会 1989『阿光坊遺跡』下田町文化財調査報告書第1集　同教育委員会 1990『阿光坊遺跡』下田町文化財調査報告書第2集　同教育委員会 1991『阿光坊遺跡』下田町文化財調査報告書第3集

(2) 朝日山遺跡（青森市高田字朝日山）

　　青森県教育委員会 2001『朝日山（2）遺跡』青森県埋蔵文化財調査報告書第298集、同教育委員会 2002『朝日山（2）遺跡III』青森県埋蔵文化財調査報告書第316集、同教育委員会 2002『朝日山（2）

遺跡IV』青森県埋蔵文化財調査報告書第324集、同教育委員会 2002『朝日山（2）遺跡V』青森県埋蔵文化財調査報告書第325集

(3) 浅瀬石遺跡（黒石字浅瀬石字山辺）

青森県教育委員会 1976『黒石市牡丹平南・浅瀬石遺跡発掘調査報告書』青森県埋蔵文化財調査報告書第26集

(4) 泉山遺跡（三戸郡三戸町泉山字田の上）

青森県教育委員会 1994『泉山遺跡』青森県埋蔵文化財調査報告書第181集

(5) 犬走窯跡（五所川原市持子沢字犬走）

工藤清泰ほか 1998『犬走窯発掘調査報告書』五所川原市埋蔵文化財調査報告書第21集、五所川原市教育委員会

(6) 岩ノ沢平遺跡（八戸市櫛引字ミタラセ）

青森県教育委員会 2000『岩ノ沢平遺跡』青森県埋蔵文化財調査報告書第287集

(7) 上尾駮（1）遺跡（上北郡六ケ所村尾駮字上尾駮）

青森県教育委員会 1988b『上尾駮（1）遺跡C地区』青森県埋蔵文化財調査報告書第113集

(8) 宇田野（2）遺跡（弘前市小友字宇田野）

青森県教育委員会 1997『宇田野（2）遺跡　宇田野（3）遺跡　草薙（3）遺跡』青森県埋蔵文化財調査報告書第217集

(9) 大平遺跡（南津軽郡大鰐町長峰字杉浦平）

青森県教育委員会 1980『大平遺跡』青森県埋蔵文化財調査報告書第52集

(10) 大平野遺跡（西津軽郡鰺ケ沢町建石町）

小山連一 1968「第27節　大平野III号遺跡」『岩木山　岩木山麓古代遺跡発掘調査報告書』480－485頁、岩木山刊行会、戸沢　武 1968「第30節　大館森山・大平野両製鉄址について」『岩木山　岩木山麓古代遺跡発掘調査報告書』505－517頁、岩木山刊行会

(11) 大館森山（西津軽郡鰺ケ沢町建石町）

斉藤　忠・岩崎卓也 1968「第28節　大館森山遺跡III」『岩木山　岩木山麓古代遺跡発掘調査報告書』486－504頁、岩木山刊行会

(12) 小奥戸（1）遺跡（下北郡大間町奥戸字小奥戸）

青森県教委員会 1993『小奥戸（1）遺跡発掘調査報告書』青森県埋蔵文化財調査報告書第154集

(13) 隠川（3）遺跡（五所川原市持子沢字隠川）

青森県教育委員会 1997『隠川（3）遺跡』青森県埋蔵文化財調査報告書第210集

(14) 隠川（4）・（12）遺跡（五所川原市持子沢字隠川）

青森県教育委員会 1998『隠川（4）遺跡・隠川（12）遺跡I』青森県埋蔵文化財調査報告書第244集

(15) 鹿島沢古墳群（八戸市沢里字鹿島沢）

音喜多富寿・江坂輝弥 1958「青森県八戸市大字沢里鹿島沢古墳群踏査予報」『史想』9号14－19頁、紫郊史学会（京都学芸大学国史研究室内）、音喜多富寿 1960「八戸市根城　鹿島沢古墳群調査略報」『奥南史苑』4号、22－28頁、江坂輝弥 1971「青森県八戸市鹿島沢古墳新発見の遺物」『考古学ジャーナル』58号、3頁

(16) 風張（1）遺跡（八戸市是川字狄森）

八戸市教育院会 1991『風張（1）遺跡II』八戸市埋蔵文化財調査報告書第42集、同市教育委員会 1992『八戸市内遺跡発掘調査報告書4』八戸市埋蔵文化財調査報告書第45集

(17) 唐川城跡（北津軽郡市浦村相内字岩井）

富山大学人文学部考古学研究室 2002『津軽唐川城跡』富山大学考古研究報告第7冊

(18) 櫛引遺跡（八戸市櫛引字岡前、館神上町、下矢倉八幡字盆田）

青森県教育委員会 1999『櫛引遺跡』青森県埋蔵文化財調査報告書第263集

(19) 熊野堂遺跡（八戸市売市字熊野堂）

八戸市教育委員会 1988『熊野堂遺跡－発掘調査報告書』八戸市埋蔵文化財調査報告書第32集

(20) 源常平遺跡（南津軽郡浪岡町北中野字上沢田）

青森県教育委員会 1978『源常平遺跡発掘調査報告書』青森県埋蔵文化財調査報告書第39集

(21) 小三内・三内丸山（2）遺跡（青森市三内字丸山）

青森市教育委員会 1994『小三内遺跡発掘調査報告書』青森市埋蔵文化財調査報告書第22集、同教育委員会 1994『三内丸山（2）・小三内遺跡発掘調査報告書』青森市埋蔵文化財調査報告23集

(22) 五輪野遺跡（南津軽郡尾上町猿賀字明堂）

青森県教育委員会 1997『垂柳遺跡・五輪野遺跡』青森県埋蔵文化財調査報告書第219集

(23) 境沢頭遺跡（八戸市豊崎町字境沢頭）

八戸市教育委員会 1997『境沢頭遺跡ほか』八戸市埋蔵文化財調査報告書第72集

(24) 酒美平遺跡（八戸市田面木字酒美平）

八戸市教育委員会 1997『酒美平遺跡』八戸市埋蔵文化財調査報告書第73集

(25) 三内遺跡（青森市三内字丸山）

青森県教育委員会 1978『青森市三内遺跡』青森県埋蔵文化財調査報告書第37集

(26) 下恋塚遺跡（弘前市三和字下恋塚）

弘前市教育委員会 1996『下恋塚遺跡』

(27) 十三中島遺跡（北津軽郡市浦村十三土佐）

桜井清彦 1954「青森県十三村中島発見の土師器」『考古学雑誌』40巻1号、54－58頁

(28) 神明町遺跡（北津軽郡金木町金木字芦野）

青森県教育委員会 1980『金木町　神明町遺跡』青森県埋蔵文化財調査報告書第58集

(29) 杉の沢遺跡（南津軽郡浪岡町吉内字杉の沢）

青森県教育委員会 1979『浪岡町杉の沢遺跡発掘調査報告書』青森県埋蔵文化財調査報告書第45集

(30) 砂田D窯跡（五所川原市前田野目字砂田）

村越　潔・新谷　武 1974「青森県前田野目砂田遺跡発掘調査概報」『北奥古代文化』6号、97－107頁、北奥古代文化研究会、工藤清泰ほか 1998『犬走窯発掘調査報告書』五所川原市埋蔵文化財調査報告書第21集、五所川原市教育委員会

(31) 李平遺跡（南津軽郡尾上町李平字上安原）

葛西　励 1980『李平Ⅱ号遺跡発掘調査報告書』調査報告書第2集　尾上町教育委員会

(32) 李平下安原遺跡（南津軽郡尾上町李平字下安原）

青森県教育委員会 1988『李平下安原遺跡発掘調査報告書』青森県埋蔵文化財調査報告書第111集

(33) 外馬屋前田遺跡（西津軽郡鰺ケ沢町北浮田字外馬屋前田）

青森県教育委員会 1998『外馬屋前田（1）遺跡』青森県埋蔵文化財調査報告書第242集

(34) 高館遺跡（黒石市高館字丁高原）

青森県教育委員会 1978『黒石市高館遺跡発掘調査報告書』青森県埋蔵文化財調査報告書第40集

(35) 高屋敷館遺跡（南津軽郡浪岡町高屋敷字野尻）

青森県教育委員会 1998『高屋敷館遺跡』青森県埋蔵文化財調査報告書第243集

(36) 茶臼館遺跡（弘前市中別所字葛野）

青森県教育委員会　1987『茶臼館遺跡』青森県埋蔵文化財調査報告書第110集
(37) 田向冷水遺跡（八戸市田向冷水、デントウ平地内）
　八戸遺跡調査会　2001『田向冷水遺跡Ⅰ』八戸遺跡調査会埋蔵文化財調査報告書第1集
(38) 田面木遺跡（八戸市田面木字上野道下）
　八戸市教育委員会　1988『田面木遺跡－発掘調査報告書』八戸市埋蔵文化財調査報告書第22集
(39) 田面木平(1)遺跡（八戸市田面木字田面木平）
　八戸市教育委員会　1988『八戸市都市区域内埋蔵文化財発掘調査報告書Ⅴ　田面木平遺跡(1)』八戸市埋蔵文化財調査報告書第20集
(40) 丹後平(1)遺跡（八戸市根城字丹後平）
　八戸市教育委員会　1997『丹後平(1)遺跡・丹後平古墳』八戸市埋蔵文化財調査報告書第66集、同市教育委員会　2002『丹後平古墳群　丹後平(1)遺跡・丹後平古墳』八戸市埋蔵文化財調査報告書第93集
(41) 丹後平古墳群（八戸市根城字丹後平）
　八戸市教育委員会　1991『丹後平古墳』八戸市埋蔵文化財調査報告書第44集、同市教育委員会　1997『丹後平(1)遺跡・丹後平古墳』八戸市埋蔵文化財調査報告書第66集、同市教育委員会　2002『丹後平古墳群　丹後平(1)遺跡・丹後平古墳』八戸市埋蔵文化財調査報告書第93集
(42) 丹後谷地遺跡（八戸市根城字丹後谷地）
　八戸市教育委員会　1986『八戸市都市区域内埋蔵文化財発掘調査報告書Ⅱ－丹後谷地遺跡－』八戸市埋蔵文化財調査報告書第15集
(43) 近野遺跡（青森市安田字近野）
　青森県教育委員会　1974『近野遺跡発掘調査報告書Ⅰ』青森県埋蔵文化財調査報告書第12集、同県教育委員会1975『近野遺跡発掘調査報告書Ⅱ』青森県埋蔵文化財調査報告書第20集、同県教育委員会1976『近野遺跡発掘調査報告書Ⅲ』青森県埋蔵文化財調査報告書第33集、同県教育委員会　1997『近野遺跡発掘調査報告書Ⅴ』青森県埋蔵文化財調査報告書第216集
(44) 鳥海山遺跡（南津軽郡平賀町沖館字比山館）
　青森県教育委員会　1977『鳥海山遺跡発掘調査報告書』青森県埋蔵文化財調査報告書第32集
(45) 豊岡(2)遺跡（黒石市豊岡字長坂）
　黒石市教育委員会　1995『豊岡(2)遺跡』黒石市埋蔵文化財調査報告書第13集
(46) 鳥口平(2)遺跡（上北郡東北町字膳町）
　東北町教育委員会　2004『鳥口平(2)遺跡Ⅱ』東北町埋蔵文化財調査報告書第15集
(47) 中崎館遺跡（弘前市中崎字川原田）
　青森県教育委員会　1990『中崎館遺跡』青森県埋蔵文化財調査報告書第129集
(48) 中里城遺跡（北津軽郡中里町中里字亀山）
　中里町教育委員会　1990『中里城跡Ⅰ』中里町文化財調査報告書第2集、同教育委員会　1991『中里城跡Ⅱ　平山西』中里町文化財調査報告書第3集
(49) 永野遺跡（南津軽郡碇ケ関村碇ケ関字永野）
　青森県教育委員会　1980『永野遺跡発掘調査報告書』青森県埋蔵文化財調査報告書第56集
(50) 中野平遺跡（上北郡下田町字中野平）
　青森県教育委員会　1991『中野平遺跡』青森県埋蔵文化財調査報告書第134集
(51) 根岸(2)遺跡（上北郡百石町字下谷地）
　百石町教育委員会　1995『根岸(2)遺跡発掘調査報告書』文化財調査報告書第4集

(52) 根城遺跡（八戸市根城字東構）

　　八戸市教育委員会　1981『史跡根城跡発掘調査報告書Ⅱ』八戸市埋蔵文化財調査報告書第2集、同教育委員会1982『史跡根城跡発掘調査報告書Ⅲ』八戸市埋蔵文化財調査報告書第6集、同教育委員会1983『史跡根城跡発掘調査報告書Ⅳ』八戸市埋蔵文化財調査報告書第9集、同教育委員会1984『史跡根城跡発掘調査報告書Ⅴ』八戸市埋蔵文化財調査報告書第11集、同教育委員会1985『史跡根城跡発掘調査報告書Ⅵ』八戸市埋蔵文化財調査報告書第12集、同教育委員会1986『史跡根城跡発掘調査報告書Ⅶ』八戸市埋蔵文化財調査報告書第14集、同教育委員会1987『史跡根城跡発掘調査報告書Ⅸ』八戸市埋蔵文化財調査報告書第18集、同教育委員会1988『史跡根城跡発掘調査報告書Ⅹ』八戸市埋蔵文化財調査報告書第25集、同教育委員会1989『史跡根城跡発掘調査報告書ⅩⅠ』八戸市埋蔵文化財調査報告書第31集、同教育委員会1990『史跡根城跡発掘調査報告書ⅩⅡ』八戸市埋蔵文化財調査報告書第35集、同教育委員会1991『史跡根城跡発掘調査報告書ⅩⅢ』八戸市埋蔵文化財調査報告書第39集、同教育委員会1991『八戸市内遺跡発掘調査報告書4』八戸市埋蔵文化財調査報告書第45集、同教育委員会1993『八戸市内遺跡発掘調査報告書6』八戸市埋蔵文化財調査報告書第60集、同教育委員会1994『八戸市内遺跡発掘調査報告書7』八戸市埋蔵文化財調査報告書第61集、同教育委員会1995『八戸市内遺跡発掘調査報告書8』八戸市埋蔵文化財調査報告書第65集、同教育委員会1996『八戸市内遺跡発掘調査報告書9』八戸市埋蔵文化財調査報告書第69集

(53) 野木遺跡（青森市合子沢字松森）

　　青森県教育委員会　1998『新町野遺跡・野木遺跡』青森県埋蔵文化財調査報告書第239集、同教育委員会1999『野木遺跡Ⅱ』青森県埋蔵文化財調査報告書第264集、同教育委員会　2000『野木遺跡Ⅲ』青森県埋蔵文化財調査報告書第281集、青森市教育委員会　2000『野木遺跡発掘調査報告書Ⅱ』青森市埋蔵文化財調査報告書第54集

(54) 野尻（1）遺跡（南津軽郡浪岡町高屋敷字野尻）

　　青森県教育委員会　1998『野尻（1）遺跡Ⅰ』青森県埋蔵文化財調査報告第234集、同教育委員会　1999『野尻（1）遺跡Ⅱ』青森県埋蔵文化財調査報告書第259集、同教育委員会　2000『野尻（1）遺跡Ⅲ』青森県埋蔵文化財調査報告書第277集

(55) 野尻（2）遺跡（南津軽郡浪岡町高屋敷字野尻）

　　青森県教育委員会　1995『野尻（2）遺跡』青森県埋蔵文化財調査報告書第172集　同教育委員会　1996『野尻（2）遺跡Ⅱ・野尻（3）遺跡』青森県埋蔵文化財調査報告書第186集

(56) 野尻（3）遺跡（南津軽郡浪岡町高屋敷字野尻）

　　青森県教育委員会　1996『野尻（2）遺跡Ⅱ・野尻（3）遺跡』青森県埋蔵文化財調査報告書第186集

(57) 野尻（4）遺跡（南津軽郡浪岡町高屋敷字野尻）

　　青森県教育委員会　1996『野尻（4）遺跡』青森県埋蔵文化財調査報告書第186集

(58) 羽黒平（1）遺跡（南津軽郡浪岡町五本末字羽黒平）

　　青森県教育委員会　1979『羽黒平遺跡』青森県埋蔵文化財調査報告書第44集、同教育委員会　1995『松山・羽黒平（1）遺跡発掘調査報告書』青森県埋蔵文化財調査報告書第170集、同教育委員会　1996『羽黒平（1）遺跡』青森県埋蔵文化財調査報告書第194集

(59) 八戸城跡（八戸市内丸1丁目）

　　八戸遺跡調査会　2002『八戸城跡Ⅱ』八戸遺跡調査会埋蔵文化財調査報告書第3集

(60) 発茶沢（1）遺跡（上北郡六ケ所村鷹架字発茶沢）

　　青森県教育委員会　1989『発茶沢（1）遺跡Ⅳ』青森県埋蔵文化財調査報告書第120集

(61) 平野遺跡（南津軽郡浪岡町五本末字平野）

青森県教育委員会 1996『平野遺跡』青森県埋蔵文化財調査報告書第193集

(62) 古館遺跡（南津軽郡碇ケ関村古懸字沢田館岸）

青森県教育委員会 1980『碇ケ関村古館遺跡』青森県埋蔵文化財調査報告書第54集

(63) 蛇ヶ沢遺跡（八戸市豊崎町字蛇ヶ沢）

八戸市教育委員会 1995『上七崎遺跡　蛇ヶ沢遺跡　上蛇沢（2）遺跡』八戸市埋蔵文化財調査報告書第62集

(64) 蛍沢遺跡（青森市駒込字蛍沢）

青森市蛍沢遺跡発掘調査団 1979『青森市蛍沢遺跡発掘調査報告書』

(65) 牡丹平南遺跡（黒石市牡丹平字牡丹平南）

青森県教育委員会 1976『黒石市牡丹平南・浅瀬石遺跡発掘調査報告書』青森県埋蔵文化財調査報告書第26集

(66) 堀切沢（3）遺跡（上北郡六ケ所村犬落瀬字堀切沢）

青森県教育委員会 1992『堀切沢（2）（3）（4）（5）遺跡』青森県埋蔵文化財調査報告書第141集

(67) 松元遺跡（南津軽郡浪岡町本郷字松元）

青森県教育委員会 1979『松元遺跡発掘調査報告書』青森県埋蔵文化財調査報告書第46集

(68) 鞠ノ沢窯跡（五所川原市前田野目字鞠ノ沢）

坂詰秀一 1968『津軽・前田野目窯跡』五所川原市教育委員会

(69) 向山（4）遺跡（上北郡下田町字向山）

青森県教育委員会 1991『向山（4）遺跡』青森県埋蔵文化財調査報告書第134集

(70) 杢沢遺跡（西津軽郡鰺ケ沢町湯舟字若山）

青森県教育委員会 1990『杢沢遺跡』青森県埋蔵文化財調査報告書第130集

(71) 持子沢窯跡（五所川原市持子沢字隠川）

坂詰秀一 1973「津軽持子沢窯跡調査概報」『北奥古代文化』5号、10－17頁、北奥古代文化研究会、坂詰秀一 1974「津軽持子沢窯跡第2次調査概報」『北奥古代文化』6号、108－112頁、北奥古代文化研究会

(72) 森ヶ沢遺跡（上北郡天間林村天間館字森ヶ沢）

阿部義平 1998「本州北部の続縄文文化－森ヶ沢遺跡を巡って－」『考古学ジャーナル』436号、16－20頁、ニュー・サイエンス社

(73) 八重菊（1）遺跡（西津軽郡森田村山田字山崎）

森田村教育委員会 2001『八重菊（1）遺跡』森田村緊急発掘調査報告書7、同教育委員会 2002『八重菊（1）遺跡Ⅱ』森田村緊急発掘調査報告書8

(74) 八幡遺跡（八戸市八幡字館）

八戸市教育委員会 1988『八幡遺跡』八戸市埋蔵文化財調査報告書第26集、同教育委員会 1991『八幡遺跡』八戸市埋蔵文化財調査報告書第47集

(75) 山下遺跡（青森市宮田字玉水）

青森県教育委員会 1999『山下遺跡・上野尻遺跡』青森県埋蔵文化財調査報告書第258集

(76) 山本遺跡（南津軽郡浪岡町徳才字山本）

青森県教育委員会 1987『山本遺跡』青森県埋蔵文化財調査報告書第105集

(77) 山元（2）遺跡（南津軽郡浪岡町杉沢字山元）

青森県教育委員会 1995『山元（2）遺跡』青森県埋蔵文化財調査報告書第171集

(78) 山元（3）遺跡（南津軽郡浪岡町杉沢字山元）

青森県教育委員会 1994『山元（3）遺跡』青森県埋蔵文化財調査報告書第159集
（79）湯浅屋新田（2）遺跡（八戸市沢里字湯浅屋新田）
　　八戸市教育委員会 1984『八戸市都市区域内埋蔵文化財発掘調査報告書』八戸市埋蔵文化財調査報告書第13集
（80）蓬田大館遺跡（東津軽郡蓬田村蓬田字宮本）
　　桜井清彦・菊池徹夫編 1987『蓬田大館遺跡』蓬田村教育委員会、六興出版

秋田県
（1）赤坂A遺跡（鹿角市花輪字大久保）
　　鹿角市教育委員会 1994『赤坂A遺跡発掘調査報告書』鹿角市文化財調査資料50、同教育委員会 1995『赤坂A遺跡発掘調査報告書（2）』鹿角市文化財調査資料53
（2）赤坂B遺跡（鹿角市花輪字赤坂）
　　鹿角市教育委員会 1993『赤坂B遺跡発掘調査報告書』鹿角市文化財調査資料48
（3）飛鳥平遺跡（鹿角市八幡平字飛鳥平）
　　秋田県教育委員会 1982『東北縦貫自動車道発掘調査報告書III』秋田県埋蔵文化財調査報告書第89集
（4）案内III遺跡（鹿角市花輪字案内）
　　秋田県教育委員会 1983『東北縦貫自動車道発掘調査報告書VI』秋田県埋蔵文化財調査報告書第99集
（5）池内遺跡（大館市池内字上野）
　　秋田県教育委員会 1997『池内遺跡』秋田県埋蔵文化財調査報告書第268集
（6）泉沢中台遺跡（秋田県山本郡琴丘町鹿渡字泉沢中台）
　　秋田県教育委員会 1998『泉沢中台遺跡』秋田県埋蔵文化財調査報告書第276集
（7）一本杉遺跡（鹿角市花輪字一本杉）
　　秋田県教育委員会 1983『東北縦貫自動車道発掘調査報告書VI』秋田県埋蔵文化財調査報告書第99集
（8）上野遺跡（大館市池内字上野）
　　秋田県教育委員会 1992『国道103号道路改良事業に係る埋蔵文化財発掘調査報告書VI』秋田県埋蔵文化財調査報告書第222集
（9）上の山II遺跡（能代市浅内字上の山）
　　秋田県教育委員会 1984『上の山遺跡発掘調査報告書』秋田県埋蔵文化財調査報告書第114集、同教育委員会 1986『上の山遺跡第2次調査発掘調査報告書』秋田県埋蔵文化財調査報告書第137集
（10）餌釣遺跡（大館市餌釣字館）
　　秋田県教育委員会 1991『国道103号道路改良事業に係る埋蔵文化財発掘調査報告書』秋田県埋蔵文化財調査報告書第210集
（11）扇田谷地遺跡（秋田県山本郡八竜町鵜川字扇田谷地）
　　秋田県教育委員会 1999『扇田谷地遺跡』秋田県埋蔵文化財調査報告書第283集
（12）太田谷地館遺跡（鹿角市花輪字中畑）
　　秋田県教育委員会 1988『西山地区農免農道建設事業に係る埋蔵文化財調査報告書III』秋田県埋蔵文化財調査報告書172集、同県教育委員会 1989『西山地区農免農道建設事業に係る埋蔵文化財調査報告書V』秋田県埋蔵文化財調査報告書182集
（13）大湯遺跡（鹿角市十和田大湯字万座）
　　鹿角市教育委員会 1985『大湯環状列石周辺遺跡発掘調査報告書（1）』鹿角市文化財調査資料29、同教育委員会 1986『大湯環状列石周辺遺跡発掘調査報告書（2）』鹿角市文化財調査資料31、同教育委

員会　1987『大湯環状列石周辺遺跡発掘調査報告書（3）』鹿角市文化財調査資料32、同教育委員会 1988『大湯環状列石周辺遺跡発掘調査報告書（4）』鹿角市文化財調査資料33、同教育委員会　1989『大湯環状列石周辺遺跡発掘調査報告書（5）』鹿角市文化財調査資料35、同教育委員会　1990『大湯環状列石周辺遺跡発掘調査報告書（6）』鹿角市文化財調査資料38、同教育委員会 1991『大湯環状列石周辺遺跡発掘調査報告書（7）』鹿角市文化財調査資料42、同教育委員会 1992『大湯環状列石周辺遺跡発掘調査報告書（8）』鹿角市文化財調査資料43、同教育委員会　1993『大湯環状列石周辺遺跡発掘調査報告書（9）』鹿角市文化財調査資料45、同教育委員会　1994『大湯環状列石周辺遺跡発掘調査報告書（10）』鹿角市文化財調査資料49、同教育委員会　1995『大湯環状列石周辺遺跡発掘調査報告書（11）』鹿角市文化財調査資料52、同教育委員会　1996『大湯環状列石周辺遺跡発掘調査報告書（12）』鹿角市文化財調査資料56、同教育委員会　1997『大湯環状列石周辺遺跡発掘調査報告書（13）』鹿角市文化財調査資料58

（14）御休堂遺跡（鹿角市花輪字陳場）

鹿角市教育委員会　1981『御休堂遺跡発掘調査報告書』鹿角市文化財調査資料19

（15）粕田遺跡（大館市花岡字大森上岱）

大館市教育委員会 1974『大館市粕田遺跡発掘調査報告書』

（16）上葛岡Ⅳ遺跡（鹿角市八幡平字上葛岡）

秋田県教育委員会　1982『東北縦貫道自動車道発掘調査報告書Ⅴ』秋田県埋蔵文化財調査報告書第91集

（17）堪忍沢遺跡（鹿角市花輪字堪忍沢）

秋田県教育委員会　1987『西山地区農免農道整備事業に係る埋蔵文化財発掘調査報告書Ⅰ』秋田県埋蔵文化財調査報告書第152集

（18）北の林Ⅰ遺跡（鹿角市八幡平字北の林）

秋田県教育委員会　1982『東北縦貫自動車道発掘調査報告書Ⅲ』秋田県埋蔵文化財調査報告書第89集

（19）北の林Ⅱ遺跡（鹿角市八幡平字北の林）

秋田県教育委員会　1982『東北縦貫自動車道発掘調査報告書Ⅳ』秋田県埋蔵文化財調査報告書第90集

（20）小枝指館遺跡（鹿角市花輪字平元古館他）

鹿角市教育委員会　1992『小枝指館跡発掘調査報告書』鹿角市文化財調査資料44

（21）寒川Ⅱ遺跡（能代市浅内字寒川）

秋田県教育委員会　1988『一般国道7号八竜能代道路建設事業に係る埋蔵文化財発掘調査報告書Ⅰ』秋田県埋蔵文化財調査報告書第167集

（22）下沢田遺跡（鹿角市花輪字下沢田）

鹿角市教育委員会　1984『下沢田遺跡発掘調査報告書』鹿角市文化財調査資料27

（23）十二林遺跡（能代市浅内字十二林）

秋田県教育委員会　1989『一般国道7号八竜能代道路建設事業に係る埋蔵文化財発掘調査報告書Ⅱ』秋田県埋蔵文化財調査報告書第178集

（24）白長根館Ⅰ遺跡（鹿角郡小坂町白長根字白長根）

秋田県教育委員会　1984『東北縦貫自動車道発掘調査報告書ⅩⅡ』秋田県埋蔵文化財調査報告書第120集

（25）袖ノ沢遺跡（北秋田郡比内町宿内字袖ノ沢）

秋田県教育委員会　1988『味噌内地区農免農道整備事業に係る埋蔵文化財調査報告書』秋田県埋蔵文化財調査報告書第169集

(26) 高市向館遺跡（鹿角市花輪字高市向館）

　鹿角市教育委員会　1982『高市向館遺跡発掘調査報告書』鹿角市文化財調査資料22

(27) 塚の下遺跡（大館市大茂内字塚の下）

　秋田県教育委員会　1979『塚の下遺跡発掘調査報告書』秋田県埋蔵文化財調査報告書第61集

(28) 妻の神Ⅰ遺跡（鹿角市花輪字妻の神）

　秋田県教育委員会　1984『東北縦貫自動車道発掘調査報告書Ⅷ』秋田県埋蔵文化財調査報告書第107集

(29) 土井遺跡（秋田県山本郡八森町字土井）

　秋田県教育委員会　1984『土井遺跡発掘調査報告書』秋田県埋蔵文化財調査報告書第111集

(30) 中の崎遺跡（鹿角市花輪字中の崎）

　秋田県教育委員会　1984『東北縦貫自動車道発掘調査報告書Ⅶ』秋田県埋蔵文化財調査報告書第106集

(31) はりま館遺跡（鹿角郡小坂町小坂字下モ上ハ山）

　秋田県教育委員会　1984『東北縦貫自動車道発掘調査報告書Ⅹ』秋田県埋蔵文化財調査報告書第109集、同教育委員会　1990『はりま館遺跡発掘調査報告書』秋田県埋蔵文化財調査報告書第192集

(32) 福田遺跡（能代市浅内字福田上野）

　秋田県教育委員会　1989『一般国道7号八竜能代道路建設事業に係る埋蔵文化財発掘調査報告書Ⅱ』秋田県埋蔵文化財調査報告書第178集

(33) 法泉坊沢Ⅱ遺跡（北秋田郡鷹巣町脇神字法泉坊沢）

　秋田県教育委員会　1998『法泉坊沢Ⅱ遺跡』秋田県埋蔵文化財調査報告書第278集

(34) 山王岱遺跡（大館市餌釣字山王岱）

　秋田県教育委員会　1992『国道103号道路改良事業に係る埋蔵文化財発掘調査報告書Ⅴ』秋田県埋蔵文化財調査報告書第221集

(35) 湯ノ沢F遺跡（秋田市四ツ小屋）

　秋田市教育委員会　1984『秋田市臨空港新都市開発関係埋蔵文化財発掘調査報告書』、同教育委員会　1986『秋田市新都市開発整備事業関係埋蔵文化財発掘調査報告書』

(36) 湯ノ沢岱遺跡（山本郡峰浜村水沢字湯ノ沢岱）

　秋田県教育委員会　1998『湯ノ沢岱遺跡』秋田県埋蔵文化財調査報告書第273集

(37) 横沢遺跡（北秋田郡比内町扇田字横沢）

　秋田県教育委員会　1988『味噌内地区農免農道整備事業に係る埋蔵文化財発掘調査報告書』秋田県埋蔵文化財調査報告書第169集

岩手県
(1) 青ノ久保遺跡（二戸市似鳥字青ノ久保）

　（財）岩手県埋蔵文化財センター　1987『青ノ久保遺跡発掘調査報告書－東北縦貫自動車道関連遺跡発掘調査』岩手県文化振興事業団埋蔵文化財調査報告書第118集

(2) 飛鳥台地Ⅰ遺跡（二戸郡浄法寺町御山字飛鳥谷地）

　（財）岩手県埋蔵文化財センター　1988『飛鳥台地Ⅰ遺跡発掘調査報告書－東北縦貫自動車道関連遺跡発掘調査』岩手県文化振興事業団埋蔵文化財調査報告書第120集

(3) 荒谷A遺跡（二戸市米沢字荒谷）

　（財）岩手県埋蔵文化財センター　1983『荒谷A遺跡－二戸バイパス関連遺跡発掘調査』岩手県埋蔵文

化財センター文化財調査報告書第57集

(4) 石田遺跡（水沢市寺領）

　岩手県教育委員会　1981『東北縦貫自動車道関係埋蔵文化財調査報告書　XII　石田遺跡』

(5) 一戸城（二戸郡一戸町一戸字北舘）

　一戸町教育委員会　1982『一戸バイパス関係埋蔵文化財発掘調査報告書II』一戸町文化財報告書第2集

(6) 今泉遺跡（水沢市佐倉河字佐野）

　岩手県教育委員会　1981『東北縦貫自動車道関係埋蔵文化財調査報告書　XI　（水沢地区）』

(7) 上野遺跡（二戸郡一戸町一戸字上野）

　一戸町教育委員会　1981『一戸バイパス関係埋蔵文化財発掘調査報告書I』一戸町文化財報告書第1集、同教育委員会　1983『一戸バイパス関係埋蔵文化財発掘調査報告書IV』一戸町文化財報告書第5集、同教育委員会　1984『上野遺跡－昭和58年度発掘調査報告書』、同教育委員会　1985『上野遺跡－昭和59年度発掘調査報告書』、同教育委員会　1987『上野遺跡・一戸城跡－昭和61年度発掘調査報告書』、同教育委員会　1988『上野遺跡－昭和62年度発掘調査報告書』

(8) 上野山遺跡（久慈市長内町）

　（財）岩手県埋蔵文化財センター　1983『上野山遺跡発掘調査報告書－国道45号線久慈バイパス関連遺跡発掘調査』岩手県埋文センター文化財調査報告書第67集

(9) 浮島古墳群（岩手郡岩手町土川）

　岩手県立博物館　1990『岩手県熊堂古墳群・浮島古墳群発掘調査報告書』岩手県立博物館調査研究報告書第六冊

(10) 江刺家遺跡（九戸郡軽米町江刺家）

　（財）岩手県埋蔵文化財センター　1984『江刺家遺跡発掘調査報告書－東北縦貫自動車道関連遺跡発掘調査』岩手県埋文センター文化財調査報告書第70集

(11) 扇畑I・II遺跡（二戸郡安代町扇畑）

　（財）岩手県埋蔵文化財センター　1983『東北縦貫自動車道関連遺跡発掘調査報告書－二戸郡安代町扇畑I遺跡』岩手県埋文センター文化財調査報告書第17集、同センター　1982『扇畑II遺跡発掘調査報告書、東北縦貫自動車道関連遺跡発掘調査報告書39集

(12) 大久保I遺跡（二戸郡浄法寺町御山字大久保）

　（財）岩手県埋蔵文化財センター　1985『海上I・海上II・大久保I遺跡発掘調査報告書－東北縦貫自動車道関連遺跡発掘調査』岩手県文化振興事業団埋蔵文化財調査報告書第90集

(13) 太田蝦夷森古墳群（盛岡市上太田第14地割）

　盛岡市教育委員会・岩手大学教育学部　1969『盛岡市上太田蝦夷森古墳群』

(14) 親久保II遺跡（二戸郡一戸町一戸字親久保）

　（財）岩手県埋蔵文化財センター　1987『親久保I・II・III・IV遺跡発掘調査報告書－東北縦貫自動車道関連遺跡発掘調査』岩手県文化振興事業団埋蔵文化財調査報告書第116集

(15) 桂平遺跡・沼久保遺跡（二戸郡浄法寺町御山字桂平）

　（財）岩手県埋蔵文化財センター　1986『沼久保遺跡発掘調査報告書～東北縦貫自動車道関連遺跡発掘調査』岩手県文化振興事業団埋蔵文化財調査報告書第109集、同文化財センター　1986『桂平遺跡発掘調査報告書－東北縦貫自動車道関連遺跡発掘調査』岩手県文化振興事業団埋蔵文化財調査報告書第110集

(16) 上田面遺跡（二戸市金田一字上平）

　（財）岩手県埋蔵文化財センター　1981『上田面遺跡発掘調査報告書』岩手県埋文センター文化財調査

報告書第23集

(17) 上の山Ⅶ遺跡（二戸郡安代町上の山）

　　（財）岩手県埋蔵文化財センター　1983『上の山Ⅶ遺跡発掘調査報告書－東北縦貫自動車道関連遺跡発掘調査』岩手県埋文センター文化財調査報告書第60集

(18) 叺屋敷Ⅰa遺跡（かますやしき）（九戸郡軽米町軽米字叺屋敷）

　　（財）岩手県埋蔵文化財センター　1983『叺屋敷Ⅰa遺跡発掘調査報告書－東北縦貫自動車道関連遺跡発掘調査』岩手県埋文センター文化財調査報告書第61集

(19) 川向Ⅲ遺跡（九戸郡九戸村伊保内字川向）

　　（財）岩手県埋蔵文化財センター　1982『川向Ⅲ遺跡発掘調査報告書－畑地帯総合土地改良事業関連遺跡発掘調査』岩手県埋文センター文化財調査報告書第26集

(20) 北館A遺跡（二戸郡一戸町一戸字北館）

　　一戸町教育委員会　1981『一戸バイパス関係埋蔵文化財発掘調査報告書Ⅰ』一戸町文化財報告書第1集

(21) 北館B遺跡（二戸郡一戸町一戸字北館）

　　一戸町教育委員会　1981『一戸バイパス関係埋蔵文化財発掘調査報告書Ⅰ』一戸町文化財報告書第1集

(22) 五庵Ⅰ遺跡（二戸郡浄法寺町駒ケ嶺字五庵）

　　（財）岩手県埋蔵文化財センター　1986『五庵Ⅰ遺跡発掘調査報告書－東北縦貫自動車道関連遺跡発掘調査』岩手県文化振興事業団埋蔵文化財調査報告書第97集

(23) 五条丸古墳群（北上市江釣子第20地割）

　　江釣子村教育委員会　1983『猫谷地・五条丸古墳群（増補再刊）』

(24) 駒板遺跡（九戸郡軽米町山内字駒板）

　　（財）岩手県埋蔵文化財センター　1986『駒板遺跡発掘調査報告書－東北縦貫自動車道関連遺跡発掘調査』岩手県文化振興事業団埋蔵文化財調査報告書第98集

(25) 駒焼場・府金橋遺跡（二戸市金田一字駒焼場）

　　（財）岩手県埋蔵文化財センター　1984『府金橋遺跡発掘調査報告書－国道4号府金橋架け替え関連遺跡発掘調査報告書』岩手県埋文センター文化財調査報告書第72集、（財）岩手県埋蔵文化財センター　1989『駒焼場遺跡発掘調査報告書－国道4号金田一バイパス関連遺跡発掘調査報告書』岩手県文化振興事業団埋蔵文化財調査報告書第133集

(26) 子守A遺跡（二戸郡一戸町岩館字子守）

　　一戸町教育委員会　1981『一戸バイパス関係埋蔵文化財発掘調査報告書Ⅰ』一戸町文化財報告書第1集

(27) 小屋畑遺跡（久慈市長内第19地割）

　　（財）岩手県埋蔵文化財センター　1984『小屋畑遺跡発掘調査報告書－国道45号線久慈バイパス関連遺跡発掘調査報告書』岩手県埋文センター文化財調査報告書第80集

(28) 皀角久保Ⅵ遺跡（九戸郡軽米町晴山字小沼）

　　（財）岩手県埋蔵文化財センター　1988『皀角久保Ⅵ遺跡発掘調査報告書－一般国道340号改良工事関連遺跡発掘調査』岩手県埋文センター文化財調査報告書第129集

(29) 関沢口遺跡（二戸郡安代町中佐井字関沢口）

　　（財）岩手県埋蔵文化財センター　1986『関沢口遺跡発掘調査報告書－東北縦貫自動車道関連遺跡発掘調査』岩手県文化振興事業団埋蔵文化財調査報告書第95集

(30) 膳性遺跡（水沢市佐倉河字膳性）

　　（財）岩手県埋蔵文化財センター　1981『金ケ崎バイパス関連遺跡発掘調査報告書－水沢市膳性遺跡－』岩手県埋文センター文化財調査報告書第34集

(31) 田中4・5遺跡（二戸郡一戸町岩舘字田中）

　一戸町教育委員会　1981『一戸バイパス関係埋蔵文化財発掘調査報告書Ⅰ』一戸町文化財報告書第1集、同教育委員会　1983『一戸バイパス関係埋蔵文化財発掘調査報告書Ⅳ』一戸町文化財報告書第5集

(32) 保土沢遺跡（二戸郡安代町小柳田字保土沢）

　安代町教育委員会　1976『保土沢遺跡発掘調査報告書』

(33) 寺久保遺跡（二戸市下斗米字寺久保）

　（財）岩手県埋蔵文化財センター　1996『寺久保遺跡発掘調査報告書－主要地方道二戸－田子線緊急地方道整備事業関連遺跡発掘調査』岩手県文化振興事業団埋蔵文化財調査報告書第23集

(34) 中長内遺跡（久慈市中長内第28地割）

　久慈市教育委員会　1988『中長内遺跡－国道45号線久慈バイパス関連発掘調査報告書』久慈市埋蔵文化財発掘調査報告書第8集

(35) 長瀬A・B遺跡（二戸市米沢字長瀬）

　（財）岩手県埋蔵文化財センター　1982『二戸バイパス関連遺跡発掘調査報告書－二戸市家ノ上遺跡・長瀬A遺跡』岩手県埋文センター文化財調査報告書第35集、同文化財センター　1982『二戸バイパス関連遺跡発掘調査報告書－二戸市長瀬B遺跡』岩手県埋文センター文化財調査報告書第36集

(36) 長瀬C遺跡（二戸市米沢字長瀬）

　（財）岩手県埋蔵文化財センター　1981『二戸バイパス関連遺跡発掘調査報告書－長瀬C遺跡・長瀬D遺跡』岩手県埋文センター文化財調査報告書第22集

(37) 長瀬D遺跡（二戸市米沢字長瀬）

　（財）岩手県埋蔵文化財センター　1981『二戸バイパス関連遺跡発掘調査報告書－長瀬C遺跡・長瀬D遺跡』岩手県埋文センター文化財調査報告書第22集

(38) 中曽根Ⅱ遺跡（二戸市石切所字中曽根）

　二戸市教育委員会　1981『中曽根Ⅱ遺跡発掘調査報告書』

(39) 長沼古墳群（北上市和賀町藤根字長沼）

　和賀町教育委員会　1974『長沼古墳』

(40) 長根Ⅰ遺跡（宮古市千徳第2地割字長根）

　（財）岩手県埋蔵文化財センター　1994『長根Ⅰ遺跡発掘調査報告書』岩手県文化振興事業団埋蔵文化財調査報告書第146集

(41) 中半入遺跡（水沢市佐倉河字中半入）

　（財）岩手県文化振興事業団埋蔵文化財センター　2002『中半入遺跡・蝦夷塚古墳発掘調査報告書』岩手県文化振興事業団埋蔵文化財調査報告書第380集

(42) 猫谷地古墳群（北上市江釣子字猫谷地）

　江釣子村教育委員会　1983『猫谷地・五条丸古墳群（増補再刊）』

(43) 火行塚遺跡（二戸市石切所字火行塚）

　（財）岩手県埋蔵文化財センター　1981『二戸バイパス関連遺跡発掘調査報告書－二戸市上田面遺跡・大渕遺跡・火行塚遺跡』岩手県埋文センター文化財報告書第23集

(44) 平沢Ⅰ遺跡（久慈市長内）

　（財）岩手県埋蔵文化財センター　1988『平沢Ⅰ遺跡発掘調査報告書』岩手県文化振興事業団埋蔵文化財調査報告書第125集、久慈市教育委員会　2001『平沢Ⅰ遺跡発掘調査報告書Ⅵ』久慈市埋蔵文化財調査報告書第30集

(45) 房の沢Ⅳ遺跡（下閉伊郡山田町山田14地割）

（財）岩手県文化振興事業団埋蔵文化財センター　1998『房の沢Ⅳ遺跡発掘調査報告書』岩手県文化振興事業団埋蔵文化財調査報告書第287集

(46) 藤沢蝦夷森古墳群（紫波郡矢巾町藤沢）

　（財）岩手県埋蔵文化財センター　1986『狄森古墳群遺跡発掘調査報告書－国道4号拡幅関連遺跡発掘調査』岩手県文化振興事業団埋蔵文化財発掘調査報告書第113集

(47) 堀野遺跡（二戸市堀野字馬場）

　福岡町教育委員会　1965『岩手県福岡町堀野古墳』

(48) 丸木橋遺跡（九戸郡九戸村江刺家字丸木橋）

　（財）岩手県埋蔵文化財センター　1993『丸木橋遺跡発掘調査報告書－国道340号改良工事関連遺跡発掘調査』岩手県文化振興事業団埋蔵文化財調査報告書第189集

(49) 水口沢古墳群（胆沢郡金ケ崎町三ケ尻字水口沢）

　金ケ崎町教育委員会　1986『水口沢古墳』金ケ崎町文化財報告書第10集

(50) 水吉Ⅵ遺跡（九戸郡軽米町軽米字水吉）

　（財）岩手県埋蔵文化財センター　1995『水吉Ⅵ遺跡発掘調査報告書－世増ダム関連遺跡発掘調査』岩手県文化振興事業団埋蔵文化財調査報告書第219集

(51) 源道遺跡（久慈市源道第13地割）

　（財）岩手県文化振興事業団埋蔵文化財センター　1989『源道遺跡発掘調査報告書』岩手県文化振興事業団埋蔵文化財調査報告書第138集

宮城県

(1) 柏木遺跡（多賀城市大代5丁目）

　多賀城市埋蔵文化財調査センター　1988『昭和62年度発掘調査報告書』多賀城市文化財調査報告書第15集

　多賀城市埋蔵文化財調査センター　1989『柏木遺跡Ⅱ』多賀城市文化財調査報告書第17集

(2) 栗遺跡（仙台市西中田7丁目）

　仙台市教育委員会　1982『栗遺跡』仙台市文化財調査報告書第43集

(3) 清水遺跡（名取市田高字清水）

　宮城県教育委員会　1981『東北新幹線関係遺跡調査報告書Ⅴ』宮城県文化財調査報告書第77集

福島県

(1) 長瀞遺跡（原町市金沢字長瀞）

　（財）福島県文化センター　1995『原町火力発電所関連遺跡調査報告Ⅵ』福島県文化財調査報告書第315集

(2) 鳥打沢A・B遺跡（原町市金沢字鳥打沢）

　（財）福島県文化センター　1995『原町火力発電所関連遺跡調査報告Ⅵ』福島県文化財調査報告書第315集

(3) 鳥井沢B遺跡（原町市金沢字鳥井沢）

　（財）福島県文化センター　1995『原町火力発電所関連遺跡調査報告Ⅵ』福島県文化財調査報告書第315集

山形県
(1) 山海窯跡（飽海郡平田町山谷字山海）
　山形県教育委員会　1991『山谷新田遺跡山海窯跡群発掘調査報告書』山形県埋蔵文化財調査報告書第170集

栃木県
(1) 聖公園遺跡（宇都宮市上欠町）
　宇都宮市教育委員会　1984『聖公園遺跡Ⅱ』宇都宮市埋蔵文化財報告書第14集
(2) 向山根遺跡（宇都宮市田野町）
　宇都宮市教育委員会　1987『向山根遺跡　第2次発掘調査』宇都宮市埋蔵文化財調査報告書第22集
(3) 八幡根遺跡（栃木県小山市中久喜字八幡根）
　（財）栃木県文化振興事業団埋蔵文化財センター　1997『八幡根遺跡』栃木県埋蔵文化財調査報告第189集

群馬県
(1) 黒井峯遺跡（北群馬郡子持村吹屋）
　子持村教育委員会　1991『黒井峯遺跡発掘調査報告書』子持村文化財調査報告第11集

東京都
(1) 瀬戸岡墳墓群（あきる野市瀬戸岡）
　大塚初重　1952「武蔵瀬戸岡における－奈良時代墳墓」『駿台史学』3号、39－57頁

長野県
(1) 芝宮遺跡群（佐久市小田井）
　長野県埋蔵文化財センター　1999『上信越自動車道埋蔵文化財発掘調査報告書　18　芝宮遺跡群・中原遺跡群』長野県文化財センター発掘調査報告書第39集
(2) 中原遺跡群（小諸市御影新田）
　長野県埋蔵文化財センター　1999『上信越自動車道埋蔵文化財発掘調査報告書　18　芝宮遺跡群・中原遺跡群』長野県文化財センター発掘調査報告書第39集

山口県
(1) ジーコンボ古墳群（萩市見島本村字横浦）
　山口県教育委員会　1964『見島総合学術調査報告』、同教育委員　1983『見島ジーコンボ古墳群』山口県埋蔵文化財調査報告第73集

あとがき

　本書は、2003年12月に筑波大学に提出した博士（文学）学位請求論文「物質文化から見た古代の蝦夷」を基本としている。序章から第9章までは学位論文そのままの章立てであるが、今回の出版に際し、文章表現を中心に、全体を手直しした。論文提出後、2年が経過し、その間に公刊された関連研究も多いが、先の論文を活字化することを第一の目的としたため、新たな発掘調査および研究の結果、改める必要が生じた点以外、内容の改変は最小限に留めた。ただし、先の論文では第9章を結論としていたが、書き足りなかった部分について、終章として新たに加え、それと9章とを合わせて第3部とし、その標題を「蝦夷とは誰か」とした。さらに書名も、『蝦夷の考古学』に改めた。

　論文の完成までには、主査を引き受けてくださった川西宏幸先生、副査をしていただいた前田潮先生、浪川健治先生（日本史学）、梶原良道先生（鉱床学）に、非常に有効なご教示をいただいた。先生方のご指導がなければ、私の論文は完成しなかった。とくに、川西先生は、本論に何度も目を通してくださり、研究内容のみならず文章表現に至るまで、厳しくも、懇切丁寧なご指摘をしてくださった。多少とも文章が書けているとするならば、それは先生のお陰である。前田先生には、筑波大学時代に指導教官としてご指導いただいたのみならず、1988年に北海道伊達市有珠10遺跡の調査でお会いして以来、様々な面で常にお世話になってきた。仕事を進める能力の低い私が、形だけでも研究成果をまとめることができたのは、先生の励ましがあったからだと自認している。

　また、物質文化を自然の部分と社会の部分とに分け、両方を見るということを実践したいと考えていたのは信州大学時代に遡る。学部に上がり、専攻を決めたばかりの私が、人間の文化には自然と切り離せない部分があり、それを見たいと述べたときに、「やってごらんなさい」と言ってくださったのが、故大参義一先生である。要領が悪く、まわり道をするばかりの私を、先生はいつも我慢強く見守ってくださった。今の私があるのは、大参先生の我慢のお陰である。

　次に、本研究をおこなう動機について少し述べておきたい。私は、北海道南部の洞爺湖畔の小村で小学生時代を過ごした。住んでいたのは、香川県からの入植者によって拓かれた部落で、「香川」という名であった。友人の祖父や祖母は、「帰りしに寄って行きなさい」などと言った。幼い私は、「し」などという不必要な語を入れてしまうのは、老人だからなのであろうと解釈していた。友人の父母の世代ではそのような言い方はなかったと記憶している。以上のことは、何度も繰り返された記憶ではあるが、正式な調査の結果ではなく、あくまでも私の幼い頃の印象のようなものであり、当地についての言語学的な文献を調べてもいないので、あるいは誤った記載となるかもしれない。その後、高等学校で古文を習い、それが古語であったことを知る。そして、おそらく香川県には古語が残っており、初代入植者の影響が強い世代が故郷の言葉を用いていたのだと考えるに至ったのであった。

また、北海道に住んでいながら、小学校から高等学校まで「内地」（当時、北海道に住む人々には、本州以南の日本列島のことをそう呼ぶ人が多かった）の歴史を学ばねばならぬことが腑に落ちなかった。私は北海道こそが「日本」だと思っていた。そして、学校で学ぶ北海道の歴史が、入植してからのことである点にも不思議を感じ続けていた。

　北海道の人々（アイヌ民族）の文化と本州の人々の文化とが、いかにして別れていったのかを知りたいと考えるようになったのは信州大学時代である。それを考えるために、青森県弘前市の砂沢遺跡の調査に参加したのは、1987年のことである。弘前市に住み、最初に衝撃を受けたのは、人々が話す「ワ」と「ナ」であった。古語が生きていることを知り、驚き、砂沢遺跡に住んだ人々と現在の人々の多くは、直接つながる人々ではないと直感した。これはあくまでも勘であり、論理的な考察の結果ではない。しかし、私が育った香川の人々が、明治時代の入植者に連なることを常に頭に置いていた私は、津軽の人々がいつからそこにいるのかを考えてみたいと、強く思った。

　その後、岩手県文化振興事業団埋蔵文化財センターに8年勤務し、多くを教えられた。東北北部の自然環境や遺跡に実際に触れ、様々なことを多方面から考えることもできた。その間は、センター職員としての仕事をこなすのが精一杯で、蝦夷に関する論を発表することはなかったが、論のおぼろげな背骨ができたのはこの時期である。だが、主に、土器と石器に関する研究しかしていなかった私には、それを口にする勇気がなく、また、考えねばならぬ点も多く、すぐにまとめるのは無理であると感じていた。

　その後、機会を得、そして、川西先生と前田先生の叱咤激励に支えられて、本論はなんとかできあがった。ただ、多くの説との違いがあまりに大きいために、気後れがして、発表の時期も伸び伸びになってしまった。しかし、再び前田先生のお言葉で、ようやく義務を果たす決心がついた。

　文字を用いる地域の隣にあって、自ら文書を残さなかった人々の歴史を、人々の出自を常に問いながら、考古学的事実を中心に構築する、というのが本書で試みたことである。できるだけ先入観を排して考えたつもりである。その結果、殊に、古代日本国の正史に書かれたことから推察される蝦夷像とは、相容れない部分が多い内容となったかもしれぬ。私の考察に見直すべき点もあろう。しかし、なぜ両者に違いが生じるのかを考える必要もあるだろう。国が残す文書には、常に意図があるのだから。そして、国が記す歴史とは何か、国とは何かを問う必要があるであろう。しかしながらその場合でも、国の側でなく、名も残さなかった一人一人を友として、私は研究を続けたい。

　本研究は、先に記したように、小学生時代からの私の思いを基本にしてできたものであるので、その意味では、書き記すことができないくらい多くの方々のお世話になって完成したことになる。この数年に限っても、鉄関連遺跡の情報収集、土器の胎土分析試料の収集・分析に関して、多くの方々や機関にご協力いただいた。次にご芳名を記し、感謝の意を示したい。

　瀬川拓郎・乾 芳宏・椿坂恭代・仙庭伸久・大谷敏三・豊田宏良・横山英介・鈴木正語・木村哲朗・松崎瑞穂・久保 泰・成田滋彦・福田友之・設楽政健・藤原弘明・工藤清泰・成田正彦・宇部則保・佐々木浩一・小松正夫・伊藤武士・利部 修・桜田 隆・川村 尚・坂井秀弥・中野孝教・横尾頼子・余市町教育委員会・北海道大学埋蔵文化財整理室・札幌市教育委員会・千歳市教育委員会・奥尻町教育委員会・上ノ国町教育委員会・松前町教育委員会・青森県教育委員会・秋田市教育委員

会・秋田県教育委員会・八戸市教育委員会・松戸市教育委員会・羽茂町教育委員会。

　さらに、本書の出版が実現したのは、同成社、山脇洋亮氏のお陰であり、そのうえ新たな書名もいただいた。編集では同社の山田隆さんのお世話になった。拝謝申し上げる。

　今一度強調しておく、この研究が形ばかりでも成ったのは、人・自然・遺跡を含め、私を育んでくれた全環境の導きがあったからである。そして最後に、後先のことを考えられない馬鹿者を支えてくださった、父哲男・母トシヱ・義父友則・義母ツヨ・妻恵利子・娘まな・息子眞言に、改めて感謝申し上げる。

2006年3月

松本　建速

蝦夷の考古学

■著者略歴

松本建速（まつもと・たけはや）

1963年　北海道生まれ
1985年　信州大学人文学部卒業
1989年　信州大学大学院修士課程人文科学研究科修了
1991〜1998年　（財）岩手県文化振興事業団埋蔵文化財センター勤務
2003年　筑波大学大学院博士課程歴史・人類学研究科中退
2004年　博士（文学）学位取得　筑波大学
2005年　東海大学文学部歴史学科考古学専攻助教授：現在に至る

〈主要著作〉
「蝦夷と蕨手刀」『物質文化』75号(物質文化研究会、2003)、「誘導結合プラズマ発光分光分析(ICP-AES)による東北北部古代土器の胎土分析」『第四紀研究』42巻1号(日本第四紀学会、2003)、「東北西部産須恵器の胎土分析」『考古学研究』50巻3号(考古学研究会、2003)、「主要元素に基づいた古代遺跡出土鉄滓の識別」『鉄と鋼』91巻1号(日本鉄鋼協会、2005)、「蝦夷と昆布」『海と考古学』(六一書房、2005)ほか

2006年8月5日発行

著　者　　松　本　建　速
発行者　　山　脇　洋　亮
印　刷　　三　美　印　刷　㈱

発行所　　東京都千代田区飯田橋　　㈱同成社
　　　　　4-4-8 東京中央ビル内
　　　　　TEL　03-3239-1467　振替 00140-0-20618

©Matsumoto Takehaya 2006 Printed in Japan

ISBN4-88621-363-4 C3021